Schriftenreihe
Handeln und Entscheiden in komplexen ökonomischen Situationen

Herausgegeben von

F. Achtenhagen, J. Biethahn, J. Bloech, P. Faßheber, G. Gabisch, H. Hesse, G. Lüer, W. Scholl
Universität Göttingen

Band 2
EskiMo - eine expertensystem-kontrollierte Methodenbank

Handeln und Entscheiden in komplexen ökonomischen Situationen

Band 1: Christian Holzherr
Lohnverhandlungen mit unterschiedlichen gesamtwirtschaftlichen Ideologien
1991. 186 Seiten. DM 65,-
ISBN 3-7908-0562-9

Stefan Kolb

EskiMo – eine expertensystem-kontrollierte Methodenbank

Ihre Entwicklung und Anwendung bei der Auswahl von Methoden zur Optimierung von Simulationsmodellen

Mit 64 Abbildungen

Stefan Kolb
Niddagaustraße 18
D-6000 Frankfurt/Main 90

Gedruckt mit Hilfe von Forschungsmitteln des Landes Niedersachsen

CIP-Titelaufnahme der Deutschen Bibliothek
Kolb, Stefan:
EskiMo - eine expertensystemkontrollierte Methodenbank :
ihre Entwicklung und Anwendung bei der Auswahl von
Methoden zur Optimierung von Simulationsmodellen / Stefan
Kolb. - Heidelberg : Physica-Verl., 1992
(Schriftenreihe Handeln und Entscheiden in komplexen ökonomischen
Situationen; 2)

ISBN 978-3-7908-0622-9 ISBN 978-3-642-52485-1 (eBook)
DOI 10.1007/978-3-642-52485-1

NE: GT

Originally published by Physica-Verlag Heidelberg in 1992

7120/7130-543210

Vorwort

Die vorliegende Arbeit ist das Ergebnis eines zweijährigen Forschungsprojekts, das ich als Teilnehmer des Interdisziplinären Graduiertenkollegs "Handeln in komplexen Ökonomischen Situationen" an der Universität Göttingen durchführen konnte. Für die hervorragende Arbeitsumgebung, die das Graduiertenkolleg mir bot, fühle ich mich sowohl den Initiatoren des Kollegs, d.h. dem Professorenkollegium, als auch seinen finanziellen Trägern, d.h. der Stiftung Volkswagenwerk und dem Land Niedersachsen, zu großem Dank verpflichtet.

Meinem Betreuer, Prof. Dr. Jörg Biethahn, verdanke ich nicht nur die Anregung zu dieser Arbeit; darüberhinaus wäre das zeitgerechte Gelingen des Projekts ohne seine pragmatische und für neue Ideen offene Betreuung nicht möglich gewesen. Prof. Dr. Jürgen Bloech möchte ich für die Übernahme des Koreferats danken.

Die außerordentlich gute und anregende Atmosphäre im Graduiertenkolleg ist natürlich nur mit den entsprechenden Kollegiaten vorstellbar. Deswegen weiß ich den Beitrag vor allem der Kollegiaten meines Jahrgangs (Dipl.-Vw. Susanne Arheit, Dipl.-Hdl. Bärbel Fürstenau, Dipl.-Psych. Frank Petzing, Dipl.-Psych. Siegi Stumpf) zum Gelingen des Projekts zu schätzen. Besondere Dankbarkeit schulde ich dabei Dipl.-Vw. Susanne Arheit, die nicht nur bei der Namensfindung für "EskiMo" produktiv beteiligt war: Sie nahm sich trotz eines eigenen ambitionierten Projekts die Zeit, die gesamte Arbeit intensiv zu lesen und mit unschätzbar wertvollen Anmerkungen zu versehen.

Frankfurt, im Juni 1992

Inhaltsverzeichnis

Einleitung

Mit Hilfe von Methodenbanken sollen Methoden - z.B. des Operations Research oder der Statistik - zusammengefaßt und dem potentiellen Anwender effektiv angeboten werden. Ein effektives Methodenangebot erfordert dabei insbesondere eine inhaltliche, an den Problemen der Anwender orientierte Unterstützung bei der Methodenauswahl.[1] Eine solche Unterstützung muß letztlich auf Expertise oder Wissen über die Zuordnung zwischen Problemen und Methoden basieren. Somit liegt es nahe, diese Aufgabe mit vorhandenen wissensbasierten Techniken, wie sie mit Expertensystemen angeboten werden, zu lösen.[2]

In dieser Arbeit wird ein Konzept zur wissensbasierten Unterstützung einer Methodenbank entwickelt und seine Realisierung beschrieben. Damit sich einerseits die konzeptuelle Entwicklungsarbeit an konkreten Fragestellungen orientieren kann und damit andererseits eine Überprüfung des entwickelten Systems an einer praktischen Fragestellung möglich ist, liefert die Problemdomäne der quantitativen Entscheidungsunterstützung auf Basis von Simulationsmodellen den Rahmen dieser Arbeit.

Dabei werden, von allgemeinen Überlegungen zur modellgestützen Entscheidungsfindung auf Basis der Simulation ausgehend (Kapitel 1), Methodenbanken unter dem Aspekt der betrieblichen Entscheidungsunterstützung betrachtet, um so die Grundlage für eine sinnvolle wissensbasierte Unterstützung einer Methodenbank aufzubereiten (Kapitel 2). Anschließend kann das Konzept der Expertensystem-kontrollierten Methodenbank, EskiMo, entwickelt, spezifiziert und in seiner Realisierung beschrieben werden (Kapitel 3). Mit der Aufbereitung des Wissens zu den Methoden, die zur Optimierung von Simulationsmodellen existieren, wird schließlich das entwickelte Konzept und seine Realisierung überprüft.

Die Struktur der vorliegenden Arbeit kann demnach aus zwei Perspektiven betrachtet werden: Aus einer Top-Down-Perspektive wird, ausgehend von der allgemeinen Fragestellung der modellgestützen Entscheidungsunterstützung (Kapitel 1), über die Identifikation des Bedarfs an Methoden und ihrer effektiven

---

1 Vgl. FORD, B.; HAGUE, S.J.; ILES, R.M.J. (1989, Systems), S. 395f.

2 Vgl. BIETHAHN, J. (1989, Modellierung), S. 182.

Bereitstellung (Kapitel 2) zum Entwurf eines wissensbasierten Systems zur Lösung dieser Aufgabe fortgeschritten (Kapitel 3). Im letzten und konkretesten Schritt wird dann das Wissen zu den speziellen Methoden aufbereitet (Kapitel 4). In einer zweiten, eher modelltheoretischen Perspektive werden zuerst theoretische Grundlagen aufgearbeitet (Kapitel 1 und 2), dann auf dieser Basis ein Modell vorgeschlagen (Kapitel 3), das schließlich an einem realen Problem überprüft wird (Kapitel 4).

1. Modellgestützte Entscheidungsfindung auf Basis der Simulation

Während in Kapitel 1.1 allgemein die Funktion der Entscheidungsunterstützung auf Basis formaler Modelle beschrieben wird, wird sich in Kapitel 1.2 speziell mit der Stellung der Simulation in diesem Kontext auseinandergesetzt.

1.1 Entscheidungsunterstützung auf Basis formaler Entscheidungsmodelle

Im Rahmen der normativen Entscheidungslehre und des Operations Research (OR) werden einerseits Modelle entwickelt, mit deren Hilfe reale Entscheidungsprobleme formal abgebildet werden können, und andererseits formale Methoden erforscht, die diese Modelle auf optimale Entscheidungen hin untersuchen.[3] Da der Einsatz von Methoden, die im Zentrum des Interesses dieser Arbeit stehen, derartige Modelle voraussetzt, wird im folgenden Kapitel die Rolle formaler Entscheidungsmodelle insbesondere für komplexe Entscheidungssituationen diskutiert.[4] Dabei sollen Konsequenzen für die Methodik der Modellkonstruktion und den Einsatz von Methoden identifiziert werden.

Im folgenden wird zuerst auf die allgemeine Rolle von Modellen in der Entscheidungsfindung eingegangen, um auf dieser Basis die spezielle Funktion formaler Modelle spezifizieren zu können.

1.1.1 Aufgabe von Modellen in der Entscheidungsfindung

Um die Rolle formaler Modelle in der Entscheidungsunterstützung oder -vorbereitung zu spezifizieren, ist es sinnvoll zu beachten, daß Entscheidungen auch ohne den Einsatz formaler Modelle - insbesondere in Situationen mit

---

[3] Vgl. MEYER, M. (1983, Operations Research), S. 1. Zum Verhältnis von Entscheidungstheorie und OR: vgl. BRETZKE, W.-R. (1980, Entscheidungsmodelle), S. 11ff.

[4] Zu Ansätzen zur Definition von Komplexität aus der Perspektive der Kognitionspsychologie: vgl. DÖRNER, D. (1987, Problemlösen), S. 18ff; HUSSY, W. (1985, Problemlösen), S. 57ff. Zur Defintion von Entscheidungsmodellen: vgl. BAMBERG, G.; COENENBERG, A.G. (1989, Entscheidungslehre), S. 13f; BRETZKE, W.-R. (1980, Entscheidungsmodelle), S. 14ff.

wachsender Komplexität - notwendig auf Basis von Modellen getroffen werden müssen. Betrachtet man die Entscheidungsfindung als eine besondere Art des allgemeinen Problemlösens, so kann auf psychologische Ergebnisse zum Vorgehen von Problemlösern zurückgegriffen werden, die die Bedeutung und die Art des Einsatzes sogenannter mentaler Modelle betreffen:[5]

In der psychologischen Problemlöseforschung wird zwischen der Aufgabenumwelt als solcher und dem inneren Abbild der Aufgabenumwelt beim Problemlöser unterschieden.[6] Im weiteren soll der Begriff des "Abbilds der Aufgabenumwelt" durch den moderneren und weitgehend gleichbedeutenden Begriff des mentalen Modells ersetzt werden, weil er auch im Zusammenhang der hier geführten Argumentation den Aspekt der aktiven Modellkonstruktion deutlicher macht.[7] Denn erst durch die aktive Modellierung der Aufgabenumwelt respektive der Entscheidungssituation, entsteht das zu lösende (Entscheidungs-)Problem.[8] Die aktive Konstruktion des mentalen Modells wird dabei letztlich auf Basis von Erfahrungen oder Vorwissen möglich. Daraus folgt insbesondere auch, daß das mentale Modell fehlerbehaftet und im Bezug auf eine objektive Situationsabbildung unvollständig sein kann.[9] Tergan berichtet über Ergebnisse empirischer Untersuchungen, die ergaben, "*daß mentale Modelle in der Regel unvollständig, ungenau, instabil und häufig inkonsistent sind*".[10]

Die Bedeutung der Wissensbasis zur Bildung des mentalen Modells der Problemsituation nimmt mit wachsender Komplexität des Problems zu.[11] Dies leitet nun wieder zurück zum betriebswirtschaftlichen Entscheidungsfinden: Vom Selbstverständnis der Betriebswirtschaftslehre her sind

---

5 Zur Sicht der Entscheidungsfindung als Problemlösung: vgl. SCHIRMEISTER, R. (1981, Modell), S. 6.

6 Vgl. LÜER, G.; SPADA, H. (1990, Denken), S. 253f.

7 Zu mentalen Modellen: vgl. JOHNSON-LAIRD, P.N. (1983, Mental Models), S. 396ff; NORMAN, D.A. (1983, Mental Models), S. 7ff.

8 Aus wirtschaftswissenschaftlicher Perpektive: vgl. BRETZKE, W.-R. (1980, Entscheidungsmodelle), S. 38.

9 Vgl. OPWIS, K.; LÜER, G. (1989, Modelle), S. 5f. Zur möglichen Unvollständigkeit mentaler Modelle: vgl. ACHTENHAGEN, F.; ENGELHARDT, W.; LÜDECKE, S.; SEMBILL, D.; PREISS, P.; JOHN, E.G.; SEEMANN, H.; WOLF, G. (1987, Lernen), S. 107f.

10 Vgl. TERGAN, S.-O. (1986, Wissensrepräsentation), S. 167.

11 Vgl. LÜER, G.; SPADA, H. (1990, Denken), S. 266. Kluwe sieht die spezifische Rolle mentaler Modelle in der Beschreibung "*komplexer, wenig transparenter Systeme*"; vgl. KLUWE, R.H. (1990, Problemlösen), S. 125f.

betriebswirtschaftliche Problemstellungen komplex.[12] Daraus folgt, daß der Aufbau von mentalen Modellen einer Entscheidungssituation bei den Entscheidungsträgern unter intensivem Rückgriff auf ihre Erfahrungen und ihr Vorwissen erfolgt. Die eigentliche Entscheidungsfindung kann erst nach der aktiven Konstruktion dieses notwendig subjektiven Modells stattfinden.

So unabdingbar und nützlich der Rückgriff auf Erfahrungen und Wissen zum Aufbau eines Modells ist, so groß ist jedoch auch die Gefahr, ein verzerrtes Modell, ein Modell mit nicht adäquaten Modellannahmen zu konstruieren.[13] Eine praktische Entscheidungsunterstützung muß in dieser Hinsicht insbesondere zu einer Explizierung und Analyse des jedem Entscheidungsträger eigenen mentalen Modells der Entscheidungssituation beitragen. Viele Modelle der anwendungs- und entscheidungsorientierten Betriebswirtschaftslehre dienen genau diesem Zweck: Sowohl mit Modellvorstellungen der qualitativ orientierten Management-Lehre als auch mit quantitativen Modellen wird letztlich zu einer Explizierung und Analyse von Prämissen in der Entscheidungssituation beigetragen.

Im folgenden wird nun speziell auf die Rolle formaler Modell eingegangen.

1.1.2 Die Rolle formaler Modelle

Offensichtlich wächst mit der zunehmenden Formalisierung quantitativer Modelle auch deren Abstraktionsgrad. Die damit verbundene Komplexitätsreduktion wird jedoch bewußt in Kauf genommen, da andererseits Inkonsistenzen, die in einem qualitativen Modell nicht unbedingt aufscheinen müssen, mit wachsender Formalisierung zunehmend transparenter werden.[14] Daraus folgt für die Rolle quantitativer Modelle, daß sie weder existierende qualitative Modelle noch den Erfahrungshintergrund des Entscheiders ersetzen

---

[12] Vgl. HEINEN, E. (1976, Grundfragen), S. 379: "*Der entscheidungsorientierte Ansatz der Beriebswirtschaftslehre betrachtet die Betriebswirtschaft als äußerst komplexes, offenes, soziales System mit einer Reihe funktionaler Subsysteme.*"; WÖHE, G. (1984, Einführung), S. 36f: "*Die betriebswirtschaftliche Forschung ist bestrebt, mit Hilfe von Modellen die komplexen Zusammenhänge der wirtschaftlichen Wirklichkeit zu vereinfachen, um sie überschaubar zu machen und um am Modell zur Erkenntnis von Grundzusammenhängen und Prozessen zu gelangen, die in den konkreten Betrieben durch die Vielzahl der Einflüße verdeckt sind.*"

[13] Vgl. HOGARTH, R.M.; MAKRIDAKIS, S. (1981, Forecasting), S. 117ff.

[14] Vgl. SCHIRMEISTER, R. (1981, Modell), S. 35; KOSIOL, E. (1967, Planung), S. 83.

wollen oder können, sondern daß mit ihrer Hilfe eine gezielte Ergänzung und Hinterfragung qualitativer oder mentaler Modelle erleichtert - oder gar erst ermöglicht - wird.[15]

So ergänzen formale Modelle den Einsatz qualitativer Modelle der Entscheidungsfindung. Als ein beispielhaftes Konzept zur Vermeidung falscher mentaler Modelle einer Entscheidungssituation kann die "Strategic Issue Diagnosis" betrachtet werden. Das Ziel und die Forderung im Rahmen dieses qualitativen Ansatzes ist, implizite Annahmen mentaler Modelle explizit zu machen und so Fehlabbildungen ("*blinders*") zu vermeiden.[16] Die Erstellung eines formalen, quantitativen Modells der Entscheidungssituation erfordert nun im extremen Maß die Explizierung von Annahmen über die Entscheidungssituation. Da darüber hinaus in der Regel keine Modellisomorphie zwischen dem Entscheidungsmodell und der Entscheidungssituation besteht, muß auch eine qualitative Gewichtung einzelner Annahmen vorgenommen werden, um so diejenigen Elemente der realen Situation zu identifizieren, die so bedeutend sind, daß sie im formalen Entscheidungsmodell aufgenommen werden.[17]

Der Einsatz formaler Modelle in der Entscheidungsunterstützung dient demzufolge auch in bezug auf komplexe Entscheidungssituationen weder als Ersatz für die kognitiven Anstrengungen der Entscheidungsträger, noch als Ersatz für den Einsatz qualitativer Modelle, sondern in beider Hinsicht als eine die Effektivität und die Qualität des Entscheidungsprozesses steigernde Vorgehensweise.[18] Auf diese komplementäre und nicht subsidiäre Beziehung weisen auch aktuelle empirische Ergebnisse, die den erfolgreichen Einsatz formaler Modelle davon abhängig sehen, daß er nicht als bequemer Ersatz für die Entscheidungsfindung in der Organisation fungieren darf.[19]

---

15 Vgl. SCHIRMEISTER, R. (1981, Modell), S. 2, der konsequenterweise in Anlehnung an Brusberg "Operations Research" mit "*Entscheidungsvorbereitungsforschung*" übersetzen würde. Vgl. BRUSBERG, H. (1965, Unternehmensforschung), S. 6.

16 Vgl. DUTTON, J.E.; FAHEY, L.; NARAYANAN, V.K. (1983, Diagnosis), S. 308ff, S. 315ff.

17 Zur Modellisomorphie: vgl. BAMBERG, G.; COENENBERG, A.G. (1989, Entscheidungslehre), S. 12f.

18 Zur grundlegenden Definition von Decision Support Systemen: vgl. KEEN, P.G.W.; SCOTT MORTON, M.S. (1978, Systems), S. 57f; SZYPERSKI, N.; SIKORA, K. (1973, Planungsmodelle), S. 753f.

19 Vgl. LANGLEY, A. (1991, Analysis), S. 91ff.

Diese Überlegungen finden im übrigen eine Entsprechung in den Betrachtungsebenen informationsverarbeitender Systeme, wie sie in der Kognitionspsychologie vorgeschlagen werden: Auf fünf Betrachtungsebenen - von der konkret-realen Erfahrungsebene über die konzeptuell-fachwissenschaftliche Ebene bis zur Programmebene (die Ebene des implementierten, formalen Modells) - können informationsverarbeitende oder wissensbasierte Systeme prinzipiell beschrieben werden. Für die wissenschaftliche Betrachtung wird nun gefordert, daß zu einem umfassenden Verständnis eines informationsverarbeitenden Systems "*alle genannten Ebenen betrachtet werden müssen.*"[20] Dabei wird insbesondere die formale Darstellung des Modells und seine Implementation durch einen "*erheblichen Zugewinn an Explizitheit und Präzision*" begründet.[21]

1.1.3 Das Problem des adäquaten Abstraktionsgrades

Die Argumentation bis hierhin zusammenfassend, ergibt sich, daß formale quantitative Modelle gerade auch in komplexen Entscheidungssituationen einen Beitrag zum besseren Verständnis der Situation und zur Vermeidung von Fehleinschätzungen liefern können. Zur Konstruktion eines formalen Modells muß dazu notwendigerweise ein Abstraktionsprozeß durchgeführt werden. Dieser Abstraktionsprozeß muß letztlich jedoch zielorientiert stattfinden.[22]

Bei der Abbildung einer realen Entscheidungssituation in ein formales Modell kann es unter praktikablen und ökonomischen Gesichtspunkten nicht das Ziel sein, eine möglichst genaue Abbildung der Realität - bis hin zur Abbildungs-Isomorphie - zu erreichen; vielmehr muß angestrebt werden, die für das verfolgte Ziel wesentlichen Objekte und Beziehungen der Entscheidungssituation abbilden zu können.[23]

In der Diskussion um den sogenannten Komplexionsgrad von Entscheidungsmodellen, um den Grad also, mit dem die reale Komplexität im

---

20 Vgl. OPWIS, K.; LÜER, G. (1989, Modelle), S. 11.

21 Vgl. OPWIS, K.; LÜER, G. (1989, Modelle), S. 11.

22 Vgl. BAMBERG, G.; COENENBERG, A.G. (1989, Entscheidungslehre), S. 13: "*Ein Modell ist eine zweckorientierte relationseineindeutige Abbildung der Realität.*"

23 Vgl. PREßMAR, D.B. (1980, Methoden), S. 24, der dieses Ergebnis über eine theoretische Optimierung des Informationsgrades erreicht.

Modell abgebildet wird, wird dies auch als das heuristische Prinzip bezeichnet: Da ein optimaler Komplexionsgrad, der den informativen Gehalt der Modellösung unter gleichzeitiger Berücksichtigung auch der Kosten der Modellerstellung maximiert, nicht a priori angegeben oder auch nur sinnvoll operationalisiert werden könnte, muß der Komplexionsgrad des Entscheidungsmodells heuristisch bestimmt werden. Unter der heuristischen Wahl des Komplexionsgrads eines Entscheidungsmodells wird dabei der zielorientiert begründete Verzicht auf die Maximalkomplexion verstanden.[24] Diese Komplexitätsreduktion kann letztlich nur auf Basis der Erfahrungen und des Vorwissens der Entscheidungsträger und Modellkonstrukteure erfolgen.[25]

1.1.4 Konsequenzen für Modellierungstechnik und Methodeneinsatz

Wenn die Wahl der adäquaten Modellkomplexion in praktikablen Entscheidungssituationen de facto nur auf Basis heuristischer Überlegungen getroffen werden kann, und dabei insbesondere auf dem subjektiven Erfahrungshintergrund des Entscheiders aufgebaut wird, ergeben sich zumindest zwei direkte, hier relevante Konsequenzen.

Erstens erwächst ein Bedarf an Techniken zur Modellbildung, die "maßgeschneiderte" Entscheidungsmodelle möglich machen: Aus der

---

[24] Vgl. BÄUERLE, P. (1989, Entscheidungsmodelle), S. 185ff. Ein eventuell vollständiger Verzicht auf eine Abbildungsbeziehung zwischen Entscheidungsmodell und Realsituation, wie er von Bäuerle auch als praktikabel in Erwägung gezogen wird, folgt nicht zwingend aus dem heuristischen Ansatz.

[25] Vgl. BRETZKE, W.-R. (1980, Entscheidungsmodelle), S. 33.

angewandten Technik zur Modellerstellung sollten keine Restriktionen für den Komplexionsgrad einzelner Modellkomponenten folgen.

Zweitens müssen die maßgeschneiderten Modelle, deren Komplexionsgrad bewußt auch auf Basis subjektiver Erfahrungen gewählt wurde, in einer Validierungsphase besonders rigide untersucht werden. Eine solche Untersuchung kann dabei nicht auf die Analyse des Extremverhaltens des Modells im Rahmen einer zielorientierten Optimumsuche verzichten. Darüber hinaus sollte mit Hilfe von Sensitivitätsanalysen die Möglichkeit gegeben werden, die für die optimale Einstellung des Modells besonders kritischen Annahmen zu identifizieren.

1.2 Simulation als eine Technik der quantitativen Entscheidungsunterstützung

Im vorangegangenen Kapitel wurde argumentiert, daß insbesondere in komplexen Entscheidungssituationen eine Unterstützung mittels formaler Entscheidungsmodelle besondere Anforderungen an die zu verwendende Technik des Modellierens und an den Einsatz von Methoden zur Modellanalyse stellt. Im folgenden wird die Technik der Simulation im Vergleich mit anderen Modellierungstechniken als ein für diese Aufgabe adäquater Ansatz vorgestellt. Nach der sich anschließenden Behandlung spezifischer Anforderungen an die Simulation im betrieblichen Entscheidungsprozeß folgt zuletzt die Begründung des Bedarfs an einer Methodenbank mit Optimierungsverfahren für Simulationsmodelle.

1.2.1 Simulationsmodelle zur Abbildung komplexer Entscheidungssituationen

Zur Konstruktion formaler, quantitativer Modelle stehen prinzipiell entweder analytische Modelle oder Simulationsmodelle zur Verfügung. Unter analytischen Modellen werden all jene Modelle verstanden, bei denen ein expliziter und folglich mit analytischen Verfahren auswertbarer Zusammenhang zwischen den Entscheidungsvariablen und den Entscheidungskriterien, d.h. den Zielvariablen existiert. Beispiele analytischer Modelle stellen lineare Programme oder auch stochastische Netzpläne dar.

Bei Simulationsmodellen muß das Kriterium des expliziten Zusammenhangs zwischen Entscheidungs- und Zielvariablen nicht erfüllt sein. Unter formalen Gesichtspunkten muß ein Simulationsmodell nur dem Anspruch genügen, programmierbar zu sein, d.h. in einer beliebigen Programmiersprache formulierbar zu sein.[26] Aus diesem Umstand folgt die große Flexibilität der Simulation in bezug auf die Abbildung auch komplexer Entscheidungssituationen. Insbesondere können stochastische und dynamische Systeme, deren Abbildung in analytischen, mathematischen Modellen schwierig und oft nur unter restriktiven Annahmen möglich ist, mit Hilfe von Simulationsmodellen abgebildet werden.[27]

Obwohl die Technik der Modellierung als eine Art "Sprache" zum Ausdrücken eines Entscheidungsmodells selbst nicht auf ihren Realitätsbezug überprüft werden kann, hat sie einen eminenten Einfluß auf die Angemessenheit der Modellbildung.[28] Im folgenden werden deswegen Voraussetzungen zum Einsatz eines mathematisch-analytischen Modells den Voraussetzungen zum Einsatz eines Simulationsmodells gegenübergestellt.

Mathematisch-analytische Modelle

Neben dem schon erwähnten Merkmal mathematisch-analytischer Modelle - der Existenz eines expliziten Zusammenhangs zwischen Entscheidungs- und Zielvariablen - zeichnen sich diese Modelle jeweils durch eine spezifische Formalisierungs-Methodik aus, die ihre Anwendung auf eine beschränkte Menge von Entscheidungssituationen eingrenzt. Betrachtet man z.B. die lineare Programmierung, so ist offensichtlich, daß bei Anwendung dieses Ansatzes alle Beziehungen der Entscheidungssituation in linearen Gleichungen auszudrücken sind.

---

26 Vgl. PIDD, M. (1988, Computer Simulation), S. 5: "*Any sequence of unambiguous instructions can form the basis of a computer program. Hence programs can be written which embody the logical processes which make up the system of interest.*"

27 Vgl. PIDD, M. (1988, Computer Simulation), S. 8f.

28 Vgl. BRETZKE, W.-R. (1980, Entscheidungsmodelle), S. 16. Zu einem Beispiel zum Einfluß der Netzplantechnik auf die Modellierung von Projekten: vgl. MÜLLER-MERBACH, H. (1978, Tendenzen), S. 15.

Wenn die Formalisierungsmethodik eines spezifischen mathematisch-analytischen Modells mit den Erfordernissen der Entscheidungssituation vereinbar ist, eröffnet der Rückgriff auf ein solches Modell den Zugang zu einem breiten Spektrum an effizienten und oftmals exakten Methoden zur Modellanalyse. Sind jedoch die Annahmen eines mathematisch-analytischen Modells nicht oder nur schwer mit der Entscheidungssituation vereinbar, führt die Anwendung eines solchen Modells letztlich zu nicht sinnvoll interpretierbaren Ergebnissen einer Modelluntersuchung, z.B. mit Hilfe von Optimierungsmethoden. Dies führt letztlich auch zu einer mangelnden Akzeptanz formaler Methoden in der praktischen Anwendung.[29]

Simulationsmodelle

Die Konstruktion eines Simulationsmodells verlangt über die grundlegende Forderung der Formalisierbarkeit hinaus keine weiteren a-priori-Annahmen, da die Beziehungen der Elemente der Entscheidungssituation mit beliebigen formalen Mitteln dargestellt werden können. Insbesondere kann die Ablaufkontrolle eines Simulationsmodells auch logische "Wenn-Dann"-Regeln beinhalten. Die funktionalen Beziehungen zwischen einzelnen Elementen sind weiterhin keinen Beschränkungen unterworfen: sie können z.B. linear oder nicht-linear, diskret oder kontinuierlich sein. Die Entscheidung über das formale Konstrukt zur Abbildung eines Elementes der Entscheidungssituation kann für jedes einzelne Element spezifisch getroffen werden.[30]

So bietet sich mit der Simulation eine Technik an, die die problemspezifische Abstraktion nicht nur ermöglicht, sondern sie notwendig erfordert. Dennoch stellt die Simulation (natürlich) nicht das Allheilmittel der quantitativen modellgestützten Entscheidungsunterstützung dar. In vergleichenden Analysen zum Einsatz von Simulationsmodellen gegenüber der Anwendung analytisch-mathematischer Modelle weist die Simulation insbesondere Nachteile in bezug auf die benötigte Rechenzeit und die Generalisierbarkeit der Ergebnisse auf.[31]

---

29 Vgl. ADAM, D. (1980, Planung), S. 60.

30 Zur Methodik der Konstruktion von Simulationsmodellen: vgl. PIDD, M. (1989, Discrete Simulation), S. 3f; PIDD, M. (1988, Computer Simulation), S. 14ff.

31 Vgl. CHEN, B. (1989, Optimum-Suchstrategien), S. 41; BAUER, W.; VIEWEG, W. (1980, Simulation), Sp. 2072.

Wenn auch mit der zunehmenden Rechengeschwindigkeit von Computern der erste Nachteil an Gewicht verliert[32], und sich der zweite konstatierte Nachteil eher in bezug auf wissenschaftliches Arbeiten und weniger auf praktische Entscheidungsvorbereitung bezieht, (in der die Spezialisierung oder "Maßschneidern" eines Simulationsmodells durchaus einen Vorteil darstellt,) bietet der Einsatz eines mathematisch-analytischen Modells doch zwei Vorteile, solange die allerdings entscheidende Bedingung gilt, daß die Modellannahmen der Entscheidungssituation entsprechen:

Erstens ist die Konstruktion eines mathematisch-analytischen Modelles tendenziell mit weniger Zeitaufwand verbunden, da die formale Struktur des Modells schon vorgegeben ist. Insbesondere wird in der Regel keine Programmierarbeit zur Implementierung des Modells notwendig sein. Zweitens stehen zur Analyse von Simulationsmodellen, im speziellen zur Optimumsuche, prinzipiell keine analytischen, exakten Methoden zur Verfügung.

Diese Situation liefert letztlich den Grund für das - zumindest in der Perspektive des OR - weitverbreitete Etikett der Simulation als "ultima ratio"[33] oder "last resort"[34] einer modellgestützten Entscheidungsvorbereitung. Aus der Perspektive der Argumentation des vorangegangen Kapitels, in der die quantitative Modellierung im Zusammenspiel mit Ansätzen zu qualitativen Modellen und speziell auch mit der aktiven Konstruktion mentaler Modelle betrachtet wurde, bietet sich die Simulation jedoch als natürlich geeignete Technik zur Modellierung an, denn sie kann "*als ein konstruktiv-logischer Transfer der zu analysierenden und zu gestaltenden Realität in eine transparentere, leichter zu beherrschende und zu manipulierende andere Realität verstanden werden*"[35].

Gerade bei komplexen Entscheidungssituationen mit ihrer Vielzahl unterschiedlicher Wirkungszusammenhänge stellt die Simulation insofern weniger die ultima ratio als vielmehr den Standard-Ansatz dar, der nur auf Basis wichtiger Gründe nicht angewandt werden sollte. Dem entspricht, daß Paul Simulationsmodelle sogar als eine Art Katalysator im Diskussionsprozess zur

---

32 Vgl. PAUL, R.J. (1991, Modelling), S. 219.
33 Vgl. MEYER, M. (1983, Operations Research), S. 117.
34 Vgl. PIDD, M. (1988, Computer Simulation), S. 7.
35 Vgl. BAUER, W.; VIEWEG, W. (1980, Simulation), Sp. 2065.

Identifikation des eigentlichen Entscheidungsproblems sieht.[36] Ein möglicher, gewichtiger Grund zum Verzicht auf den Einsatz einer Simulationsmodellierung kann der große Zeitbedarf zur Erstellung eines Simulationsmodells darstellen. In dieser Hinsicht besteht jedoch die begründete Hoffnung, daß die sich abzeichnenden Weiterentwicklungen von Simulationsumgebungen zu einer effektiveren Modellierung beitragen können.[37]

1.2.2 Simulation in der Entscheidungsunterstützung

Einsatzmodi der Simulation

Zwei Ziele oder Einsatzmodi werden im Rahmen des entscheidungsorientierten Einsatzes der Simulation unterschieden: Einerseits kann anhand eines Simulationsmodells eine kleine, feste Anzahl spezifischer Szenarien durchgespielt werden, um so zu untersuchen, welche Effekte in konkreten Situationen am simulierten System auftreten.[38] Dieser Art des Einsatzes der Simulation wird dementsprechend kurz als "What-If" Simulation bezeichnet.[39] Im Rahmen der Entscheidungsunterstützung ist dieser Einsatzmodus dann interessant, wenn unter wenigen, konkret spezifizierten Alternativen eine Auswahl getroffen werden muß.

Der zweite Ansatz, Simulation in die Entscheidungsunterstützung einzubeziehen, ist nicht nur von der Frage nach Effekten in wenigen a priori spezifizierten Situationen motiviert, sondern vielmehr von der Suche nach Zielkriterien optimal entsprechenden Parameter-Einstellungen des Simulationsmodells. Die griffige Formel für diesen Einsatzmodus mit dem Ziel der Optimierung lautet "How-To-Do"-Simulation.[40] Diese letztgenannte Art, Simulation einzusetzen, steht im Zentrum des Interesses dieser Arbeit. Historisch betrachtet hat der "What-If"-Ansatz im Rahmen der Simulation eine größerer Verbreitung

---

36 Vgl. PAUL, R.J. (1991, Modelling), S. 220: "*The tendency is to use simulation modelling as a vehicle for debate about the problems.*"

37 Zu einer Zusammenfassung aktueller Simulationsumgebungen: vgl. PAUL, R.J. (1991, Modelling), S. 220ff; MATHEWSON, S. C. (1989, Simulation), S. 57ff.

38 Vgl. BIETHAHN, J. (1978, Optimierung), S. 25.

39 Vgl. MEYER, M. (1983, Operations Research), S. 117; MERTENS, P. (1982, Simulation), S. 4.

40 Vgl. MERTENS, P. (1982, Simulation), S. 4.

gefunden als der "How-To-Do"-Ansatz, was sich nicht zuletzt durch den schwierigeren methodischen Anspruch des "How-To-Do"-Ansatzes begründet.[41] Die Unterscheidung in "What-If" und "How-To-Do" Untersuchungen wird analog auch im allgemeineren Rahmen von Entscheidungsunterstützungssystemen getroffen.[42]

Simulationsumgebungen in der Entscheidungsunterstützung

Einem praktikablen Einsatz der Simulation in der Entscheidungsunterstützung steht in erster Linie der eventuell sehr große und zeitintensive Aufwand zur Erstellung und Analyse eines Simulationsmodells entgegen.[43] Da andererseits Entscheidungsträger und Entscheidungsvorbereiter auch ihre Arbeitszeit ökonomisch einsetzen müssen, muß im Rahmen der Konzipierung von entscheidungsorientierten Simulationsumgebungen auch der Notwendigkeit einer möglichst kurzen Einarbeitungs- und Interaktionszeit Rechnung getragen werden: Der Benutzer der Simulationsumgebung sollte sich weitestgehend auf die Definition seines Problems beschränken können. Die technischen Details der Modellerstellung und der Modellanalyse sollten, so weit es sinnvoll möglich ist, automatisiert werden.

Dies gilt um so mehr für den Teil der Simulationsumgebung, der für die Bereitstellung der geeigneten Methoden zur Optimumsuche verantwortlich ist. Da die eigentliche Konstruktion des Modells schon einen großen Aufwand verursacht, werden Suchmethoden um so eher akzeptiert und eingesetzt, je einfacher sich ihre Auswahl und ihre Anwendung gestaltet.

---

41 Vgl. PIDD, M. (1988, Computer Simulation), S. 6; AZADIVAR, F.; LEE, Y.-H. (1988, Optimization), S. 331. Zu einer Diskussion methodischer Schwierigkeiten: vgl. BIETHAHN, J. (1978, Optimierung), S. 25f.

42 Vgl. KRALLMANN, H. (1987, Systeme), S. 145.

43 Vgl. BIETHAHN, J. (1978, Optimierung), S. 25; PAUL, R.J. (1991, Modelling), S. 219: "*The problem with computer simulation modelling today is not the cost of running the models but the cost of the analysts´ time in developing, modifying and experimenting with the model.*"

1.2.3 Bedarf an einer Methodenbank zur Optimierung von Simulationsmodellen

Nachdem nun deutlich gemacht wurde, daß die Konstruktion von Simulationsmodellen einerseits mit einem beachtlichen Aufwand verbunden ist und andererseits selbst schon mit einem Zugewinn an Einsicht in die Entscheidungssituation verbunden ist, erhebt sich natürlich die Frage nach dem Sinn des Einsatzes von Optimierungsverfahren.[44] Die im Vergleich zu Fragen der Modellierung relativ geringe Aufmerksamkeit, die insbesondere in der Simulations-Literatur den Optimierungsverfahren für Simulationsmodelle gewidmet wird, könnte als ein Indiz für die mangelnde Bedeutung der Optimierungsverfahren in der praktischen Anwendung von Simulationsmodellen gewertet werden.

Hier soll nun nicht argumentiert werden, daß die Methoden zur Optimumsuche einer ähnlich intensiven Aufmerksamkeit bedürften, wie dies für die Probleme der Konstruktion adäquater Simulationsmodelle der Fall ist: Nur wenn qualitativ hochstehende Modelle zur Verfügung stehen, kann auch der Einsatz eines Optimierungsverfahrens sinnvoll sein. Allerdings führt die Vernachlässigung von Methoden zur Optimumsuche zu einer mangelnden Ausnutzung von Möglichkeiten, die nach einer eventuell aufwendigen Modellkonstruktion verfügbar sind. Darüber hinaus bietet die Extremal-Analyse von Simulationsmodellen auch wichtige Einsichten während der Phase der Modellvalidierung. Wildberger vermutet sogar, daß die Anwender von Simulationsmodellen regelmäßig von der Frage nach einer zieloptimalen Einstellung ihres simulierten Systems motiviert sind, die mittels einer einfachen "What-If"-Analyse nicht beantwortet werden können: "*Another difficulty for the user of most simulations is that they have been designed to answer a broad range of 'what if' questions when the user actually wants a prescription, not a toll for investigation.*"[45]

Der Einsatz von Suchmethoden im Anschluß an die oder während der Modellierungsphase hängt jedoch entscheidend von der Verfügbarkeit dieser Methoden ab. Die effektivste Art, Methoden anzubieten, stellen die im folgenden

---

44 Vgl. PAUL, R.J. (1991, Modelling), S. 219f.

45 Vgl. WILDBERGER, A.M. (1988, Simulation), S. 45.

Kapitel zu besprechenden Methodenbanken dar: Wenn der Zugang zu den Methoden schnell und einfach möglich ist, wird auch in der praktischen Anwendung auf ihren Einsatz nicht mehr verzichtet werden.

2. Methodenbanken in der betrieblichen Entscheidungsunterstützung

Nachdem in Kapitel 1 die quantitative Entscheidungsunterstützung im allgemeinen und der Einsatz von Simulationsmodellen im speziellen eingeordnet wurden und dabei die Bedeutung der effektiven Verfügbarkeit von Methoden zur systematischen Untersuchung von Modellen abgeleitet wurde, ist Kapitel 2 dem Medium gewidmet, mit dessen Hilfe diese Verfügbarkeit erreicht werden kann: der Methodenbank. Dabei werden in Kapitel 2.1, ausgehend von den motivierenden Zielsetzungen zur Entwicklung von Methodenbanken, bisherige Konzepte von Methodenbanken vorgestellt und die Forderung nach einer wissensbasierten Unterstützung von Methodenbanken vor diesem Hintergrund eingeordnet. In Kapitel 2.2 wird die spezifischere Perspektive der Entscheidungsunterstützung im Rahmen betrieblicher Informationssysteme eingenommen und ein dementsprechendes Anforderungsprofil für eine Methodenbank entworfen. Dieses Profil wird in Kapitel 3 als Grundlage für die Entwicklung eines Konzept zur wissensbasierten Unterstützung einer Methodenbank dienen.

2.1 Methodenbanken: Ziele, Entwicklung und Perspektiven

Im Rahmen dieses Kapitels wird ein Überblick über den aktuellen Entwicklungsstand von Methodenbanken gegeben. In Kapitel 2.1.1 werden notwendige definitorische Abgrenzungen vorgenommen. Anschließend werden die grundlegenden Motivationen und Ziele, die der Entwicklung und dem Einsatz von Methodenbanken zugrunde liegen, besprochen (Kapitel 2.2.2). Für die sich dabei ergebende zentrale Aufgabe einer Methodenbank werden in Kapitel 2.1.3 die wichtigsten bisher vorgeschlagenen Konzepte vorgestellt. Dies führt schließlich zur Besprechung der aktuellen Forderung nach einer wissensbasierten Unterstützung von Methodenbanken in Kapitel 2.1.4.

2.1.1 Zur Definition von Methode, Methodenbank und Methodenbanksystem

Bevor auf die Möglichkeiten zur Definition einer Methodenbank eingegangen wird, ist es sinnvoll, den vielschichtigen Begriff der Methode auf die im Rahmen dieser Arbeit relevante Bedeutung einzuschränken.

Methode

Den Begriff der Methode einzugrenzen, kann Schwierigkeiten bereiten, da dieser auch umgangssprachlich verwandte Begriff in zahlreichen Kontexten eine spezifische Bedeutung hat. Schon im Bereich von Informatik und Betriebswirtschaft wird der Begriff der Methode sowohl im Rahmen von wissenschaftstheoretischen Überlegungen (deduktive versus induktive Methoden)[1] als auch zur Beschreibung von Objekten der Forschung (Methoden des Software-Engineering, Methoden der Investitionsrechnung) verwendet.

Im Zusammenhang mit der Entwicklung von Methodenbanken kann man sich auf die Betrachtung formaler, quantitativer Methoden beschränken. Trotz dieser Einschränkung zeichnet sich die Diskussion um Methodenbanken durch einen sehr uneinheitlichen Methodenbegriff aus. Die Vielzahl der unterschiedlichen Definitionsansätze rührt dabei von verschiedenen Abstraktionsebenen und Zielen bei der Untersuchung von Methodenbanken her.[2] Unterschiedliche Akzente werden insbesondere bei der Abgrenzung zwischen Programm, Programm- oder Softwarebaustein und Methode gesetzt.[3] Nun kann jedoch offensichtlich eine Methode als Programm oder als Programmbaustein realisiert werden, genauso wie ein Programm(baustein) mehrere Methoden beinhalten kann. Nicht zuletzt kann eine Methode aus mehreren Submethoden bestehen. Deswegen wird im Rahmen der vorliegenden Arbeit -unabhängig von der Abstraktionsebene -

---

1 Vgl. CHMIELEWICZ, K. (1979, Forschungskonzeptionen), S. 36ff.

2 Vgl. DIELS, O.A. (1989, Methodenbanken), S. 9f.

3 Vgl. BASTIAN, M.; LANGE, E. (1981, Konzeption), S. 481; HAUER, K.H. (1979, Methodenbank-Monitorsysteme), S. 263; ESPRESTER, A.C. (1978, Methodenbank), S. 203; BARTH, H. (1980, Konzepte), S. 302f; SCHIPS, B. (1977, Methodenbanken), S. 467.

genau dann von einer Methode gesprochen, wenn es sich um ein formales Verfahren zur Lösung eines Problems handelt.[4]

Bedeutsam an dieser begrifflichen Eingrenzung ist die Bezugnahme auf das zu lösende Problem, da Methoden für spezifische Kontexte entwickelt werden, die dann auch ihre Einsatzbedingungen definieren. Aus Sicht des Ziels, problemadäquate Methoden zu gegebenen Problemen zu identifizieren, stellt der definierte Kontext einer Methode das Such- und das Auswahlkriterium dar.[5]

Definition: Methode

Zusammenfassend stellt demnach eine Methode ein formales, systematisches Verfahren dar, dessen Bedeutung in der Lösung eines spezifizierten Problems liegt.

In einer formalen Darstellung ergibt sich allgemein eine Methode *met* als

$$met = \{verfahren, kontext\},$$

mit dem formalen Verfahren

$$verfahren = \{doku, quell.code, lade.code, ausf.code\}$$

und dem definierten Kontext der Methode: *kontext*.

Das formale Verfahren kann in verschiedenen Zustandsformen erscheinen:[6] der abstrakten Beschreibung des Verfahrens in der Dokumentation (*doku*), einem sich daraus ergebenden Quellcode (*quell.code*), einem Ladecode, der erlaubt, den schon kompilierten Quellcode in andere Softwaremodule einzubinden (*lade.code*), und schließlich dem ausführbaren Code, mit Hilfe dessen das Verfahren als eigenständiges Programm aufgerufen werden kann (*ausf.code*).

---

4 Vgl. DIELS, O.A. (1989, Methodenbanken), S. 5; ALPAR, P. (1980, Methodenauswahl), S. 40; ESPRESTER, A.C. (1978, Methodenbank), S. 203. Dabei wird bewußt von einem Problem gesprochen, obwohl in der allgemeinen Problemlöseforschung zwischen Problemen und Aufgaben unterschieden wird, wobei sich gerade Aufgaben dadurch auszeichnen, daß zu ihrer Lösung Methoden bekannt sind. Eine solche Unterscheidung ist im OR jedoch nicht üblich und wird insofern hier auch nicht getroffen: vgl. DÖRNER, D. (1987, Problemlösen), S. 10f.

5 Vgl. BASTIAN, M.; LANGE, E. (1981, Konzeption), S. 481.

6 Vgl. BARTH, H. (1980, Konzepte), S. 307.

Zum Kontext einer Methode

In dieser definitorischen Eingrenzung wird das zu lösende Problem der Methode allgemein als ein Teil des Methoden-Kontexts gegeben. Für quantitative Methoden kann das Problem jedoch weiter präzisiert werden: Methoden werden angewandt, um Modelle zu untersuchen. Im Rahmen des OR ist die Untersuchung eines Modells in der Regel gleichbedeutend mit seiner Optimierung; im Rahmen der Statistik werden dagegen Beschreibungsmerkmale von Modellen ermittelt. Je nach dem Ziel der Betrachtung kann es dementsprechend sinnvoll sein, zwischen Methoden, Modellen und Daten als unabhängigen und zu integrierenden Entitäten zu unterscheiden, oder nur zwischen Methoden und Modellen, wobei letztere dann auch durch Datenmengen gegeben sein können.[7] Da im Rahmen dieser Arbeit nicht explizit auf die Problematik der Verfügbarmachung von Daten eingegangen wird[8], wird im weiteren nicht zwischen Modellen und Daten unterschieden.[9]

Der Kontext einer Methode, der die mit ihr zu lösende Aufgabe spezifiziert, erschöpft sich jedoch nicht in der Angabe eines Modells oder Modelltyps; darüber hinaus wird bei der Analyse eines Modells ein spezifisches Ziel, z.B. eine Optimierung, verfolgt. Dieses Ziel stellt das zweite konstituierende Element des Methoden-Kontextes dar. Somit ergibt sich der Methoden-Kontext *kontext* allgemein zu:

$$kontext = \{\ modell,\ zielsetzung\ \}.$$

Methodenbank und Methodenbanksystem

In der Literatur wird mit stark verschiedenen Akzentsetzungen zwischen Methodenbanken und Methodenbanksystemen unterschieden. Im Rahmen der vorliegenden Arbeit wird nicht das Ziel verfolgt, eine beste oder gar die richtige Definition für einen der beiden Begriffe zu erarbeiten; vielmehr wird im folgenden eine eher tendenzielle Abgrenzung der Begriffe vorgenommen, um

---

7 Zum ersten Ansatz Vgl. GABRIEL, R. (1984, Konstruktionsprinzipien), S. 148ff; NOLTEMEIER, H. (1976, Verknüpfungsprobleme), S. 250f. Zum zweiten Ansatz, der insbesondere in der Statistik und der Ökonometrie sinnvoll ist: vgl. SCHROER, V. (1979, Modellspezifikation), S. 69ff.

8 Vgl. Kap. 3.2.5.

9 Vgl. HÜBER, R. (1980, Entwicklung).

anschließend zu begründen, weshalb fortan - bewußt vereinfachend - nur von Methodenbanken gesprochen wird.

Methodensammlung

Ausgangspunkt der Abgrenzung zwischen Methodenbanken und Methodenbanksystemen ist die Methodensammlung *Met.Samm*. In ihr werden eine Menge von Methoden zusammengefaßt. Dabei wird die Zusammenfassung inhaltlich determiniert: entweder dadurch, daß die Methoden der Methodensammlung auf eine gegebene, begrenzte Menge von Modellen angewandt werden kann, oder dadurch, daß die Methoden einer gemeinsamen Zielsetzung dienen. Wird mit *Ziel.Setz* eine Menge von Zielsetzungen bezeichnet und mit *Mod.Typ* eine Menge von Modellen, so läßt sich die Methodensammlung wie folgt beschreiben:

$$Meth.Samm = \{met \mid met.kontext.zielsetzung \in Ziel.Setz; \\ met.kontext.modell \in Mod.Typ\}$$

Mit dieser formalen Definition einer Methodensammlung wird deutlich, daß die Anwendung einer Methodenbank erst dann sinnvoll ist, wenn die Mächtigkeit der Mengen *Ziel.Setz* oder *Mod.Typ* größer 1 ist. Denn, angenommen jede der beiden Mengen hätte genau ein Element, dann wäre die Diskriminierung einer geeigneten Methode unter mehreren unmöglich. Somit wäre auch die Sammlung mehrerer Methoden sinnlos.

Methodenbank

Ein System, das die Verwaltung von Methodensammlungen ermöglicht, wird als Methodenbank bezeichnet. Die somit neben der Methodensammlung benötigte Verwaltungskomponente erlaubt neben dem Einfügen, Löschen und Verändern der abgelegten Methoden auch den Zugang zu Betriebssystemresourcen, wie z.B. Compilern.[10] Eine Methodenbank *Met.Bank* ergibt sich folglich zu:

$$Met.Bank = \{\ Met.Samm,\ Verwaltungskomponente\ \}$$

---

10 Vgl. BODENDORF, F. (1987, Methodenbanksystem), S. 223; DITTRICH, K.R.; HÜBER, R.; LOCKEMANN, P.C. (1979, Methodenbanksysteme), S. 196ff; KLÖSGEN, W.; SCHWARZ, W. (1979, Methodenbanksysteme), S.275ff. Gabriel benutzt den Ausdruck Methodenbank nur zur Beschreibung der Methodensammlung: vgl. GABRIEL, R. (1984, Konstruktionsprinzipien), S. 165.

Methodenbanksystem

Die Konzipierung von Methodenbanken wurde nicht zuletzt von der erfolgreichen Entwicklung von Datenbanken bzw. Datenbanksystemen motiviert und vorangetrieben. Entsprechend der Unterscheidung zwischen Datenbanken als Komponenten eines Datenbanksystems zur physischen, internen Verwaltung der Daten (interne Ebene) und dem Datenbanksystem[11] als übergeordnetem System, das zwischen externen Benutzeranfragen und der internen Datenbank vermittelt (externe Ebene), wird häufig - wenn auch mit unterschiedlicher Intensität - zwischen der Methodenbank und dem Methodenbanksystem unterschieden.[12] In dieser Sicht umfaßt ein Methodenbanksystem neben der Methodenbank ein allgemeines Verwaltungssystem, einen Datenbankanschluß und insbesondere ein Informationssystem, das die Identifikation geeigneter Methoden unterstützt.[13]

Im Rahmen dieser Arbeit wird im folgenden ausschließlich und bewußt vereinfachend von Methodenbanken gesprochen, für die eine Expertensystemunterstützung zu konzipieren ist. Diese Vereinfachung scheint zulässig, da schon die Methodenbank eine Verwaltungskomponente umfaßt, deren konkrete Ausgestaltung auch die Funktionen eines expliziten Datenbankanschlußes oder Informationssystems übernehmen kann.[14] Weiterhin wird die angestrebte Integration einer Expertensystemunterstützung auch auf die Systemarchitektur einen Einfluß haben, weswegen der in architektonischer Hinsicht weniger vorbelegte Begriff der Methodenbank adäquater erscheint.

---

11 Hier wird zur Vereinfachung nicht zwischen Datenbanksystem und Datenbankmanagementsystem unterschieden.

12 Zu Datenbanken und Datenbanksystemen: vgl. SCHLAGETER, G.; STUCKY, W. (1983, Datenbanksysteme), S. 21ff. Die konsequenteste Umsetzung der Analogie schlägt Gabriel vor: vgl. GABRIEL, R. (1984, Konstruktionsprinzipien), S. 165ff. Zu ähnlichen Vorschlägen oder Terminilogien: vgl. DIELS, O.A. (1989, Methodenbanken), S. 13ff; BODENDORF, F. (1987, Methodenbanksystem), S. 222; DITTRICH, K.R.; HÜBER, R.; LOCKEMANN, P.C. (1979, Methodenbanksysteme), S. 196.

13 Vgl. BASTIAN, M.; LANGE, E. (1981, Konzeption), S. 475f.

14 Zu einer analogen Begriffsverwendung: vgl. MERTENS, P.; BODENDORF, F. (1979, Methodenbanken), S. 533.

2.1.2 Motivationen und Ziele der Anwendung von Methodenbanken

Es sind vor allem zwei Hauptmotive, die die Entwicklung von Methodenbanken, die ungefähr seit Mitte der 70er Jahre vorangetrieben wird, initiierten, und die bis heute die Basis der Beschäftigung mit Methodenbanken bilden:[15] Einerseits existiert das Interesse der methodischen Wissenschaften, ihre Forschungsergebnisse auch in die praktische Entscheidungsunterstützung zu verbreiten, was ohne eine adäquate informationstechnische Infrastruktur unmöglich ist. Unter methodischen Wissenschaften werden dabei diejenigen Disziplinen verstanden, deren originäres Ziel in der Entwicklung formaler Methoden liegt: im Zusammenhang der Wirtschaftswissenschaften zum Beispiel das Operations Research oder die Statistik. Andererseits existiert im Rahmen der Softwareentwicklung das bis heute letztlich nicht gelöste Problem, Software effektiver zu erstellen, indem auf existierende Softwarebausteine (Methoden) zurückgegriffen werden kann. Diese beiden Motivationen, die im weiteren ausführlicher behandelt werden, münden jedoch in ein gemeinsames Ziel: die effektive und problemorientierte Verfügbarmachung von Methoden.

Methodische Wissenschaften

Die erstgenannte Motivation entstammt den methodischen Wissenschaften - d.h. im Rahmen der Wirtschaftswissenschaften insbesondere der Statistik und dem OR. Die Methoden dieser Disziplinen können seit der Verfügbarkeit von Computern als allgemeines Arbeitsmittel großen Benutzerkreisen prinzipiell zur Verfügung gestellt werden. Die tatsächliche Nutzung der Methoden wird jedoch durch Wissensdefizite bei den potentiellen Anwendern behindert. Neben der Kenntnis technischer Details des Methodenzugriffs und der Methodenparametrisierung ist es vor allen Dingen die inhaltliche Auswahl einer adäquaten Methode, die von Benutzern ein großes Spezialwissen verlangt.[16]

Diese grundlegende Schwierigkeit der Problem-Methoden-Zuordnung konstituiert das Hauptmotiv zur Entwicklung von Methodenbanken aus Sicht der

---

15 Vgl. ERBE, R.; WALCH, G. (1975, Methodensuche); ESPRESTER, A.C. (1974, Programmieren).

16 Vgl. FORD, B. (1988, Foreword), S. v.

anwendungsorientierten, methodischen Wissenschaften. Insbesondere für den Bereich des OR, in dem Methoden zur Unterstützung betrieblicher Entscheidungsträger entwickelt werden, kann man im allgemeinen sowohl von einer Unkenntnis der Methoden als auch von einer sehr gering ausgeprägten Bereitschaft zur zeitaufwendigen Einarbeitung auf Seiten der Entscheidungsträger oder Entscheidungsvorbereiter ausgehen. Der zeitliche Druck, der auf ihnen in der betrieblichen Praxis lastet, läßt die Entwicklung von Methoden-Expertenwissen auf der Anwenderseite in der Regel nicht zu.

Software-Entwicklung

Das zweite Hauptmotiv ist im Bereich der Softwareentwicklung anzusiedeln. Das Auseinanderklaffen zwischen den theoretischen Möglichkeiten, die durch die Entwicklung immer leistungsfähigerer Hardware entstanden, und ihrer mangelnden Ausnutzung durch die entsprechende Software wird seit geraumer Zeit als "Softwarekrise" bezeichnet.[17] Ein Ansatz, die Softwarekrise zu entschärfen, besteht darin, die Produktivität von Softwareentwicklern durch den erleichterten Zugriff auf schon entwickelte Methoden, Funktionen oder Prozeduren zu erhöhen.[18]

Die Wiederverwendung von schon entwickelten Softwarekomponenten erlaubt eine Softwareentwicklung auf einer höheren Abstraktionsebene, die nicht nur schneller und damit produktiver ist, sondern die auch höheren Qualitätsansprüchen genügt, da existente Methoden in der Regel besser, da länger getestet sind.[19] In diesem Zusammenhang besteht also die Aufgabe, zu einem gegebenen Problem einen Softwarebaustein respektive eine implementierte Methode zu finden, die das Problem löst oder zumindest seine Lösung annähert. Wiederum existiert also ein Zuordnungsproblem zwischen Problem und Methode als grundlegende Motivation zum Einsatz einer Methodenbank.[20] Mit dem stetigen Zuwachs an verfügbarer Software wird dieses Problem weiterhin dringender, so daß sogar vermutet wird, daß

---

17 Vgl. RUF, W. (1988, Software-Entwicklungssystem), S. 108ff.

18 Vgl. HOPKINS, T.; PHILLIPS, C. (1988, Methods), S. 3.

19 Vgl. DIELS, O.A. (1989, Methodenbanken), S. 13; BOEHM, B.; PENEDO, M.H.; STUCKLE, E.D.; WILLIAMS, R.D.; PYSTER, A.B. (1984, Software), S. 30ff.

20 Zur Motivation aus der Perspektive der Softwareentwicklung: vgl. SOMMERVILLE, I.; WOOD, M. (1986, Catalogue), S. 16; ERBE, R.; WALCH, G. (1975, Methodensuche), S. 133f.

insbesondere bei mathematischer Software selbst ausgewiesene Methodenexperten Schwierigkeiten in der Identifikation geeigneter Software haben.[21]

Das gemeinsame Ziel

Zusammenfassend kann folgendes, gemeinsames Ziel des Einsatzes einer Methodenbank festgehalten werden: Ausgehend von der Problemsituation des Methodenbank-Anwenders sollen die bestgeeigneten Methoden (Softwarebausteine) erstens identifiziert und zweitens zur Verfügung gestellt werden.

2.1.3 Bisherige Realisierungsansätze und -vorschläge

Eine aktuelle, kompakte Darstellung wichtiger bisheriger Ansätze, Methodenbanken zu entwickeln, liefert Diels.[22] Als charakterisierende Eigenschaft einer Methodenbank wird die Technik zur Methodenauswahl in der Interaktion zwischen Benutzer und System (Zugriffstechniken) erkannt. Dabei können vier grundlegende Techniken identifiziert werden:[23]

Kommandosprache

Im Rahmen eines sogenannten "methodenorientierten Programmierens"[24] bietet die Methodenbank in erster Linie eine Sammlung von Methoden an, die in ihren Schnittstellen und Aufrufmodi weitgehend standardisiert sind. Mit Hilfe einer Kommandosprache können die Methoden dann recht einfach miteinander oder mit externen Modellen verknüpft werden. Der Vorteil der Kommandosprache ist die Flexibilität, mit der die einzelnen Methoden verknüpft werden können. Ein Nachteil ergibt sich jedoch dadurch, daß die Methodenauswahl de facto überhaupt nicht unterstützt wird; vielmehr wird implizit angenommen, daß der Benutzer die für sein Problem geeignete Methode schon identifiziert hat.

---

21 Vgl. BOISVERT, R.F. (1989, Guide), S. 453.

22 Vgl. DIELS, O.A. (1989, Methodenbanken), S. 30ff.

23 Vgl. DIELS, O.A. (1989, Methodenbanken), S. 30, S. 103f.

24 Vgl. ESPRESTER, A.C. (1978, Methodenbank), S. 204f.

Dennoch sind Methodenbanken auf Basis dieses Konzepts recht weit verbreitet und erfolgreiche, kommerzielle Pakete wie SPSS oder SAS basieren auf diesem Konzept.

Informationsnetz

Den ersten Ansatz, den Benutzer gezielt zu einer geeigneten Methode zu führen, stellte das System IUGS (Interactive User Guidance System) dar.[25] Die grundlegende Idee dieses Konzepts ist es, den Benutzer im Stil einer schrittweisen Verfeinerung von einem allgemeinen Problem über spezifische Teilprobleme zur Methode zu führen.[26] Dazu wird ein sogenanntes Informationsnetz aufgebaut, in dem jeder Knoten ein spezifisches Teilproblem (respektive eine Lösungsmethode) darstellt. Ein Knoten kann vorgeordnete Knoten haben, die dann allgemeineren Problemen entsprechen, oder nachgeordnete Knoten, die entsprechend speziellere Probleme repräsentieren. In der Interaktion mit dem Benutzer wird nun von Knoten zu Knoten fortgeschritten, bis eine Methode erreicht ist. Bei der Darstellung eines Knotens werden insbesondere die Verzweigungsmöglichkeiten zu Sub-Knoten, also Teilproblemen, angeboten. Der Benutzer wählt durch die Auswahl eines Teilproblems selbst seinen Pfad durch das Informationsnetz.

Als Nachteil dieses Konzepts ergibt sich erstens, daß eine Methodenverknüpfung unmöglich ist, da am Ende des Informationsnetzes nur fertige Methoden abgebildet werden können. Zweitens müssen die möglichen Anwendungsprobleme in hierarchischen Problem-Teilproblem-Beziehungen darstellbar sein. Dies ist bei facettenreichen Anwendungen mit vielen auch unabhängigen Merkmalen nicht notwendigerweise sinnvoll möglich.

Entscheidungsbäume

Entscheidungsbäume sind eine Spezialform von Informationsnetzen, indem sie dem Benutzer ebenfalls im Stil einer schrittweisen Verfeinerung vom

---

25 Vgl. DIELS, O.A. (1989, Methodenbanken), S. 32; ERBE, R.; WALCH, G. (1975, Methodensuche), S. 137ff.

26 Vgl. ERBE, R.; WALCH, G. (1975, Methodensuche), S. 134.

allgemeinen Problem zur speziellen Methode führen.[27] Der Unterschied zu den allgemeineren Informationsnetzen ist nur formaler Natur. Er ergibt sich dadurch, daß in einem Entscheidungsbaum jeder Knoten genau einen Vorgänger-Knoten hat. Dies hat jedoch nur Konsequenzen in bezug auf die Schwierigkeit der Abbildung der schrittweisen Verfeinerung, die mittels eines Entscheidungsbaums eventuell weniger natürlich gelöst werden kann. Prinzipiell läßt sich jedoch jedes Informationsnetz auch mittels eines Entscheidungsbaums darstellen, denn bei Knoten mit mehrfachen Vorgängern können entsprechende Vervielfältigungen der untergeordneten Teilbäume vorgenommen werden.

Methodendeskriptoren, Stichwort-Klassifizierung

Im Rahmen dieses Ansatzes werden den einzelnen Methoden jeweils eine Menge von Stichwörtern oder Deskriptoren zugeordnet.[28] Die Identifikation der geeigneten Methode erfolgt dabei durch die Angabe eines oder mehrerer Stichwörter, woraufhin vom System alle zugeordneten Methoden angegeben werden.

Dieser Ansatz bildete auch die Grundlage eines neueren Versuchs zur Konstruktion eines Software-Baustein-Katalogs im Rahmen des britischen ECLIPSE-Projekts.[29] Obwohl sich dabei das Konzept für kleinere Mengen von Bausteinen als tragbar erwies, verwarfen die Entwickler des Systems diesen Ansatz vor allem aufgrund zweier Mängel: Erstens wurde festgestellt, daß bei größeren Bausteinsammlungen schnell auch die Mengen der geeigneten Bausteine zu groß wurden, so daß deren Vermittlung an den Benutzer schwerfiel. Dieses Problem konnte auch nicht befriedigend durch eine weitere Aufteilung in Unterklassen gelöst werden. Zweitens erwies sich die Stichwort-Klassifizierung als zu rigide, um die facettenreichen Anwendungsziele von Software-Komponenten zu erfassen.[30]

---

27 Vgl. BODENDORF, F. (1980, Samba), S. 36f.

28 Vgl. DIELS, O.A. (1989, Methodenbanken), S. 32; GRAUSAM, R.; ALPAR, P.; MÜLLER, G. (1983, ISMODE), S. 536ff.

29 Vgl. SOMMERVILLE, I.; WOOD, M. (1986, Catalogue), S.17ff.

30 Vgl. SOMMERVILLE, I.; WOOD, M. (1986, Catalogue), S.18f.

Entscheidungstabellen

Mit Hilfe von Entscheidungstabellen kann das Zuordnungsproblem direkt gelöst werden, indem jeder Spalte einer Tabelle ein spezifiziertes Problem und jeder Zeile eine Methode zugeordnet wird. Die Felder der Tabelle enthalten im einfachsten Fall entweder eine 0 für eine nicht passende Zuordnung oder eine 1 für eine passende Zuordnung.[31] Offensichtlich lassen sich in diesem Konzept auch einfach Konfidenzwerte integrieren, indem z.B. die Tabellenfelder beliebige Werte zwischen 0 und 1 annehmen können.

Die Schwierigkeit der Anwendung von Entscheidungstabellen ergibt sich durch die Auslegung der Tabelle. Werden die möglichen Probleme sehr detailliert unterschieden, kann zwar die Zuordnung zu geeigneten Methoden einfach realisiert werden, der Benutzer ist jedoch mit einer Fülle von nur leicht verschiedenen Problemklassen konfrontiert, unter denen er nur schwierig sein eigenes Problem wiederfinden kann. Werden andererseits nur wenige Problemklassen in die Tabelle integriert, was die Identifikation des Problems erleichtert, wird es schwierig, zwischen den geeigneten Methoden zu unterscheiden.

Im System SAMBA, das die Entscheidungstabellen-Technik einsetzt, werden deswegen zwei weitere Techniken vorgeschaltet, um zu einer besseren Eingrenzung des Problems zu kommen:[32] Der Benutzer muß erst im Rahmen eines Entscheidungsbaum-Ansatzes seine Problem-Klasse spezifizieren; jeder Problemklasse ist dann eine Entscheidungstabelle zugeordnet, deren Kopfleiste jedoch wiederum aus einen binären Vektor besteht, der mit mehreren Ja-Nein-Entscheidungen zu belegen ist.[33]

Ein weiterer Nachteil dieses Ansatzes zur Lösung des Zuordnungsproblems ist die mangelnde Offenlegung der Gründe, warum eine Methodenzuordnung erfolgt. Die Entscheidungstabelle ist letztlich eine komprimierte Darstellung der Zuordnung, die womöglich auf einer Vielzahl von Gründen beruht, die wiederum für den Methodenanwender interessant sein können.[34] Dies gilt

---

31 Vgl. BODENDORF, F. (1980, Samba), S. 38ff; BODENDORF, F.; OSIANDER, U. (1988, Methodenbankhülle), S. 6f, für eine Anwendung in der Methodenbank SAMBA.

32 Vgl. BODENDORF, F. (1980, Samba), S. 36f.

33 Das enstpricht de facto einer Verlängerung des Entscheidungsbaum-Ansatzes.

34 Vgl. DIELS, O.A. (1989, Methodenbanken), S. 109.

insbesondere dann, wenn sich das Problem des Anwenders nicht direkt den Problembeschreibungen der Kopfzeile der Entscheidungstabelle zuordnen läßt.

Entscheidungsbäume als übergreifendes Konzept

Trotz der Unterschiede der hier dargestellten Ansätze zur Lösung des Problem-Methoden-Zuordnungsproblems können sie prinzipiell auf den Entscheidungsbaumansatz zurückgeführt werden: Für Informationsnetze wurde dies oben schon erläutert; in bezug auf eine Stichwortklassifizierung ergibt sich zu einer Menge von Stichworten ein Entscheidungsbaum, der in jedem Knoten zu allen anderen Stichworten verzweigt, die zusammen mit dem Stichwort dieses Knotens auftreten können.

Auch eine Entscheidungstabelle läßt sich in einen Entscheidungsbaum transformieren, indem an jedem Knoten des Baums eine Ja-Nein-Entscheidung getroffen wird: Entweder wird das relevante Problem identifiziert und dann zur entsprechenden Methode verzweigt, oder der nächste Knoten des Entscheidungsbaums muß angesteuert werden.

2.1.4 Perspektive der Expertensystem-gestützen Methodenbank

Neben dem technischen Aspekt der Verfügbarmachung einer möglichst großen Menge von Methoden wird im Rahmen dieser Arbeit insbesondere der Aspekt der inhaltlichen Zuordnung einer geeigneten Methode zu einem gegebenen Problem behandelt. Dieses zentrale Zuordnungsproblem wurde - wie gezeigt - in der Vergangenheit auf verschiedene Art und Weise gelöst, wobei sich in jüngeren Projekten immer stärker die Forderung nach Einbindung von Expertensystem-gestützten Techniken in den Vordergrund schiebt.[35] Besonders

---

[35] Vgl. DESLANDRES, V.; PIERREVAL, H. (1991, Expert System), S. 82f; MERTENS, P. (1990, Einsatzpotentiale), S. 531; WENZEL, G. (1989, Methodensystem), S. 4f; BODENDORF, F.; OSIANDER, U. (1988, Methodenbankhülle), S. 8; DIELS, O.A. (1989, Methodenbanken), S. 109; SOMMERVILLE, I.; WOOD, M. (1986, Catalogue), S. 14; WITTKOWSKI, K.M. (1985, Methodenauswahl), S. 17f.

dringend wird diese Forderung auch von Anbietern großer Methodensammlungen, wie z.B. der NAG-Bibliothek, erhoben.[36] Auch wird aus der Perspektive der Wissenschaftsdisziplin des OR wiederholt auf den potentiell fruchtbaren Einsatz von Techniken der Künstlichen Intelligenz zur Modell- und Methodenwahl hingewiesen.[37]

Dabei fehlt jedoch noch ein Ansatz zur Strukturierung des zur Methodenauswahl oder Methodenzuordnung notwendigen Wissens und eine Überprüfung der Einsatzmöglichkeiten einer wissensbasiert gestützten Methodenbank.[38] Auf diesem Hintergrund werden mit der vorliegenden Arbeit folgende Ziele verfolgt: Erstens wird ein Ansatz zur adäquaten Repräsentation von Methodenzuordnungswissen erarbeitet. Zweitens wird dieser Ansatz in einem System implementiert, das insbesondere auch die Eingabe oder Akquisition und die Pflege dieses Wissens ermöglicht. Drittens schließlich wird der Vorschlag an einer konkreten Anwendung, der der Optimierung von Simulationsmodellen, überprüft.

2.2 Methodenbanken als Teil eines Systems zur Entscheidungsunterstützung

Wie dargestellt, erstreckt sich das Einsatzgebiet von Methodenbanken von der Unterstützung der Software-Entwicklung bis zu den verschiedenen methodischen Wissenschaften, insbesondere der Statistik und dem OR. Neben den in Kapitel 2.1 dargestellten Anforderungen an Methodenbanken, die unabhängig von einer Anwendungsdomäne sind, ergeben sich in jedem Anwendungsgebiet aufgrund der verschiedenen inhaltlichen Gegebenheiten spezifische Anforderungen an die Systemgestaltung.[39]

Im Rahmen einer Methodenbank, die OR-Methoden für die betriebliche Entscheidungsfindung anbietet, muß auf den Kontext der betrieblichen Entscheidungsunterstützung via quantitativer Methoden Rücksicht genommen

---

36 Vgl. FORD, B.; HAGUE, S.J.; ILES, R.M.J. (1989, Systems), S. 395f.

37 Vgl. DOUKIDIS, G.I.; PAUL, R.J. (1990, Survey), S. 363; FORDYCE, K.; NORDEN, P.; SULLIVAN, G. (1987, Artificial Intelligence), S. 34ff.

38 Vgl. DIELS, O.A. (1989, Methodenbanken), S. 33.

39 Vgl. GABRIEL, R. (1984, Konstruktionsprinzipien), S. 55.

werden.[40] Dabei sind insbesondere folgende Aspekte zu berücksichtigen: die Stellung der Methodenanwendung im Prozeß der Entscheidungsfindung, die Einbettung der Methodenbank in das gesamte betriebliche Informationssystem und schließlich spezifische Charakteristika der potentiellen Systembenutzer, d.h. der Entscheider oder Entscheidungsvorbereiter.

2.2.1 Die Rolle der Methodenbank im Prozeß der Entscheidungsfindung

Der Einsatz von quantitativen Methoden der Entscheidungsunterstützung setzt die Existenz von formalen, quantitativen Entscheidungsmodellen voraus. Mit Hilfe formaler Entscheidungsmodelle wird die Komplexität der realen Entscheidungssituation bewußt auf die quantifizierbaren Strukturen reduziert, um so eine Entscheidungsvorbereitung erst möglich zu machen.[41] Die Untersuchung eines formalen Modells auf optimale oder satisfizierende Lösungen kann anschließend nur von einem formalen Optimierungsverfahren geleistet werden.

Preßmar entwickelt ein Szenario für die Computer-gestützte Unternehmensplanung, dessen erste Phase, die Planungsphase, die modellgestützte Entscheidungsunterstützung darstellt. Er sieht die in der folgenden Tabelle dargestellten Schritte der Planungsphase:[42]

40 Zu Methodenbanken als Komponente von Entscheidungsunterstützungssystemen: vgl. ZISCHEK, D. (1987, Entscheidungsunterstützungssysteme), S. 51; SCHEER. A.-W. (1985, Betriebswirtschaftslehre), S. 144ff.

41 Vgl. Kap. 1.1.

42 Vgl. GABRIEL, R. (1984, Konstruktionsprinzipien), S. 6ff; PREßMAR, D.B. (1980, Methoden), S. 9f.

Phase	Bedeutung
Problemerkennung & -formulierung	In der Entscheidungssituation wird ein Problem erkannt und (nicht formal) formuliert
Struktur-Analyse	Analyse der problemadäquaten Struktur mit - Quantifizierung der Daten - Formulierung quantitativer Datenzusammenhänge
Zieldefinition	Formulierung der Zielvorstellung für die Problemlösung
Modellkonstruktion	Konstruktion des adäquaten Entscheidungsmodells
Methodenauswahl	Auswahl des für das Modell angemessenen Verfahrens
Modell- und Methodeneinsatz	Numerische Auswertung des Modells
Ergebnisdarstellung	Aufbereitung der berechneten Ergebnisse als Entscheidungsmöglichkeiten

Tab. 2.2.1 Phasen der modellgestützen Entscheidungsunterstützung

Die Phasen, in denen auf eine Methodenbank zurückgegriffen werden kann, sind in der Tabelle fett dargestellt. Dieses Schema, das in erster Linie eine ideale zeitliche Reihenfolge festhält, bildet darüber hinaus auch eine logische Reihenfolge zwischen Modellbildung und Methodeneinsatz ab, da der Grad der Komplexitätsreduktion allein während der Modellbildungsphase gemäß den Entscheidungszielen bestimmt werden sollte. Der nachgeschaltete Einsatz einer Optimierungsmethode sollte demnach keinen restringierenden Einfluß auf den Modellbildungsprozeß haben. Vielmehr sollte die Struktur des entwickelten Modells in Verbindung mit den angestrebten Zielen der Entscheidung die Auswahl einer geeigneten Methode bestimmen: Die Methode muß dem Modell folgen und nicht umgekehrt.

Um dieses Ideal in der Praxis anzunähern, ist es wichtig, Methodenbanken zur Verfügung zu stellen, die dem Modellierer die Gewißheit geben, daß zu einem entwickelten Modell tatsächlich auch eine adäquate Optimierungsmethode angeboten werden kann. Ist dies nicht der Fall, wird aufgrund des Risikos, aufwandsintensive Modellentwicklungen nicht nutzen zu können, das zur Verfügung stehende Methodenspektrum a priori den Modellierungsprozeß beeinträchtigen und konsequenterweise wird es zu nicht problemangepaßten Komplexitätsreduktionen kommen.

Im Prozeß der Entscheidungsfindung ist die Methodenanwendung also eine der Modellbildung sowohl zeitlich als auch logisch nachgeordnete Phase, ohne daß daraus eine streng lineare Folge der Phasen abzuleiten wäre. Damit die logische Reihenfolge nicht verletzt wird, ist es notwendig, ein leistungsfähiges, umfangreiches Methodenspektrum effektiv, d.h. für den Modellierer einfach zugänglich, anzubieten.[43] Konsequenterweise werden Methodenbanken als Komponenten von Entscheidungsunterstützungssystemen gefordert.[44]

2.2.2 Die Einbettung der Methodenbank in ein betriebliches Informationssystem.

Eine Methodenbank in der Entscheidungsunterstützung ist Teil eines übergeordneten betrieblichen Informationssystems, das als Ganzes in allen Phasen der Entscheidungsunterstützung eingesetzt wird.[45] Biethahn entwickelt die Konzeption eines ganzheitlichen betrieblichen Informationssystems, in dem ein Methodensystem als eine gleichberechtigte Komponente neben einem Datenverwaltungs-, einem Programm-, einem Werkzeug- und Sprachensystem und neben wissensbasierten Systemen angesiedelt ist.[46] Die einzelnen Komponenten des Systems müssen deswegen miteinander kommunizieren können. Andererseits kann ein praktikables betriebliches Informationssystem nicht in einem Schritt entwickelt und implementiert werden, vielmehr ist eine evolutionäre (Weiter-)Entwicklung dieses Systems unumgänglich.[47] In einem

---

43 Vgl. BALESTRA, G.; TSOUKIÀS, A. (1990, Analysis), S. 421; MERTENS, P.; BODENDORF, F. (1979, Methodenbanken), S. 533f.

44 Vgl. HUCKERT, K. (1988, Realisierung), S. 426; MERTENS, P. (1983, Decision-Support-Systeme), S. 169.

45 Vgl. PREßMAR, D.B. (1980, Methoden), S. 44.

46 Vgl. BIETHAHN, J.; MUKSCH, H.; RUF, W. (1991, Informationsmanagement Bd. 2) S. 6ff; BIETHAHN, J. (1990, Acquisition), S. 319.

47 Vgl. BIETHAHN, J. (1988, Informationsverarbeitung), S. 332ff. Dies folgt auch aus organisationspsychologischen Erwägungen, die unter einem Informationssystem explizit

solchen evolutionären Prozeß wird das Gesamtsystem um neue Komponenten erweitert, während sich andere Komponenten mit der Zeit als obsolet erweisen. Dennoch bleibt die Forderung nach der Möglichkeit der Kommunikation zwischen den einzelnen Komponenten bestehen. Der sich ergebende Konflikt kann nur aufgelöst werden, wenn die einzelnen Komponenten des Systems soweit offen sind, daß sie zueinander und auch an zukünftige Systemkomponenten angepaßt werden können.

Dies gilt damit insbesondere auch für Methodenbanken: Sie sollten als eine neue Komponente in ein betriebliches Informationssystem so integriert werden können, daß eine effektive Kommunikation mit den anderen Systemkomponenten möglich ist.

Scheer entwickelt ein 3-Ebenen-Modell eines betrieblichen Informationssystems, das sich explizit an den betriebswirtschaftlichen und damit den entscheidungsorientierten Bedürfnissen einer Unternehmung orientiert.[48] In diesem Modell verbindet eine Tool-Ebene, in der u.a. eine Methodenbank anzusiedeln ist, eine betriebswirtschaftlich-logische Ebene, die insbesondere Planungs- und Entscheidungsmodelle abbildet, mit der Ausführungsebene, die die konkreten ausführbaren Programme und Module enthält. Auch aus dieser konzeptuellen Vorstellung folgt die Forderung, daß eine Methodenbank ein derart offenes System sein sollte, daß die Kommunikation mit anderen Komponenten des betrieblichen Informationssystems flexibel möglich ist.

Eine weitere Implikation erwächst aus dieser Konzeption in bezug auf den Betreibungsmodus der Methodenbank. Arbeiten, die sich explizit nur mit Methodenbanken beschäftigen, gehen in der Regel davon aus, daß das System interaktiv betrieben werden sollte.[49] Diese Annahme kann im Rahmen eines umfassenden Informationssystems nicht mehr in dieser Ausschließlichkeit aufrecht erhalten werden: Auch Zugriffe auf die Methodenbank, die aus der Perspektive des Benutzer indirekt erfolgen, d.h. über andere Komponenten des Gesamtsystems, müssen möglich sein. Der betriebliche Entscheidungsträger, der anhand eines neu entwickelten Entscheidungsmodells einen Ent-

---

sowohl das technische als auch das damit arbeitende soziale System verstehen. Vgl. Hirschheim, R.; Klein, H.K. (1989, Paradigms), S. 1207ff; Scholl (1989, Informationssystem); Kirsch, W.; Klein H.K. (1977, Informationssysteme I), S. 146ff.

48 Vgl. Scheer, A.-W. (1990, Informationsmodell), S. 1021ff.

49 Vgl. Mertens, P.; Bodendorf, F. (1979, Methodenbanken), S. 533.

scheidungsvorschlag erarbeiten möchte, wird eine Optimierungsrechnung im Rahmen seiner Modellierungsumgebung dem expliziten Aufruf der Methodenbank vorziehen. Insofern sollte es idealerweise möglich sein, die Methodenbank auch von anderen Komponenten des betrieblichen Informationssystems aus als Dienstprogramm ohne direkte Benutzerinteraktion aufzurufen.[50]

Aus der Perspektive eines umfassenden betrieblichen Informationssystems ergibt sich also die Forderung nach der Möglichkeit zur Integration mit bestehenden Informationssystemen und zur Anpassungsfähigkeit an zukünftige Systeme.

2.2.3 Zum Benutzer der Methodenbank im Rahmen der Entscheidungsunterstützung

Eine Methodenbank wird in der Regel jedoch als interaktives System genutzt werden. Daraus folgt, daß das System eine adäquate Benutzerschnittstelle benötigt, die zumindest die Standardanforderungen der Dialoggestaltung erfüllt. Dies sind z.B. nach einer existierenden DIN-Vorschrift:[51]

Aufgabenangemessenheit Selbstbeschreibungsfähigkeit Steuerbarkeit Erwartungskonformität Fehlerrobustheit
Abb. 2.2.1: DIN-Anforderungen an die Dialoggestaltung interaktiver Systeme

Neben diesen allgemeinen Forderungen an eine interaktive Benutzerschnittstelle ergeben sich jedoch Implikationen für die Gestaltung der Benutzerschnittstelle und daraus folgend für den Systementwurf, die sich aus der spezifischen Anwendungsdomäne des Systems ergeben.

Eine wichtige Voraussetzung für den Entwurf eines spezifischen Informationssystems ist die explizite Charakterisierung des avisierten System-

---

50 Vgl. Kap. 3.3.3.

51 Es handelt sich um die Norm DIN 66234: vgl. BALZERT, H. (1990, Software-Ergonomie), S. 596.

Benutzers, ohne dabei die Vielfältigkeit potentieller Benutzertypen zu mißachten.[52]

Verschiedene Benutzergruppen

Dementsprechend sind die Beiträge zur Methodenbank-Diskussion auch von Definitionen spezifischer Benutzerprofile durchzogen.[53] Eine Unterscheidung, die den meisten Kategorisierungsversuchen von Methodenbank-Benutzern gemeinsam ist, differenziert zwischen "parametrisierenden" und "modellierenden" Benutzern. Dabei bezieht sich der Begriff des Modellierens auf eine aktive Methodenkomposition im Gegensatz zur eher passiven Parametrisierung vorgefertigter Methoden. Diese für Methodenbanken im allgemeinen gültige Unterscheidung kann auch auf den spezifischen Kontext einer Methodenbank im Rahmen der Entscheidungsunterstützung übertragen werden: Einerseits wird die Methodenbank von Experten der Methodenentwicklung genutzt, um entwickelte Methoden zentral zu verwalten; andererseits greifen die Konstrukteure der Entscheidungsmodelle in konkreten Entscheidungssituationen auf diese Methoden zurück.[54]

Aus dieser Zweiteilung folgt sofort die Forderung nach einer Benutzerschnittstelle und einer sich daraus ergebenden Systemarchitektur, die beiden archetypischen Benutzergruppen gerecht werden kann.[55] Im Kontext der Entscheidungsunterstützung folgt jedoch noch eine weitergehende Forderung an die Benutzerschnittstelle der Methodenbank: Da sich die beiden erwähnten Gruppen von Benutzern nicht nur durch divergierendes Vorwissen und verschiedenartige Interaktions-Präferenzen unterscheiden, sondern insbesondere auch durch eine eventuell unterschiedliche Terminologie, sollte die Benutzerschnittstelle der Methodenbank idealerweise die Rolle eines Dolmetschers übernehmen können, der zwischen den verschiedenen

52 Vgl. SHNEIDERMAN, B. (1987, Interface), S. 52.

53 Vgl. DIELS, O.A. (1989, Methodenbanken), S. 15; GABRIEL, R. (1984, Konstruktionsprinzipien), S. 51ff; MEYER, B.E.; SCHNEIDER, H.J. (1983, Informationssystem), S. 310; HAUER, K.H. (1979, Methodenbank-Monitorsysteme), S. 262ff; LICHT, U.; PANKOKE U. (1979, Konzept), S. 285; MERTENS, P.; BODENDORF, F. (1979, Methodenbanken), S. 540.

54 Zu einer analogen Unterscheidung in "administrators" und "final users"; vgl. GUAISO, G.; HITZ, M.; WERTHMER, H. (1989, Generator), S. 62f.

55 Vgl. Kap. 3.6.1.

Terminologien effektiv vermitteln kann.[56] Es kann also nicht nur darum gehen, eine formale Struktur der Benutzeroberfläche zu entwickeln, die beiden Gruppen gerecht wird. Darüber hinaus sollten beiden Benutzergruppen in ihrer jeweils präferierten Terminologie mit dem System interagieren können.

Zur Interaktionszeit

Erfahrungen, die schon bei der Einführung früher Entscheidungsunterstützungsysteme in die betriebliche Praxis gemacht wurden, laufen prinzipiell darauf hinaus, daß neue Informationssysteme nur dann durchgängig akzeptiert werden können, wenn sie sich dem Arbeitsstil der potentiellen Benutzer anpassen, d.h. wenn sie in die gewohnten Arbeitsumgebungen dieser Benutzer integriert werden können.[57] Nun sind die möglichen Arbeitsumgebungen für den Einsatz einer Methodenbank in der betrieblichen Entscheidungsunterstützung so zahlreich wie es verschiedene Bereiche gibt, für die Methoden zur Verfügung stehen. Insofern ist es natürlich schwer, den spezifischen Arbeitsstil oder die spezifische Arbeitsumgebung der Methodenbank zu skizzieren. Letztlich folgt wiederum die Forderung nach einer größtmöglichen Offenheit respektive Anpassungsfähigkeit der Methodenbank.

Hier soll jedoch darüber hinaus ein Spezifikum des Arbeitsstils in der betrieblichen Entscheidungsfindung besonders berücksichtigt werden: Ergebnisse empirischer Untersuchungen zum Arbeitsstil von Führungskräften zeigen, daß sich der Arbeitstag von Entscheidungsträgern in der betrieblichen Praxis in einer Vielzahl relativ kurzer Episoden gliedert.[58] Obwohl aus diesem Ergebnis nicht abgeleitet werden kann, daß Entscheidungsträger unabhängig von der Bedeutung der zu treffenden Entscheidung sich dem entsprechenden Problem nur wenige Minuten widmen, kann davon ausgegangen werden, daß ein Informationssystem, das mit diesem Arbeitsstil vereinbart ist, größere Chancen hat, in die praktische Entscheidungsfindung integriert zu werden, als ein System, das eine zeitlich lange Beschäftigung zwingend erfordert.

---

[56] Vgl. auch Biethahns Forderung zum Überkommen des "Übersetzers" zwischen DV- und Fachabteilung: BIETHAHN, J. (1988, Informationsverarbeitung), S. 332.

[57] Vgl. KIRSCH, W.; KLEIN H.K. (1977, Informationssysteme II), S. 45ff; ACKOFF, R.L. (1967, Misinformation), S. B147ff.

[58] Vgl. SCHOLL, W. (1991, Organisation).

Auf Basis dieses Umstandes läßt sich die Forderung begründen, daß die Interaktion mit der Methodenbank, zumindest soweit der Methodenanwender betroffen ist, sehr schnell und damit möglichst einfach gestaltet sein sollte: Ist die Handhabung der Methodenbank zu schwierig oder die Einarbeitung zu zeitaufwendig, werden Benutzer, die gewohnt sind, ihre Tätigkeiten in kurzen Zeitabschnitten zu wechseln, nur eine geringe Bereitschaft zeigen, mit dieser Methodenbank zu arbeiten.[59]

2.2.4 Ein Anforderungsprofil als Zusammenfassung

Aus der Argumentation der letzten Abschnitte lassen sich allgemeine Anforderungen an eine Methodenbank in der betrieblichen Entscheidungsunterstützung ableiten. Neben diesen generellen Anforderungen an eine Methodenbank läßt sich aus den konkreten Arbeitsschritten des Methodeneinsatzes in der Entscheidungsunterstützung ein aufgabenorientiertes Leistungsprofil der Methodenbank entwickeln. Zusammengenommen ergibt sich ein Anforderungsprofil an eine Methodenbank in der Entscheidungsunterstützung, das als Leitbild für die im folgenden Kapitel 3 vorgenommen Konzeption der Expertensystem-Unterstützung für eine Methodenbank dient.

Anforderungen an eine Methodenbank in der betrieblichen Entscheidungsunterstützung

Als erste Anforderung an die Methodenbank ergab sich die Forderung nach einer möglichst umfassenden oder reichhaltigen Methodenbasis, damit während des Prozesses der Modellerstellung eine problemorientierte Modellierung erleichtert wird, die unbelastet von methodischen Restriktionen ist. Aus der Perspektive der Einbindung der Methodenbank in ein betriebliches Informationssystem ergab sich die Forderung nach Systemoffenheit, die insbesondere die einfache Anpassung an andere Komponenten des gesamten Informationssystems ermöglicht. Schließlich führte die Betrachtung der potentiellen Benutzer einerseits zu der Forderung nach einer Vermittlung zwischen verschiedenen

[59] Eine ähnliche Forderung entwickelt Biethahn im Zusammenhang mit kleinen und mittelständischen Betrieben: vgl. BIETHAHN, J. (1988, Informationsverarbeitung), S. 332.

Terminologien und andererseits zum expliziten Kriterium der schnellen Einarbeitungs- und Interaktionszeit.

Umfassende Methodensammlung Systemoffenheit Vermittlung zwischen verschiedenen Benutzerterminologien Schnelle Einarbeitung und kurze Interaktion
Abb. 2.2.2: Zusammenfassung spezifischer Kriterien an eine Methodenbank

Ein aufgabenorientiertes Leistungsprofil

Schon die Motivationen zur Entwicklung von Methodenbanken sind aufgabenorientiert.[60] Die Festlegung eines Leistungsprofils einer Methodenbank darf sich deswegen nicht in der Definition einer wünschenswerten Systemarchitektur erschöpfen; vielmehr muß die Aufgabenerfüllung im Vordergrund stehen. Die grundlegende inhaltliche Aufgabe einer Methodenbank ist dabei die Zuordnung einer geeigneten Methode zu einem gegebenen Problem des Benutzers. Hierbei spielt es zunächst keine Rolle, wie sich das Problem äußert: Es kann sich beispielsweise um das Problem der adäquaten statistischen Auswertung von Daten, um das Problem einer effizienten NC-Programmierung oder um die geeignete Auswertung eines Simulationsmodells handeln. Grundlegend für alle Problemstellungen ist jedoch, daß ein Bedarf besteht, vorliegende Modelle methodisch zu untersuchen.

Konzentriert man sich auf die praktische Durchführung des Methodeneinsatzes in der Entscheidungsunterstützung ergibt sich eine Reihe von Schritten, die prinzipiell nacheinander ausgeführt werden müssen. Damit wird jedoch keine lineare Sequenz dieser Schritte impliziert; vielmehr sind Rückschritte in dieser Reihenfolge immer möglich. Alpar beschreibt sieben Schritte eines methodenorientierten "Problemlöseprozesses":[61]

---

60 Vgl. Kap. 2.1.

61 Vgl. GABRIEL, R. (1984, Konstruktionsprinzipien), S. 57; ALPAR, P. (1980, Methodenauswahl), S. 21ff.

Schritt	Bedeutung
Problemerkennung	Das Entscheidungsproblem, das mit Hilfe einer Methode analysiert werden soll, wird spezifiziert.
Datenauswahl	Die benötigten Daten werden ausgewählt.
Methodenauswahl	Die geeigneten Methoden werden ausgewählt.
Methodenverknüpfung	Eventuell werden mehrere Methoden verknüpft.
Parameterversorgung	Die Methode wird mit den passenden Parametern versorgt.
Modellauf	Die Methode analysiert das Modell.
Interpretation	Die Methodenergebnisse werden dargestellt und interpretiert.

Abb. 2.2.3: Schritte zur Problemlösung mit Hilfe von Methoden

Wenn im dargestellten Schema allgemein von einer Erkennung des Problems gesprochen wird, so kann im Rahmen der quantitativen Entscheidungsunterstützung das Problem in diesem speziellen Kontext genauer spezifiziert werden. Es handelt sich nun nicht mehr um das reale Entscheidungsproblem, sondern das Problem konstituiert sich - in Konsequenz der Planungsphasen, wie sie in Kapitel 2.2.1 dargestellt wurden - durch das schon formale Entscheidungsmodell.

Hier soll das vorgestellte Schema an drei Punkten modifiziert werden, um ein aufgabenorientiertes Leistungsprofil einer Methodenbank aufstellen zu können. Erstens wird die Datenauswahl nicht in einem gesonderten Schritt betrachtet, da sie inhaltlich gesehen mit der Spezifikation des Modells und damit des Problems direkt verknüpft ist. Technisch betrachtet, also unter dem Aspekt des Zugriffs auf die benötigten Daten, werden nur spezielle Methoden benötigt, die die Schnittstelle zu einem Datenbanksystem realisieren. [62]

---

62 Vgl. Kap. 3.3.

Zweitens wird der Schritt der Methodenauswahl in zwei Teilschritte aufgeteilt, um so dem Umstand Rechnung zu tragen, daß mit Hilfe einer systemunterstützten Methodenauswahl oftmals nur Mengen von prinzipiell geeigneten Methoden angeboten werden können, unter denen dann der Benutzer der Methodenbank selbst diejenige Methode auswählen kann, die seinen Zielen am besten entspricht.

Drittens schließlich wird nicht gesondert zwischen Methodenauswahl und Methodenverknüpfung unterschieden, da dies aus Sicht des Anwenders keinen relevanten Unterschied darstellt. Dieser benötigt eine Methode, die sein Problem lösen kann, unabhängig davon, ob diese Methode erst zusammengesetzt werden muß oder nicht.

Es ergeben sich also folgende Aufgaben, die von der Methodenbank unterstützt werden sollten:

Schritt 1: Definition / Eingrenzung des Problems

Aus Sicht einer Methodenbank kann nicht davon ausgegangen werden, daß der Benutzer sein Problem, also die Eigenschaften des zu analysierenden Modells und die verfolgten Ziele, direkt und vollständig spezifizieren kann.[63] Deswegen muß vom System aus eine Hilfestellung vorgesehen sein, die dem Benutzer - möglichst abhängig von seinem Kenntnisstand - die Spezifikation des Problems ermöglicht. In diesem Zusammenhang ist es wiederum wichtig zu beachten, daß zum Zeitpunkt des Methodenbankeinsatzes das Problem des Benutzers nicht mehr das ursprüngliche Entscheidungsproblem, sondern explizit die Wahl einer für ein existierendes Modell geeigneten Methode ist. Insofern fällt bei der Anwendung der Methodenbank die Spezifikation des Problems mit der Spezifikation des Modells zusammen.

Schritt 2: Identifikation geeigneter Methoden

Auf Basis der auch dem System verständlichen Problemspezifikation, respektive Modellbeschreibung, kann dann die eigentliche Identifikation einer Methode erfolgen. Dabei muß jedoch unterschieden werden, ob eine fertige Methode

63 Vgl. auch JARKE. M. (1987, Kopplung), S. 11; LANDRY, M.; PASCOT, D.; BRIOLAT, D. (1985, DSS), S. 25ff.

gefunden werden kann, oder ob eine Verknüpfung mehrerer Methoden notwendig ist. Im letzteren Fall muß für den Prozeß der Methodenkomposition ein Grad der Aufgabenteilung zwischen System und Benutzer gefunden und realisiert werden, der den Möglichkeiten des Systems und den Fähigkeiten des Benutzers entspricht. Günstigstenfalls gestaltet sich der Dialog zwischen System und Benutzer derart, daß der Benutzer keinen Unterschied zwischen einer einfachen Methodenauswahl und der komplizierteren Methodenverknüpfung wahrnimmt.

Schritt 3: Auswahl aus einer Menge möglicher Methoden

Für den Fall, daß mehrere Methoden existieren, die zur Problemlösung eingesetzt werden könnten, muß dem Benutzer eine Auswahlmöglichkeit angeboten werden. Dabei sollte das Auswahlangebot so informativ gestaltet sein, daß der Benutzer auf Basis seiner Fähigkeiten eine gezielte Auswahl treffen kann.

Schritt 4: Anpassung der Methode auf die konkrete Problemstellung: Parametereinstellung

Nachdem eine einzelne Methode zur Problemlösung identifiziert worden ist, muß sie in aller Regel noch durch Parameter an die konkrete Problemstellung angepaßt werden. Hierzu ist wiederum eine Arbeitsteilung zwischen System und Benutzer notwendig, die auf dem Kontinuum zwischen völliger Automatisierung und völliger Benutzerspezifikation der Situation angepaßt vorgenommen werden sollte. Für jeden Parameter, der vom Benutzer einzustellen ist, sind wiederum die notwendigen Informationen verständlich verfügbar zu machen.

Schritt 5: Methodenausführung

Nachdem die Parameter spezifiziert sind, übernimmt die Methodenbank die Ausführung der Methode auf den angegebenen Modellen. Alle benötigten Schritte zur Ausführung, die eventuell im Falle einer Methodenkomposition mit der Übersetzung der Quelltexte und der Bindung der Lademodule zu einem lauffähigen Programm beginnen, werden dabei für den Benutzer unsichtbar durchgeführt. Mit diesem Schritt wird die zentrale technische Aufgabe der Methodenbank, nämlich die Automatisierung der Methodenaufrufe gelöst.

Für die Methodenausführung selbst muß entschieden werden, ob sie in einer interaktiven Form stattfindet, oder ob sie im Hintergrund in einem Batch-Betrieb abläuft. Dabei sind auch Mischformen denkbar, wie beispielsweise das gelegentliche Angebot von Zwischenergebnissen aus dem Hintergrundprozeß und die Möglichkeit, den im Hintergrund laufenden Batch-Betrieb zu unterbrechen.

Schritt 6: Ergebnisaufbereitung

Nach Beendigung der Methodenausführung müssen die berechneten Resultate entweder dem Benutzer angeboten oder für eine zeitlich entkoppelte Aufbereitung archiviert werden. Unter einer Aufbereitung kann dabei sowohl eine eventuell graphische Darstellung der Methodenergebnisse als auch eine aktive Interpretationshilfe verstanden werden. In beiden Fällen müssen spezielle Methoden zur Verfügung stehen, um dem spezifischen Inhalt und der Form der Methodenergebnisse Rechnung tragen zu können. Insofern kann die Ergebnisaufbereitung als ein eigenständiger Bestandteil einer Methodensammlung aufgefaßt werden.

3. Der Entwurf von EskiMo

Nachdem in den vorangegangenen Kapiteln der Rahmen für die Konzeption einer Methodenbank in der quantitativen Entscheidungsunterstützung abgesteckt wurde, wird in diesem Kapitel das Konzept einer wissensbasiert unterstützten Methodenbank entwickelt und seine Implementation beschrieben.[1] Das System trägt den Namen EskiMo als Akronym für Expertensystem-kontrollierte Methodenbank.

Das Ziel bei der Entwicklung von EskiMo ist in erster Linie die Realisierung originärer Aufgaben einer Methodenbank auf Basis der Möglichkeiten wissensbasierter Techniken. Weiterhin besteht das Ziel, EskiMo so zu gestalten, daß die flexible Einbindung des Systems in betriebliche Informationssysteme möglich ist. Schließlich wird der Anspruch, durch wissensbasierte Techniken die Methodenbank zu unterstützen, mit dem Ziel verknüpft, auch eine Benutzeroberfläche zu entwickeln, die ein leichtes Einarbeiten in das System und ein effektives Arbeiten mit dem System ermöglicht.[2]

Es ergeben sich demnach die folgenden Gestaltungsziele:

1. Realisierung originärer Aufgaben einer Methodenbank auf Basis wissensbasierter Techniken 2. Ermöglichen einer flexiblen Integration von EskiMo in betriebliche Informationssysteme 3. Orientierung an Anforderungen der quantitativen Entscheidungsunterstützung 4. Realisierung einer effektiven Benutzerschnittstelle
Tab. 3.0.1: Gestaltungsziele bei der Entwicklung von EskiMo

Im folgenden werden zuerst Potentiale einer wissensbasierten Unterstützung für eine Methodenbank untersucht, um im Anschluß daran prinzipielle

---

1 Zur Abgrenzung des Begriffs des wissensbasierten Systems von dem des Expertensystems vgl. Kap. 3.1.1.

2 Zur Bedeutung der Benutzeroberfläche bei Expertensystemen vgl. BIETHAHN, J; HOPPE, U. (1990, Tools), S. 126; GRIESE, J. (1990, Benutzerschnittstellen), S. 197; KOLB, S. (1991, Erklärungsfähigkeit).

Möglichkeiten der Integration von (konventionellen) Methodenbanken und Expertensystemen untersuchen zu können. Diese Analyse führt dann zum grundlegenden Konzept für EskiMo, das auf einer Integration von drei Modellen der "Methodenbank-Umwelt" in einem wissensbasierten Zugangssystem beruht (Kapitel 3.2). In Kapitel 3.3 werden Schnittstellenfragen diskutiert, die aufgrund des vorgeschlagenen Ansatzes entstehen. Im Anschluß daran können die drei Modelle von EskiMo im Detail entwickelt und beschrieben werden (Kapitel 3.4 bis 3.7). Im abschließenden Kapitel 3.8 wird schließlich auf die Implementierung von EskiMo eingegangen.

3.1 Möglichkeiten der wissensbasierten Unterstützung einer Methodenbank

Im Rahmen dieses Kapitels wird die Frage nach Potentialen der wissensbasierten Unterstützung einer Methodenbank untersucht. Dazu werden zuerst allgemeine Potentiale wissensbasierter Systeme dargestellt, um im Anschluß die spezifischen Aufgaben von Methodenbanken auf eine mögliche Unterstützung durch wissensbasierte Techniken zu untersuchen.

Im folgenden wird nicht explizit zwischen einem Expertensystem als alleinstehendem System und einer "nur" unterstützenden Expertensystem-Komponente unterschieden. Gerade in der betrieblichen Anwendung würde diese Unterscheidung wenig Sinn machen, da aufgrund der Vielfältigkeit der Anwendungen ein Zusammenwirken der verschiedenen Informationssysteme unabdingbar ist.[3] So sind z.B. auch im Bereich der Produktionsplanung die meisten Projekte alleinstehender, isolierter Expertensystem-Lösungen gescheitert, woraufhin nun eine Umorientierung zu Expertensystem-unterstützten Produktionsplanungssystemen beobachtet wird.[4]

---

3 Vgl. BIETHAHN, J.; MUKSCH, H.; RUF, W. (1991, Informationsmanagement Bd. 2), S. 6ff; BIETHAHN, J. (1990, Acquisition), S. 319.

4 Vgl. MERTENS P.; HELMER J.; ROSE, H.; WEDEL, TH. (1989, Ansatz), S. 14.

3.1.1 Potentiale der Expertensystem-Anwendung

Trotz der jüngsten Erfolge bei der Verbreitung von Expertensystem-Anwendungen[5], konstituieren Expertensysteme einen noch relativ jungen und dynamischen Bereich der Forschung. Die sich so erklärende terminologische Vielfalt im Zusammenhang mit Expertensystemen macht vor der Besprechung von Potentialen die definitorische Eingrenzung des Begriffs des Expertensystems notwendig.[6]

Zum Begriff des Expertensystems

Symptomatisch sind in diesem Zusammenhang die divergierenden Auffassungen über die Unterscheidung zwischen wissensbasierten Systemen und Expertensystemen. Kurbel unterscheidet prinzipiell zwischen beiden und faßt Expertensysteme als Systeme zur wissensbasierten Problemlösung in eng abgegrenzten Anwendungsdomänen auf, während er wissensbasierte Systeme als Softwaresysteme zur allgemeinen Repräsentierung von Fachwissen betrachtet.[7] Mertens stellt Expertensysteme und wissensbasierte Systeme gleich.[8] Jarke wiederum betrachtet Expertensysteme als einen Typ wissensbasierter Systeme, die die Simulation oder die Unterstützung menschlicher Experten zum Ziel haben.[9]

Hier wird die Interpretation von Kurbel favorisiert, die den Begriff des Expertensystems als einen eher normativen Begriff auffaßt. Ein Expertensystem kann demzufolge primär an seiner Leistungsfähigkeit und weniger an seiner Systemarchitektur erkannt werden. Im Gegensatz dazu kann der Ausdruck "wissensbasiertes System" im Hinblick auf die Eigenarten der Systemerstellung verwendet werden. Pointiert verkürzt ergibt sich eine Begriffsverwendung, bei der der Ausdruck "Expertensystem" einen Output-orientierten und der Ausdruck "wissensbasiertes System" einen Input-orientierten Akzent setzt.

---

5 Vgl. MERTENS, P. ; BORKOWSKI, V. ; GEIS, W. (1990, Expertensystem-Anwendungen), S. 25.

6 Vgl. PINNEGGER, T.; DORNHOFF, P. (1990, Systeme), S. 505.

7 Vgl. KURBEL, K. (1990, Entwicklung), S. 483f.

8 Vgl. MERTENS, P. (1990, Einsatzpotentiale), S. 525.

9 Vgl. JARKE, M. (1990, Systeme), S. 462.

Spezifisches Leistungsprofil eines Expertensystems

Wenn untersucht wird, inwieweit ein Expertensystem im Zusammenhang einer Methodenbank von Nutzen sein kann, muß jenseits von begrifflichen Abgrenzungsversuchen vor allem nach den Leistungen gefragt werden, die Expertensysteme in eine Methodenbank einbringen können.[10] Wiederum kann zwischen eher normativen und eher deskriptiven Ansätzen unterschieden werden, mit denen die Leistungsmerkmale und damit die spezifische Leistungsfähigkeit eines Expertensystems angegeben werden können.

Im normativen Ansatz, wie z.B. von Davis vertreten[11], werden Anforderungen an Systeme gestellt, die erfüllt sein müssen, um von einem Expertensystem sprechen zu können. Im speziellen leitet Davis aus der Beobachtung menschlicher Expertenleistung die folgenden Imperative an ein Expertensystem ab:

---

10 Zu einem analogen Ergebnis führten Betrachtungen zur Integartion von Expertensystemen und Decision Support Systemen: vgl. CONNELL, N.A.P.; POWELL, P.L. (1990, Comparison), S. 432f.

11 Vgl. DAVIS, R. (1982, Expert Systems).

Solve the problem	Das gestellte Problem soll gelöst werden.
Explain the results	Die erzielten Ergebnisse, d.h. Problemlösungen, sollen so erklärt werden, daß sie nachvollziehbar sind.
Learn	Aus den verschiedenen Problemlösungen sollen Erfahrungen gesammelt werden, soll gelernt werden. Im Endeffekt folgt daraus die Leistungssteigerung des Systems auf Basis von Erfahrung.[12]
Restructure knowledge	Das repräsentierte Wissen soll aktiv überwacht werden, so daß z.B. Inkonsistenzen zwischen einzelnen Wissensbeständen identifiziert und abgebaut werden können.
Break rules	Auf Basis eines Verständnisses des Sinns spezifischer Regeln sollen sie im konkreten Anwendungsfall auch gebrochen, d.h. übergangen werden können.
Determine relevance	Die Bedeutung des eigenen Wissens für die Problemlösung soll erkannt werden können.
Degrade gracefully	Probleme, die außerhalb oder am Rand der eigenen Kompetenz liegen, sollen sinnvoll behandelt werden.

Tab. 3.1.1: Eigenschaften eines Expertensystems nach Davis

Diese normativen Forderungen werden von heutigen Systemen nicht durchgängig erfüllt[13] und sind eventuell teilweise prinzipiell nicht erfüllbar. Sie stellen jedoch Idealforderungen dar, an denen sich faktische Expertensysteme messen lassen können.

Da der ideale Charakter solcher normativer Forderungen recht weit von praktischen Anwendungen entfernt ist, wird insbesondere in der Wirtschaftsinformatik - als anwendungsorientierter Wissenschaftsdisziplin - auch ein starker Akzent auf eine deskriptive, eher phänomenologische Erfassung praktikabel möglicher Merkmale gelegt.[14] Die Klassifizierungen existenter, möglicher und anzustrebender Anwendungen lassen dabei die potentiellen Stärken eines Expertensystemeinsatzes deutlich werden.

---

12 Vgl. SIMON, H.A. (1984, Machines), S. 26: "*Learning denotes changes in the system that are adaptive in the sense that they enable the system to do the same task or tasks drawn from the same population more efficiently and more effectively the next time.*"

13 Vgl. KURBEL, K. (1990, Entwicklung), S. 483f.

14 Vgl. MERTENS, P. (1990, Expertensysteme), S. 18; JARKE, M. (1990, Systeme), S. 462f.

In einer Analyse der prinzipiellen Einsatzmöglichkeiten von Expertensystemen in betrieblichen Anwendungen identifiziert Milling vier potentielle Aufgabenbereiche: Diagnose, Prozeßüberwachung, Planung und Beratung.[15] Eine detailliertere Klassifizierung unterlegen Mertens u.a. ihrer empirischen Untersuchung über den Einsatz von Expertensystemen. Demgemäß ergeben sich die folgenden Aufgabenklassen, die ein Expertensystem übernehmen kann:[16]

AUFGABE	BEDEUTUNG
Diagnose	Klassifikation von Problemfällen
Expertise	Formulierung von Situationsberichten
Beratung	Handlungsempfehlungen in Benutzerdialog
Intelligente Checklisten	Gedächtnisstütze, Vollständigkeitssicherung
Selektion	Auswahl aus Alternativenmengen
Konfiguration	Zusammensetzung komplexer Gebilde
Planung	Beachtung von Reihenfolgen bei Konfigurationsaufgaben
Zugang	Hülle zu konventioneller Software
Aktive Hilfe	Angebot von Hilfe, die nicht vom Benutzer direkt angefordert ist
Unterricht	Computer-unterstützter Unterricht
Entscheidung	Automatisches Entscheiden in eingegrenzten Situationen

Tab. 3.1.2: Mögliche Anwendungsgebiete für Expertensysteme

Im Zusammenhang mit diesen Aufgaben wird von Systemen gesprochen, also z.B. von einem Entscheidungssystem oder einem Konfigurationssystem. Der dadurch eventuell entstehende Eindruck, daß reale Anwendungen eindeutig einer Aufgabe zuzuordnen wären, ist jedoch nicht beabsichtigt.[17] Vielmehr können Expertensysteme bestenfalls im Schwerpunkt einer der Kategorien zugeordnet

---

15 Vgl. MILLING, P. (1988, Expertensysteme), S. 1f.

16 Vgl. MERTENS, P. ; BORKOWSKI, V. ; GEIS, W. (1990, Expertensystem-Anwendungen), S. 6f. Zu einer ähnliche Aufstellung: vgl. MOCKLER, R.J. (1989, Systems), S. 19.

17 Vgl. MERTENS, P. (1990, Einsatzpotentiale), S. 526f.

werden. In der Regel wird ein Expertensystem mehrere der angeführten Aufgabentypen bearbeiten müssen, um zu einer Problemlösung zu gelangen.

Bedeutung für eine Methodenbank

Für die Frage, inwieweit es sinnvoll ist, eine Methodenbank durch eine Expertensystem-Komponente zu unterstützen, ergibt sich aus dieser Perspektive die Konsequenz, daß die Entwicklung einer Expertensystem-gestützten Methodenbank dann ein aussichtsreiches Projekt ist, wenn zwischen den Aufgaben einer Methodenbank und den potentiellen Einsatzgebieten eines Expertensystems eine nichtleere Schnittmenge existiert. Die Identifikation dieser Schnittmenge soll in den folgenden Abschnitten geleistet werden.

3.1.2 Unterstützung der Zuordnung von Methode zu Problem: Methodenauswahl

Als zentrale Aufgabe der Methodenbank gilt die Zuordnung von gegebenem Problem zur geeigneten Methode.[18] In Kapitel 2.1 wurden die bisher entwickelten Ansätze und Vorschläge zur Lösung dieser Aufgabe vorgestellt. Grundsätzlich ist das Problem der adäquaten Methodenauswahl ein Zuordnungsproblem: Ausgehend von den Eigenschaften eines Problems muß auf die geeignete Methode geschlossen werden.[19] Formal läßt sich das Zuordnungsproblem als eine Abbildung von einem Problemraum, der eine Menge möglicher Probleme umfaßt,[20] in einen Methodenraum, der eine Menge möglicher Methoden umfaßt, auffassen. Die Zuordnung selbst wertet dabei Informationen über die Eigenschaften des Problems und über die Eigenschaften der Methoden aus. Diese Informationen und ihre Strukturierung können als das Problemlösewissen eines Methodenexperten, z.B.. eines OR-Fachmannes, interpretiert werden.

---

18 Vgl. ERBE, R.; WALCH, G. (1975, Methodensuche).

19 Aus der Perspektive der Methodenbankanwendung konstituiert sich das Problem in erster Linie durch ein gegebenes, zu analysierendes Modell. Vgl. Kap. 2.2.1.

20 An dieser Stelle genügt es, den Problemraum als die Menge der Probleme zu verstehen, die von einer Methodenbank gelöst werden können. Eine genauere Analyse des Problemraums wird in Kap. 3.4 geleistet.

Insofern wird deutlich, daß die Methodenauswahl als Zuordnungsproblem vom Prinzip her wissensbasiert gelöst wird. Dem widerspricht nicht, daß die in Kapitel 2.1 beschriebenen bisherigen Ansätze zur Methodenauswahl offensichtlich ohne Rückgriff auf wissensbasierte Techniken realisiert wurden. Die diesen Ansätzen zugrundeliegenden Entscheidungsbäume stellen nichts anderes als eine starre Formalisierung des Problemraums dar:[21] An jedem Knoten des Entscheidungsbaums wird eine Dimension des Problemraums mit einem konkreten Wert belegt, solange bis an einem Blatt des Entscheidungsbaums eine Methode oder eine Menge von Methoden identifiziert werden kann.

Mit Hilfe eines wissensbasierten Systems sollte es dagegen möglich sein, die Verbindung zwischen Problem- und Methodenraum natürlicher und damit flexibler zu gestalten. Gemäß der in Tabelle 3.1.2 angeführten Klassifikation handelt es sich bei der Methodenauswahl in erster Linie um ein Selektionsproblem. Darüber hinaus setzt die Methodenauswahl aber die adäquate Definition des Problems voraus.[22] Dieser kritische, der Methodenauswahl vorgeschaltete Schritt kann mit Hilfe eines wissensbasierten Systems, im Sinne eines Expertise-Systems erleichtert werden, indem dem Benutzer das notwendige Wissen zur adäquaten Beschreibung seines Problems zur Hand gegeben werden.

Diese Sichtweise der wissensbasierten Zuordnung zwischen einem Problem- und einem Methodenraum wird auch im allgemeineren Rahmen der Diskussion von Entscheidungsunterstützungssystemen angenommen. Bonczek u.a. sehen die Struktur von Entscheidungsunterstützungssystemen prinzipiell als eine Kombination von einem Sprach-, einem Wissens- und einem Problemverarbeitungssystem.[23] Mit dieser etwas anderen Terminologie beschreiben sie nichts anderes als die wissensbasierte Zuordnung zwischen dem Symbolsystem des Benutzers und dem Symbolsystem des Entscheidungsunterstützungssystems, das neben Methoden auch Modelle und das dazugehörige Anwendungswissen zusammenfaßt. Die Zuordnung wird wissensbasiert vom Problemverarbeitungssystem geleistet.[24] Auch im Rahmen von Modell-Management-Systemen werden analoge Entwicklungen betrieben:

---

21 Vgl. Kap. 2.1.3.

22 Vgl. Kap. 2.2.1.

23 Vgl. BONCZEK, R.H.; HOLSAPPLE, C.W.; WHINSTON, A.B. (1982, Foundations), S. 69ff.

24 Vgl. HRUSCHKA, H. (1988, Ansätze), S. 160.

Liang betrachtet die Modellwahl und die Modellkomposition als die zentralen Aufgaben eines wissensbasierten Modell-Management-Systems.[25]

3.1.3 Unterstützung der Parametrisierung von Methoden

Nachdem eine geeignete Methode zu einem Problem identifiziert worden ist, muß die gewählte Methode im allgemeinen über Parameter an das gestellte Problem angepaßt werden. Die Aufgabe der Parametrisierung kann auf zwei Arten interpretiert werden.

Einerseits kann sie als Fortsetzung der Methodenauswahl auf einer niedrigeren Abstraktionsebene aufgefaßt werden, wodurch die im letzten Kapitel angestellten Überlegungen auch in dieser Frage Anwendung fänden.

Andererseits kann jedoch argumentiert werden, daß die Einstellung von Parametern nicht mehr durch die Eigenschaften des Problemraums bestimmt werden kann, daß vielmehr bewußt eine Trennung zwischen der Methodenauswahl und der Methodenanpassung vorgenommen werden sollte. Dann folgt, daß die Parametrisierung einer gewählten Methode im Dialog zwischen Benutzer und System vorgenommen werden muß. Dieser Dialog wird um so effektiver, je intensiver verfügbare Wissensbestände im Sinne eines Beratungssystems ausgenutzt werden können.

3.1.4 Ergebnisaufbereitung

Sobald die adäquaten Methoden ausgewählt und parametrisiert sind, erfolgt der Methodeneinsatz. Damit endet jedoch der Aufgabenhorizont der Methodenbank nicht. Gerade der effektive Einsatz quantitativer entscheidungsunterstützender Methoden verlangt eine Interpretation und Aufbereitung der Methodenergebnisse.[26] Diese Aufgabe kann natürlich von einem wissensbasierten System gelöst werden, denn es geht explizit um eine Bewertung berechneter Ergebnisse auf Basis von Erfahrungswissen, auf Basis von Expertise.[27] Nicht bei jeder Methode wird das erforderliche Wissen bereit

---

25 Vgl. LIANG, T.P. (1988, Development), S. 849.

26 Vgl. MERTENS, P.; GRIESE J. (1988, Datenverarbeitung), S. 538.

27 Zu einem Beispiel der Expertensystemunterstützung bei der Ergebnisdarstellung: vgl. KLINGMAN, D.; PADMAN, R.; PHILLIPS, N. (1988, Intelligent), S. 281f.

stehen. Eine Methodenbank sollte jedoch die Möglichkeit anbieten, dieses Wissen zu repräsentieren, um es in späteren Anwendungen zu verwenden.

Interpretationshilfen sind eng verknüpft mit einer dem Benutzer angepaßten Darstellung der Ergebnisse. Hier können z.B. Benutzermodelle helfen, die Art der Darstellung zu finden, die dem Benutzer am besten dient. Rieger schlägt konkret vor, mit Hilfe von Objekt-Hierarchien und Vererbungsmechanismen konsistente Darstellungsformen zu erreichen.[28]

3.1.5 Gestaltung der Informationskomponente

Ein originärer Bestandteil einer Methodenbank ist die Informationskomponente, mit deren Hilfe sich der Benutzer über den Inhalt der Methodensammlung entweder gezielt über Teilmengen von Methoden oder explorativ über die gesamte Methodensammlung informieren kann. In diesem Zusammenhang wird für interaktive Systeme angenommen, daß die Einführung wissensbasierter Benutzermodelle zu effektiveren System-Benutzerdialogen führt.[29] Dies gilt umso mehr für eine Methodenbank, mit der unterschiedliche Benutzertypen interagieren mit entsprechend verschiedenen und spezifischen Bedürfnissen an die Benutzeroberfläche[30].

3.1.6 Unterstützung der Systemverwaltung

Im Rahmen der Verwaltungskomponente einer Methodenbank müssen Funktionen zum Einfügen, Löschen und Verändern der Methoden und der Methodenbeziehungen bereit gestellt werden. Die damit verbundenen administrativen Tätigkeiten bieten sich nicht direkt für eine wissensbasierte Unterstützung an. Jedoch kann insbesondere die Verwaltung des den Methoden zugeordneten Anwendungswissens als eine spezielle Wissensakquisition aufgefaßt werden, die im Rahmen einer wissensbasierten Methodenbank durch die Verfügbarmachung einer entsprechenden Schnittstelle erleichtert werden kann. Dazu ist es notwendig, den Systemverwaltern eine aufgabenangepaßte Sicht der schon vorhandenen und der einzugebenden Wissensbestände

---

[28] Vgl. RIEGER, B. (1990, Planungssprachen), S. 257ff.

[29] Vgl. WAHLSTER, W.; KOBSA, A. (1988, Models), S. 4ff.

[30] Kap. 2.2.3.

anzubieten. Somit können auch die Schwierigkeiten behoben werden, von denen bei Einfügung neuer Methoden in Entscheidungstabellen berichtet wird.[31]

3.1.7 Unterstützung der Systemintegration

Eine Methodenbank in der betrieblichen Entscheidungsunterstützung muß sich in die Realität eines dynamischen betrieblichen Informationssystems einpassen. Dazu ist es notwendig, mit anderen Komponenten des betrieblichen Systems flexibel interagieren zu können, was zur Forderung nach möglichst offenen Methodenbanken führt.[32] Diesen Forderungen steht entgegen, daß Expertensysteme meist als Insellösungen konzipiert wurden und daß darüber hinaus wissensbasierte Entwicklungswerkzeuge dem Aspekt der Integration in übergeordnete Informationssysteme wenig Rechnung tragen.[33]

In diesem Punkt ergibt sich also keine originäre Stärke, die für eine Expertensystemunterstützung spricht. Die existierenden Schwierigkeiten stellen jedoch kein prinzipielles Hindernis für die Verwendung wissensbasierter Techniken dar. Vielmehr gilt es, die wissensbasierte Unterstützung einer Methodenbank so zu gestalten, daß auch diesem Aspekt Genüge getan wird.

3.1.8 Expertensystem-Unterstützung für eine Methodenbank

Gerade die elementaren und zentralen Aufgaben einer Methodenbank weisen Merkmale auf, die als potentiell fruchtbar für einen Expertensystem-Einsatz angesehen werden: Es handelt sich um Selektionsaufgaben bei der Identifikation adäquater Methoden, um Beratungsaufgaben bei der Parametrisierung ausgewählter Methoden, um die Ausnutzung von Benutzermodellen im Rahmen einer Informationskomponente und schließlich um die Verfügbarmachung von Expertise im Rahmen einer Interpretationshilfe. Dieses Ergebnis steht in Ein

---

31 Vgl. MERTENS, P.; GRIESE J. (1988, Datenverarbeitung), S. 534.
32 Vgl. Kap. 2.2.2.
33 Vgl. JARKE, M. (1990, Systeme), S. 477f.

klang mit allgemeinen Synergie-Effekten, die bei der Integration zwischen Expertensystemen und Entscheidungsunterstützungssystemen erwartet werden.[34]

Schwierigkeiten können sich im Hinblick auf die angestrebte Offenheit einer praktikablen Expertensystem-gestützten Methodenbank für die betriebliche Entscheidungsunterstützung ergeben.

3.2 Ein Ansatz zur Integration von Methodenbank und Expertensystem-Komponente

Nachdem im letzten Kapitel Potentiale einer Expertensystem-Unterstützung für eine Methodenbank untersucht wurden, wird in diesem Kapitel die grundlegende Konzeption bzw. Architektur für die Integration von Methodenbank und Expertensystem-Komponente bestimmt. Dazu werden zuerst Ansätze vorgestellt, die im Rahmen der Integration von Expertensystemen mit Datenbanksystemen und Simulationsumgebungen vorgeschlagen wurden. Diese Ansätze werden auf ihre Tauglichkeit für die hier relevante Fragestellung untersucht. Das führt schließlich zur Identifikation des für EskiMo gewählten Integrations-Ansatzes.

Die Beachtung von Integrationsansätzen aus dem Bereich der Datenbanksysteme scheint aufgrund der Analogie zu Datenbanksystemen, die auch eine treibende Kraft in der Entwicklung von Methodenbanken war[35], aussichtsreich, da sich insofern Überschneidungen in den Problemstellungen erwarten lassen. Der Bereich der Simulationsumgebungen ist nicht nur deswegen von Interesse, weil der Ausgangspunkt dieses Projekts die Anwendung von Simulation zur Entscheidungsunterstützung ist; darüber hinaus wurden in diesem Bereich schon früh Bemühungen angestellt, Ansätze der künstlichen Intelligenz in die Arbeitsumgebung der Simulation einzubinden.[36]

---

34 Vgl. TURBAN, E. (1988, Decision), S. 548ff.

35 Vgl. Kap. 2.1.

36 Beispielhaft kann auf Artikel von Ören verwiesen werden: vgl. ÖREN, T.I. (1979, Modelling); ÖREN, T.I. (1977, Simulation).

3.2.1 Integration von Expertensystemen und Datenbanksystemen

Expertensysteme und Datenbanksysteme zeichnen sich durch komplementäre Stärken aus. Während traditionelle Datenbanksysteme auf die schnelle und flexible Verarbeitung sehr großer Datenbestände spezialisiert sind, dabei aber "nur" die Suche nach spezifizierten Datenteilmengen realisieren können, ohne in der Lage zu sein, selbst Schlüsse aus Datenkonstellationen zu ziehen, liegt die prinzipielle Stärke eines Expertensystems in der Inferenz, dem Schließen, über relativ kleineren Symbolmengen.[37]

In Anlehnung an Jarke u.a. werden im folgenden drei mögliche Architekturen dargestellt:[38] die Erweiterungs-Architektur, die Kopplungs-Architektur und die anwendungsorientierte Integration.

Erweiterungs-Architektur

Bei dieser Architektur wird von einem existierendem System - z.B. dem Expertensystem - ausgegangen, dem spezifische Techniken des anderen Systems hinzugefügt werden.

Der Vorteil einer solchen Strategie ist der gezielte Rückgriff auf die benötigten Eigenschaften des anderen Systems, also z.B. des Datenbanksystems, und die Beibehaltung des Ausgangssystems. Eine intensiv diskutierte Anwendung der Erweiterungsarchitektur für Datenbanksysteme stellen deduktive Datenbanken dar[39], mit deren Hilfe in relationalen Datenbanken auch Regeln z.B. zu Integritätsüberprüfungen abgespeichert werden können.

Der schwerwiegende Nachteil dieser Konzeption ergibt sich dadurch, daß zur Erweiterung des Ausgangssystems in dieses direkt eingegriffen werden muß. Dies ist zumindest in bezug auf betriebliche Anwendungssoftware in der Regel weder möglich noch wünschenswert. Weiterhin können nur die bei der Systemerweiterung implementierten Techniken des anderen Systems genutzt

---

37 Vgl. PREIß, N. (1989, Konzept), S. 5f.

38 Vgl. JARKE, M. (1990, Systeme), S. 474ff; VASSILIOU, Y.; CLIFFORD, J.; JARKE, M. (1985, Database) S. 156ff.

39 Vgl. JARKE, M. (1990, Systeme), S. 475f; PREIß, N. (1989, Konzept); VASSILIOU, Y.; CLIFFORD, J.; JARKE, M. (1985, Database), S. 169f.

werden. D.h., daß z.B. Bedürfnisse an eine Expertensystem-Komponente, die erst während der Systemnutzung deutlich werden, eine Neuimplementierung des Gesamtsystems erfordern: Erweiterte Architekturen verlieren an Flexibilität und Portabilität.

Kopplungs-Architektur

Zwei existierende Systeme, ein Datenbanksystem und ein Expertensystem, werden miteinander gekoppelt, indem eine gegenseitig aktivierbare Schnittstelle angeboten wird. Jedes einzelne System hat dann die Möglichkeit spezifische Anfragen an das andere System zu stellen. Dadurch wird jedoch nicht die Selbständigkeit eines der Einzelsysteme berührt. Vielmehr gibt es auch nach der Kopplung beider Systeme Benutzer des Datenbanksystems und Benutzer des Expertensystems.

Der Vorteil dieses Konzepts ist die Praktikabilität insbesondere in der betrieblichen Praxis. Kommerzielle Expertensysteme bieten in der Regel Schnittstellen zum Zugriff auf Datenbanken an. Der Aufwand der Integration hält sich demzufolge in überschaubaren Grenzen. Deswegen wird diesem Ansatz auf längere Sicht eine dominierende Position vorausgesagt .[40]

Die durch die Kopplung gewonnene Flexibilität und Praktikabilität wird jedoch durch eine gewisse Ineffizienz erkauft. Anwendungen, die spezifisch auf die Interaktion zwischen Expertensystem und Datenbank abzielen, stellen Anforderungen an die Interaktion der gekoppelten Systeme, die durch die Kopplung nicht effektiv erfüllt werden können.

Anwendungsorientierte Integration

Eine Möglichkeit, diese Problematik zu umgehen, stellen Architekturen dar, die für einen spezifischen Anwendungsfall die benötigten Datenbank- und Expertensystem-Komponenten zusammenfügen.

Ausgangspunkt einer solchen maßgeschneiderten Architektur ist immer die konkrete Anwendungsanforderung. Aus ihr ergeben sich die benötigten

---

40 Vgl. JARKE, M. (1990, Systeme), S. 476.

Komponenten, seien sie den Datenbanksystemen oder den Expertensystemen zuzuordnen. Voraussetzung eines solchen Ansatzes ist demzufolge das Vorhandensein von Entwicklungswerkzeugen, die die freie Kombination von Datenbank und Expertensystem-Komponenten ermöglichen. Konsequenz dieses Ansatzes ist damit auch ein im Vergleich zur Kopplungsarchitektur wesentlich höherer Entwicklungsaufwand.

Bedeutung für EskiMo

Bei Wahl einer Erweiterungsarchitektur müßte eine existierende Methodenbank um spezifische Techniken eines Expertensystems erweitert werden. Beispielsweise könnte die Benutzerschnittstelle der Methodenbank durch ein wissensbasiertes Benutzermodell erweitert werden. Für einzelne Aufgaben einer Methodenbank wäre diese Architektur denkbar. Jedoch ist der Ansatz nicht geeignet, das gesamte Spektrum der Aufgaben einer Methodenbank wissensbasiert zu unterstützen. Dies wird deutlich bei Betrachtung der zentralen Aufgabe, der Zuordnung einer Methode zu einem gegebenem Problem: Konventionelle Techniken wie die Entscheidungsmatrix oder das Informationsnetz[41] sind in sich geschlossene Techniken, die nicht einfach durch flexiblere wissensbasierten Techniken erweitert werden können.

Ein Rückgriff auf eine Kopplungsarchitektur würde zumindest keine Einzelaufgabe der Methodenbank prinzipiell von einer wissensbasierten Unterstützung ausschließen. Die im Kopplungsansatz angelegte Koexistenz zweier kompletter und autarker Systeme führt jedoch unweigerlich zu einer Redundanz der Techniken. Wird als Beispiel wiederum die Methodenauswahl betrachtet, so ergibt sich im Kopplungsansatz eine Methodenbank, die eine konventionelle Methodenauswahl - beispielsweise auf Basis eines Entscheidungsbaumverfahrens anbietet, und ein Expertensystem, das ebenfalls eine - allerdings wissensbasierte - Methodenauswahl zur Verfügung stellt.

Der vorgeschlagene Ansatz der anwendungsorientierten Integration bietet - schon ex definitionem - eine Möglichkeit, maßgeschneidert ein System zu entwerfen, das dort, wo wissensbasierte Unterstützung sinnvoll ist, konventionelle Techniken ersetzt, und sonst auf konventionelle Ansätze

---

41 Vgl. Kap. 2.1.3.

zurückgreift. Allerdings ist dieser Ansatz noch wenig konkret und muß deswegen weiter spezifiziert werden.

3.2.2 Integration von Expertensystemen und Simulationsumgebungen

Simulationsmodelle sind besonders geeignet, komplexe Realitätsbereiche abzubilden.[42] Als direkte Implikation folgt daraus, daß Simulationsumgebungen - insbesondere im Hinblick auf die Modellerstellung - geeignet sein müssen, komplexe Sachverhalte handhabbar zu machen. Insofern verwundert es nicht, daß Forscher aus dem Bereich der Simulation intensiv auf Potentiale der Integration von Ansätzen der Künstlichen Intelligenz in Simulationsumgebungen aufmerksam machen: Man hofft, mit Hilfe einer wissensbasierten Unterstützung zur Verbreitung der in der wissenschaftlichen Forschung entwickelten Methoden beitragen zu können.[43]

Genau dies ist auch die letztliche Motivation im Rahmen des Operations Researchs, Methodenbanken für die betriebliche Entscheidungsunterstützung zu entwickeln.[44] Insofern können von Überlegungen zu wissensbasierten Simulationsumgebungen auch Hinweise auf die Gestaltung wissensbasiert unterstützter Methodenbanken übernommen werden.

Eine Taxonomie der Integrationsmöglichkeiten

O'Keefe sieht vier prinzipielle Arten der Integration:[45] Einbettung, Parallelität, Kooperation und schließlich den Ansatz des wissensbasierten "Front Ends", des wissensbasierten Zugangssystems. Die verschiedenen Kombinationsmöglichkeiten, die O'Keefe in seiner Taxonomie aufzeigt, basieren dabei auf einer Variation der Beziehungen zwischen Expertensystem, Simulationsmodell und Benutzer.

---

42 Vgl. Kap. 1.2.1.

43 Vgl. ÖREN, T.I. (1986, Environment), S. 16f; BALMER, D.W.; PAUL, R.J. (1986, Environment), S. 450; ADELSBERGER, H.H. (1986, Simulation), S. 109f; SHANNON, R.E. (1986, Environments), S. 151; DOUKIDIS, G.I.; PAUL, R.J. (1985, Research), S. 319f.

44 Vgl. Kap. 2.1.2.

45 Vgl. O'KEEFE, R.M. (1986, Simulation) S. 11f.

Eingebettete Systeme

Ein eingebettetes System liegt vor, wenn das Simulationsmodell neben Daten auch Wissen verarbeitet oder wenn umgekehrt das Expertensystem zur Lösung bestimmter Fragen Simulationen durchführen muß. Eingebettete Systeme nutzen also direkt die methodologische Ähnlichkeit zwischen Simulationsmodellen und Expertensystemen aus, die darin besteht, daß auch Expertensysteme prinzipiell Simulationsmodelle darstellen, wenn auch die Simulation in Expertensystemen eine Simulation an qualitativen Modellen ist, während klassische Simulationsmodelle quantitativ simulieren.[46]

Der Benutzer interagiert bei eingebetteten Systemen nur mit dem übergeordneten System; er braucht dem untergeordneten System keine Beachtung zu schenken.

Parallele Systeme

Bei unabhängig voneinander entwickelten Simulationsmodellen und Expertensystemen, die sich jedoch zur Lösung einer speziellen Aufgabe ergänzen können, spricht O'Keefe von parallelen Systemen. Der Benutzer interagiert nur mit einem System, z.B. dem Simulationsmodell, dieses greift jedoch zur Lösung von Teilproblemen auf das fertige - und autarke - Expertensystem zurück. Wichtig bei dieser Kategorie ist die Unabhängigkeit der beiden Systeme: Das Expertensystem wird nicht entwickelt, um mit dem Simulationsmodell zu interagieren, sondern es nutzt nur die in dieser Hinsicht zufällige Verfügbarkeit des Modells.

Kooperative Systeme

Wenn die beiden zu integrierenden Systeme eine gemeinsame Daten- oder Wissensbasis verwenden, wird von kooperativen Systemen gesprochen. Beide Systeme können direkt vom Benutzer angesprochen werden, und sie interagieren durch die Veränderungen in ihrer gemeinsamen Wissens- oder Datenbasis.

---

46 Vgl. MURRAY, K.J.; SHEPPARD, S.V. (1988, Specification), S. 112; PAUL, R.J. (1989, Modelling), S. 121f; SHANNON, R.E.; MAYER R.; ADELSBERGER, H.H. (1985, Simulation), S. 278.

Es ergeben sich Schwierigkeiten in bezug auf die Erweiterbarkeit und die Portabilität des Gesamtsystems, da kein Einzelsystem allein erweitert oder portiert werden kann, ohne auf die gemeinsame Wissens- oder Datenbasis Rücksicht zu nehmen.

Wissensbasiertes Zugangssystem

Ein Zugangssystem liegt vor, wenn zwischen Simulationsmodell und Anwender ein Expertensystem Pufferaufgaben übernimmt. Ein wissensbasiertes Zugangssystem definiert sich wie folgt: "*This is an expert system that sits between a package and the user, generates the necessary instructions or code to use the package following a dialogue with the user, and interprets and explains results from the package.*"[47] Zu den Fähigkeiten eines wissensbasierten Zugangssystems sollten folglich eine benutzerfreundliche Dialogführung, die Möglichkeit des Aufbaus von Benutzermodellen und die Möglichkeit des Aufbaus von Modellen des Zielsystems gehören.[48]

Der Anwender kommuniziert dann nur mit dem wissensbasierten Zugangssystem, welches wiederum in der Lage ist, das Simulationsmodell zu steuern und dem Benutzer die Ergebnisse der Simulationen zu vermitteln.

Ein Zugangssystem kann also auch als Spezialfall einer parallelen Architektur aufgefaßt werden, der sich dadurch ergibt, daß das Expertensystem die technische Unabhängigkeit vom Zielsystem mit einer inhaltlich dezidierten Ausrichtung auf das Zielsystem kombiniert. So kann in diesem Spezialfall der Vorteil des parallelen Ansatzes erhalten bleiben, ohne die nachteilige Ineffizienz und Redundanz in Kauf nehmen zu müssen.

Bedeutung für Methodenbanken

Eingebettete Systeme und parallele Systeme bei O´Keefe entsprechen prinzipiell der Erweiterungs- respektive der Kopplungs-Architektur bei Jarke, so daß die in 3.2.1 angeführten Überlegungen gelten.

---

[47] Vgl. O'KEEFE, R.M. (1986, Simulation), S. 12.

[48] Vgl. O'KEEFE, R.M. (1986, Simulation), S. 12.

Die beiden verbleibenden Vorschläge können als Ansätze aufgefaßt werden, eine anwendungsorientierte Integration zu konkretisieren. Dabei ist der Ansatz des wissensbasierten Zugangssystems besonders für Methodenbanken geeignet, während die Kopplungsarchitektur aufgrund der mangelnden Effizienz weniger geeignet scheint.[49] Darüber hinaus werden Zugangssysteme mit wachsender Intensität auch im Rahmen von wissensbasierten Systemen zur Unterstützung der Modellierung und zum Einsatz der interaktiven Simulationssteuerung eingesetzt.[50]

Dabei stellen Methodenbanken selbst schon eine Art von Zugangssystemen dar: Sie sollen den Anwendern, z.B. Entscheidungsträgern, den Zugang zu quantitativen Methoden ermöglichen und erleichtern. Ein wissensbasiertes Zugangssystem fügt sich somit organisch in die Zielsetzung einer Methodenbank ein.

Betrachtet man weiterhin grundlegende Konzepte zur Architektur konventioneller Methodenbanksysteme[51], so fällt die Kongruenz zwischen der Aufteilung in Grund- und Anwendungssystem einerseits und konventioneller Methodenbank und wissensbasiertem Zugangssystem andererseits auf. Das wissensbasierte Zugangssystem kann die Aufgaben des Anwendungssystems übernehmen, während die Aufgaben der konventionellen Methodenbank auf die des Grundsystems reduziert werden.[52] So bietet ein Zugangssystem also insbesondere die Möglichkeit, gezielt zwischen "*konventionellen und wissensbasierten Applikationskomponenten*" zu trennen.[53]

Darüber hinaus bietet die Architektur des Zugangssystems den Vorteil der Unabhängigkeit der beteiligten Systemkomponenten, ohne zwangsläufig zu Redundanz zu führen: Das wissensbasierte Zugangssystem übernimmt eine

---

49 Vgl. MERTENS, P. (1990, Einsatzpotentiale), S. 533; JARKE, M. (1990, Systeme), S. 477f.

50 Vgl. ROZENBLIT, J.W.; HU, J.; KIM, T.G.; ZEIGLER, B.P. (1990, KBDSE); HOOD, S.T.; MASON, K.P.; MILDREN, W.J. (1990, Stimulator); MELLICHAMP, J.M.; VENKATACHALOW, A.R. (1990, Debugging); GUAISO, G.; HITZ, M.; WERTHMER, H. (1989, Generator); HADDOCK, J.; HSU, C. (1988, Simulation), S.76ff.

51 Vgl. BODENDORF, F.; OSIANDER, U. (1988, Methodenbankhülle), S. 4; BODENDORF, F. (1987, Methodenbanksystem), S. 222f; DITTRICH, K.R.; HÜBER, R.; LOCKEMANN, P.C. (1979, Methodenbanksysteme), S. 196f.

52 Diese Weg wurde auch bei einem System für statistische Methoden zur Validierung von Simulationsmodellen beschritten: vgl. DESLANDRES, V.; PIERREVAL, H. (1991, Expert System), S. 79ff.

53 Vgl. RIEGER, B. (1990, Planungssprachen), S. 265.

Menge von Aufgaben, die von der Methodenbank nicht mehr abgedeckt werden müssen: Es ist einerseits nicht nötig, eine komplette konventionelle Methodenbank aufrecht zu erhalten, andererseits kann aber vom Zugangssystem aus auch mit einem solchen vollständigen System gearbeitet werden, falls es schon existiert. Somit wird dem Aspekt der Anpassungsfähigkeit an sich dynamisch entwickelnde, betriebliche Informationssysteme schon von der Grundkonzeption her Rechnung getragen.[54]

3.2.3 Das Zugangssystem als Integration von drei Modellen der Außenwelt

Als konzeptioneller Rahmen für die Entwicklung des Expertensystem-gestützen Methodenbank wird also ein wissensbasiertes Zugangssystem gewählt. Die Entwicklung dieses wissensbasierten Zugangssystems kann als logische Fortsetzung der Arbeiten an Methodenbanken verstanden werden. Mit neuen Techniken wird versucht, eine effektive Brücke zwischen den Möglichkeiten komplexer Computersysteme einerseits und den spezifischen Fähigkeiten menschlicher Informationsverarbeiter andererseits zu schlagen.[55] Damit wird sich in ein Kontinuum von Forschungsbestrebungen eingefügt, das von der Bereitstellung konventioneller Softwaremethoden bis hin zur Entwicklung verallgemeinerter Benutzerschnittstellen und intelligenter "Agenten"-Systeme reicht.[56]

Ein ähnlicher Weg wurde in einem Projekt zum wissensbasierten Modell-Management gegangen: Ausgangspunkt bei der Entwicklung des Systems InGenOss war die konzeptuelle Trennung zwischen einer Modellbasis, die die implementierten und parametrisierbaren Modelle enthält und einer Wissensbasis, die die Semantik der Modelle für den Benutzer verfügbar macht.[57] Die eigentliche Modellbasis und deren Operationen wurden völlig vom Benutzer ferngehalten.

---

54 Vgl. Kap. 2.2.2.

55 Vgl. WOODS, D.D. (1986, Paradigms), S. 153.

56 Zu Forschungsanstrengungen im Hinblick auf verallgemeinerte Benutzerschnittstellen: vgl. LAUREL, B. (1990, Agents). Zu intelligenten Agenten-Systemen: vgl. BRODIE, M.L. (1989, Future), S. 624ff; GUNZENHÄUSER, R.; KNOPIK, TH. (1986, Mensch-Computer-Schnittstellen), S. 84ff.

57 Vgl. GUAISO, G.; HITZ, M.; WERTHMER, H. (1989, Generator), S. 58.

Die konkrete Ausgestaltung der Architektur des Zugangssystems wird in den folgenden Kapiteln geleistet. Aufgrund der Vermittlerfunktion, die das Zugangssystem einnimmt, benötigt es Modelle von den Systemen, zwischen denen vermittelt wird. O'Keefe fordert ein Modell des Benutzers und ein Modell des Zielpakets.[58] Für eine Methodenbank mit der Hauptaufgabe der Zuordnung von Methoden zu Problemen ist es jedoch sinnvoll, explizit zwischen dem Benutzer und seiner Problemstellung zu differenzieren. Daraus folgt, daß ein wissensbasiertes Zugangssystem zu einer Methodenbank drei Modelle integrieren sollte: Ein Modell der Methodenbank, ein Modell der möglichen Problemstellungen und schließlich ein Modell des Benutzers. Zwischen diesen abstrakten Modellen zu vermitteln, ist die Aufgabe des Zugangssystems EskiMo.

Eine derartige Aufteilung des Zugangssystems auf mehrere Modelle folgt auch aus dem Ergebnis einer Untersuchung der Funktionen, die ein intelligentes Zugangssystem im Rahmen des Dokumenten-Retrieval leisten sollte. In einer empirischen Untersuchung von Dialogen zwischen menschlichen Beratern und Kunden wurden die folgenden Funktionen identifiziert:[59]

---

[58] Vgl. O'KEEFE, R.M. (1986, Simulation), S. 12.

[59] Vgl. BELKIN, N.J. (1986, Interface), S. 342.

FUNKTION	BESCHREIBUNG	
Problem Zustand	Bestimmung der Position (Phase) des Benutzers im Prozeß der Problembehandlung	Pr
Problem Modus	Bestimmung der geeigneten Methodik (z.B. Dokumenten-Retrieval)	Me
Benutzer Modell	Beschreibung des Benutzers, seiner Ziele, seines Wissens etc.	BM
Problem Beschreibung	Generierung einer Beschreibung von Problemtyp, -thema, -struktur	Pr
Dialog Modus	Bestimmung des geeigneten Dialog-Typs	BM
Retrieval Strategie	Auswahl der geeigneten Retrieval Strategie	Me
Antwort-Generator	Bestimmung einer geeigneten propositionalen Antwort-Struktur	Me
Erklärung	Geeignete, bedarfsgerechte Erklärungsfähigkeit	BM
Input-Analyse	Umwandlung des Benutzer-Inputs in intern verwertbare Strukturen	Pr
Output-Generator	Umwandlung der propositionalen Antwort-Struktur in eine benutzergerechte Antwort	BM

Tab. 3.2.1: Berater-Funktionen eines Zugangssystems im Dokumenten-Retrieval

Die Problembereiche des Dokumenten-Retrieval und der Methodenbanken sind dabei insofern funktional verwandt, als in beiden Bereichen die Zuordnung von Problemstellungen eines Benutzers zu systeminternen Objekten - zum einen zu Dokumenten bzw. Retrievalstrategien und zum anderen zu Methoden - als zentrale Aufgabe besteht.

Versucht man, die angeführten Ergebnisse aus dem Bereich des Dokumenten-Retrieval mit den Anforderungen im Bereich der Methodenbanken zu vergleichen, so lassen sich die zehn detaillierten Funktionen aus Tabelle 3.2.1 den drei Funktionsbereichen Problem (Pr), Methode (Me) und Benutzermodell (BM) zuordnen, die wiederum ihre Entsprechung in den drei Modellen von EskiMo finden.

Diese Dreiteilung von EskiMo findet im übrigen auch ein Analogon in den bei Gabriel identifizierten drei Kriterien, die beim Aufbau eines Planungssystems zu beachten sind: Benutzertyp, Problemstruktur und Problemlösungsphase.[60] Benutzertyp und Problemstruktur finden dabei ihre direkte Entsprechung in Benutzer- und Problemmodell. Das dritte Kriterium, die Beachtung der Problemlösephase, entspricht bei einer Methodenbank - als speziellem Planungs(sub)system - dem Modell der Methodenbank.

Es ergibt sich das folgende ideelle Konzept für EskiMo, das in den nächsten Kapiteln weiter verfeinert wird:

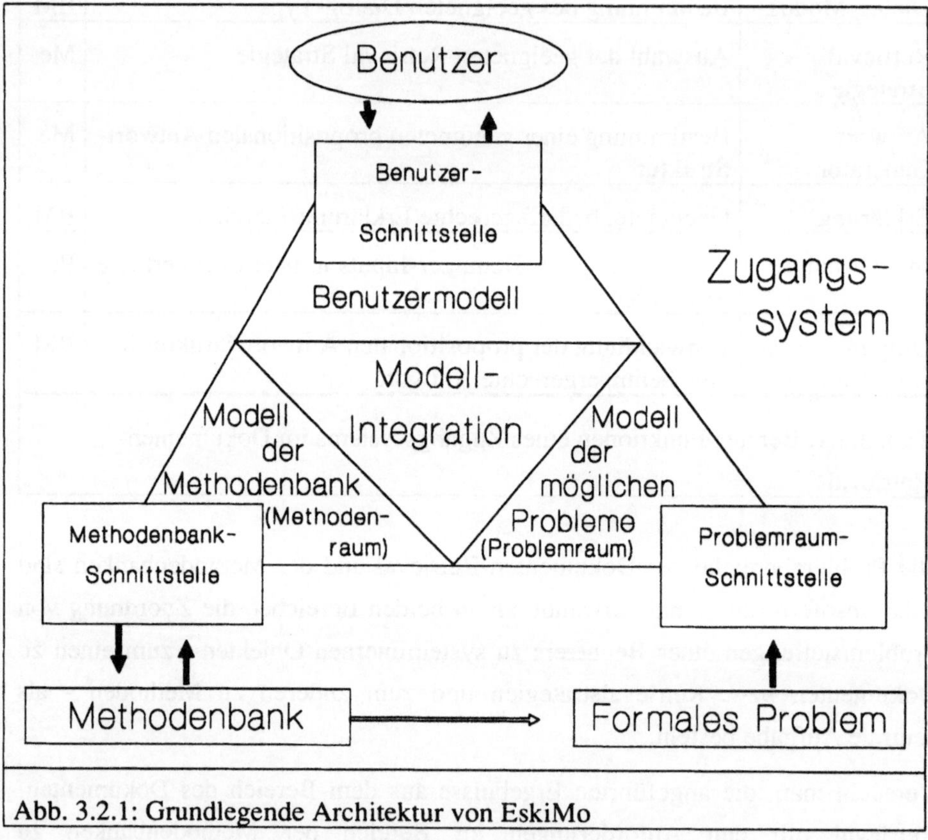

Abb. 3.2.1: Grundlegende Architektur von EskiMo

In EskiMo sollen demgemäß drei Modelle abgebildet werden. Dabei handelt es sich um Modelle der Außenwelt des Zugangssystems: das Modell der Methodenbank, das Modell der möglichen Problemstellungen, also des

60 Vgl. GABRIEL, R. (1984, Konstruktionsprinzipien), S. 50f.

Problemraums und das Modell des Benutzers selbst. Jedem dieser drei Modelle kann sofort eine entsprechende Schnittstelle zugeordnet werden. Die Schnittstellen werden in Kapitel 3.3 im einzelnen diskutiert.

3.2.4 Frames als Basis der Modellbildung in EskiMo

Nachdem somit der konzeptionelle Rahmen für die Entwicklung von EskiMo abgesteckt ist, erhebt sich die Frage nach der grundlegenden Technik der Modellbildung in EskiMo.

Durch die Sicht des Zugangssystems als eine Integration von drei Modellen der Umwelt des Systems ist die Entscheidung für eine spezifische Wissensrepräsentation schon vordeterminiert: Zur Abbildung der "Zugangssystem-Umwelt" in EskiMo werden effektive Techniken zur Repräsentierung deklarativen Wissens über Objekte benötigt.[61] Einen besonders flexiblen und mächtigen Ansatz, derartiges deklaratives Wissen zu repräsentieren, stellen Frames dar.[62] Da weiterhin in sogenannten hybriden Systemen die Abbildung des Objekt-Wissens auf Basis von Frames mit den spezifischen Vorteilen der Abbildung Produktionsregeln verknüpft wird, ist mit der Wahl von Frames als grundlegender Technik zur Repräsentation der Modelle in EskiMo kein Nachteil bei der Verwendung spezifischer Zuordnungsregeln zu erwarten.[63]

Frames stellen Objekte, respektive Objektklassen dar, die durch eine Menge von Attributen - Slots genannt - spezifiziert werden. Jeder Slot kann neben einem Wert (Ausprägung) zusätzliche, erklärende Facetten haben, die selbst wiederum Werte annehmen können. Insbesondere können über Facetten sogenannte Dämonen oder Active-Values mit Slots verbunden werden. Ein solcher Active-Value initiiert bei einer spezifizierten Operation auf dem Wert des Slots (Einfügen, Abfragen, Löschen, ..) jeweils eine Aktion.[64] So können beispielsweise bei Abfragen von Slot-Werten immer benötigte Format-

---

61 Zum Konzept des deklarativen Wissens: vgl. OSWALD, M., GADENNE V. (1984, Wissen), S. 176ff.

62 Vgl. FIKES, R.; KEHLER, T. (1985, Frame), S. 904f; MINSKY, M. (1975, Framework).

63 Zur Beschreibung einer möglichen Integration von Frames und Regeln, die im System KEE realisiert wird: vgl. FIKES, R.; KEHLER, T. (1985, Frame), S. 912ff.

64 Vgl. OPWIS, K.; LÜER, G. (1989, Modelle), S. 32f.

Konvertierungen einfach mit Hilfe von "Abfrage - Active-Values" realisiert werden.

Im Rahmen dieser Arbeit werden Frames nur mit ihren jeweils wesentlichsten Elementen dargestellt.[65] Dabei wird für ein einzelnes Frame in der Regel eine dreispaltige Tabelle angegeben. Der Titel dieser Tabelle stellt den Namen des Frames dar, der im weiteren zur einfacheren Wiedererkennung per Konvention immer in Großbuchstaben geschrieben wird. Die erste Spalte der Tabelle listet die einzelnen Slots mit ihren Namen auf; die zweite Spalte gibt den Typ der Slot-Werte an und die dritte Spalte ist für die Werte, d.h. die Ausprägungen der Slots vorgesehen.

BEISPIEL-ZUR-FRAME-DARSTELLUNG		
Slot.Name	*Slot.Typ*	*Werte*
Slot-1	Typ von Slot-1	Wert von Slot-1
Slot-2	Typ von Slot-2	Wert von Slot-2
...	...	...

Abb. 3.2.2: Beispielhafte Darstellung eines Frames

3.2.5 Zu einem Datenbankanschluß in EskiMo

Ein Merkmal der vorgestellten Konzeption ist die nicht explizit vorgesehene Modellierung eines Datenbanksystems mit der daraus folgenden Notwendigkeit einer expliziten Datenbankschnittstelle. Dies mag überraschen, da die Forderung nach einem Datenbankanschluß, oder einen allgemeinen Datenbankschnittstelle in der Methodenbank-Literatur zu den Standardforderungen zählt.[66] Diese Forderung gründet sich letztlich darauf, daß die Methoden der Methodenbank häufig auf die Inhalte von Datenbanken zurückgreifen müssen. Dies gilt insbesondere für Statistik-Methodenbanken, jedoch z.B. auch für Methodenbanken

65 In der Systemdokumentation von EskiMo finden sich ausführlichere Beschreibungen.

66 Vgl. Dittrich, K.R.; Hüber, R.; Lockemann, P.C. (1979, Methodenbanksysteme); die in Kap 2.1.1 angebene Literatur.

zur Produktionsplanung. In der zentralen Konzeption des Zugangssystems spielt der Datenbankanschluß jedoch keine originäre Rolle. Die Problemcharakteristika, anhand derer der Zugang zur Methodenbank gewonnen wird, sind losgelöst von der technischen Frage eines Datenbankanschlußes. Konzeptionell kann der Datenbankanschluß vielmehr als eine spezielle Methode oder Methodenklasse der Methodensammlung aufgefaßt werden. Insofern besteht im Zugangssystem zur Methodenbank kein Bedarf einer expliziten Modellierung eines Datenbankanschlußes.

Allerdings kann eine Ausnahme konstruiert werden: Wenn der Problemraum selbst durch ein Datenbanksystem konstituiert wird, muß das Datenbanksystem natürlich im Zugangssystem modelliert werden. Diese Situation wird jedoch durch die Konzeption von EskiMo erfaßt, da dann der Problemraum das Datenbanksystem und seine Modellierung einschließt.

3.3 Die Schnittstellen des Zugangssystems

Mit der im letzten Kapitel eingeführten Konzeption für EskiMo wird das Zugangssystem als ein Vermittler zwischen drei externen Realitätsbereichen entworfen. Zu jedem dieser Realitätsbereiche, dem der Methodenbank, dem des zu lösenden Problems und dem des Benutzers, müssen Schnittstellen bereitgestellt werden. Eine explizite Beachtung der Schnittstellenfrage ist nicht nur aus der pragmatischen Sicht der Implementation des konzipierten Systems notwendig, da durch die Abgrenzung der Anforderungen an die Schnittstellen die Rahmenbedingungen für die konkrete Systemimplementation abgesteckt werden. Darüber hinaus gilt insbesondere, daß der Schnittstellenentwurf einen entscheidenden Einfluß auf die Integrationsmöglichkeit des Systems in ein übergeordnetes Informationssystem hat.[67] Eine explizite Diskussion der Schnittstellenproblematik ist weiterhin in bezug auf ein Expertensystem-gestütztes Informationssystem besonders wichtig, da Expertensysteme bisher eher in Form von Insellösungen konzipiert wurden und somit der Schnittstellenfrage weniger Aufmerksamkeit gewidmet wurde.[68] Somit ergeben sich die in Tabelle

67 Vgl. RUF, W. (1988, Software-Entwicklungssystem), S. 36ff.

68 Vgl. JARKE, M. (1990, Systeme), S. 477f.

3.3.1 dargestellten Ziele der Schnittstellendiskussion, die in diesem Kapitel ausgeführt wird.

- Definition der Rahmenbedingungen für die Systemimplementation - Integrationsfähigkeit des implementierten Systems - Beachtung der besonderen Expertensystem-Problematik
Tab. 3.3.1: Spezifische Ziele der Schnittstellendiskussion für EskiMo

Im folgenden werden die drei Schnittstellen von EskiMo besprochen.

3.3.1 Schnittstelle zwischen Zugangssystem und Methodenbank

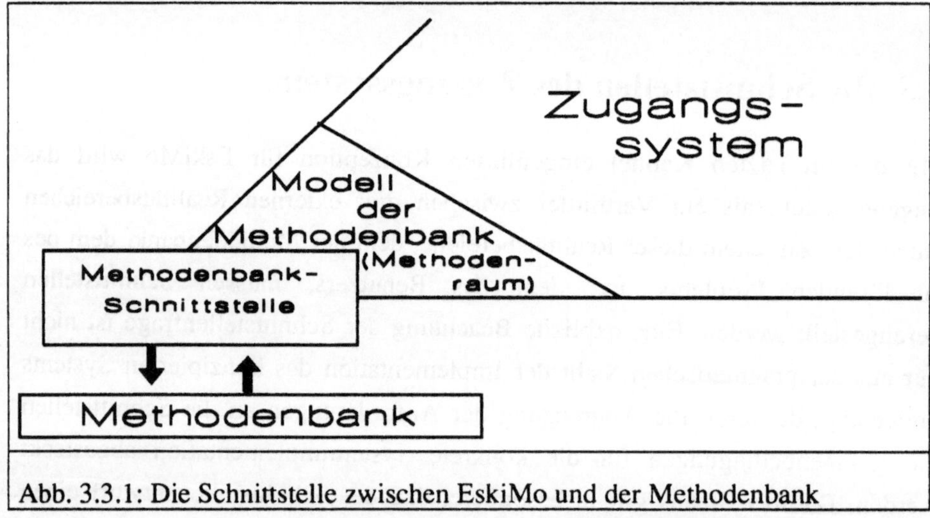

Abb. 3.3.1: Die Schnittstelle zwischen EskiMo und der Methodenbank

Die Methodenbank ist das Zielsystem des Zugangssystems EskiMo. Deswegen ist die Schnittstelle zwischen EskiMo und Methodenbank eine einseitige Schnittstelle. Das Zugangssystem muß auf die Methodenbank zugreifen können; die Methodenbank existiert jedoch unabhängig von der Existenz und der Gestaltung des Zugangssystems.

Art des Methodenaufrufs

Bevor die Details der Anforderungen an die Schnittstelle besprochen werden, wird die Art des Methodenaufrufs festgelegt. Es kann zwischen direkten Methodenaufrufen und der Nutzung gemeinsamer Datenbasen unterschieden werden.[69]

Ein direkter Methodenaufruf setzt die Einbindung der Methoden in der Form eines ausführbaren Moduls (Laufzeitmodul) in das Zugangssystem voraus. Obwohl gerade bei eventuell interaktiv einzusetzenden Methoden der direkte Aufruf mit Vorteilen verbunden wäre, steht dieser Ansatz im Widerspruch zum Prinzip des Zugangssystems. Durch die Einbindung von Laufzeitmodulen der Methoden würde die Unabhängigkeit zwischen Zugangs- und Zielsystem aufgehoben werden. Somit bleibt für die Schnittstelle zwischen EskiMo und der Methodenbank nur der Ansatz der gemeinsamen Datenbasis.[70] Bei diesem Ansatz kommuniziert das Zugangssystem mit der Methodenbank über Dateien, die entweder vom Zugangssystem (Input-Dateien) oder von den Methoden der Methodenbank (Output-Dateien) beschrieben werden. Der eigentliche Methodenaufruf wird über einen entsprechenden Betriebssystembefehl realisiert, der vom Zugangssystem abgesetzt wird.

Anforderungen an die Schnittstelle zwischen Methodenbank und Zugangssystem

Im Zugangssystem wird die Methodenbank modelliert. Unter der Methodenbank werden dabei konkret die Methodensammlung und die Menge der zur Methodenmanipulation notwendigen Dienstprogramme verstanden, da andere Komponenten einer existierenden Methodenbank aus der Perspektive des Zugangssystems nicht interessieren. Die in Tabelle 3.3.2 angeführten Interaktionen zwischen dem Zugangssystem und der Methodenbank müssen von der Schnittstelle abgedeckt werden:

69 Vgl. RUF, W. (1988, Software-Entwicklungssystem), S. 47ff.
70 Vgl. RUF, W. (1988, Software-Entwicklungssystem), S. 48ff.

- Starten einer ausführbaren Methode - Aufruf von Dienstprogrammen - Einstellungen von Input- und Parameterdateien von Methoden - Lesen von Ergebnisdateien - Interpretation von Programmfehlercodes
Tab. 3.3.2: Anforderungen an die Schnittstelle zwischen Zugangssystem und Methodenbank

Zugriff auf ausführbare Methoden und Dienstprogramme

Sowohl um die Methoden als auch um die Dienstprogramme aufzurufen, genügt es, vom Zugangssystem aus eine Schnittstelle zum Betriebssystem anzubieten, über die beliebige Betriebssystembefehle aktiviert werden können. Welche Befehle zur Aktivierung einer Methode oder eines Dienstprogramms aufgerufen werden müssen, muß im Modell der Methodenbank abgelegt sein. So wird es prinzipiell auch möglich, verteilte Methodenbanken zu unterhalten, deren Methodensammlung und Dienstprogramme eventuell auf verschiedenen Rechnern zu finden sind. Solange die Befehlsfolge zum Ansprechen von Methoden und Dienstprogrammen auf beliebigen Rechnersystemen bekannt ist und im Methodenbankmodell des Zugangssystems abgebildet ist, ist es unerheblich, auf welchen Rechnersystemen eine Methodenbank verteilt ist.

Erstellung von Parameterdateien

Vor dem eigentlichen Methodenaufruf müssen die Methoden im allgemeinen mit spezifischen Parametern versehen werden. Solange diese Parameter über das entsprechende Aufrufkommando vollständig gegeben sind, wird diese Aufgabe von der allgemeinen Betriebssystemschnittstelle mit abgedeckt.

Beispiel: Eine Suchprogramm, das als ausführbarer Code mit dem Namen SUCHE1 vorliegt benötigt als Parameter eine Start-Schrittweite. Auf der Betriebssystemebene wird der Parameter im Aufrufkommando der Methode eingestellt: "SUCHE1 <Start-Schrittweite>". Vom Zugangssystem muß nach der Ermittlung der Start-Schrittweite, angenommen mit dem Wert 10, folgender Befehl an das Betriebssystem übergeben werden: "SUCHE1 10".

Darüber hinaus kann jedoch auch der Fall auftreten, daß spezielle Input- oder Parameterdateien vor Start einer Methode angelegt werden müssen. Dies setzt die Fähigkeit des Zugangssystems voraus, Dateien anlegen zu können.

Beispiel: Ein anderes Suchprogramm, SUCHE2, benötigt außerdem die Angabe eines Startvektors, der in einer Datei dem Programm zur Verfügung gestellt werden muß. Das Aufrufformat lautet dann: "SUCHE2 <Start-Schrittweite> <Start-Vektor-Datei>". Die Start-Vektor-Datei soll folgendes Format haben: In der ersten Zeile steht die Anzahl der Elemente des Start-Vektors, in den folgenden Zeilen stehen die entsprechenden Elementwerte. Das Zugangssystem muß in diesem Fall die Start-Vektor-Datei mit den benoetigten Start-Werten beschreiben können.

Allgemein muß das Zugangssystem folgende Fähigkeiten aufweisen: Aus einer abstrakten, modellhaften Beschreibung eines Dateiformats innerhalb des Methodenbankmodells im Zugangssystem sollte - eventuell in Interaktion mit dem Benutzer zur Ermittlung von Ausprägungen spezifischer Variablen - eine Datei erstellt werden können.[71]

Lesen von Outputdateien

Methoden erzeugen Output-Dateien, in denen sie ihre Resultate ablegen. Diese Resultate werden entweder von speziellen Auswertungsmethoden gelesen und aufbereitet oder sie müssen zur Interpretation vom Zugangssystem gelesen werden. Dies setzt die Kenntnis der Dateistrukturen von Ergebnisdateien voraus. Somit ist es ebenfalls erforderlich, ausgehend von abstrakten Dateibeschreibungen, Dateien und spezielle in ihnen abgelegte Werte und Symbole in das Zugangssystem einlesen zu können.[72]

---

71 Zu einem möglichen Realisierungs-Ansatz in EskiMo: vgl. Anhang 1.

72 Vgl. Anhang 1.

Interpretieren von Fehlercodes

Weiterhin erzeugen Programmaufrufe auf der Betriebssystemebene sogenannte Rückgabe- oder Fehlercodes. Häufig ist z.B. der Codewert 0 für eine fehlerlose Programmbeendigung reserviert, und andere Werte stehen für je einen spezifischen Fehler.

Das Zugangssystem sollte diese Fehlercodes einlesen können, um sie dann auf Basis des abgelegten Wissens interpretieren zu können.[73]

Darstellung der Schnittstelle

Folgende Objekte müssen demnach innerhalb des Zugangssystems bekannt sein:

Zu jeder Methode und zu jedem Dienstprogramm - Aufruf-Formate - Input-Datei-Formate und Inhaltsbeschreibungen - Output-Datei-Formate und Inhaltsbeschreibungen - Bedeutung der Fehlercodes
Tab. 3.3.3: Schnittstelle Zugangssystem - Methodenbank: Notwendig bekannte Objekte

Dabei müssen die folgenden Operationen vom Zugangssystem aus ausgeführt werden können:

- Starten einer Methode - Starten eines Dienstprogramms - Schreiben von Dateien nach Format- und Inhaltsvorgaben - Lesen von Dateien nach Format- und Inhaltsvorgaben - Ermittlung von Fehlercodes
Tab. 3.3.4: Schnittstelle Zugangssystem - Methodenbank: Notwendige Operationen

[73] Vgl. Kap. 3.5.1.

3.3.2 Schnittstelle zwischen Zugangssystem und Problemraum

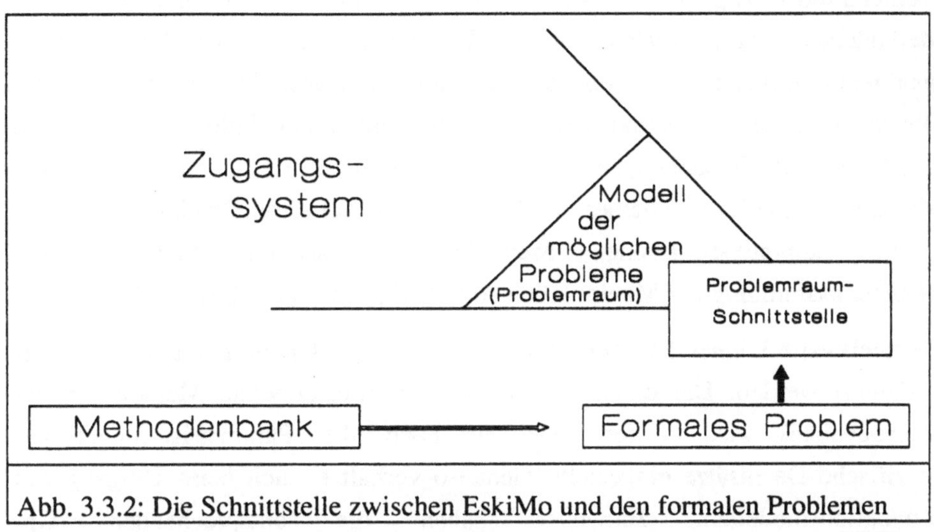

Abb. 3.3.2: Die Schnittstelle zwischen EskiMo und den formalen Problemen

Im Gegensatz zur Methodenbank ist der Problemraum in erster Linie ein abstraktes Konstrukt, das durch das Modell des Problemraums im Zugangssystem formal repräsentiert wird. Insofern muß das Zugangssystem nicht auf Objekte eines Problemraums zugreifen. Auf Basis des Modells des Problemraums kann der Benutzer des Zugangssystems jedoch sein Anwendungsproblem beschreiben. Die "Schnittstelle zum Problemraum" ist demnach eine Benutzerschnittstelle, die dem Benutzer die Spezifikation seines Problems erlaubt.

Zugriff auf konkrete Objekte des Problemraums

Dennoch können spezifische Elemente eines Problems auch konkrete Objekte betreffen oder darstellen. Beispielsweise stellen in Methodenbanken zur Statistik die Datensätze, die statistisch ausgewertet werden sollen, solche konkreten Elemente des Problems dar. In einer Methodenbank zu Optimierungsverfahren in der Simulation existieren Simulationsmodelle als konkrete Objekte. Ist es deswegen erforderlich, spezielle Zugriffsoperationen auf die konkreten Objekte des Problemraums zu realisieren?

Aus der Betrachtung der Situationen, in denen auf konkrete Objekte des Problemraums zugegriffen wird, folgt, daß nur die Methoden in der Methodenbank einen Zugriff auf die konkreten Objekte des Problemraums benötigen. Dem Zugangssystem selbst reicht es, eine abstrakte Beschreibung der Objekte zu erhalten. Methoden werden jedoch zur Manipulation von konkreten Objekten, z.B. Modellen, entworfen und implementiert. Insofern müssen Methoden schon in irgendeiner Weise den Zugriff auf diese Objekte vorgesehen haben. Zumindest können Methoden mit anderen Methoden der Methodensammlung zur Manipulation solcher Objekte verknüpft werden.

Beispielsweise können Statistik-Methoden mit Methoden zum Datenbankzugriff verknüpft werden. Die dabei entstehende zusammengesetzte Methode in der Methodenbank wird in der Regel nur noch über Parametrisierungen auf spezifische Datensätze eingestellt. Genauso verhält es sich beim Umgang mit Simulationsmodellen. Entweder haben die entsprechenden Optimierungsmethoden eigene interne Schnittstellen, die die Einbindung von Simulationsmodellen erlauben, oder in der Methodenbank müssen allgemeine Zugriffsmethoden für Modelle verfügbar sein, die mit den Methoden verknüpft werden können.

Diese Überlegung führt zu zwei Konsequenzen. Erstens wird eine explizite Schnittstelle zwischen Zugangssystem und den formalen Problemen (z.B. in einer Modellbank) nicht benötigt. Zweitens ist das Zugangssystem nicht in der Lage, existierende Methodenbanken mit beliebigen Problemräumen und den dazugehörenden Objekten zu verknüpfen: Die Verfügbarmachung von Zugriffsmethoden auf reale Objekte des Problemraums ist durch den Inhalt der Methodenbank vorbestimmt.

3.3.3 Schnittstelle zwischen Zugangssystem und Benutzer

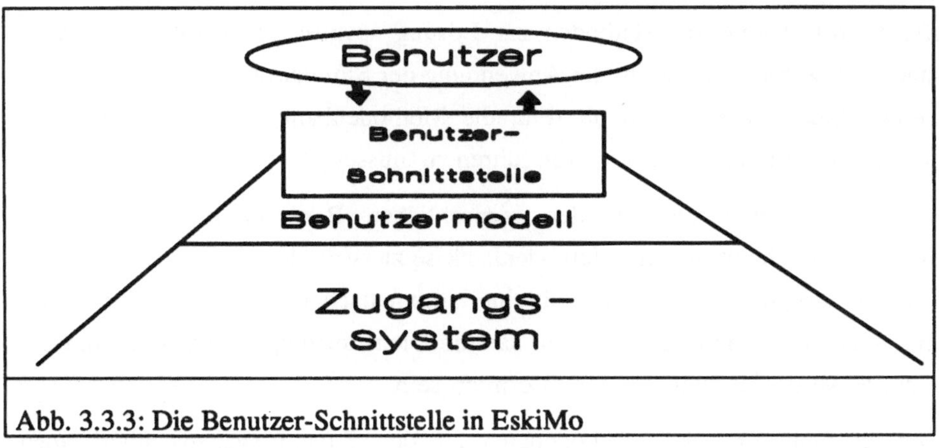

Abb. 3.3.3: Die Benutzer-Schnittstelle in EskiMo

Eines der Gestaltungsziele bei der Entwicklung von EskiMo ist die Realisierung einer effektiven Benutzerschnittstelle. Daraus folgt, daß die Benutzerschnittstelle in einer Art entwickelt werden sollte, die eine schnelle Einarbeitung ermöglicht und kein spezifisches Vorwissen zum Umgang mit Expertensystemen voraussetzt. Dazu wird im Rahmen der Implementierung von EskiMo auf das Entwicklungssystem KEE zurückgegriffen, das sich insbesondere durch seine großen Möglichkeiten der Interaktionsgestaltung auszeichnet. Mit dieser Entwicklungsumgebung wird eine objektorientierte Benutzeroberfläche angestrebt.[74] Außerdem soll die effektive Kommunikation zwischen EskiMo und Benutzer insbesondere durch den Aufbau eines Benutzermodells unterstützt werden, das eine Benutzer- und Situations-abhängige Interaktion ermöglicht.[75]

Nicht interaktiver Zugriff auf die Methodenbank

Eine Methodenbank zur betrieblichen Entscheidungsunterstützung muß sich in ein übergreifendes betriebliches Informationssystem einbetten lassen. Ein Aspekt dieser Einbettung ist auch, daß die Methodenbank als eine Art Dienstleister für andere Komponenten des betrieblichen Informationssystems zur Verfügung steht.[76]

---

[74] Zur Realisierung: vgl. Kap. 3.8.
[75] Vgl. Kap. 3.7.
[76] Vgl. Kap. 2.2.2.

Wird beispielsweise die Anwendung einer Simulationsumgebung betrachtet, so ist die mögliche Dienstleistung der Methodenbank an die Simulationsumgebung offenkundig: Geeignete Methoden zur Lösung spezifischer Aufgaben müssen angeboten werden. Aus Sicht der Anwendung der Simulationsumgebung kann es darüber hinaus jedoch sinnvoll sein, die Methodenbank direkt anzusprechen, ohne einen weiteren Benutzerdialog führen zu müssen.

Eine solche, in bezug auf den menschlichen Benutzer nicht interaktive Zugriffsmöglichkeit auf die Methodenbank setzt zweierlei voraus: Erstens muß das Zugangssystem die Möglichkeit einer automatischen Kommunikation anbieten, und zweitens muß das System, das die Dienstleistung in Anspruch nimmt, über die Art der Kommunikation informiert sein.

Konkret muß z.B. die Methodenauswahl des Zugangssystems über einen Systemaufruf mit einer speziellen Parameterübergabe möglich sein. Das Zugangssystem selbst liefert dann ein eventuell gefundenes Ergebnis z.B. in einer Datei ab. Sinnvoll wäre es in diesem Zusammenhang auch, in der Schnittstelle Informationen darüber anzubieten, welche Parameter nötig sind, um die Methodenauswahl zu initiieren. Abbildung 3.3.4 skizziert diesen Betreibungsmodus.

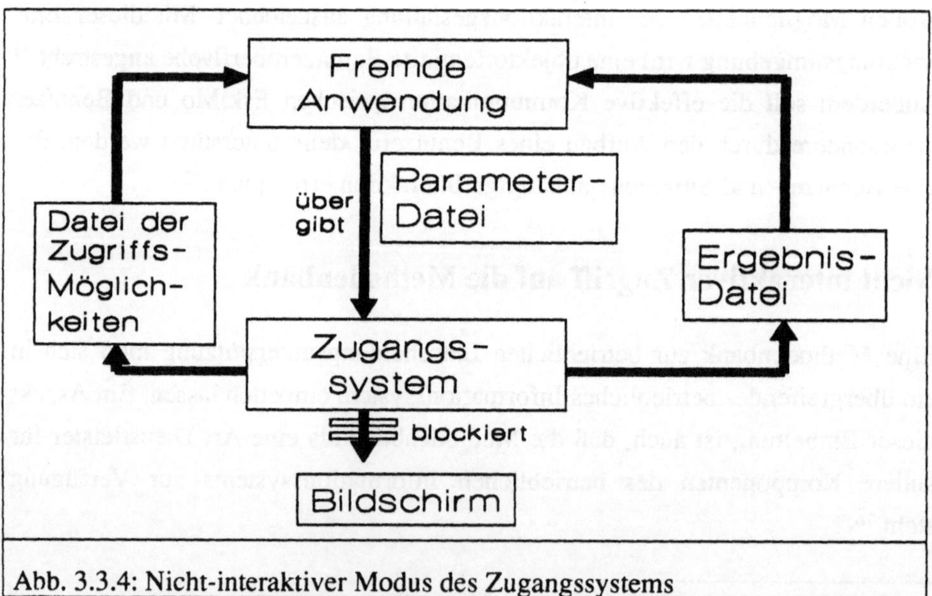

Abb. 3.3.4: Nicht-interaktiver Modus des Zugangssystems

3.4 Das Modell des Problemraums

Nachdem in Kapitel 3.2 die Gesamt-Konzeption für EskiMo entwickelt und in Kapitel 3.3 die Schnittstellenfrage diskutiert wurde, dienen dieses und die folgenden drei Kapitel der Konkretisierung des Systementwurfs, indem die drei konstituierenden Modelle innerhalb von EskiMo erst einzeln entworfen und schließlich in Kapitel 3.7 in ihrer Integration beschrieben werden.

Bei der in diesem Kapitel beschriebenen Entwicklung des Problemraums wird davon ausgegangen, daß formale Methoden, wie sie in einer Methodenbank zusammengefaßt werden, jeweils zur Lösung spezifischer, formaler Probleme bestimmt sind.[77] Das Ziel der Überlegungen ist dabei die Ausarbeitung eines Ansatzes zur Repräsentation von Problemen im Zugangssystem EskiMo. Auf Basis dieser Repräsentation soll es schließlich möglich sein, einerseits einzelne Probleme in EskiMo zu spezifizieren und andererseits die Zuordnung von Problemen zu Methoden zu unterstützen.

3.4.1 Zur Klassifikation von Problemen

Ein bedeutender Ansatz, mit dem Experten reale Komplexität beherrschen, ist die Wiedererkennung von Problemen anhand von charakterisierenden Merkmalen einer gegebenen Problemsituation. Im Wiedererkennungsprozess wird dabei auf eine große Menge gespeicherten Wissens, d.h. der Problemmerkmale und die ihnen zugeordneten Wissensbeständen, zurückgegriffen. Simon stellt dazu fest: "*We know now that experts make extensive use of recognition processes, based on stored knowledge, to handle their everyday tasks.*"[78] Im weiteren drückt er die Vermutung aus, daß in sehr verschiedenen Aufgabengebieten, wie dem Schachspielen von Großmeistern oder der medizinischen Diagnose, Wiedererkennungsprozesse sogar eine Hauptrolle spielen.[79]

---

77 Vgl. Kap. 2.1.1.

78 Vgl. SIMON, H.A. (1990, Invariants), S. 8.

79 Vgl. SIMON, H.A. (1990, Invariants), S. 9.

Hier soll und kann kein psychologisches Modell der Problemlösung eines "Zugangssystem-Experten" entwickelt werden, jedoch dient diese psychologische Erkenntnis als Ausgangspunkt und grundlegende Idee der Strukturierung des Problemraums in EskiMo. Der Problemraum in EskiMo ist die abstrakte Repräsentation der Probleme, die durch die Methoden der Methodenbank gelöst werden können. Insofern erhebt sich als die zentrale Frage für die Strukturierung des Problemraums die nach der Art der Repräsentation eines Problems im Problemraum. Dazu gibt die angeführte psychologische Erkenntnis den grundlegenden Hinweis: Probleme werden von Experten anhand von charakteristischen Merkmalen wiedererkannt, die mit Merkmalen bekannter Situationen übereinstimmen.

Ein Problemmerkmal kann jedoch offenbar nur dann zur Wiedererkennung eines Problems beitragen, wenn es mehrere, zumindest zwei, mögliche Merkmalsausprägungen gibt. Angenommen im Rahmen von Simulationsmodellen gäbe es ein Problemmerkmal "Modelltyp", das nur die Ausprägung "Simulationsmodell" zuließe, so ist offensichtlich, daß dieses Merkmal wenig zu einer Problemerkennung beitragen kann. Hat das Merkmal "Modelltyp" jedoch zwei mögliche Ausprägungen, z.B. "stochastisch" und "deterministisch", so kann zwischen beiden unterschieden und somit zur Problemerkennung beigetragen werden. Um auszudrücken, daß die Problemmerkmale eine Menge von verschiedenen Ausprägungen annehmen können, wird hier im weiteren von Problemdimensionen bzw. Problemraumdimensionen gesprochen: Eine Dimension faßt dabei die möglichen Ausprägungen eines Merkmals zusammen.

Ein Problem ist dann vollständig wiedererkannt oder identifiziert, wenn für alle Dimensionen des Problems bzw. des Problemraums eine Ausprägung angegeben werden kann. Da es sich bei dieser Aussage nur um eine Implikation handelt, kann ein Problem eventuell auch schon durch eine partielle Angabe von Dimensionsausprägungen identifiziert werden. Man kann sich also den Problemraum als einen Raum vorstellen, der von einer Anzahl von Dimensionen aufgespannt wird. Jede dieser Dimensionen hat zumindest zwei mögliche Ausprägungen. Ein einzelnes Problem ist in diesem Raum durch einen begrenzten (und eventuell weniger-dimensionalen) Teilraum gegeben. Abbildung 3.4.1 zeigt beispielhaft einen einfachen zweidimensionalen

Problemraum, in dem zwischen Entscheidungsmodellen anhand der Anzahl der Entscheidungsvariablen und der Anzahl der Zielvariablen unterschieden werden kann.

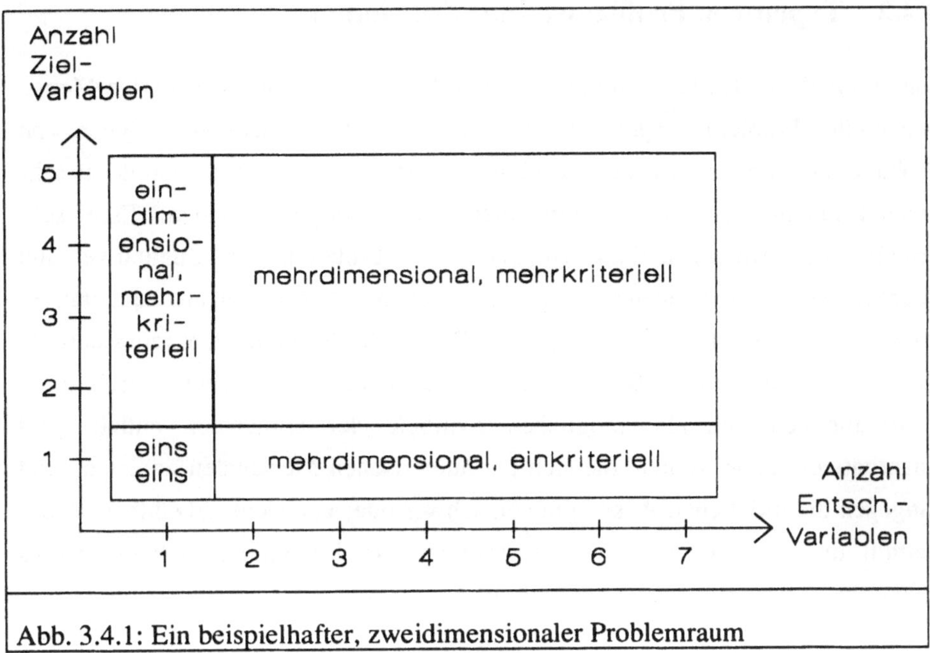

Abb. 3.4.1: Ein beispielhafter, zweidimensionaler Problemraum

Bedeutung für EskiMo

Der Problemraum in EskiMo soll zwei Funktionen erfüllen. Erstens soll es mittels des Problemraums möglich sein, reale Anwendungsprobleme zu spezifizieren (wiederzuerkennen), um so den ersten Schritt der Methodenauswahl zu unterstützen.[80] Zweitens soll der Problemraum als Basis für die Bestimmung von Methodeneignungen dienen: Wenn Methoden zur Lösung spezifischer Probleme existieren, so können diese Methoden durch die Angabe des entsprechenden Problem-Teil-Raums im Problemraum verankert werden. Weiterhin führt dann die Spezifikation eines Problems im Problemraum sofort zu den entsprechend geeigneten Methoden.

Im folgenden wird dieser flexible, da einfache Ansatz zur Repräsentation von Problemen im Zugangssystem weiter spezifiziert. Dabei wird zuerst zwischen

80 Vgl. Kap. 2.2.4.

verschiedenen Typen von Problemraumdimensionen unterschieden, um dann auf Beziehungen zwischen einzelnen Dimensionen einzugehen.

3.4.2 Typen von Problemraumdimensionen

Damit auf Basis des Problemraums in EskiMo eine möglichst mächtige Menge potentieller Probleme abgebildet werden kann, ist es notwendig, Typen von Problemraumdimensionen zur Verfügung zu stellen, mit denen zumindest sehr viele Probleme mit ihren Merkmalen erfaßt werden können. Eine sehr grundlegende Unterscheidung ist dabei die Einteilung in qualitative und quantitative Dimensionen.[81] Die möglichen Ausprägungen qualitativer Dimensionen sind letztlich Symbole, z.B. durch Zeichenketten repräsentierte Namen. Eine qualitative Dimension läßt sich demnach natürlich mittels einer Liste abbilden, die alle möglichen Symbole der Dimension enthält. Bei quantitativen Dimensionen, die sich bei numerischen Merkmalen anbieten, sind hingegen die möglichen Ausprägungen schwer oder gar nicht aufzählbar. Somit entfällt die Liste als mögliches Instrument zur Abbildung; vielmehr ist es sinnvoller, auf Intervalle zurückzugreifen.

Bedeutung für EskiMo

Eine detailliertere Unterscheidung zwischen Dimensionstypen scheint für das Zugangssystem nicht notwendig zu sein, so daß in EskiMo grundsätzlich qualitative und quantitative Dimensionen zur Abbildung von Problemräumen zur Verfügung gestellt werden. Insbesondere werden die Typen der Problemraumdimensionen nicht nach Skalierungstypen unterschieden, da die damit verbundenen zusätzlichen Informationen (z.B. durch mögliche Ordnungsrelationen) für die zentrale Aufgabe des Zugangssystems, also der Zuordnung von Problem zu Methode, kein wichtige Rolle spielt.[82]

Im folgenden wird anhand zweier Beispiele die Verwendung von quantitativen und qualitativen Problemraumdimensionen verdeutlicht. Das erste Beispiel stellt

---

[81] Vgl. KLEIJNEN, J.P.C. (1987, Statistical Tools), S. 138ff; BAMBERG, G.; BAUR, F. (1984, Statistik), S. 6f.

[82] Zu Skalierungen: vgl. KLEIJNEN, J.P.C. (1987, Statistical Tools), S. 138ff; BAMBERG, G.; BAUR, F. (1984, Statistik), S. 6f.

drei relevante Unterscheidungsmerkmale bei der Identifikation einer geeigneten Optimierungsmethode für Simulationsmodelle dar.

Dimension	*Typ*
Unterscheidung zwischen stochastischen und deterministischen Simulationsmodellen	Qualitativ
Anspruch an die Lösungsgenauigkeit: Gering, mittel oder hoch	Qualitativ
Anzahl der Entscheidungsvariablen	Quantitativ

Tab. 3.4.1: Qualitative und quantitative Dimensionen, erstes Beispiel

Das folgende Beispiel greift drei potentielle Dimensionen aus einem Beispiel in der Beschreibung der Methodenbank SAMBA heraus: Es geht um die Wahl einer statistischen Methode.[83]

Dimension	*Typ*
Deskriptive oder induktive Analyse	Qualitativ
Anzahl der Variablen	Quantitativ
Anzahl der Stichproben	Quantitativ

Tab. 3.4.2: Qualitative und quantitative Dimensionen, zweites Beispiel

3.4.3 Abhängigkeit von Problemraumdimensionen

Bisher wurde implizit unterstellt, daß die einzelnen Problemraumdimensionen unabhängig voneinander seien: In Unabhängigkeit der Merkmalsausprägungen in anderen Dimensionen kann jeder Dimension sinnvoll eine Ausprägung zugewiesen werden.

Problemidentifikation und Abhängigkeit von Problemraumdimensionen

Insofern als es nur um die mögliche Identifikation einer Methode geht, kann diese Annahme ohne Einschränkung aufrecht erhalten werden: Selbst wenn eine

83 Vgl. BODENDORF, F. (1980, Samba), S. 37.

einzelne Dimension D1 inhaltlich so von einer anderen Dimension D2 abhängig ist, daß ihre Bestimmung nur bei bestimmten Merkmalsausprägungen in D2 Sinn macht, gilt weiterhin, daß bei einer vollständigen Angabe von Merkmalsausprägungen für alle Dimensionen das Problem hinreichend identifiziert ist. Die Merkmalsausprägungen in der faktisch abhängigen Dimension D1 tragen dann zwar nichts zur Identifikation des Problems bei, sie behindern diese Identifikation jedoch auch nicht.

Dies kann an folgendem Beispiel verdeutlicht werden: Im Problemraum der Suchverfahren für Simulationsmodelle wird eine Dimension existieren, die zwischen Modellen mit und Modellen ohne Nebenbedingungen unterscheidet.[84] Eine weitere Dimension, die das Vorwissen zu einem bei Nebenbedingungen zulässigen Startpunkt abbildet, ist derart inhaltlich von der ersten Dimension abhängig, daß sie sinnvoll nur belegt werden kann, wenn in der ersten Dimension die Merkmalsausprägung "Mit.Nebenbedingungen" angegeben wurde. Angenommen der Problemraum bestände nur aus diesen beiden Dimensionen und in der ersten Dimension wäre die Ausprägung "Ohne.Nebenbedingung" angegeben worden, dann ist die Angabe eines zulässigen Startpunktes offensichtlich überflüssig, sie hat jedoch auch keinen störenden Einfluß auf die Problemidentifikation.

Problemangabe und Abhängigkeit von Problemraumdimensionen

Problematisch wird die skizzierte Abhängigkeit von Problemraumdimensionen dann, wenn die Notwendigkeit beachtet wird, daß ein Benutzer im Rahmen eines Dialogs die Ausprägungen der Problemraumdimensionen bestimmen muß. Offenbar ist es in diesem Zusammenhang wenig hilfreich, dem Benutzer Dimensionen zur Bestimmung anzubieten, die keinen Einfluß auf sein Problem haben können. In konventionellen Methodenbanken wird nicht zuletzt deswegen gerne auf Entscheidungsbäume zur Problemidentifikation zurückgegriffen.[85] Sie haben den Vorteil, daß der Benutzer eng geleitet durch den Problemraum geführt wird. Diese Enge schafft natürlich andererseits einen Nachteil: Dem Benutzer

---

[84] Vgl. Kap. 4.1.2.
[85] Vgl. Kap. 2.1.3.

wird eine Bearbeitungsreihenfolge des Problemraums aufgezwungen, die im allgemeinen nicht mit seinen Vorstellungen übereinstimmen muß.

So wird die Problematik deutlich: Der Benutzer sollte genau diejenigen Dimensionen des Problemraums bearbeiten können, die er in der gegebenen Situation sinnvoll bearbeiten kann, ohne daß ihm eine Reihenfolge der Bearbeitung vorgegeben wird.

Bedingte Problemraumdimensionen

Im Rahmen der Problemraumdimensionen kann dies erreicht werden, indem bedingte Problemraumdimensionen eingeführt werden. Dies soll bedeuten, daß jeder Dimension des Problemraums Bedingungen zugeordnet werden können, die sie mit beliebigen Merkmalsausprägungen anderer Dimensionen verknüpfen.

In Fortführung des letzten Beispiels müßte der Dimension zum Vorwissen über zulässige Startpunkte die Bedingung zugeordnet werden, daß in der Dimension zur Abbildung der Existenz von Nebenbedingungen die Ausprägung "Mit.Nebenbedingungen" gegeben ist. Mit solchen Bedingungen kann ein Beziehungsgeflecht zwischen den einzelnen Problemraumdimensionen aufgebaut werden, das insbesondere den Entscheidungsbaum bisheriger, konventioneller Methodenbanken als Spezialfall beinhaltet. Dieser Spezialfall besteht darin, daß nur eine Dimension des Problemraums, nämlich die Wurzel des korrespondierenden Entscheidungsbaums, keine Bedingung enthält, während allen anderen Dimensionen genau eine Bedingung - in bezug auf die im Entscheidungsbaum übergeordnete Dimension - zugeordnet ist.

Dies soll wiederum an dem Beispiel aus der Beschreibung der Methodenbank SAMBA illustriert werden. Dort wurde zur Methodengruppenauswahl der in Abbildung 3.4.2 dargestellte Entscheidungsbaum generiert.[86]

---

[86] Vgl. BODENDORF, F. (1980, Samba), S. 37.

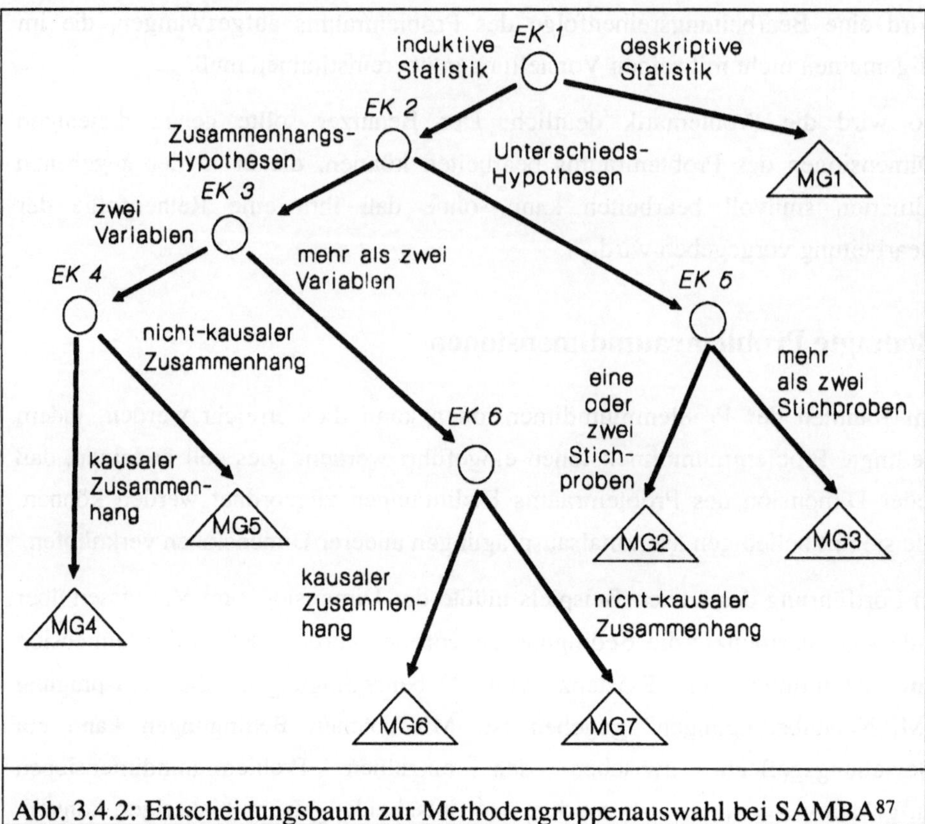

Abb. 3.4.2: Entscheidungsbaum zur Methodengruppenauswahl bei SAMBA[87]

Wird dieser Ausschnitt eines Problemraums in die Systematik von EskiMo transferiert, so ergeben die sechs Knoten des Entscheidungsbaums die folgenden fünf Problemraumdimensionen. Aufgrund der etwas flexibleren Struktur des Ansatzes in EskiMo entfällt also ein Knoten.

Knoten	*Name der Dimension*	*Mögliche Ausprägungen*
EK 1	Statistik-Teilgebiet	induktiv, deskriptiv
EK 2	Hypothesen-Typ	Zusammenhang, Unterschied
EK 3	Variablen-Anzahl	$[1, \infty]$
EK 4	Stichproben-Anzahl	$[1, \infty]$
EK 5, EK 6	Zusammenhangs-Typ	kausal, nicht.kausal

Tab. 3.4.3: Die Dimensionen des Problemraums im Statistik-Beispiel

87 MG<i>, (i = 1..7), steht für die entsprechende Methodengruppen.

Die folgende Abbildung 3.4.3 stellt die Abhängigkeiten der einzelnen Dimensionen dar.

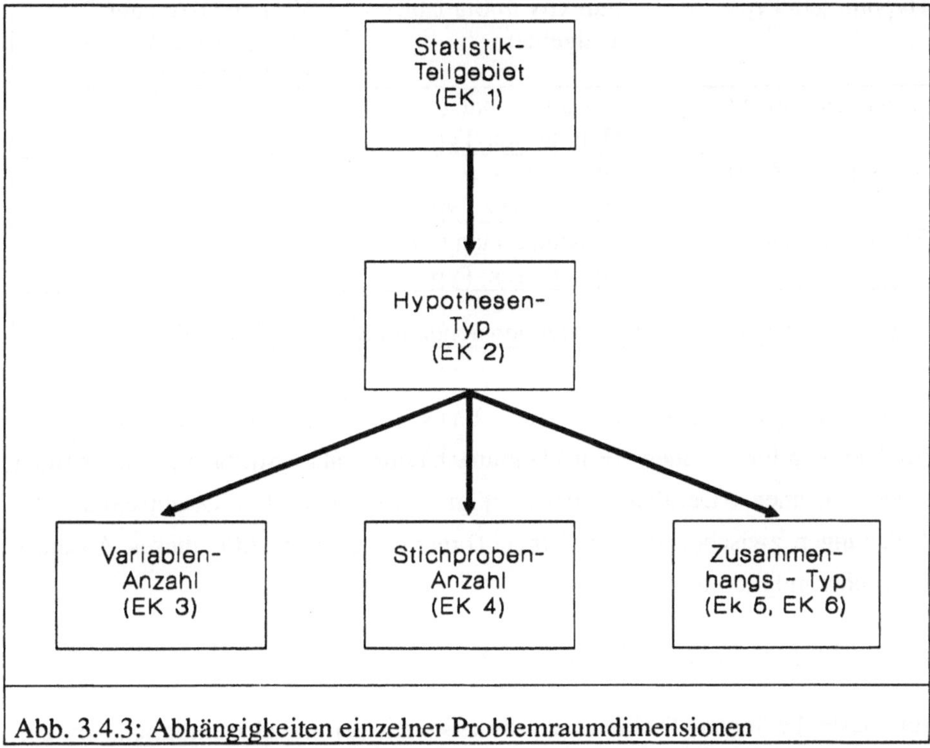

Abb. 3.4.3: Abhängigkeiten einzelner Problemraumdimensionen

Dementsprechend können den einzelnen Dimensionen die folgenden Bedingungen respektive Verweise auf bedingte Dimensionen zugeordnet werden.[88]

88 Aus Gründen der Praktikabilität werden die Bedingungen in EskiMo nach dem Prinzip einer zweifach verketteten Baumstruktur verwaltet.

Dimension	*Bedingung*	*bedingt*
Statistik-Teilgebiet		Hypothesen-Typ
Hypothesen-Typ	induktiv *in* Statistik-Teilgebiet	Variablen-Anzahl, Stichproben-Anzahl, Zusammenhangs-Typ
Variablen-Anzahl	Zusammenhang *in* Hypothesen-Typ	
Stichproben-Anzahl	Unterschied *in* Hypothesen-Typ	
Zusammenhangs-Typ	Zusammenhang *in* Hypothesen-Typ	

Tab. 3.4.4: Abhängigkeiten der Dimensionen im Statistik-Beispiel

Dieses Beispiel zeigt, daß auf Basis des Ansatzes der bedingten Problemraumdimensionen Entscheidungsbäume als Spezialfall abgebildet werden können. Darüber hinaus zeigt sich, daß die Organisation der Beziehungen zwischen den einzelnen Dimensionen mit Hilfe dieses Ansatzes natürlicher möglich ist.

Behandlung zirkulärer Bedingungen

Auf Basis bedingter Problemraumdimensionen ist es also möglich, in der Interaktion mit dem Benutzer immer nur diejenigen Dimensionen des Problemraums zur Bearbeitung anzubieten, deren Definition sinnvoll ist, ohne dem Benutzer eine Bearbeitungsreihenfolge aufzuzwingen. Diese grundlegende Idee birgt jedoch eine Gefahr in sich: die Gefahr, daß Dimensionen in zirkulären Bedingungsbeziehungen stehen.

Als Beispiel sollen zwei bedingte Dimensionen A und B betrachtet werden. Dimension A ist von einer spezifischen Ausprägung in Dimension B abhängig und Dimension B ist von einer spezifischen Ausprägung in Dimension A abhängig: Die Eingabe einer Dimensionsausprägung ist aber nur möglich, wenn diese Bedingungen erfüllt sind. Geht man nun von einem noch leeren, also mit keiner Dimensionsausprägung belegten Problemraum aus, so werden weder Dimension A noch Dimension B je zur Eingabe bereit sein. Das Problem wird noch dadurch komplizierter, daß solche Bedingungsschleifen auch indirekt oder transitiv über mehrere Dimensionen hinweg wirken und daß mehrere

Bedingungsschleifen miteinander verwoben sein können, wenn in Bedingungen auch logische Verknüpfungen zugelassen sind.

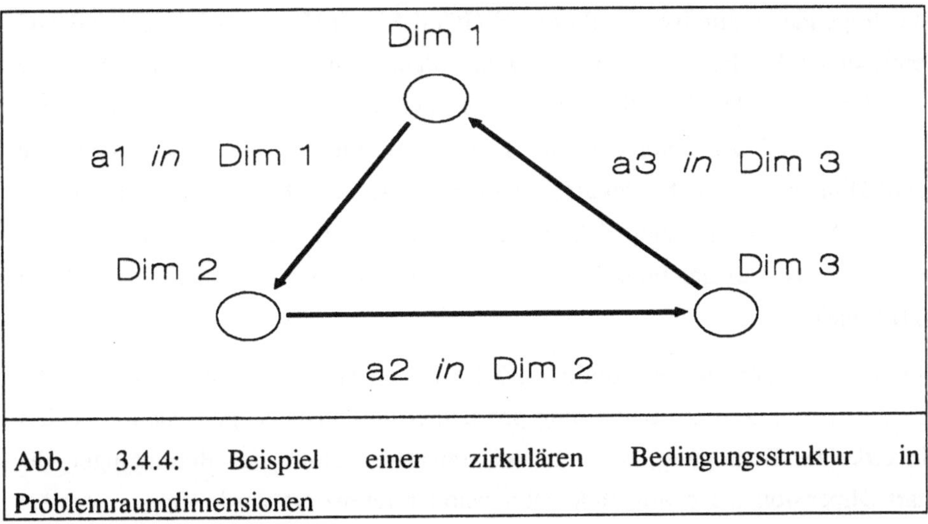

Abb. 3.4.4: Beispiel einer zirkulären Bedingungsstruktur in Problemraumdimensionen

Das Beispiel in Abbildung 3.4.4 zeigt, daß Dimension 3 nur dann belegt werden kann, wenn in Dimension 2 die Ausprägung a2 definiert wurde, was wiederum die Definition von a1 in Dimension 1 voraussetzt. Letztere Definition kann jedoch nur erfolgen, wenn in Dimension 3 die Ausprägung a3 gewählt wurde, was jedoch nicht möglich ist.

Dieses Problem kann behandelt werden, indem bei der Anlage einer neuen Bedingung überprüft wird, ob eine Bedingungsschleife entsteht oder nicht. Dazu kann erst die notwendige Bedingung für die Nicht-Existenz einer Schleife, nämlich die Existenz mindestens einer unbedingten Dimension überprüft werden. Ist diese notwendige Bedingung überprüft und nicht verletzt, kann mit Hilfe einer kleinen rekursiven Funktion untersucht werden, ob eine Schleife vorliegt oder nicht. Die Funktion sei im folgenden für den anschaulicheren Fall skizziert, daß Bedingungen immer nur einwertig sein dürfen, also nur auf genau eine andere Dimension Beziehung nehmen dürfen.

Skizze einer Funktion zur Überprüfung der Existenz einer Bedingungsschleife

Die folgende rekursive Funktion EXISTIERT-ZIRKULÄRE-BEDINGUNG liefert einen Boolschen Wert, der genau dann wahr ist, wenn eine Schleife gefunden wurde. Die Funktion hat zwei Argumente: Eine "Aktuelle.Dimension", die die aktuell zu untersuchende Dimension angibt, und eine sogenannte "Start.Dimension", die bei rekursiven Aufrufen auf die Dimension zeigt, von der aus die Suche nach einer Schleife gestartet wurde, die beim ersten (nicht-rekursiven) Aufruf der Funktion aber nicht gegeben wird (respektive den Wert NULL hat).

Bei der im folgenden, in Abbildung 3.4.5 dargestellten Funktion wird von der Existenz maximal einer Bedingung pro Dimension ausgegangen. Dann existiert ein zirkuläre Bedingung, wenn in der transitiven Hülle der Bedingungen die Start-Dimension als bedingende Dimension referenziert wird. Keine zirkuläre Bedingung liegt vor, wenn die Durchsuchung der transitiven Hülle in einer unbedingten Dimension endet.

Die Funktion bricht demnach mit dem Wert FALSCH ab, wenn eine Dimension in der Bedingung referenziert wird, die selbst keine Bedingung hat. Sie bricht mit dem Wert WAHR ab, wenn die aktuelle Dimension mit der Start-Dimension übereinstimmt. Die Existenz einer Funktion REFERENZIERTE.DIMENSION (aktuelle.Dimension), die die bedingende Dimension einer Dimension liefert, wird im weiteren vorausgesetzt.

```
BOOL EXISTIERT-ZIRKULÄRE-BEDINGUNG (Aktuelle.Dimension,
        Start.Dimension)
// Überprüfung auf Unbedingte Dimension
WENN die REFERENZIERTE.DIMENSION (Aktuelle.Dimension) keine Bedingung hat
    DANN FUNKTIONS.WERT = FALSCH; FUNKTIONS.ENDE. // Ergebnis: FALSCH
SONST
    // Unterscheidung zwischen rekursivem und erstem Funktionsaufruf
    WENN die Start.Dimension gegeben ist
        // Überprüfung auf Schleife
        DANN WENN die REFERENZIERTE.DIMENSION (Aktuelle.Dimension)
                        GLEICH der Start.Dimension ist
                    FUNKTIONS.WERT = WAHR;
                    FUNKTIONS.ENDE. // Ergebnis: WAHR
            SONST
                    // Rekursiver Aufruf für nächste, übergeordnete Dimension
                    FUNKTIONS.WERT = EXISTIERT-ZIRKULÄRE-
                                                    BEDINGUNG
                                    (REFERENZIERTE.DIMENSION
                                    (Aktuelle.Dimension), Start.Dimension);
            FUNKTIONS.ENDE.
    SONST // Eine Start.Dimension ist nicht gegeben
        // erster rekursiver Aufruf
        FUNKTIONS.WERT = EXISTIERT-ZIRKULÄRE-BEDINGUNG
                            (REFERENZIERTE.DIMENSION
                            (Aktuelle.Dimension), Aktuelle.Dimension);
            FUNKTIONS.ENDE.
```

Abb. 3.4.5: Prozedur zur Identifikation zirkulärer Bedingungen

Die Funktion gestaltet sich etwas komplizierter, wenn mittels logischer Verknüpfungen mehrere Bedingungen erlaubt sind. Jedoch ist dies kein prinzipielles Hindernis: Logische Verknüpfungen müssen nur in entsprechend verknüpfte rekursive Funktionsaufrufe von EXISTIERT-ZIRKULÄRE-BEDINGUNG umgesetzt werden.

3.4.4 Realisierung in EskiMo

Im folgenden wird die Übertragung der konzeptuellen Idee des Problemraums von EskiMo in das implementierte System kurz beschrieben. Dabei wird weniger Wert auf die implementationsabhängigen Details gelegt, vielmehr wird die Implementation auf der allgemeineren Ebene von Frames beschrieben.

Die Realisierung der Problemraumdimensionen

Die einzelnen Dimensionen werden in EskiMo jeweils durch ein Frame repräsentiert. Zu den Slots dieser Frames zählen der Dimensionsname und der Dimensionstyp. Für Dimensionen des qualitativen Dimensionstyps existiert ein Slot "Nominale.Liste", der mit einer Liste von Symbolen belegt werden kann. Jedes dieser Symbole stellt eine mögliche Ausprägung der Dimension dar.

Der quantitative Dimensionstyp wird durch die Möglichkeit der Angabe eines beliebigen Intervalls realisiert. Es kann weiterhin bestimmt werden, ob es sich um ein stetiges oder ein diskretes Intervall handelt und ob die Intervallgrenzen offen oder geschlossen sein sollen. Wird eine obere oder untere Intervallgrenze nicht angegeben, wird angenommen, daß das Intervall in die jeweilige Richtung unbeschränkt ist.

Jedem Dimensions-Frame ist weiterhin ein Slot zur Abbildung der Bedingung der Dimension zugeordnet und - nicht notwendiger-, aber praktischerweise - ein Slot mit einer Liste der abhängigen Dimensionen. Es ergibt sich folgendes Frame, das in der zentralen Wissensbasis von EskiMo unter dem Namen DIM.WURZEL zur Verfügung gestellt wird:

FRAME DIM.WURZEL		
Slot.Name	*Slot.Typ*	*Werte*
Typ	Eines.Von Nominale.Liste, Intervall	unknown
Listen.Elemente	Liste	unknown
Intervall.Beschreibung	Liste	unknown
Bedingungen	Liste.Von Liste	unknown
Bedingte.Dimensionen	Frame	unknown
Erklärungs.Frame	Frame	unknown

Alle Dimensionen zur Abbildung eines Problemraums werden in EskiMo automatisch als Unterklassen dieses Frames repräsentiert.[89]

Im Rahmen von EskiMo wird eine einzelne Bedingung als zweistellige Liste abgebildet, deren erstes Element die bedingende Dimensionsausprägung und deren zweites Element die bedingende Dimension repräsentiert. Jeder Dimension können eine beliebige Anzahl derartiger Bedingungen zugeordnet werden, wobei implizit von einer logischen UND-Verknüpfung zwischen den einzelnen Bedingungen ausgegangen wird. Im bisherigen Entwicklungsstand von EskiMo wurde auf die Realisierung der prinzipiell ebenfalls möglichen ODER-Verknüpfung verzichtet. Dieser Verzicht erwies sich in der praktischen Anwendung jedoch noch nicht als hinderlich.[90]

Dimensionsbestimmung in EskiMo

EskiMo als allgemeines Zugangssystem zu Methodenbanken bietet das Konstrukt der bedingten Dimension und die mit diesem Konstrukt verbundenen Bearbeitungsmöglichkeiten an. Die Definition konkreter Dimensionen ist die erste Aufgabe in der Erstellung eines Zugangssystems zu einer konkreten Anwendung. Demnach wäre der Aufbau eines Problemraums aus Sicht einer Methodenbankarchitektur in der Systemverwaltung angesiedelt.

Wird das Zugangssystem als Expertensystem betrachtet, so entspricht die Definition von Dimensionen einem Teil der Wissensakquisition. Der erste Schritt dieser Wissensakquisition, nämlich die Identifikation grundlegender Wissensstrukturen, ist durch die Bereitstellung des allgemeinen Konzepts der bedingten Problemraumdimensionen in EskiMo geleistet. Der nächste Schritt der Wissensakquisition, nämlich die konkrete Formalisierung des Wissens in diesen allgemeinen Konstrukten, bleibt als Aufgabe für jede einzelne Anwendung, Problemdomäne oder Methodensammlung bestehen, sie ist aber durch die Bereitstellung der Konstrukte in implementierter Form wesentlich vereinfacht.

Somit stellt das implementierte Konzept der bedingten Problemraumdimensionen eine anwendungsspezifische Wissensakquisitionskomponente dar,

---

89 Zur Anwendung im Problemraum "Optimierung von Simulationsmodellen"; vgl. Kap. 4.1.2.

90 Vgl. Kap. 4.3 - 4.8.

die mit ihrer Unterscheidung von grundlegenden Wissensstrukturen, d.h. hier dem Konzept der Dimensionen, und den anwendungsspezifischen Wissensinhalten, d.h. hier die zu definierenden Dimensionen, zumindest tendenziell auch aktuellen Entwicklungen im Bereich der Wissensakquisition entspricht. Diese Entwicklungen, wie sie beispielsweise im KADS-Ansatz verfolgt werden, basieren auf der Erkenntnis, daß Wissensakquisition einen Prozeß der Wissensstrukturierung auf verschiedenen Abstraktionsebenen darstellt.[91]

Problembestimmung auf Basis des Problemraums

Probleme müssen in der Arbeit mit dem Zugangssystem in zwei Situationen definiert werden: Einmal um die Eignungen von Methoden- oder Methodenklassen zu bestimmen[92], und zum anderen, um im Prozeß der Methodenauswahl das zu lösende Problem anzugeben.[93]

In beiden Situationen reduziert sich die Definition des Problems auf eine Bestimmung von Dimensionsausprägungen in denjenigen Problemraumdimensionen, deren Bedingungskomponente erfüllt ist.

3.5 Das Modell der Methodenbank

Während im Problemraum die von einer Methodenbank potentiell lösbaren Probleme abgebildet werden, enthält die Methodenbank selbst die zur Lösung dieser Probleme notwendigen Instrumente. Durch das Modell der Methodenbank wird ihr Inhalt dem Zugangssystem verfügbar gemacht. Die Modellierung der Methoden umfaßt die Abbildung der relevanten Eigenschaften der Methoden selbst (Kapitel 3.5.1), die Abbildung der Methodenparameter (Kapitel 3.5.2) und schließlich ein Modell der Methodenbeziehungen (Kapitel 3.5.3). Ein automatisierter Methodenbankzugriff setzt auch die Modellierung von

[91] Vgl. BIETHAHN, J.; HOPPE, U. (1990, Tools), S. 118f; KARBACH, W. (1989, Wissensakquisition), S. 13; DEGREEF, P.; BREUKER, J. (1985, Knowledge Acquisition), S. 390ff.

[92] Vgl. Kap. 3.5.1; Kap. 3.8.6.

[93] Vgl. Kap. 3.8.7.

Dienstprogrammen in ihrer Funktionalität und mit ihren formalen Anforderungen voraus (Kapitel 3.5.4).

3.5.1 Abbildung von Methoden

Die zentralen Objekte einer Methodenbank sind die Methoden. Im Zugangssystem müssen die in der Methodenbank tatsächlich oder potentiell enthaltenen Methoden abgebildet sein. Das Modell der Methodenbank baut deswegen konsequenterweise auf einem Modell der Methode auf. Im folgenden wird die Abbildung derjenigen Eigenschaften von Methoden besprochen, die aus Sicht des Zugangssystems relevant sind.

Physische Realisierung von Methoden

Methodenbanken bieten Methoden nicht nur als abstrakte Konstrukte, sondern auch in Form konkret implementierten Programm-Codes an. Dieser Code, gleich in welcher Form er realisiert ist, wird in einem Dateisystem bereitgestellt. Im Zugangssystem muß deswegen für jede Methode die Information über den Zugriff auf den abgelegten Code verfügbar sein. Beispielsweise muß der Zugriffspfad und der Dateiname eines Methoden-Quelltexts bekannt sein.

Drei verschiedene physische Erscheinungsformen von Code werden in Analogie zum technischen Prozess der Softwareübersetzung unterschieden:[94]

- In Quelltexten (symbolischen Codes) ist die Implementation der Methode in einer Programmiersprache abgelegt.
- Verschiebbare Codes (Objekt-Codes) sind das Ergebnis der Übersetzung von Quelltexten. Sie können zu lauffähigen Programmen zusammengebunden werden.
- Ausführbare oder absolute Codes sind schließlich fertige, gebundene Programme, die direkt vom Betriebssystem aus gestartet werden können.

Die Transformation vom Quellcode über den verschiebbaren zum ausführbaren Code erfolgt mit Hilfe von Compilern und Linkern (Bindern). Mit beiden Transformationen ist dabei ein Verlust von Freiheitsgraden in bezug auf die

[94] Vgl. BARTH, H. (1980, Konzepte), S. 307.

Verknüpfung der Methoden verbunden. Quelltexte können auf der Ebene der entsprechenden Programmiersprache beliebig miteinander kombiniert werden. Weiterhin können als Quelltext vorliegende Methoden prinzipiell auf verschiedenen Rechner- oder Betriebssystemen übersetzt werden, sofern dort der entsprechende Compiler zur Verfügung steht. Verschiebbare Codes sind nur noch auf dem Betriebssystem verwertbar, für das sie übersetzt wurden. Sie können aber noch mit anderen verschiebbaren Codes so zusammengebunden werden, daß der Datenaustausch zwischen den Methoden über effiziente interne Datenstrukturen erfolgen kann. Beispielsweise kann eine Sortier-Methode, die als verschiebbarer Code vorliegt, direkt in andere Methoden eingebunden werden, so daß sie auf gemeinsamen internen Listen operieren. Der verschiebbare Code der Sortier-Methode selbst muß erst während des Prozesses des Zusammenbindens zur Verfügung stehen. Ein verschiebbarer Code selbst kann in der Regel nicht mehr manipuliert werden.

Ausführbare Codes können ebenfalls nur auf dem Betriebssystem eingesetzt werden, in dessen Rahmen sie übersetzt und gebunden wurden. Darüber hinaus können sie jedoch nicht mehr direkt in andere Programme eingebunden werden. Mehrere ausführbare Codes können zwar sequentiell (oder bei entsprechenden Ressourcen parallel) verknüpft werden, sie können jedoch keine gemeinsamen internen Datenstrukturen verwenden. Der Datenaustausch muß in der Regel über weniger effiziente externe Schnittstellen erreicht werden.[95] Die folgende Abbildung 3.5.1 stellt die verschiedenen physischen Formen eines Programm-Codes und die mit ihnen verbundenen Freiheitsgrade dar.

[95] Ausnahmen stellen Systeme dar, die einen sogenannten dynamischen Datenaustausch ermöglichen (z.B. WINDOWS 3.0). Da solche Ansätze nur ausgenutzt werden können, wenn die Methoden speziell für diese Systeme konzipiert sind, wird hier von einer Beachtung dieser Möglichkeit abgesehen.

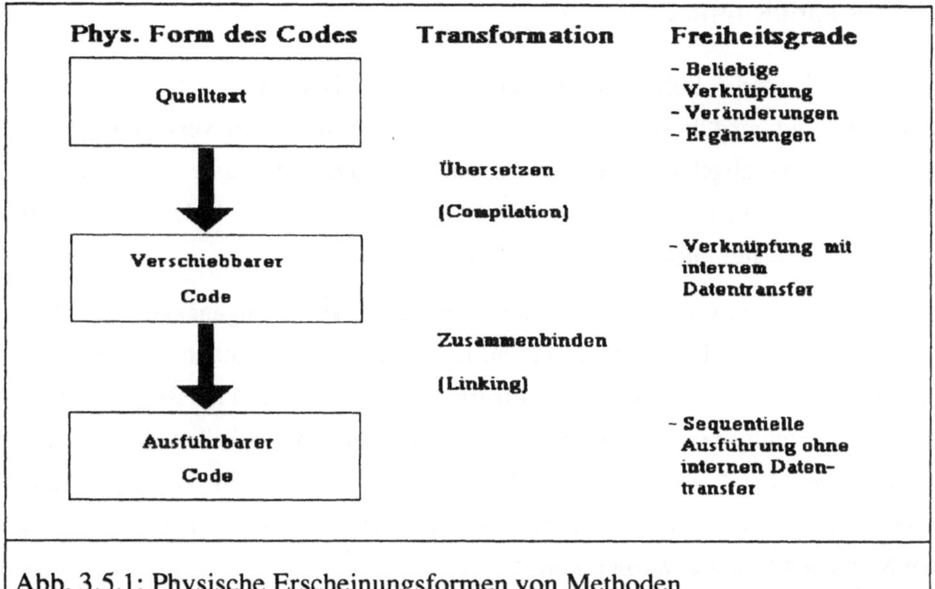

Abb. 3.5.1: Physische Erscheinungsformen von Methoden

Für Methodenbanken bietet es sich an, Methoden in allen drei physischen Erscheinungsformen bereitzustellen. So können alle Freiheitsgrade bei Bedarf ausgenutzt werden, und so wird gleichzeitig gewährleistet, daß jederzeit die zur Weiterverarbeitung effektivste physische Form zur Verfügung steht.

Dementsprechend benötigt das Zugangssystem Informationen zu allen drei Erscheinungsformen des Methoden-Codes. Zu allen Formen müssen der Zugriffspfad und der Dateiname gegeben sein. Zum Quellcode sollte außerdem noch die verwendete Programmiersprache angegeben werden, damit das Zugangssystem im Bedarfsfall den passenden Compiler auswählen kann. Obwohl es also sinnvoll ist, Methoden in allen drei physischen Formen in der Methodenbank bereitzuhalten, darf diese Forderung nicht als notwendige Bedingung für die Abbildung der Methodenbank im Zugangssystem verstanden werden. Kommerziell entwickelte Methoden liegen oftmals nicht als Quelltext vor, dennoch sollten auch solche Methoden vom Zugangssystem zugänglich sein. Das Zugangssystem kann insofern bei der Maßschneiderung kommerzieller Software auf eine konkrete Anwendung oder ein konkretes Unternehmen helfen.[96]

96 Vgl. BIETHAHN, J. (1988, Informationsverarbeitung), S. 333f.

Methodendokumentationen

Vielfach werden Softwarebausteine, also insbesondere implementierte Methoden, mit ausführlichen externen Textdokumentationen versehen, die in eigenen Dateien abgelegt sind. Diese zusätzlichen Dateien müssen ebenfalls als zur Methode gehörig betrachtet werden. Deswegen sollte auch der Zugriff auf eine derartige Datei für jede Methode möglich sein.

Unabhängig davon sollte die Abbildung der Methode im Zugangssystem selbst die Möglichkeit der Dokumentation und Erklärung von Methoden vorsehen. Da Erklärungen letztlich von Systembenutzern verstanden werden müssen, hängt die Art der Abbildung von Erklärungen direkt von den Möglichkeiten des Modells des Benutzers ab. Je flexibler und detaillierter der Benutzer im Zugangssystem modelliert werden kann, desto differenzierter müssen auch die Erklärungen zu den Methoden gestaltet werden können.

Aufgrund dieser Abhängigkeit von der Benutzermodellierung können die im Zugangssystem internen Erklärungen zu den Methoden z.B. in Form von Frames abgebildet werden, die vom Benutzermodell abhängen. Jede Methode, und auch die anderen Objekte des Zugangssystem, für die eine Erklärung bereit gehalten werden sollte, verweisen dann auf ein solches Erklärungs-Frame.[97]

Eignungen von Methoden

Die Eignung einer Methode ergibt sich relativ zu einem Problemraum. Gemäß den Überlegungen in Kapitel 3.4 wird ein Problemraum durch eine Anzahl von Problemraumdimensionen aufgespannt. Eine einzelne Methode deckt aufgrund ihrer Eignung einen begrenzten Teilraum des Problemraums ab. Dieser Teilraum muß bei der Abbildung der Methode im Zugangssystem der Methode zugeordnet werden. Die mittels dieser Zuordnung eingegrenzte Eignung einer Methode kann definiert werden, indem für jede relevante Problemraumdimension alle durch die Methode abgedeckten Ausprägungen angegeben werden. Anhand des beispielhaften Problemraums aus Kapitel 3.4.1 kann eine solche "Verankerung" verdeutlicht werden:

---

[97] Zu einer möglichen Realisierung: vgl. Kap. 3.8.3.

Es sei angenommen, daß eine Methode M1 besonders zur Optimierung von Modellen mit drei bis sieben Entscheidungsvariablen geeignet sei, wobei sowohl einfache als auch mehrfache Ziele behandelt werden können; eine weitere Methode M2 eigne sich nur zur Optimierung eindimensionaler, einkriterieller Modelle. Mit Abbildung 3.5.2 wird die Verankerung dieser Methoden im Problemraum graphisch dargestellt. Dabei wird die Eignung der jeweiligen Methode als schraffierter Teilraum über dem gesamten Problemraum dargestellt.

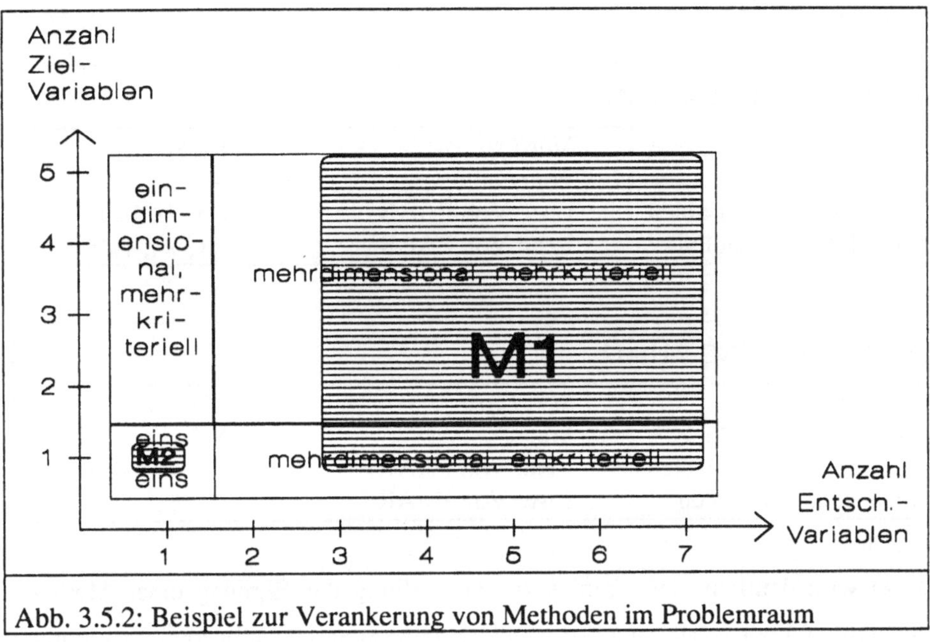

Abb. 3.5.2: Beispiel zur Verankerung von Methoden im Problemraum

Die Eignung einer Methode kann also als Abbildung vom Raum der Methode in den Raum der Probleme aufgefaßt werden. Der Wert dieser Abbildung ist ein Vektor, der je ein Element pro Dimension des Problemraums mit einer konkreten Belegung aufweist. Diese Zuordnung kann in EskiMo realisiert werden, indem für jede Methode ein Eignungs-Frame eingerichtet wird, das pro Dimension des Problemraums genau einen Slot hat, der die Ausprägungen der Problemdimensionen enthält, für den die Methode geeignet ist.

Das so skizzierte Konzept kann leicht dahingehend erweitert werden, Eignungen zu gewichten: Beispielsweise kann jedem Slot des Eignungs-Frames ein Konfidenzwert zugeordnet werden. Weiterhin ist es sinnvoll, eine Möglichkeit vorzusehen, mit der explizit nicht belegte Slots die Eignung beeinflussen. So können auch negativ definierte Eignungen abgebildet werden. Dies kann realisiert werden, indem beispielsweise die Ausprägung "Nicht.Belegt" in jedem Slot eines Eignungs-Frames zulässig ist.

Die beiden folgenden Frames repräsentieren die Eignungen zum oben graphisch dargestellten Beispiel. Dabei wird angenommen, daß für beide Methoden in jeder Problemraumdimension ein Konfidenzwert von 100 gelte, womit die uneingeschränkte Anwendbarkeit der Methoden in den angegebenen Intervallen repräsentiert wird.

FRAME EIGNUNG-ZU-M1		
Slot.Name	*Slot.Typ*	*Wert*
Eignungs.Frame.Zu	Frame	M1
Anzahl.Entsch.Variablen	Liste.Von PAAR	([3, 7], 100)
Anzahl.Ziel.Variablen	Liste.Von PAAR	([1, ∞), 100)

FRAME EIGNUNG-ZU-M2		
Slot.Name	*Slot.Typ*	*Wert*
Eignungs.Frame.Zu	Frame	M2
Anzahl.Entsch.Variablen	Liste.Von PAAR	([1, 1], 100)
Anzahl.Ziel.Variablen	Liste.Von PAAR	([1, 1], 100)

Dabei wird deutlich, daß Frames zur Darstellung der Eignung einer Methode abhängig von der Gestaltung des Problemraums sind. Das allgemeine Eignungs-Frame, das als Oberklasse aller spezifischen Eignungs-Frames fungiert, kann somit erst angelegt werden, nachdem der Problemraum spezifiziert oder verändert wurde.[98] Der Typ der Slots zur Abbildung von Eignungen in den einzelnen Problemraumdimensionen wird als Liste.Von PAAR angegeben, wobei unter PAAR ein genau zweistellige Liste verstanden wird, die eine Ausprägung mit einem Konfidenzwert zusammenfaßt. Jeder Eignungs-Slot kann dabei mehrere solcher Paare aufnehmen. Implizit gilt dann eine logische ODER-Beziehung zwischen den einzelnen Eignungen.

98 Vgl. Kap. 3.8.5.

Funktionswerte von Methoden

Das Konzept der Methode, realisiert als Softwarebaustein, entspricht aus Sicht der Programmiermethodik dem Konzept der Prozedur. Nach Wirth unterscheidet sich eine Prozedur von einer Funktion unter anderem dadurch, daß sie selbst kein Ergebnis liefert.[99] Dennoch ist es angebracht, die Möglichkeit eines Methodenresultats im Sinne einer Funktion vorzusehen. Dies ergibt sich nicht nur, weil die theoretische Trennung in Funktionen und Prozeduren in der Praxis der Programmiersprachen nicht durchgängig realisiert ist: In der Programmiersprache "C" existieren beispielsweise ausschließlich Funktionen, die allerdings nicht immer ein Ergebnis haben müssen. Darüber hinaus kann eine Methode eine Art Kontroll- oder Fehlercode als Resultat an den aufrufenden Prozeß übergeben. Dies gilt z.B. für ausführbare Programme, die auf Betriebssystemebene mit einem sogenannten Exit-Code abschließen.

Zur Fehlerbehandlung, die vom Zugangssystem auch derart realisiert sein sollte, daß dem Anwender verständliche Erklärungen angeboten werden, ist es damit notwendig, die Bedeutung der möglichen Methodenresultate zu modellieren. In EskiMo wird für diesen Zweck ein Frame zur Verfügung gestellt, das je einen Slot für den Wert des Resultats und für die Bedeutung dieses Wertes bereitstellt. Die erklärende Bedeutung des Fehlercodes wird in einem gesonderten Erklärungs-Frame abgebildet, auf das im Slot "Erklärung" verwiesen wird.

FRAME ERGEBNIS.WERT		
Slot.Name	*Slot.Typ*	*Wert*
Wert	Integer	unknown
Erklärung	ERKLÄRUNGS.FRAME	unknown

Ein allgemeines Frame zur Abbildung einer Methode

Im folgenden wird das allgemeine Frame dargestellt, das geeignet ist, eine Methode im Zugangssystem abzubilden. Dieses Frame dient in EskiMo als Oberklasse aller Methoden im Methodenraum. Zur Darstellung des Frames

---

99 Zum Unterschied zwischen Funktionen und Prozeduren vgl. WIRTH, N. (1983, Programmieren), S. 88ff.

werden in einigen Slots andere Frames als Slot.Typ referenziert, deren Erläuterung im weiteren folgt.

FRAME METHODE		
Slot.Name	*Slot.Typ*	*Wert*
Methoden.Name	Zeichenkette	unknown
Quell.Code	Zeichenkette	unknown
Quell.Code.Typ	DIENSTPROGRAMM[100]	unknown
Objekt.Code	Zeichenkette	unknown
Ausführbarer.Code	Zeichenkette	unknown
Dokumentations.Datei	Zeichenkette	unknown
Erklärung	ERKLÄRUNGS.FRAME	unknown
Parameter	PARAMETER[101]	unknown
Eignung	EIGNUNGS.FRAME[102]	unknown
Ergebnis	ERGEBNIS.WERT[103]	unknown

3.5.2 Parameter von Methoden

Informationen über die Art der zu lösenden Probleme und über Spezifika von Lösungsanforderungen erhalten Methoden über Parameter. Weiterhin werden Methodenergebnisse über Parameter an die Umwelt weitergegeben. Parameter stellen also die Schnittstelle der Methode zur Umwelt dar.[104]

Pragmatisch können zwei Formen von Parametern unterschieden werden: Einfache, symbolische Parameter sind einwertige Symbole, wie z.B. Zahlen oder Namen. Unter komplexen Parametern können dagegen mehrwertige Datenstrukturen, wie z.B. Listen, Matrizen oder beliebige andere Strukturen zu verstanden werden.

Eine Abbildung von Parametern im Zugangssystem setzt die Möglichkeit der Abbildung des Wertebereichs eines Parameters voraus. Für einfache Parameter bereitet dies keine besonderen Schwierigkeiten, da sich deren Wertebereiche auf Intervalle oder Mengen von Symbolen beschränken. Komplexe Parameter

---

[100] Vgl. Kap. 3.5.4.

[101] Vgl. Kap. 3.5.2.

[102] Vgl. Kap. 3.5.1.

[103] Vgl. Kap. 3.5.1.

[104] Vgl. BARTH, H. (1980, Konzepte), S. 302ff.

können jedoch im allgemeinen nur dann im Zugangssystem abgebildet werden, wenn die möglichen Strukturierungskonzepte bekannt sind. Dies impliziert letztlich die Modellierung der möglichen Datenstrukturen beliebiger Programmiersprachen. Da dies den Rahmen eines Zugangssystems sprengen würde, wird sich hier - mit einer Ausnahme (s. Anhang 1) - auf die Abbildung einfacher Parameter beschränkt.

Zu welchem Zweck jedoch werden Parameter von Methoden im Zugangssystem abgebildet? Einerseits und primär dient die Modellierung der Parameter dem Ziel, in der Interaktion zwischen Zugangssystem und Benutzer eine problemadäquate Einstellung der Methode zu ermöglichen. Darüber hinaus ist die Kenntnis der Parameter, ihrer Struktur und ihrer Bedeutung eine notwendige Voraussetzung für das automatische Verknüpfen von Methoden. Je weiter die Automation der Methodenverknüpfung entwickelt werden soll, desto wichtiger wird also auch die exakte Modellierung der Parameter.[105]

Daraus kann jedoch nicht die Forderung nach einer Standardisierung oder Normierung von Parametern, und damit Methodenschnittstellen, abgeleitet werden. Aus der Perspektive eines Zugangssystems wäre dies nicht nur ein unangemessener Anspruch, da das Zugangssystem ein Zielsystem zugänglich machen, nicht jedoch gestalten soll. Wichtiger noch scheint eine allgemeine Normung von Methoden und damit ihrer Schnittstellen prinzipiell nicht möglich zu sein.[106]

Formale Abbildung von Parametern zur Methodenparametrisierung

Aus Sicht des Zugangssystems steht die Parametrisierung von Methoden in der Benutzerinteraktion im Vordergrund. Der Anwender einer Methodenbank parametrisiert jedoch letztlich nur lauffähige Programme und keine Quelltext-Methoden. D.h., daß hier die Betrachtungsebene der Softwareentwicklung mit ihren komplexen Datenstrukturen eine untergeordnete Bedeutung hat. Ein lauffähiges Programm, dessen Parameter in der Regel über eine Kommandozeile

105 Vgl. MERTENS, P.; GRIESE J. (1988, Datenverarbeitung), S. 50ff; DITTRICH, K.R.; HÜBER, R.; LOCKEMANN, P.C. (1979, Methodenbanksysteme), S. 195.

106 Vgl. PREßMAR, D.B.; EGGERS, S.; REINKEN, W. (1989, Entwurfsmethode), S. 238.

eingegeben werden, kann direkt nur durch einfache Parameter angesprochen werden.

Eine besondere Schwierigkeit entsteht allerdings dadurch, daß die einfachen Parameter einer Kommandozeile auf Dateien verweisen können, die selbst komplexe Datenstrukturen darstellen. Hier soll nicht auf Dateien eingegangen werden, die Methoden mit notwendigen Datenmengen versorgen: Deren Bereitstellung ist Aufgabe eines Datenbankanschlußes respektive der entsprechenden Methoden.[107] Darüber hinaus muß jedoch von der Existenz von Dateien ausgegangen werden, die im Sinne von Parameterdateien eine Menge von Parametern zusammenfassen und sie der Methode zugänglich machen. Unter dem Ziel der Parametrisierung im Benutzerdialog ist es wünschenswert, den Inhalt solcher Dateien vom Benutzer bestimmen lassen zu können und das Anlegen der Dateien zu automatisieren.

Auch die Weiterbearbeitung von Methodenergebnissen wird oftmals den Zugriff auf spezielle Dateien erfordern. Somit ergibt sich der Bedarf an einer praktikablen Modellierung von Dateien innerhalb des Zugangssystems. Diese Modellierung sollte einerseits das automatische Erstellen von Dateien und andererseits das Einlesen einzelner Werte aus Dateien in das Zugangssystem hinein ermöglichen.

Ein allgemeines Modell einer Datei zu entwickeln, ist jedoch zumindest im Rahmen dieser Arbeit nicht möglich. In Anhang 1 wird beispielhaft eine mögliche Modellierung einfacher Dateien für EskiMo demonstriert.

Abbildung von Parametern

Neben den formalen Charakteristika von Parametern ist für das Zugangssystem insbesondere die inhaltliche Bedeutung der Parameter für die Einstellung der Methode auf konkrete Problemstellungen interessant. Die Bedeutung eines Parameters muß dem Benutzer im Dialog vermittelt werden können. Deswegen ist es notwendig, in Abstimmung mit dem Benutzermodell geeignete Erklärungen zur Bedeutung eines einzelnen Parameters anbieten zu können. Dies erfordert wiederum die Anlage eines speziellen Erklärungs-Frames.[108]

[107] Vgl. Kap. 3.2.5.
[108] Vgl. Kap. 3.5.1.

Weiterhin sind nicht alle Parameter notwendigerweise mit Werten zu belegen. Somit sollte die Abbildung eines Parameters Raum für die Unterscheidung in optionale und zwingende Parameter lassen. Auch können für Parameter Standard- oder Default-Werte angegeben werden. Diese Werte nimmt der Parameter an, wenn der Benutzer nicht explizit einen anderen Wert bestimmt. Auch diese Default-Werte müssen im Modell der Methode abgebildet werden können.[109] Schließlich kann ähnlich der Unterscheidung zweier Typen von Problemraumdimensionen - quantitativ und qualitativ - auch zwischen "qualitativen", d.h. symbolischen Parametern im engeren Sinn, und quantitativen Parameter, die insbesondere einen Wertebereich haben können, unterschieden werden. Zur Abbildung der quantitativen Parameter wird der spezielle Wertebereich des Intervalls angeboten. Es ergibt sich folgendes Frame zur Repräsentation des Wissens über einen Parameter:

FRAME PARAMETER		
Slot.Name	*Slot.Typ*	*Wert*
Parameter.Name	Symbol	unknown
Input.oder.Output	Eines.Von Input, Output, Beides	unknown
Zwingend.Oder.Optional	Eines.Von Zwingend, Optional	unknown
Erklärung	ERKLÄRUNGS.FRAME	unknown
Wertebereich	Eines.Von Symbol, Intervall	unknown
Angabe	Eines.Von Optional, Zwingend	unknown
Default.Wert	Symbol, Intervall	unknown

Aufrufformate von Methoden

Beim Aufruf einer Methode spielt in der Regel neben der bloßen Existenz auch die Reihenfolge der Parameter eventuell eine Rolle. Deswegen muß jeder Methode für jede ihrer physischen Erscheinungsformen eine Aufrufformat zugeordnet werden können, das die korrekte Reihenfolge der Parameter beim Methodenaufruf angibt. Das Aufrufformat einer Methode kann durch eine geordnete Liste von Parametern dargestellt werden. Vor dem Aufruf der Methode muß dann die Liste der Parameter durch die passenden Parameterwerte

109 Vgl. DITTRICH, K.R.; HÜBER, R.; LOCKEMANN, P.C. (1979, Methodenbanksysteme), S. 198.

ersetzt werden. Da die Parameter selbst als eine Liste von Elementen im Slot "Parameter" des Frames METHODE abgebildet wird, muß vom Zugangssystem nur noch eine Möglichkeit zur gezielten Sortierung der Parameter gegeben werden.

3.5.3 Abbildung von Methodenbeziehungen

Methodenbanken unterscheiden sich von sogenannten Bausteinbibliotheken nicht zuletzt dadurch, daß neben der Problemzuordnung der Methoden auch über der Menge der Methoden selbst Beziehungen deutlich gemacht werden können:[110]

Aus einer Top-Down-Perspektive werden sogenannte Methodenklassen unterschieden. Eine Methodenklasse umfaßt mehrere Methoden oder Untermethodenklassen, die einem gemeinsamen Prinzip zugeordnet werden können. Beispielsweise kann in einer Methodenbank für ableitungsfreie Suchverfahren zwischen den Methodenklassen der simultanen und der sequentiellen Methoden unterschieden werden.[111]

Methodennetze bilden Vorgänger-, Nachfolger- und Parallelitäts-Beziehungen zwischen Methoden ab. In einem Methodennetz werden in Form eines gerichteten Graphen die Methoden oder Methodenklassen zusammengefaßt, die zur Lösung eines Problems aufeinanderfolgen.

Schließlich können noch Methodenbäume aufgestellt werden, die aus einer softwaretechnischen Perspektive auf verwendete Submethoden verweisen.

Abbildung von Methodenklassen

Die Beziehung der Methodenklasse ist ein hierarchische Beziehung, in der die Methodenklassen der tieferen Hierarchieebenen stärker spezialisiert sind, als die Klassen der höheren Ebenen. Dies hat direkte Auswirkungen auf die Eignungen der einzelnen Klassen: Die Eignung einer höhergelegenen Klassen ist immer eine Teilmenge der Eignung einer untergeordneten Klasse, da mit zunehmender Spezialisierung genauere Eignungen angegeben werden können. Diese Eigenschaft korrespondiert ganz natürlich mit dem Prinzip der Vererbung, das in

[110] Vgl. GABRIEL, R. (1984, Konstruktionsprinzipien), S. 165ff.

[111] Zur Unterscheidung in simultane und sequentielle Methoden: vgl. Kap. 4.2.

Systemen von Frames existiert: Unterklassen erben als Standard die Eigenschaften, hier speziell die Eignungen, von Oberklassen. Weitere Eigenschaften, die nur für die Unterklassen gelten, können dann beliebig hinzugefügt werden.

Somit läßt sich die Beziehung der Methodenklassen organisch in einer Frame-Struktur abbilden. Jede Methodenklasse stellt ein Frame dar, das von einer - oder mehreren - Eltern-Klassen die Eignung erbt. Da das Eignungs-Frame ein vom Frame der Methode oder Methodenklasse unabhängiges Frame ist, wird die Verbindung zum jeweiligen Eignungs-Frame über eine Referenz im entsprechenden Slot des Methoden-Frames realisiert. Dies hat jedoch zur Folge, daß nicht die Eignungs-Frames selbst, sondern nur die Referenz auf das Eignungs-Frame vererbt wird. Dies wiederum würde bedeuten, daß eine Veränderung am Eignungs-Frame einer untergeordneten Klasse gleichzeitig eine Veränderung am Eignungs-Frame der übergeordneten Klasse mit sich brächte. Um dies zu verhindern, werden die Referenzen auf die Eignungs-Frames nicht vererbt;[112] vielmehr wird bei der Anlage oder Bearbeitung eines Eignungs-Frames der Aufbau einer Hierarchie von Eignungs-Frames ermöglicht, die der Hierarchie der Methodenklassen entspricht.[113]

Die Methodenbank als Ganzes stellt in dieser Sicht die oberste Methodenklasse dar, deren Eignung hier definitionsgemäß als leer angenommen wird. Denkbar wäre allerdings auch ein dazu komplementärer Ansatz, der der Methodenbank als oberster Methodenklasse, eine umfassende Eignung in bezug auf einen zugeordneten Problemraum zuspräche. Unterklassen würden dann durch Wegnahme spezifischer Eignungen spezialisiert. Ein solcher Ansatz würde jedoch eine negative Definition von Klasseneignungen verlangen, indem für jede Klasse angegeben werden müßte, für welche Probleme sie nicht geeignet ist. Dies scheint ein weniger natürliches Vorgehen. Methoden stellen die unterste Hierarchie-Ebene eines Systems von Methodenklassen dar. Sie erben ebenfalls die Eignungen ihrer übergeordneten Klassen.

Neben der Vererbung der Eignungen kann das Vererbungsprinzip auch für die Parameter ausgenutzt werden: Untergeordnete Klassen erben die Parameter aller ihrer übergeordneten Klassen.

---

112 Über spezielle Facetten eines Slots läßt sich die Vererbung unterbinden.

113 Zur Realisierung: vgl. Kap. 3.8.6.

Demnach gestaltet sich das Frame einer Methodenklasse ähnlich dem einer Methode; es muß nur auf die Slots verzichtet werden, die mit der Implementation einer Methode zusammenhängen. Mit Hilfe des folgenden Frame können Methodenklassen in EskiMo repräsentiert werden.

FRAME METHODEN.KLASSE		
Slot.Name	*Slot.Typ*	*Wert*
Methodenklassen.Name	Zeichenkette	unknown
Erklärung	ERKLÄRUNGS.FRAME	unknown
Parameter	Liste.Von PARAMETER	unknown
Eignung	EIGNUNGS.FRAME	unknown

Abbildung von Methodennetzen

Methodennetze bilden die Beziehungen zwischen einzelnen Methoden zu spezifischen Problemlösungen ab.[114] Dabei wird hier nicht in Analogie zu Gabriels Vorschlag in ein Methodennetz, das primär zur Abbildung von Parallelitätsbeziehungen im Sinne eines Netzplans herangezogen wird, und ein Methodenkonstruktionssystem, das zur Verknüpfung einzelner Methoden herangezogen wird, differenziert.[115] Vielmehr wird das Methodennetz als zentraler Ort zur Abbildung der Methodenbeziehungen betrachtet.

Die Möglichkeit des Aufbaus und der Verwendung von Methodennetzen ist eng verbunden mit der Aufgabe der Methodenverknüpfung. In einem komplexeren Problemlöseprozeß übernehmen einzelne Methoden spezielle Phasen der Problemlösung. Die gesamte Problemlösung wird durch die Zusammenfassung der beteiligten Methoden in einem Methodennetz erreicht.

Im Rahmen der Methodenverknüpfung sind zwei grundlegende Probleme zu lösen. Erstens muß zwischen verknüpften Methoden ein Informationsfluß realisiert werden, und zweitens müssen im Sinne eines methodenorientierten

---

[114] Vgl. GABRIEL, R. (1984, Konstruktionsprinzipien), S. 169.

[115] Vgl. GABRIEL, R. (1984, Konstruktionsprinzipien), S. 169ff, S. 179.

Programmierens[116] die elementaren Kontrollstrukturen Sequenz, Selektion und Iteration über den verknüpften Methoden realisiert werden können.[117]

Informationsfluß zwischen verknüpften Methoden

Eine Verknüpfung von Methoden kann sich nicht darin erschöpfen, mehrere Methoden nacheinander aufzurufen. Sinn macht eine Verknüpfung erst, wenn zwischen den verknüpften Methoden ein Informationsfluß realisiert werden kann. Die Ergebnisse vorgeschalteter Methoden müssen als Eingabe für nachgeschaltete, weiterverarbeitende Methoden zur Verfügung stehen.

Wie in Kapitel 3.5.2 schon festgestellt wurde, kommunizieren Methoden mit ihrer Umwelt mittels ihrer Parameter. D.h., daß auch ein Informationsfluß zwischen verknüpften Methoden nur über ihre Parameter verwirklicht werden kann. In diesem Zusammenhang übertrug Blanning das Konzept der relationalen Datenbanken auf die Verwaltung von Modellen. Indem er Modelle als Relationen betrachtet, deren Attribute die Input- und Output-Parameter der Modelle darstellen, kann er Modellverknüpfungen mittels eines Joins[118] über den Modell-Relationen verwirklichen.[119]

Eine ähnliche Perspektive kann auch für Methoden angenommen werden. Eine Methode wird als Relation betrachtet, deren Attribute ihre Parameter sind. Es kann hier ohne Beschränkung der Allgemeinheit angenommen werden, daß ein Parameter entweder nur ein Input-Parameter oder nur ein Output-Parameter ist. Ein Parameter, der sowohl Input- als auch Output-Parameter ist, kann durch zwei entsprechende, virtuelle Parameter ersetzt werden.

Zwei beispielhafte Methodenrelationen können dann wie folgt aussehen. Die erste Relation stellt eine Methode zur Identifikation einer zulässigen Lösung in einem durch Nebenbedingungen begrenzten Raum dar.

---

[116] Vgl. ESPRESTER, A.C. (1978, Methodenbank), S. 204f. Zur Nähe der Methodenverknüpfung zum automatischen Programmieren: vgl. DITTRICH, K.R.; HÜBER, R.; LOCKEMANN, P.C. (1979, Methodenbanksysteme), S.195f, S.198.

[117] Zu den elementaren Kontrollstruktuen: vgl. BIETHAHN, J.; MUKSCH, H.; RUF, W. (1991, Informationsmanagement Bd. 2), S. 276f; GOLDSCHLAGER, L.; LISTER, A. (1984, Informatik), S. 35ff;.

[118] Zum Join in relationalen Datenbanken vgl. SCHLAGETER, G.; STUCKY, W. (1983, Datenbanksysteme) S.87, S. 140.

[119] Vgl. BLANNING, R.W. (1986, Framework), S. 28ff. Zu einem ähnlichen Ansatz vgl. MÜLLER-MERBACH, H. (1989, Approach), S. 14ff.

```
RELATION
ZULÄSSIGEN_STARTPUNKT_SUCHEN
  (input: start_vektor, input: nebenbedingungen, input:
modell,
   output: zulässiger_vektor, output:
anzahl_der_suchschritte)
```

Die zweite Relation repräsentiert eine Methode, die, ausgehend von einem zulässigen Vektor, eine optimale Lösung sucht:

```
RELATION OPTIMALE_LÖSUNG_SUCHEN
    (input: start_vektor, input: nebenbedingungen, input: modell,
     output: lösungsvektor, output: zielfunktionswert, output:
anzahl_der_suchschritte)
```

Ein Join über diese beiden Methode gestaltet sich wie folgt:

```
RELATION SUCHE =
      ZULÄSSIGEN_START_PUNKT_SUCHEN
                    JOIN
      OPTIMALE_LÖSUNG_SUCHEN
             (start_vektor (optimale_lösung_suchen) =
zulässiger_vektor;
             modell,
             nebenbedingungen)
```

Der Join wird also über die Identität des Start-Vektors für OPTIMALE_LÖSUNG_SUCHEN mit dem zulässigen Vektor von ZULÄSSIGEN_START_PUNKT_SUCHEN und die Identität von Modell und Nebendingungen hergestellt. Es ergibt sich als Ergebnisrelation:

```
RELATION SUCHE
    (input: start_vektor, input: nebenbedingungen, input: modell
     output: lösungsvektor, output: zielfunktionswert,
     output: anzahl_der_suchschritte von
ZULÄSSIGEN_START_PUNKT_SUCHEN
     output: anzahl_der_suchschritte von
OPTIMALE_LÖSUNG_SUCHEN )
```

Im Rahmen des Methodenraums von EskiMo kann ein Methoden-Frame kann als Relation betrachtet werden, wenn die Attribute durch die Liste der Parameter gegeben sind. Verknüpfte Methoden können durch einen JOIN über die Parameter zweier Methoden konstruiert werden. Dabei müssen dann die identischen Parameter, über die der JOIN realisiert wird, angegeben werden. Die resultierende, verknüpfte Methode erhält als Parameter die Vereinigungsmenge der Parameter der verknüpften Methode ohne die Parameter, über die der Join realisiert wurde.

Realisierung des Informationsflußes zwischen verknüpften Methoden

Die logische Verknüpfung von Methoden kann wie oben skizziert verwirklicht werden. Ungelöst ist dabei jedoch noch das Problem der technischen Verknüpfung. Wieder sei die pragmatische Unterscheidung in einfache und komplexe Parameter unternommen,[120] und wieder stellen die komplexen Parameter die eigentliche Schwierigkeit dar: Ein komplexer Output-Parameter einer Methode kann inhaltlich die Information abbilden, die eine Nachfolgermethode als Input-Parameter benötigt. Dadurch ist jedoch noch nicht gewährleistet, daß auch die Formate beider Parameter übereinstimmen. Vielmehr muß in der Regel davon ausgegangen werden, daß ohne die Beachtung von Standardisierungsrichtlinien bei der Methodenentwicklung keine Übereinstimmungen der Formate existiert. In diesem Fall ist es unabdingbar, durch Einsatz von "Bridge-Methoden"[121] einen Informationsfluß zwischen den verschiedenen Formaten herzustellen.

Ein möglicher Ansatz, die Methodenverknüpfung auch für komplexe Parameter in EskiMo zu realisieren wird in Anhang 2 vorgestellt.

Repräsentation eines Methodennetzes

Da Methodennetze zusammengesetzte Methoden zur Lösung spezifischer Probleme sind, stellen sie für den Anwender der Methodenbank letztlich nichts anderes als eine Methodenklasse dar. Deswegen werden Methodennetze als Unterklassen des Frames METHODENKLASSE angelegt, wobei sie zusätzlich noch als Unterklasse des Frames METHODENNETZ definiert werden, das in Anhang 2 beschrieben ist. Durch diese zweite Unterklassen-Beziehung erbt das

---

[120] Vgl. Kap. 3.5.2.

[121] In Analogie zu Bridge-Programmen: vgl. RUF, W. (1988, Software-Entwicklungssystem), S. 50f.

entsprechende Frame Slots zur Abbildung der im Methodennetz verknüpften Methoden oder Methodenklassen.

Abbildung von Methodenbäumen

Aus einer softwaretechnischen Perspektive können sich Methoden selbst wieder aus (Sub)Methoden zusammensetzen. Gabriel führt deswegen den besonderen Begriff der Basismethode ein, der eine Methode bezeichnet, die keine Submethoden hat.[122]

Die Bedeutung des Methodenbaums stammt in erster Linie aus Überlegungen zur Effizienz der Methodenverwaltung. Da identische Submethoden von mehreren, übergeordneten Methoden aufgerufen werden können, ist es aus Sicht der effizienten Speicherung sinnvoll, die Submethode nur einmal physisch zur Verfügung zu stellen. Die dann notwendige Abbildung der Beziehung zwischen Methoden und Submethoden erfolgt im Methodenbaum. Der Methodenbaum hat eine Wurzel, die als ein Verweis auf die gesamte Methodensammlung interpretiert werden kann. Auf jeder tieferen Ebene werden die Methoden zusammengefaßt, die von den Methoden in jeweils übergeordneten Knoten des Methodenbaums aufgerufen werden.

Bei der Anlage eines Methodenbank-Modells im Zugangssystem kann automatisch die Wurzel des entsprechenden Methodenbaums angelegt werden. Jedes neu hinzugefügte Methoden-Frame wird dann als Unterklasse dieser Wurzel definiert. Der Benutzer hat jedoch die Möglichkeit, eine Methode als Unterklasse einer anderen Methode umzudefinieren, um so einen Methodenbaum aufzubauen.

3.5.4 Abbildung von Dienstprogrammen

Dienstprogramme einer Methodenbank unterscheiden sich formal nicht von ausführbaren Methoden. Entsprechend stehen sie als ausführbarer Code im Dateisystem zur Verfügung. Ein allgemeines Dienstprogramm-Frame hat - ähnlich dem Methoden-Frame - folgende Gestalt:

---

122 Vgl . GABRIEL, R. (1984, Konstruktionsprinzipien), S. 165ff.

FRAME DIENSTPROGRAMM		
Slot.Name	*Slot.Typ*	*Wert*
Name.des.Programms	Symbol	unknown
Ausführbarer.Code	Zeichenkette	unknown
Ausführen!	Methode	unknown
Parameter	Liste.von PARAMETER	unknown
Erklärung	ERKLÄRUNGS.FRAME	unknown

Als zusätzlicher Slot im Vergleich zu einem Methoden-Frame wird der Slot "Ausführen!" eingeführt, in dem eine Prozedur abgebildet werden kann, mit der Aufruf des Dienstprogramms realisiert wird. Die benötigten Dienstprogramm werden als Unterklasse dieses Frames definiert. Beispielsweise läßt sich der "C"-Compiler eines UNIX-Systems wie folgt definieren:[123]

[123] Vgl. IBM (1988, AIX), S. 140ff.

FRAME C-COMPILER		
Slot.Name	*Slot.Typ*	*Wert*
Name.des.Programms	Symbol	C-COMPILER
Ausführbarer.Code	Zeichenkette	"cc"
Ausführen!	Methode	CC-AUFRUFEN!
Parameter	Liste.von PARAMETER	CC-DATEINAME, CC-OUTPUT.INDIKATOR, CC-OUTPUT.NAME
Erklärung	ERKLÄRUNGS. FRAME	unknown

Dabei sei angenommen, daß CC-AUFRUFEN! eine entsprechende Methode zur Steuerung des Programmaufrufs sei. Die drei angegebenen Parameter werden durch entsprechende Frames repräsentiert. CC-DATEINAME repräsentiert dabei den Dateinamen des zu übersetzenden Quell-Codes; CC-OUTPUT.INDIKATOR repräsentiert das zwingend zu setzende Kürzel "-o", das die Angabe des Namens der zu erstellenden Programm-Datei einleitet. Der Name selbst wird im letzten Parameter CC-OUTPUT.NAME abgebildet. In analoger Art und Weise kann ein Frame zur Abbildung des Dienstprogramms zum Binden von Objekt-Modulen bereitgestellt werden.

3.6 Das Modell des Benutzers

Das Zugangssystem EskiMo wird als eine Integration von drei Modellen der (System-) Umwelt aufgefaßt: Problemraum, Methodenbank und schließlich der Benutzer stellen die drei relevanten Entitäten dar, zwischen denen im Zugangssystem zu vermitteln ist. In diesem Kapitel wird untersucht und dargestellt, in welcher Form eine Modellierung des Benutzers für EskiMo realisiert werden kann.

Als natürlicher Terminus für die Bezeichnung des Resultates einer Modellierung von Benutzern ergibt sich der Ausdruck "Benutzermodell". Dieser Begriff ist in einer Reihe von Spezialdisziplinen im Bereich der Mensch-Maschine-

Kommunikation ein mit verschiedenen Bedeutungen belegter Ausdruck.[124] Kobsa und Wahlster definieren z.B. ein Benutzermodell als eine Wissensquelle ("knowledge source") innerhalb eines natürlichsprachlichen Systems, die explizite Annahmen zu allen im Benutzerdialog relevanten Aspekten abbildet.[125]

Die Breite des Anspruchs dieser Definition muß im Rahmen der Benutzermodellierung für das Zugangssystem EskiMo nicht ausgenutzt werden. Erstens handelt es sich bei EskiMo nicht um ein natürlichsprachliches System, was im Hinblick auf die angestrebte Effizienz der Benutzerinteraktion auch nicht unbedingt notwendig ist. Zweitens wird hier mit der Benutzermodellierung nicht angestrebt, jeden relevanten Aspekt der Benutzerinteraktion abzudecken. Vielmehr wird sich auf bestimmte inhaltliche Aspekte der Benutzerinteraktion konzentriert, deren effektivere Gestaltung auf Basis eines einfachen Benutzermodells direkt der Zielsetzung des Zugangssystems dient. Im Rahmen von EskiMo hat die Benutzermodellierung somit ein Anspruch, der auch im Bereich der intelligenten Hilfe-Systeme vertreten wird.[126]

In diesem Rahmen werden in Kapitel 3.6.1 die Aufgaben einer Benutzermodellierung in bezug auf das Zugangssystem EskiMo dargestellt. In Kapitel 3.6.2 wird ein Ansatz zur Benutzermodellierung vorgestellt, der für die Ziele in EskiMo besonders geeignet ist. Dieser Ansatz wird in Kapitel 3.6.3 an EskiMo konkretisiert. Schließlich wird in Kapitel 3.6.4 eine Überlegung zur möglichen Reaktanz beim Einsatz von Benutzermodellen angestellt.

3.6.1 Zweck eines Benutzermodells in EskiMo

Die Ziele, die bei der Modellierung des Benutzers verfolgt werden, leiten sich letztlich aus den Zielen des Gesamtsystems ab. Somit steckt das Ziel des problemangepaßten und effektiven Methodenzugangs auch den Rahmen für die Zielsetzung der Benutzermodellierung ab.

Die Komponenten der Schnittstelle zwischen Zugangssystem und Benutzer, die besonders relevant für den effektiven Methodenzugang sind, betreffen vor allem die inhaltlichen Aspekte der Interaktion. Somit wird bewußt darauf verzichtet,

---

124 Vgl. WAHLSTER, W.; KOBSA, A. (1988, Models), S. 5ff.

125 Vgl. WAHLSTER, W.; KOBSA, A. (1988, Models), S. 6.

126 Vgl. KOK, A.J. (1990, Modelling), S. 16f.

formale Aspekte der Benutzerschnittstelle, also z.B. den Aufbau von Menusystemen oder die Form der Dialoggestaltung, in die Entwicklung des Benutzermodells einzubeziehen. Die inhaltlichen Aspekte der Interaktion mit dem Zugangssystem sind dadurch gekennzeichnet, daß zwei verschiedene Inhalts- oder Wissensbereiche für den Benutzer relevant sind: einerseits das Wissen über die Funktionalität des Zugangssystems an sich und zum anderen das Wissen über die Bedeutung der im Zielsystem vorhandenen Objekte. Weiterhin existieren zwei Arten der möglichen Unterstützung für den Benutzer, die das Zugangssystem bieten kann: Im Rahmen von passiven Hilfestellungen wird dem Benutzer auf dessen Anforderung hin Unterstützung geboten, während bei aktiven Hilfestellungen das System selbst den Bedarf an Unterstützung erkennt.[127]

In dem von diesen beiden Dimensionen aufgespannten Raum ergeben sich vier Bereiche für einen möglichen Rückgriff auf ein Benutzermodell in EskiMo. Die folgende Tabelle 3.6.1 stellt für jeden der vier Bereiche die zu unterstützende Systemfunktion dar.

	ZUGANGSSYSTEM	ZIELSYSTEM
PASSIVE HILFE	Hilfskomponente	Erklärungskomponente
AKTIVE HILFE	Zugangskontrolle	Methodenauswahl

Tab. 3.6.1: Mit einem Benutzermodell zu unterstützende Systemfunktionen

Im folgenden werden die einzelnen Bereiche näher untersucht.

Einfluß auf die Hilfs- und Erklärungskomponente

Die passive Hilfe des Zugangssystems kann sich entweder auf die Anfragen zum Zugangssystem selbst beziehen, also z.B. auf eine Anfrage zur Handhabung eines Auswahlfensters, oder sie bezieht sich auf Anfragen zur Bedeutung von Objekten des Zielsystems, in diesem Fall also der Methodenbank. Ein Beispiel für den letzten Fall ist eine Anfrage zur Bedeutung einer Methode oder eines Dienstprogramms. Anfragen der ersten Art können im Rahmen einer Hilfe-

[127] Vgl. GUNZENHÄUSER, R.; KNOPIK, TH. (1986, Mensch-Computer-Schnittstellen), S. 91f.

Komponente beantwortet werden. Dabei ist es aus Sicht des Zugangssystems hilfreich zu wissen, welches Vorwissen oder welchen Grad der Expertise vom aktuellen Benutzer in bezug auf die Handhabung des Zugangssystems erwartet werden kann. Dies ist eine Information, die im Rahmen eines Benutzermodells angeboten und aktualisiert wird.[128] Anfragen, die sich auf Objekte des Zielsystems, d.h. der Methodenbank, beziehen, werden im Rahmen eines wissensbasierten Zugangssystems mit Hilfe der Erklärungskomponente beantwortet.[129]

Zugang zu speziellen Systemfunktionen

In der Interaktion mit dem Zugangssystem werden dem Benutzer eine Menge von Systemfunktionen angeboten, mit denen die verschiedenen Aspekte der Nutzung des Zugangssystems abgedeckt werden. So existieren Systemfunktionen zur Bearbeitung des Problem- und des Methodenraums. Die Aktivierung spezifischer Systemfunktionen hängt dabei auch vom Typ des individuellen Benutzers ab.

Die verschiedenen Benutzertypologien, die im Zusammenhang mit Methodenbanken diskutiert wurden, zeichnen sich durch die in verschiedenen Formen immer auftretende Unterscheidung zwischen einem parametrisierenden und einem modellierenden Benutzer aus.[130] Ersterer kann als der Archetyp des anwendenden Benutzers verstanden werden, der in erster Linie an einer schnellen Nutzung der Methodenbank für seine Problemstellung interessiert ist. Der modellierende Benutzer dagegen greift auch gestaltend in das System ein. Die Grenzen zwischen diesen beiden polaren Benutzertypen sind dabei nicht eindeutig zu ziehen, weswegen oftmals noch weitere Kategorien von Benutzern eingeführt werden.

---

[128] Vgl. WAHLSTER, W.; KOBSA, A. (1988, Models), S. 6; GUNZENHÄUSER, R.; KNOPIK, TH. (1986, Mensch-Computer-Schnittstellen), S. 85f.

[129] Die Erklärungsfähigkeit eines Expertensystems kann sich nicht auf die retrograde Darstellung von Inferenzprozessen beschränken, sondern muß insbesondere auch das deklarative Wissen des Expertensystems umfassen: vgl. KLEE, H. W. (1989, Analyse), S. 38ff; GUNZENHÄUSER, R.; KNOPIK, TH. (1986, Mensch-Computer-Schnittstellen), S. 85; CHANDRASEKARAN, B. (1984, Expert Systems), S. 43f.

[130] Vgl. Kap. 2.2.3 und die dort angegebene Literatur.

Vor diesem Hintergrund bietet es sich an, die einzelnen Systemfunktionen des Zugangssystems gemäß der zu ihrer Benutzung notwendigen Expertise zu unterscheiden. Darüber hinaus kann nach organisatorischen Attributen des Benutzers unterschieden werden, wie dies im Fall von Funktionen, die nur einem Systemadministrator zugeordnet werden sollten, der Fall ist. Einer solchen flexiblen Kategorisierung der Systemfunktionen können im Rahmen einer Benutzermodellierung die notwendigen Informationen über den aktuellen Benutzer gegenübergestellt werden.

Auf der Basis eines Benutzermodells kann dann der Zugang zu einer Systemfunktion entweder mit einer Warnung über mögliche Konsequenzen versehen oder auch ganz versperrt werden. Dies erfolgt im Stil einer aktiven Hilfe, die die Aktionen des Benutzers selbständig beobachtet.

Vorselektion im Methodenangebot

Die zweite Art aktiver Hilfe, bei der von einem Benutzermodell profitiert werden kann, bezieht sich auf das im Zugangssystem abgebildete Zielsystem, auf die Methodenbank. Obwohl zur Methodenauswahl primär die Problemcharakteristika für die Bestimmung des Methodenangebots verwendet werden müssen, können in speziellen Fällen auch spezifische Benutzerpräferenzen die Auswahlentscheidung beeinflussen. Ein offensichtliches Beispiel liefern Methoden zur Ergebnisdarstellung. Ihre Eignung kann sich nur zum Teil durch das gestellte Problem definieren lassen; darüber hinausgehend, ist es jedoch sinnvoll, auf Darstellungspräferenzen des Benutzers einzugehen.

Demgemäß sollte im Rahmen von EskiMo eine Benutzermodellierung einerseits zur Identifikation eines adäquaten Hilfs- oder Erklärungslevels dienen und andererseits den Zugang zu Systemkomponenten kontrollieren helfen sowie benutzerabhängige Methodenpräferenzen erkennen können.

3.6.2 Benutzermodelle auf Basis von Stereotypen

Nachdem im folgenden kurz spezifische Anforderungen an die Realisierung eines Benutzermodells in EskiMo angeführt worden sind, wird ein dafür geeignetes Konzept, das der Stereotypen, vorgestellt. Anschließend wird der Ansatz zur Realisierung von Stereotypen in EskiMo dargestellt.

Spezifische Anforderungen an das Benutzermodell ergeben sich wiederum aus der Betrachtungsweise einer Methodenbank als Dienstleister in der betrieblichen Entscheidungsunterstützung, woraus die Forderung nach einer möglichst schnellen und effektiven Interaktion mit dem Zugangssystem abzuleiten ist.[131] Deswegen sollte die Modellierung erstens automatisch erfolgen, damit der Benutzer nicht durch zusätzliche Aufgaben belastet wird, und zweitens auch auf Basis von nur wenigen Informationen über den Benutzer zu praktikablen Ergebnissen führen.

Stereotypen als Benutzermodelle

Soll beim Aufbau eines Benutzermodells schon aus wenigen Informationen über den konkreten Benutzer möglichst schnell auf ein aussagefähiges Modell dieses Benutzers geschlossen werden, bietet sich die Verwendung sogenannter Stereotypen an.[132] Unter einem Stereotyp wird dabei eine Wissensstruktur verstanden, die Informationen zu einem definierten Typ von Benutzern zusammenfaßt. Dieser Benutzertyp wird als Stereotyp bezeichnet.[133] Stereotypen, die 1979 von Rich im System GRUNDY eingeführt wurden[134], werden heute als einer der aussichtsreichen Ansätze im Bereich der Benutzermodellierung angesehen und dementsprechend intensiv erforscht.[135]

Die Verwendung von Stereotypen basiert auf der Idee, schon bei einer Übereinstimmung einiger weniger Informationen über einen konkreten Benutzer mit dem Profil des Stereotypen heuristisch anzunehmen, daß für diesen Benutzer auch die anderen Annahmen des Stereotypen gelten.

Eine derart schnelle Klassifizierung eines Benutzers muß eine grobe Klassifizierung bleiben, die nicht jedem individuellen Benutzer gerecht werden kann. Deswegen muß es bei der Verwendung von Stereotypen einerseits möglich sein, einmal getroffene Zuordnungen wieder rückgängig zu machen, und

---

131 Vgl. Kap. 2.2.3.

132 Vgl. SCHUG, C. (1980, Optimierungsverfahren), S. 34f.

133 Vgl. RICH, E. (1988, Modeling), S. 35f.

134 Vgl. RICH, E. (1979, Stereotyps).

135 Vgl. KOK, A.J. (1990, Modelling), S. 15ff, S. 39f.

andererseits sollten Stereotypen durch qualifizierende Zusätze an einen konkreten Benutzer angepaßt werden können.

Konkret definiert Rich einen Stereotypen als eine Wissensstruktur, die aus drei Komponenten besteht:[136]

- einem Rumpf (body) des Stereotypen, der die typisch geltenden Informationen für diesen Stereotypen zusammenfaßt,
- einer Menge von Auslösern (triggers), die die Zuordnung des Benutzers zu einem konkreten Stereotyp steuern, und
- einer Menge von Beziehungen zu anderen Stereotypen, mit der insbesondere Hierarchien im Sinne einer Verallgemeinerung von Stereotypen abgebildet werden können.

Abbildung von Stereotypen mit Frames

Zur Abbildung von Stereotypen eignen sich vor allem Frames[137], obwohl zu diesem Zweck auch auf Produktionsregeln zurückgegriffen werden kann.[138] Bei einer Verwendung von Frames wird der Rumpf des Stereotyps durch eine Menge von Slots repräsentiert, deren Default-Werte die Annahmen über den Stereotyp widerspiegeln. Auslöser können organisch mit Hilfe des Konzepts der Active-Values umgesetzt werden.[139] Hierarchische Beziehungen lassen sich direkt über Unterklassen-Beziehungen von Frames verwirklichen.

Das in Abbildung 3.6.1 dargestellte Beispiel, in dem angenommen wird, daß ein Benutzer durch die beiden Attribute "Vorkenntnisse" und "Motivation" beschrieben wird, verdeutlicht die Abbildung eines Systems von drei Stereotypen mit Hilfe von Frames.

---

136 Vgl. RICH, E. (1988, Modeling) S. 36f.

137 Vgl. RICH, E. (1988, Modeling) S. 37f.

138 Zu einem Beispiel zur Abbildung von Stereotypen mit Hilfe von Regeln: vgl. MORIK, K.; ROLLINGER, C. (1983, Partnermodellierung), S. 158ff.

139 Vgl. Kap. 3.2.4.

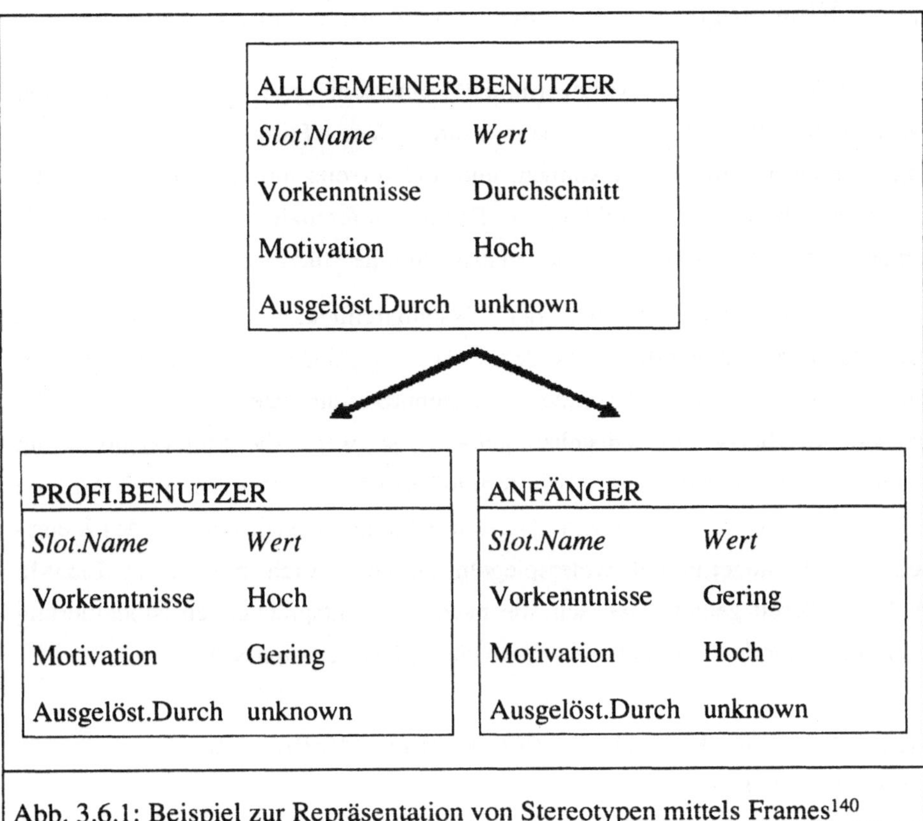

Abb. 3.6.1: Beispiel zur Repräsentation von Stereotypen mittels Frames[140]

Die Stereotypen PROFI.BENUTZER und ANFÄNGER sind demnach Spezialisierungen des Stereotypen ALLGEMEINER.BENUTZER. Die Auslöser werden in diesem Beispiel nicht sichtbar. Da sie die Verbindung des Benutzermodells mit dem Gesamtsystem herstellen, müssen sie in Form von Active-Values in den entsprechenden Frames des Gesamtsystems verankert sein. In den Frames der Stereotypen selbst kann vermerkt werden, durch welchen Auslöser die Zuordnung initiiert wurde (Slot: "Ausgelöst.Durch").

Zum Aufbau eines einzelnen Benutzermodells wird für jeden Benutzer ein Frame angelegt, das als Unterklasse des zugeordneten Stereotyps definiert wird. So erbt dieses Frame die Attribute des jeweiligen Stereotyps, wobei jedes einzelne Attribut jedoch mit einem lokalen Wert, der für den Benutzer spezifisch ist, überschrieben werden kann.

---

140 In dieser Abbildung wird auf die Angabe von Slot-Typen verzichtet.

3.6.3 Eine mögliche Realisierung von Stereotypen in EskiMo

In EskiMo muß das Benutzermodell einerseits mit Komponenten der Systemarchitektur verbunden sein, um dem Hilfe-System und der Zugangskontrolle dienen zu können, und andererseits müssen die Objekte des Zielsystems bzw. ihre Abbildung in EskiMo referenziert werden, damit die Erklärungsfähigkeit und die Methodenauswahl unterstützt werden können.

Die relevanten Komponenten der Systemarchitektur können direkt im Benutzermodell abgebildet werden, da sie nach dem Entwurf des Zugangssystems - und insbesondere der Benutzerschnittstelle - feststehen. Die Objekte des Zielsystems entstehen jedoch erst, wenn die Methodenbank im Zugangssystem modelliert wird. Insofern müssen die Stereotypen in EskiMo von ihrer Struktur her so flexibel sein, daß sich beliebige Modellierungen des Zielsystems im Benutzermodell widerspiegeln können. Auch müssen in EskiMo Methoden bereit gehalten werden, die nach einer entsprechenden Modellierung das Benutzermodell automatisch vervollständigen oder anpassen.

Annahmen zum Wertebereich einzelner Attribute des Benutzermodells

Feste Grundlage der Benutzermodellierung sind jedoch explizite Annahmen über die möglichen Ausprägungen der Komponenten, d.h. der Slots des Benutzermodells.

Ausprägung des Kenntnisstandes über relevante Objekte

In bezug auf die Kenntnis einzelner System-Komponenten oder Zielsystem-Objekte werden für EskiMo drei mögliche Grade von Expertise vorgeschlagen: "Kein.Wissen", "Anfänger.Wissen", "Experten.Wissen".

Ganz bewußt werden dabei drei mögliche Ausprägungen gewählt, da beim Übergang von zwei zu drei Ausprägungen eine prinzipielle Komplexitätsstufe überschritten wird. Beispielsweise wird sich bei den Überlegungen zur Anpassung der individuellen Benutzermodellierung an einen Stereotypen zeigen, daß der Ansatz, der bei drei möglichen Ausprägungen des Expertise-Grades gewählt werden muß, auch auf den Fall weiterer Ausprägungen übertragbar ist.

Im Fall von nur zwei möglichen Ausprägungen hätte aufgrund der dann existierenden Komplement-Beziehung ein einfacherer Ansatz gewählt werden können.

Da jeder einzelnen dieser Komponenten des Benutzermodells eine von drei möglichen Ausprägungen zugeordnet werden kann, ergibt sich ein sehr facettenreiches Potential zur Modellierung eines Benutzers: Insgesamt werden $3^{(\text{Anzahl der Komponenten})}$ verschiedene individuelle Benutzermodellierungen möglich.

Zur Zugangskontrolle

Während zur Generierung von Warnungen bei der Aktivierung von Systemkomponentenen, die wahrscheinlich den Kenntnisstand des Benutzers überfordern, die Abbildung des Kenntnisstandes über die System-Komponenten ausreicht, kann darüber hinaus auch eine konkrete Zugangserlaubnis zu sensiblen Systemkomponenten realisiert werden. Diese Erlaubnis, die sich beispielsweise auf die Definition von Problemraumdimensionen bezieht, kann nur zwei mögliche Werte - "Zugelassen" oder "Nicht.Zugelassen" - annehmen.

Zur Methodenauswahl

Zur Abbildung von Präferenzen bei der Auswahl von Methoden wird angenommen, daß es sich immer um die Auswahl zwischen Untermethodenklassen derselben Methodenklasse handelt. Ergibt sich z.B. eine Methodenklasse zur graphischen Darstellung einer Tabelle als eine geeignete Methodenklasse, dann ist aufgrund der Problemcharakteristika alleine eventuell keine weitere Unterscheidung zur Methodenauswahl möglich. In dieser Situation kann die Präferenz des individuellen Benutzers z.B. für eine Darstellung in Balkendiagrammen ausgenutzt werden. Die Methode zur Darstellung eines Balkendiagramms muß jedoch als eine Untermethodenklasse der Methodenklasse zur Darstellung von Tabellen vorliegen. Eine Präferenz wird auf dieser Basis als ein Paar, bestehend aus einer Methodenklasse und einer Liste von präferierten Untermethodenklassen (respektive Methoden), verstanden.

Der generalisierte Stereotyp in EskiMo

Stereotypen lassen sich organisch nach dem Prinzip der Spezialisierung in Hierarchien anordnen.[141] An der Spitze dieser Hierarchie steht der generalisierte Stereotyp oder Standard-Stereotyp, der für einen Benutzer gilt, solange keine weiteren und abweichenden Informationen über ihn vorliegen. Diesem Standard-Stereotypen werden speziellere Stereotypen untergeordnet. Letztere erben dabei die einzelnen Slots des Standard-Stereotyps, die jedoch mit speziellen, anderen Default-Werten belegt werden können.

Bevor der Standard-Stereotyp für EskiMo vorgeschlagen werden kann, ist es notwendig, konkrete Spezifikationen der relevanten Komponenten des Zugangssystems und der Objekte des Zielsystems zu geben. Bewußt wurde von relevanten Komponenten und Objekten gesprochen, um einer inpraktikablen Aufblähung des Benutzermodells vorzubeugen. Würde beispielsweise jede einzelne Methodenklasse und Methode als relevant betrachtet und somit im Benutzermodell abgebildet, ergäbe sich sehr schnell ein derart umfangreiches Benutzermodell, daß seine Einbindung in das Gesamtsystem zu einer Beeinträchtigung der Systemleistung führte. Deswegen ist eine pragmatische Eingrenzung der relevanten Objekte sinnvoll. Beispielsweise kann man sich auf die Abbildung nur eines Teils der Methodenklassen-Hierarchie beschränken, wobei tiefergelegene Methodenklassen nicht gesondert berücksichtigt würden.

Der Standard-Stereotyp in EskiMo kann somit in folgendem Frame realisiert werden:

[141] Rich spricht aus der entgegengesetzten Perspektive von Generalisierung; vgl. RICH, E. (1988, Modeling), S. 39ff.

FRAME STANDARD.BENUTZER		
Slot.Name	*Slot.Typ*	*Wert*
Benutzer.Name	Zeichenkette	unknown
System. Komponente.1	Eines.Von Zugelassen, Nicht.Zugelassen	Zugelassen
System. Komponente.2	Eines.Von Zugelassen, Nicht.Zugelassen	Nicht.Zugelassen
.....	.....	.....
System.Element.1	Eines.Von Kein.Wissen, Anfänger.Wissen, Experten-Wissen	Anfänger.Wissen
System.Element.2	Eines.Von Kein.Wissen, Anfänger.Wissen, Experten-Wissen	Anfänger.Wissen
.....	.....	.....
Methodenklasse.1	Eines.Von Kein.Wissen, Anfänger.Wissen, Experten-Wissen	Anfänger.Wissen
Methodenklasse.2	Eines.Von Kein.Wissen, Anfänger.Wissen, Experten-Wissen	Anfänger.Wissen
.....	.....	.....
Auswahl.Präferenz	Liste.Von METHODENKLASSE, Liste.Von METHODENKLASSE	

Dabei wird deutlich, daß dieses Frame erst nach der Anlage des Methodenraums aufgebaut werden kann, da es erst dann möglich ist, die Slots für die verschiedenen relevanten Methodenklassen anzulegen.

Da der Standard-Stereotyp für jeden Benutzer, über den keine genaueren Informationen zur Verfügung stehen, als gültig angenommen wird, erhalten alle Slots, die den Grad des Wissens im Umgang mit einem Objekt abbilden, den mittleren Wert "Anfänger.Wissen" als Default-Wert. Zugangsberechtigungen und Auswahlpräferenzen sind nicht mit einem Default-Wert belegt.

Spezialisierte Stereotypen

Als Unterklassen des Standard-Modells des Benutzers werden vier spezialisierte Stereotypen vorgeschlagen. Dabei werden die polaren Ausprägungen der beiden Dimensionen von Expertise im Umgang mit EskiMo variiert: Geringe und hohe Erfahrung mit jeweils dem Zugangssystem an sich und mit der abgebildeten Methodenbank bilden die Basis der einzelnen spezialisierten Stereotypen.

Diejenigen Slots, die die Expertise im Umgang mit dem Zugangs- oder dem Zielsystem abbilden, seien kurz als Expertise-Slots bezeichnet. Dann ergeben sich die folgenden Stereotypen:

Im Stereotyp DOPPEL.EXPERTE haben alle Expertise-Slots den Default-Wert "Experten.Wissen". Im Stereotyp METHODEN.EXPERTE haben nur die Expertise-Slots, die sich auf die Methodenbank beziehen, den Default-Wert "Experten.Wissen", die anderen Expertise-Slots haben den Default-Wert "Anfänger.Wissen". Die inverse Anordnung gilt entsprechend für den Stereotyp SYSTEM.EXPERTE. Schließlich wird der Stereotyp SYSTEM.EINSTEIGER eingeführt, in dem alle Expertise-Slots den Default-Wert "Kein.Wissen" aufweisen. Abbildung 3.6.1 stellt die Anordnung der Stereotypen dar.

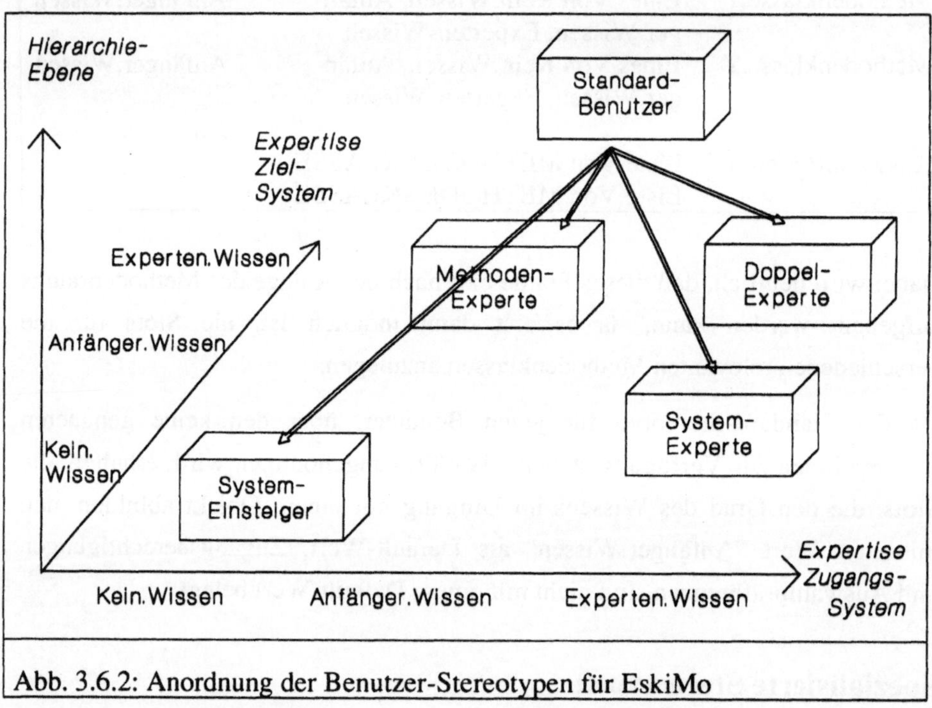

Abb. 3.6.2: Anordnung der Benutzer-Stereotypen für EskiMo

Zuordnung eines Stereotypen an einen Benutzer

Liegen keine Informationen über einen konkreten Benutzer vor, wird der Stereotyp "STANDARD.BENUTZER" angenommen. Mit zunehmender Information über den Benutzer muß es jedoch möglich sein, einen anderen

Stereotyp als geeignet zu wählen. Zunehmende Informationen über einen Benutzer führen zur Belegung der Expertise-Slots mit abgeleiteten Werten. Diese abgeleiteten Werte können, sie müssen aber nicht mit den Default-Werten übereinstimmen. Auf Basis der Abweichungen zwischen den abgeleiteten Werten und den Default-Werten kann ein Quotient berechnet werden, der über den Grad der Übereinstimmung Auskunft gibt. Ein Benutzer kann dann dynamisch immer dem Stereotypen zugeordnet werden, der den höchsten Quotienten hat.

Der Quotient berechnet sich wie folgt: Sei U die Anzahl der Expertise-Slots, die a) einen abgeleiteten Wert aufweisen und b) deren abgeleiteter Wert mit dem Default-Wert übereinstimmt. Sei G die Anzahl aller Slots die einen abgeleiteten Wert aufweisen. Dann ergibt sich als Qualität der Zuordnung:

$$\text{Zuordnungs.Qualität} = \frac{U}{G} \ .$$

Diese Qualität entspricht prinzipiell dem Evidenz-Wert, der im Benutzermodell SC-UM zum Betriebssystem SINIX verwendet wird, um die Sicherheit einer Stereotypen-Zuordnung zu repräsentieren.[142]

Einbindung der Stereotypen in EskiMo

Soweit ist das Benutzermodell in seiner formalen Struktur beschrieben. Darüber hinaus muß noch die inhaltliche Einbindung in das Zugangssystem entwickelt werden. Dabei stehen die beiden folgenden Fragen im Vordergrund.

1. Welche Komponenten der System-Benutzer-Interaktion werden als relevant für die Bestimmung des Expertise-Levels des Benutzers angesehen?
2. Wie werden spezifische, interaktive Eingriffe des Benutzers in bezug auf sein vermeintliches Wissen interpretiert?

Relevante Komponenten der Benutzerinteraktion

Aus der eingegrenzten Zielsetzung der Benutzermodellierung für EskiMo folgt auch eine enge Eingrenzung der für das Benutzermodell relevanten Komponenten der Interaktion zwischen Zugangssystem und Benutzer. Zur

---

142 Vgl. KOK, A.J. (1990, Modelling), S. 18; NESSEN, E. (1989, Modelling), S. 33ff.

Bestimmung des Expertise-Niveaus des Benutzers in bezug auf das Zielsystem, die Methodenbank, soll nur die Interaktion mit der Erklärungskomponente des Zugangssystems ausgewertet werden; in bezug auf das Expertise-Niveau im Umgang mit den Zugangssystem wird entsprechend nur die Interaktion mit dem Hilfe-System ausgewertet. Explizite Zugangsberechtigungen werden direkt von einem System-Administrator vergeben. Etwaige Präferenzen zur Methodenauswahl kann das Zugangssystem nur aus einer expliziten Wahl zwischen mehreren angebotenen Methoden schließen.[143] Dieser Aspekt wird in der folgenden Betrachtung nicht weiter berücksichtigt, da er erst bei einem sehr umfangreichen Methodenangebot zum Tragen kommt.

Interpretation spezifischer Benutzerinteraktionen

Sowohl Hilfen als auch Erklärungen werden in EskiMo in Abhängigkeit des angenommenen Expertise-Grades des Benutzers angeboten. In jeder Situation hat der Benutzer jedoch die Möglichkeit, sich eine Information des höheren oder tieferen Expertise-Grades anzeigen zu lassen. Eine beispielhafte Erklärungssituation wird bei der Beschreibung der Implementation in Kapitel 3.8.3 dargestellt. Fordert der Benutzer dabei eine detailliertere Information, wird angenommen, daß in diesem Fall seine Expertise womöglich geringer als angenommen ist. Umgekehrt wird die Anforderung zusammengefaßter Information interpretiert.

Im Rahmen der Benutzermodellierung können die von der Expertise-Annahme abweichenden Erklärungs- oder Hilfe-Anforderungen kontrolliert werden. Übersteigt die Abweichung in eine Richtung einen vorgegebenen Grenzwert, so wird für das betroffene Objekt beim Benutzer ein höherer oder geringerer Expertise-Grad angenommen.

Konkret läßt sich dieser Ansatz realisieren, indem jedem Expertise-Slot des Benutzer-Modells drei Facetten zugeordnet werden. Eine Facette (Aktivierungs.Anzahl) zählt jede Aktivierung des Erklärungs- oder Hilfe-Textes des zugeordneten Slots mit. Die zweite und dritte Facette (Abweichung.nach.Oben und Abweichung.nach.Unten) zählen die entsprechenden abweichenden Anforderungen des Benutzers.

---

143 Vgl. Kap. 3.8.7.

Der folgende Quotient, dessen Wertebereich von -1 bis +1 reicht, kann dann als Indikator für die Zuordnung einer neuen Annahme zum Grad der Expertise dienen:

$$\text{Abweichungs-Quotient} = \frac{(\text{Abweichung.nach.Oben - Abweichung.nach.Unten})}{\text{Aktivierungs.Anzahl}}$$

Welcher konkrete Grenzwert für die Neubewertung der Expertise angemessen ist, müßte in einer entsprechenden empirischen Untersuchung bestimmt werden. Hier wird pragmatisch der Wert von 0.6 bzw. -0.6 als Grenzwert vorgeschlagen. Damit ergibt sich folgendes System zur dynamischen Modellierung der Benutzer:

1. Bei jedem Benutzereingriff im Hilfe- oder Erklärungsangebot von EskiMo wird der Abweichungs-Quotient für das betroffene Objekt aktualisiert.
2. Überschreitet der Abweichungs-Quotient eine vorgegebene Grenze wird das angenommene Expertise-Level des Benutzers in die entsprechende Richtung verschoben.
3. Bei der Neufestlegung des angenommenen Expertise-Levels wird die Qualität der möglichen Zuordnung zu allen Stereotypen neu berechnet.
4. Der Benutzer wird dem Stereotypen mit der besten Zuordnung als Unterklasse zugewiesen. Dabei werden nur die nicht abgeleiteten Werte überschrieben.

Tab. 3.6.2: Schritte der Benutzermodellierung für EskiMo

Dieser Ansatz der Anpassung eines Stereotypen, und damit auch der Neuzuordnung der Benutzer zu Stereotypen, läßt sich sofort auch auf den Fall mit mehr als drei möglichen Graden an Expertise umsetzen, da die Anzahl der über- oder untergeordneten Ausprägungen keine Rolle spielt.

3.6.4 Benutzermodellierung und Reaktanz

Benutzermodelle werden in interaktive System integriert, um letztlich die Effektivität im Umgang mit dem System zu erhöhen. Dies kann jedoch nur erreicht werden, wenn das interaktive System von seinem potentiellen Benutzer auch akzeptiert wird. Hier existiert bei einer vom System automatisch vorgenommenen Benutzermodellierung ein Potential zur Entwicklung von Reaktanz bei Benutzern.[144]

Ein Benutzer, der sich mit einer automatischen Kategorisierung durch das System konfrontiert sieht, die für ihn unvorteilhaft erscheint, wird möglicherweise dazu neigen, das System abzulehnen. Ein Benutzermodell - und insbesondere eine Modellierung, die auf Stereotypen aufbaut - wird in dieser Hinsicht dann besonders gefährdet sein, wenn es mit Kategorien arbeitet, die Qualitätsurteile über den Benutzer implizieren. Um diese Gefahr zu vermindern, ist es deswegen sinnvoll, eine Klassifikation weniger nach benutzerbezogenen Kriterien zu benennen, sondern vielmehr aus einer systembezogenen Sicht den Grad der benötigten Unterstützung in den Vordergrund zu stellen.

Ein weiterer Ansatz, möglicher Reaktanz zu begegnen, besteht darin, dem Benutzer einen aktiven Eingriff in die Modellierung zu ermöglichen: Bei Bedarf können dann die Slots des Benutzermodells mit Werten belegt werden, die den Vorstellungen des Benutzers entsprechen.

3.7 Wissensbasiert gestützte Methodenwahl in EskiMo

In den vorangegangenen Kapiteln wurden Struktur und Aufbau der drei internen Modelle von EskiMo beschrieben. Auf den Konzepten zum Problem- und Methodenraum aufbauend, wird in diesem Kapitel ein Ansatz zur wissensbasierten Lösung des Problem-Methoden-Zuordnungsproblems entwickelt und beschrieben. Dazu wird in Kapitel 3.7.1 zuerst auf ein Problem der Integration zwischen Problem- und Methodenraum aufmerksam gemacht und ein erster Lösungsansatz besprochen. Im folgenden Kapitel 3.7.2 wird ein zweiter, hier besser geeigneter Ansatz auf Basis automatisch generierter Zuordnungsregeln entwickelt und an Beispielen erläutert. Kapitel 3.7.3 beschreibt eine effiziente Organisation von Zuordnungsregeln, die besonders für den interaktiven Einsatz des Zugangssystems von Bedeutung ist. Schließlich wird im letzten Kapitel 3.7.4 dargestellt, wie das Methodenangebot mit Hilfe der

[144] Zu Akzeptanzproblemen eines Benutzermodells: vgl. SCHUG, C. (1980, Optimierungsverfahren), S. 36f.

Zuordnungsregeln für den Anwender aufgebaut und an sich dynamisch ändernde Problembeschreibungen angepaßt wird.

3.7.1 Integration von Methoden- und Problemraum

Ausgangspunkt der Überlegungen zur Gestaltung des Zugangssystems war die Erkenntnis, daß Experten eine Vielzahl ihrer Probleme auf Basis eines Wiedererkennungsprozesses lösen.[145] Um die Wiedererkennung von Problemen zu ermöglichen, wurde das Konzept der bedingten Problemraumdimensionen eingeführt. Somit können die relevanten Charakteristika, die ein Problem auszeichnen, repräsentiert werden. Über diese Repräsentation hinaus muß jedoch auch das Resultat der Wiedererkennung im Hinblick auf die Zuordnung zu einer geeigneten Methode (oder Methodenklasse) realisiert werden.

Das Problem der gerichteten Zuordnung

Durch die Möglichkeit der Definition einer Eignung für alle Methodenklassen und Methoden[146] liegt implizit schon die Zuordnung von Problem- und Methodenraum vor: Die Methoden können im Problemraum "verankert" werden. Jedoch hat diese Zuordnung den konkreten Nachteil, daß sie aus Sicht der gerichteten Zuordnung **vom** Problem **zur** Methode in die verkehrte Richtung weist. Um das Zuordnungsproblem aus der Perspektive des beschriebenen Problems zu lösen, benötigt das Zugangssystem eine umgekehrt gerichtete Referenz.

Zwei prinzipielle Möglichkeiten zur Lösung dieses Problems bieten sich an: Einerseits kann über den vorhandenen Methodeneignungen nach Eignungen gesucht werden, die den aktuellen Anforderungen genügen. Andererseits kann das vorhandene Wissen zur Methodeneignung so umstrukturiert werden, daß das richtig gerichtete Zuordnungswissen vorhanden ist.

---

[145] Vgl. Kap. 3.4.1.

[146] Vgl. die Darstellung eines Eignungs-Frames in Kap. 4.5.1.

Suche über den Methodeneignungen

Als erste Möglichkeit kann zum Zeitpunkt der Problemlösung, nachdem eine Menge von Eigenschaften für ein Problem definiert wurde, gezielt über dem Raum der Methoden-Eignungen nach einer passenden Methode gesucht werden. Die Suche würde dabei jedes Eignungs-Frame, das jeweils genau einer Methode oder Methodenklasse zugeordnet ist, auf Übereinstimmung mit den Eigenschaften des definierten Problems überprüfen. Im positiven Fall würde die entsprechende Methode oder Methodenklasse in eine Liste möglicher Methoden aufgenommen, sonst bliebe sie unberücksichtigt.

Ein solches Vorgehen hätte den Vorteil, daß kein weiteres explizites Wissen über die Problem-Methoden-Zuordnung aufgebaut und repräsentiert werden müßte. Der Nachteil eines solchen Ansatzes wäre jedoch der mit ihm verbundene Suchaufwand während der Phase der Problemlösung. Da ein Zugangssystem zu einer Methodenbank ein interaktiv genutztes System ist, wiegt dieser Nachteil sehr schwer. In dieser Hinsicht ist ein System wünschenswert, das dem Anwender möglichst simultan während der sukzessiven Bestimmung seines Anwendungsproblems die geeigneten Methoden oder Methodenklassen angeben kann. So hat der Anwender dann auch die Möglichkeit, sein Problem unter gleichzeitiger Beobachtung von Veränderungen bei den geeigneten Methoden zu variieren.

3.7.2 Konstruktion von Zuordnungsregeln

Um eine derartige simultane Zuordnung von spezifizierten Anwendungsproblemen zu geeigneten Methoden zu ermöglichen, ist es notwendig, sehr kompakte und direkte Referenzen zwischen den Problemeigenschaften und den geeigneten Methoden herzustellen. Dies kann erreicht werden, indem das implizit in den Methodeneignungen vorhandene Zuordnungswissen in Produktionsregeln umgesetzt wird, die, von einer Menge von Problemcharakteristika ausgehend, sofort auf die geeigneten Methoden schließen. Dies soll an einem einfachen Beispiel verdeutlicht werden.

Beispielhafte Transformation von Eignungs-Frames in Zuordnungsregeln

In Kapitel 3.5.1 wurde die Verankerung zweier Methoden in einem zweidimensionalen Problemraum verdeutlicht. Für die erste Methode M1 wurde folgendes Eignungs-Frame angenommen:

FRAME EIGNUNG-ZU-M1		
Slot.Name	*Slot.Typ*	*Wert*
Eignungs.Frame.Zu	Frame	M1
Anzahl.Entsch.Variablen	Liste.Von PAAR	([3, 7], 100)
Anzahl.Ziel.Variablen	Liste.Von PAAR	([1, ∞), 100)

Dieser Eignung entspricht eine Zuordnungsregel, die besagt, daß Methode M1 geeignet ist, wenn bei der Problemspezifikation a) die Anzahl der Entscheidungsvariablen im Intervall [3, 7] liegt und b) die Anzahl der Zielvariablen im Intervall [1, ∞) liegt. Ein Eignungs-Frame, in dem jeder Problemraumdimension genau ein geeigneter Wert zugeordnet ist, kann also sofort in eine entsprechende Zuordnungsregel umgesetzt werden:

WENN	Anzahl.Entsch.Variablen IN [3, 7]
UND	Anzahl.Ziel.Variablen IN [1,∞)
DANN	ist M1 geeignet mit Konfidenz 100.

Dabei muß der Operator IN so realisiert werden, daß er beide Typen von Problemraumdimensionen - quantitative Dimensionen (Intervalle) und qualitative Dimensionen (nominale Listen) - verarbeiten kann.[147] Der Konfidenzwert in der Konklusion dieser Regel ergibt sich durch das auf das Intervall [0, 100] normierte Produkt der einzelnen Konfidenzen.

In EskiMo ist es jedoch auch möglich, einer Problemraumdimension mehrere geeignete Ausprägungen zuzuweisen, um diese z.B. mit verschiedenen Konfidenzen zu versehen. Da diese verschiedenen Eignungen als implizit ODER-verknüpft anzusehen sind, muß eine einzelne Ausprägung einer Problemraumdimension mit jeder Ausprägung der anderen Problem-

147 Vgl. Kap. 3.4.2.

raumdimensionen zu je einer Regel verknüpft werden. Dies kann mit Hilfe einer Ergänzung zum oben angeführten Beispiel demonstriert werden. Es sei angenommen, daß Methode M1 eingeschränkt auch für Probleme mit zwei Entscheidungsvariablen geeignet ist. Die Einschränkung wird durch einen geringeren Konfidenzwert von 65 repräsentiert. Es ergibt sich folgendes Eignungs-Frame.

FRAME EIGNUNG-ZU-M1-B		
Slot.Name	*Slot.Typ*	*Wert*
Eignungs.Frame.Zu	Frame	M1
Anzahl.Entsch.Variablen	Liste.Von PAAR	([3, 7], 100), ([2, 2], 65)
Anzahl.Ziel.Variablen	Liste.Von PAAR	([1, ∞), 100)

In diesem Fall muß eine zusätzliche, zweite Regel generiert werden, die ausdrückt, daß M1 auch geeignet ist, wenn die Anzahl der Entscheidungsvariablen gleich zwei ist und die Anzahl der Zielvariablen in [1, ∞) liegt:

WENN	Anzahl.Entsch.Variablen IN [2, 2]
UND	Anzahl.Ziel.Variablen IN [1,∞)
DANN	ist M1 geeignet mit Konfidenz 65.

Formale Darstellung der Transformation von Eignungs-Frames in Zuordnungsregeln

In einer allgemeineren, formalen Ausdrucksweise läßt sich die in einem Eignungs-Frame repräsentierte Eignung als eine Liste von Vektoren darstellen, wobei pro Problemraumdimension ein Vektor existiert, der soviele Elemente aufweist, wie verschiedene Eignungen pro Dimension angegeben sind. Es sei angenommen, daß der Problemraum N Dimensionen (P_1, .., P_N) umfasst und daß zu jeder Dimension ein Vektor von Eignungen $\mathbf{ev}_i$, $1 \le i \le N$, existiert. Die einzelnen Elemente dieses Vektors sind jeweils Paare von Eignungs-Ausprägungen $ea_{i,j}$ und Eignungs-Konfidenzen $ek_{i,j}$, $1 \le i \le N$, $1 \le j \le L_i$, wobei

L_i die Anzahl der Elemente in $\mathbf{ev}_i$ angibt.[148] Die folgende Tabelle skizziert dieses formale Modell anhand eines beispielhaften Eignungs-Frames zu einer Methode M, das drei Problemraumdimensionen umfaßt.

Eignung zu Methode M	Problemraumdimensionen		
	P_1	P_2	$P_3 = P_N$
Eignungen	$\mathbf{ev_1}$	$\mathbf{ev_2}$	$\mathbf{ev_3}$
1	$(ea_{1,1}, ek_{1,1})$	$(ea_{2,1}, ek_{2,1})$	$(ea_{3,1}, ek_{3,1})$
2	$(ea_{1,2}, ek_{1,2})$	$(ea_{2,2}, ek_{2,2})$	
3		$(ea_{2,3}, ek_{2,3})$	
L_i	2	3	1

Tab. 3.7.1: Beispiel zur formalen Darstellung eines Eignungs-Frames

Mit dieser Notation ergibt sich für eine der zu erzeugenden Regeln die folgend dargestellte Struktur. Dabei muß angenommen werden, daß die einzelnen Ausprägungen pro Problemraumdimension unabhängig sind.

WENN $ea_{1,j(1)}$ IN P_1
UND $ea_{2,j(2)}$ IN P_2
UND $ea_{3,j(3)}$ IN P_3
DANN
ist M geeignet mit Konfidenz $100 * \prod_{i=1}^{3} \cdot \frac{ek_{i,j(i)}}{100}$.

Dabei gibt j(i) die jeweils gewählte Eignung in einer Problemraumdimension an, womit gelten muß:

$$1 \leq j(i) \leq L_i.$$

Wird weiterhin ein verallgemeinerter UND-Operator eingeführt, der die UND-Verknüpfung über einer Menge von Elementen repräsentiert:

148 Es sei angenommen, daß jeder Problemraumdimension mindestens eine Ausprägung zugeordnet wurde. Diese Annahme erleichtert die Darstellung; sie wird jedoch später fallengelassen.

$$\bigwedge_{i=1}^{N} r_i \equiv r_1 \wedge r_2 \wedge .... \wedge r_N ,$$

dann ergibt sich allgemein eine der aus einem Eignungs-Frame zu erzeugenden Regeln zu:

WENN	$\bigwedge_{i=1}^{N} ea_{i,\,j(i)}$ IN P_i
DANN	ist M geeignet mit Konfidenz $k = 100 * \prod_{i=1}^{N} \frac{ek_{i,\,j(i)}}{100}$

Die Anzahl aller zu erzeugenden Regeln entspricht dabei dem Produkt der Element-Anzahlen der einzelnen Vektoren:

$$\text{Anzahl.der.Regeln.pro.Eignungs.Frame} = \prod_{i=1}^{N} L_i \,.$$

Die Regeln selbst ergeben sich analog zum Kreuzprodukt der Vektoren $\mathbf{ev_i}$.

Behandlung partieller Eignungen

Bisher wurde vorausgesetzt, daß jedes Eignungs-Frame für jede Problemraumdimension eine Eignungs-Ausprägung aufweist. Formal gesehen, wurde angenommen:

$$L_i > 1,\ 1 \leq i \leq N.$$

Diese Annahme erleichterte die Darstellungsweise, sie widerspricht jedoch der Möglichkeit in EskiMo, Eignungen als weniger-dimensionale Teilräume des gesamten Problemraums zu definieren. Gerade im Zusammenhang mit bedingten Problemraumdimensionen ist dies eine unverzichtbare Eigenschaft. Konkret folgt daraus, daß einige Slots der Eignungs-Frames ohne Ausprägung bleiben können ("unknown"). Es existieren also Problemraumdimensionen k mit $L_k = 0$.

Um mit solchen Situationen umgehen zu können, ist es notwendig, auch allein den Teil-Problemraum berücksichtigen zu können, der durch die belegten

Problemraumdimensionen eines Eignungs-Frames aufgespannt wird. Formal kann dieser Teil-Problemraum durch eine Indexmenge I aller belegten Problemraumdimensionen dargestellt werden.

$$I = \{ i \mid 1 \leq i \leq N, L_i > 0 \}.$$

Mit dieser Definition ergibt sich schließlich die Zuordnungsregel eines Eignungs-Frames zu:

WENN	$\bigwedge_{i \in I} ea_{i,\, j(i)}$ IN P_i
DANN	ist M geeignet mit Konfidenz $k = 100 * \prod_{i \in I} \frac{ek_{i,\, j(i)}}{100}$

3.7.3 Organisation der Zuordnungsregeln

Mit dem dargestellten Ansatz zur Erzeugung von Zuordnungsregeln wird zwar erreicht, daß direkte Zuordnungsregeln zur Verfügung stehen, die direkt, ohne weitere Inferenz-Schlüsse von Problemcharakteristika auf geeignete Methoden schließen; allerdings muß davon ausgegangen werden, daß die Menge der Regeln, die generiert wird, sehr groß werden kann. Da eine Regelauswertung angestrebt wird, die während der Problembestimmung durch den Anwender simultan vorgenommen wird, kann dies recht ineffizient sein. Andererseits kann angenommen werden, daß bei der Bestimmung oder Veränderung einer Problemraumdimension nicht alle Zuordnungsregeln betroffen sind, da eine Eignung nur einen Teil-Problemraum aufspannen muß. Somit ist eine Organisation der Zuordnungsregeln anzustreben, die gewährleistet, daß während der interaktiven Problembestimmung nur diejenigen Regeln ausgewertet werden, die tatsächlich von der bearbeiteten Problemraumdimension abhängen.

Da sich hier zur Regelauswertung nur eine datengetriebene Auswertung anbietet, muß diese "Vorwärtsverkettung"[149] auf die Teilmenge der betroffenen Regeln eingeschränkt werden. Zu diesem Zweck wird eine flexible Möglichkeit zur

[149] Da jede Zuordnungsregel sofort zum entsprechenden Schluß führt, findet eine Regelverkettung eigentlich nicht statt.

Referenzierung von Regeln benötigt, wie sie z.B. in Frame-basierten Expertensystemen realisierbar ist und wie sie im System KEE zur Verfügung steht.[150] Dabei können einzelne Regeln beliebigen Regelklassen zugeordnet werden. Die Vorwärtsverkettung kann dann auf eine spezifische Regelklasse und die ihr zugeordneten Regeln beschränkt werden. Da weiterhin eine Regel mehreren Regelklassen zugeordnet werden kann, bietet sich somit eine Möglichkeit, die Zuordnungsregeln zu nicht-disjunkten Clustern zusammenzufassen, die jeweils genau einer Problemraumdimension zugeordnet sind. Das folgende Beispiel verdeutlicht diese Organisation der Regeln.

Beispiel zur Organisation der Zuordnungsregeln

Es sei ein Problemraum angenommen, der durch drei Dimensionen aufgespannt wird. Neben den beiden Dimensionen zur Abbildung der Anzahl von Entscheidungs- und Zielvariablen soll eine dritte Dimension zur Unterscheidung zwischen stochastischen und deterministischen Modellen angenommen werden. Eine erste Methode M1 habe dieselbe Eignung wie im letzten Beispiel, d.h. die Eignung zu dieser Methode ist von der zusätzlichen Problemraumdimension unberührt.[151]

FRAME EIGNUNG-ZU-M1-B		
Slot.Name	*Slot.Typ*	*Wert*
Eignungs.Frame.Zu	Frame	M1
Anzahl.Entsch.Variablen	Liste.Von PAAR	([3, 7], 100), ([2, 2], 65)
Anzahl.Ziel.Variablen	Liste.Von PAAR	([1, ∞), 100)
Stoch.oder.Det	Liste.Von PAAR	unknown

Eine zweite Methode M2 sei unabhängig von der Anzahl der Zielvariablen für deterministische, eindimensionale Modelle geeignet.

[150] Vgl. WOLF, S.; SETZER, R. (1991, Wissensverarbeitung), S. 94ff, S. 108; FIKES, R.; KEHLER, T. (1985, Frame), S. 912ff.

[151] Vgl. Kap. 3.7.2.

FRAME EIGNUNG-ZU-M2		
Slot.Name	*Slot.Typ*	*Wert*
Eignungs.Frame.Zu	Frame	M2
Anzahl.Entsch.Variablen	Liste.Von PAAR	([1, 1], 100)
Anzahl.Ziel.Variablen	Liste.Von PAAR	unknown
Stoch.oder.Det	Liste.Von PAAR	(Deterministisch , 100)

Zum ersten Eignungs-Frame werden die beiden oben schon skizzierten Regeln generiert; sie sollen hier mit R1.1 und R1.2 bezeichnet sein. Für das zweite Eignungs-Frame wird eine Regel R2.1 mit folgender Struktur generiert:

WENN	Anzahl.Entsch.Variablen IN [1, 1]
UND	Stoch.oder.Det IN {Deterministisch}
DANN	ist M2 geeignet mit Konfidenz 100.

Da drei Problemraumdimensionen existieren, werden auch drei Regelklassen angelegt, denen die drei Regeln, wie in der folgenden Abbildung 3.7.1 skizziert, zugeordnet werden.

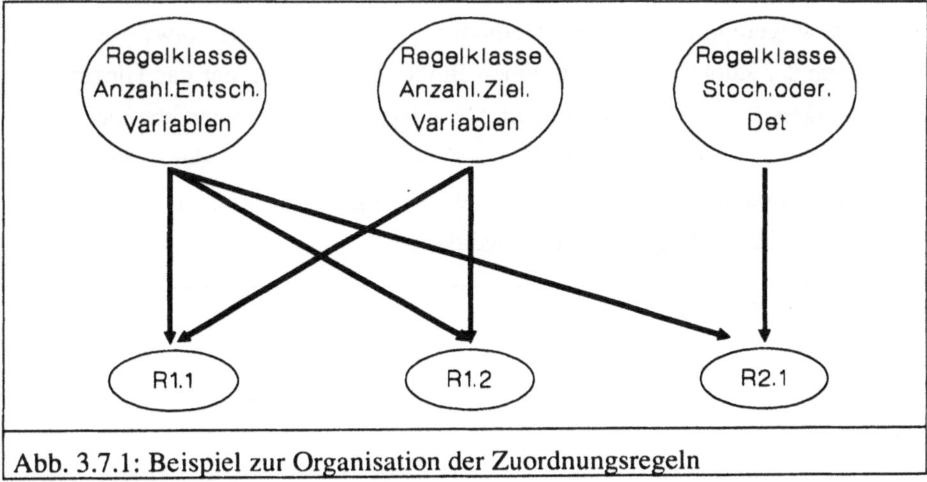

Abb. 3.7.1: Beispiel zur Organisation der Zuordnungsregeln

Wird nun im Zuge der Problembeschreibung z.B. die Problemraumdimension Stoch.oder.Det mit einer Ausprägung belegt, so wird nur die eine Regel R2.1 überprüft, die der Regelklasse zu Stoch.oder.Det zugeordnet ist.

3.7.4 Aufbau und Veränderung des Methodenangebots auf Basis der Zuordnungsregeln

In den vorangegangenen Kapiteln wurde beschrieben, wie Zuordnungsregeln automatisch aufgebaut und wie sie effizient organisiert werden können. Als Ergebnis der Regelauswertung muß jedoch darüber hinaus eine Menge geeigneter Methoden aufgebaut werden, die schließlich dem Anwender angeboten werden kann. Weiterhin muß diese Menge geeigneter Methoden bei Veränderungen in der Problembeschreibung eventuell ebenfalls geändert werden, indem nicht mehr geeignete Methoden gelöscht und neue Methoden hinzugefügt werden.

Aufbau der Menge der geeigneten Methoden

Um die für ein beschriebenes Problem geeigneten Methoden zusammenfassen zu können, ist es notwendig, ein Frame zur Verfügung zu stellen, das in einem entsprechenden Slot Verweise auf die geeigneten Methoden respektive ihre Frames zusammenfaßt.

Damit dieser Slot im Zusammenhang mit der Vorwärtsverkettung über den Zuordnungsregeln mit geeigneten Methoden gefüllt wird, ist es notwendig, in die Konklusion der Zuordnungsregeln einen Befehl einzubauen, der das Hinzufügen der jeweiligen Methode zu diesem Slot bewirkt. Hat das entsprechende Frame den Namen GEEIGNETE.METHODEN und wird der Slot mit "Aktuelle.Methoden" bezeichnet, so muß die allgemeine Zuordnungsregel für eine Methode M wie folgt abgeändert werden:

WENN	$\bigwedge_{i \in I} ea_{i,\,j(i)}$ IN P_i
DANN	füge $\left(M, k = 100 * \prod_{i \in I} \frac{ek_{i,\,j(i)}}{100}\right)$ zum Slot "Aktuelle.Methoden" in Frame GE-EIGNETE.METHODEN hinzu.

Dynamische Veränderung der Menge der geeigneten Methoden

In der Arbeit mit dem Zugangssystem sollten Problembeschreibungen reversibel sein, d.h. der Anwender sollte einmal definierte Ausprägungen von Problemraumdimensionen wieder rückgängig machen können. Dies hat zur Konsequenz, daß einzelne Methoden in der Menge der geeigneten Methoden ihre Eignung verlieren können und folgerichtig aus dieser Menge entfernt werden müssen. Eine Möglichkeit der Realisierung einer solchen Rücknahme von geeigneten Methoden stellt die Verwendung eines sogenannten Truth Maintenance Systems dar, in dem die Gründe für Eignung einer Methode vermerkt werden könnten, und bei Wegfall der Gründe auch die entsprechende Methode aus der Menge der geeigneten Methoden gestrichen werden kann.[152]

Hier kann jedoch ein weniger aufwendiger Ansatz angewandt werden, da die Zuordnungsregeln direkt, also ohne notwendige Inferenz, auf die geeigneten Methoden verweisen: Bei der Entfernung der Ausprägung einer

---

[152] Zu einem Truth Maintenance System: vgl. FILMAN, R.E. (1988, Reasoning), S. 382ff.

Problemraumdimension im Zuge der Problembeschreibung müssen nur die dieser Dimension untergeordneten Zuordnungsregeln mit einer leicht veränderten Konklusion aktiviert werden. Der Befehl zum Hinzufügen einer Methode zur Menge der geeigneten Methoden muß in die entsprechende Operation zum Entfernen transformiert werden. Dies läßt sich einfach realisieren, indem die Konklusion jeder Regel in Abhängigkeit des Wertes einer globalen Schalter-Variablen entweder die Methode hinzufügt, oder sie entfernt. Es ergibt sich letztlich die folgende Struktur der Zuordnungsregeln in EskiMo:

WENN $\bigwedge_{i \in I} ea_{i, j(i)}$ IN P_i

DANN

WENN Gewünschte.Operation = Hinzufügen

DANN füge (M, $k = 100 * \prod_{i \in I} \frac{ek_{i, j(i)}}{100}$)

zum Slot "Aktuelle.Methoden" in Frame GEEIGNETE.METHODEN hinzu

SONST lösche (M, $k = 100 * \prod_{i \in I} \frac{ek_{i, j(i)}}{100}$)

aus Slot "Aktuelle.Methoden" in Frame GEEIGNETE.METHODEN.

Dabei stellt die WENN-DANN Struktur in der Konklusion der Regel keine weitere Regel dar, die im Inferenzprozeß ausgewertet würde; sie ist vielmehr nur eine prozedurale Beschreibung als Teil der Operation.

3.8 Zur Implementation von EskiMo

Zum Abschluß der Darstellung der Entwicklung von EskiMo wird in diesem Kapitel auf die Implementation eingegangen. Dabei wird angestrebt, einen Überblick über die Struktur und einen Einblick in die Benutzerschnittstelle des implementierten Systems zu geben. Die detaillierte Systemdokumentation ersetzt dieses Kapitel nicht.

Um im Rahmen dieser Arbeit anhand der Implementation von EskiMo die Konsistenz der theoretischen Vorschläge testen zu können, mußten einige Einschränkungen zum Umfang des implementierten Systems gemacht werden.[153] Unter der Zielsetzung, die wesentlichen Komponenten des wissensbasierten Zugangssystems praktisch zu verwirklichen, wurde der Schwerpunkt der Implementation auf den Aufbau und die Nutzung von Problem- und Methodenraum gelegt. Die vorgeschlagene Benutzermodellierung wurde in der Implementation noch ausgespart. Ebenso wurde darauf verzichtet, die Modellierung von Dateien umzusetzen, da dies keinen wesentlichen Bestandteil des Zugangssystems darstellt.

EskiMo wurde mit dem Entwicklungswerkzeug KEE in der Version 3.1 auf einem IBM RT PC, Modell 6051, mit 12 MByte Hauptspeicher entwickelt. Der Rechner wird mit dem Betriebssystem AIX, einem UNIX-Derivat, betrieben. KEE 3.1 ist ein hybrides System, in dem sowohl Frame- als auch Regel-basierte Wissensrepräsentationen möglich sind. Das System eignet sich prinzipiell gut für die Implementation eines Zugangssystems, da es einen relativ hohen Grad an Offenheit aufweist.[154] KEE baut auf einem LISP-System auf und stellt neben den spezifischen KEE-Konstrukten die gesamte LISP-Funktionalität für Anwendungen zur Verfügung. Damit ist es insbesondere möglich, beliebige Betriebssystem-Zugriffe recht einfach zu realisieren, was für die Integration einer bestehenden Methodenbank oder Methodensammlung bedeutend ist. Eine besondere Stärke von KEE, die das System für diese Arbeit sehr attraktiv machte, ist das Angebot mächtiger Gestaltungsmöglichkeiten für die Benutzerschnittstelle. So wurde mit Hilfe dieser Möglichkeiten versucht, eine objektorientierte Benutzerschnittstelle zu realisieren, deren Benutzung insbesondere kein Vorwissen zur Arbeit mit Expertensystemen voraussetzt.

Im folgenden wird zuerst die Organisation der Wissensbasen von EskiMo vorgestellt (Kapitel 3.8.1), um im Anschluß einzelne Systemkomponenten vorzustellen: allgemeine Komponenten zur Interaktion mit EskiMo (Kapitel 3.8.2), das Hilfs- und Erklärungssystem (Kapitel 3.8.3), die zentrale Kontrolle von EskiMo (Kapitel 3.8.4), die Komponente zum Aufbau und Pflege des Pro-

---

153 Zur Entwicklungsdauer praktikabler Expertensystemen: vgl. KURBEL, K. (1990, Entwicklung), S. 500.

154 Vgl. PINNEGGER, T.; DORNHOFF, P. (1990, Systeme), S. 503; TRUM, P. (1989, KEE), S. 41.

blemraums (Kapitel 3.8.5), die Komponente zum Aufbau und Pflege des Methodenraums (Kapitel 3.8.6), und letztlich die Methodenwahl (Kapitel 3.8.7), die nach der Systematik von EskiMo gleichbedeutend mit einer Problembeschreibung ist. Zum Abschluß werden die Implementation von EskiMo und ihre Leistungsfähigkeit kritisch betrachtet (Kapitel 3.8.8).

3.8.1 Die Organisation der Wissensbasen in EskiMo

Bei der Implementation wurde aus Gründen der Transparenz und Wartbarkeit eine modulare Struktur des Systems angestrebt. Dabei entspricht den einzelnen System-Modulen jeweils eine Wissensbasis, die sich aus einer Menge von Frames und einer zugeordneten Menge von LISP-Funktionen zusammensetzt. Die verschiedenen Wissensbasen des Gesamtsystems sind in einer Hierarchie so angeordnet, daß die übergeordneten Hierarchie-Ebenen Voraussetzungen für die untergeordneten Hierarchie-Ebenen liefern (z.B. in Form von übergeordneten Frames). Daraus folgt auch, daß die Wissensbasen der höheren Hierarchie-Ebenen vor den Wissensbasen untergeordneter Ebenen geladen sein müssen.

Die oberste Ebene stellen die Wissensbasen mit allgemeinen Unterstützungsfunktionen dar. Dies umfaßt die Wissensbasis zur Schnittstelle (interface.1), in der allgemein Fenster- und Menu-Frames abgelegt sind; weiterhin die Wissensbasis zum Hilfs- und Erklärungssystem (esk-info) und schließlich die Wissensbasis zur zentralen Steuerung von Eskimo (esk1).

Die nächste Ebene faßt die anwendungsunabhängigen Wissensbasen von EskiMo zusammen, die die Arbeit mit dem Problemraum und dem Methodenraum steuern. Es existieren einzelne Wissensbasen zum Aufbau des Problemraums (prd), zum Aufbau des Methodenraums (metheing), zur Bearbeitung von Parametern (param) und schließlich zur Beschreibung des Anwendungsproblems im Zuge der Methodenwahl (show-pr).

Die unterste Ebene in dieser Hierarchie stellen die Wissensbasen dar, die das anwendungsabhängige Wissen repräsentieren. Da mit EskiMo eine beliebige Anzahl von Problem- und Methodenräumen angelegt werden können, ist entsprechend auch die Anzahl dieser Wissensbasen nicht begrenzt. Während der Arbeit mit EskiMo ist jedoch immer nur ein Problemraum und ein Methodenraum geladen. Neben der jeweiligen Wissensbasis für den Problemraum und den Methodenraum wird eine dritte Wissensbasis angelegt, die das Zuordnungswissen zwischen aktuellem Problem- und Methodenraum repräsentiert. In dieser Wissensbasis werden deswegen die Eignungs-Frames und die automatisch generierten Zuordnungsregeln abgelegt. Die folgende Abbildung 3.8.1 verdeutlicht diese Hierarchie. Die Namen der Anwendungswissensbasen werden durch die Anwender bestimmt.

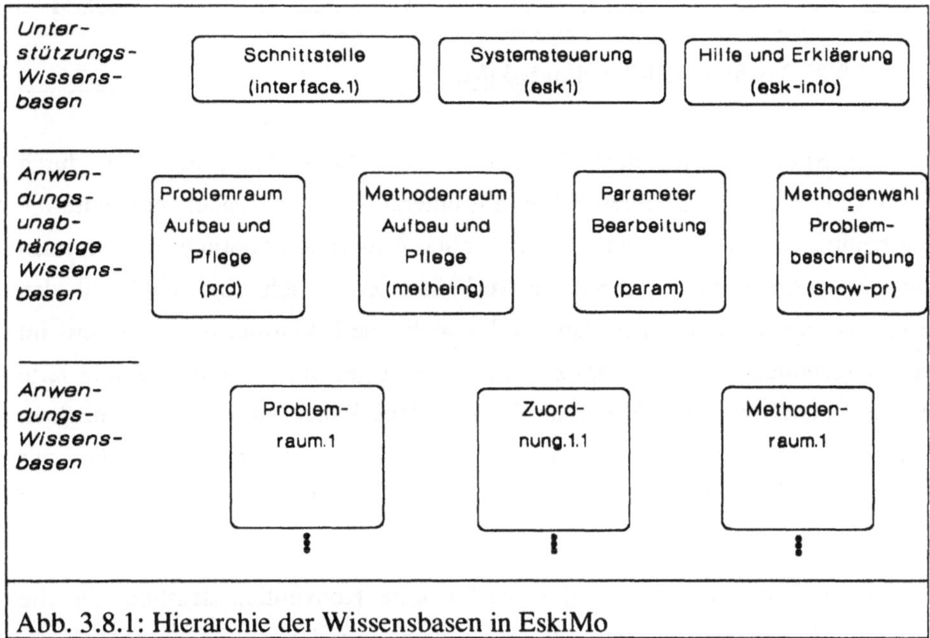

Abb. 3.8.1: Hierarchie der Wissensbasen in EskiMo

3.8.2 Die Interaktion mit EskiMo

Die objekt-orientierte Benutzerschnittstelle wird in erster Linie mit Hilfe einer Maus bedient, mit der durch Anklicken von Objekten oder Menus Aktionen ausgelöst werden. Einzig spezielle Eingaben von Text, wie z.B. bei der Vergabe von Namen für Problemraumdimensionen, erfordern den Einsatz der Tastatur.[155] Die einzelnen Objekte der Benutzerschnittstelle sind dabei in sogenannten Panels thematisch zusammengefaßt. Diese Panels haben eine durchgehend gleiche Struktur, die in der folgenden Abbildung skizziert wird.

[155] Zur Überlegenheit der Maus als Gerät zur Auswahl von Objekten: vgl. CARD, S.K.; MORAN, T.P.; NEWELL, A. (1983, Psychology), S. 229ff.

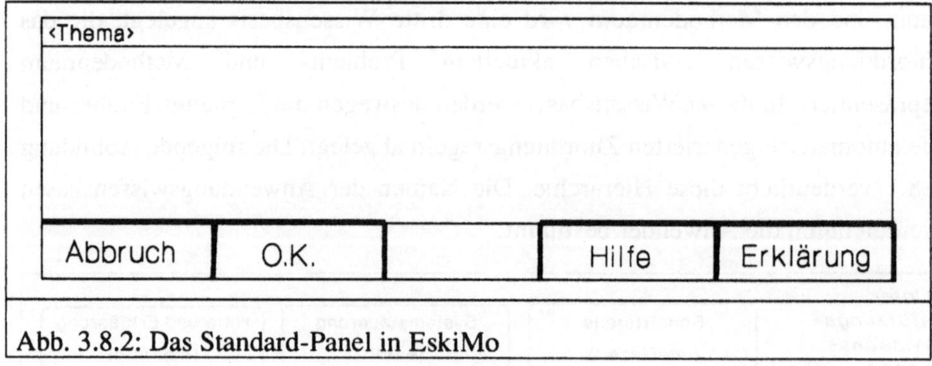

Abb. 3.8.2: Das Standard-Panel in EskiMo

In jeder Situation wird dem Benutzer so die Möglichkeit gegeben, durch Anklicken der entsprechenden Felder am unteren Rand des Panels entweder die Bearbeitung des entsprechenden Themas ohne Änderung (Abbruch) oder mit den gemachten Änderungen (O.K.) zu verlassen, oder sich eine Hilfe zu den Möglichkeiten des jeweiligen Panels oder auch eine Erklärung zu den jeweils im Panel abgebildeten Objekten des Zugangssystems geben zu lassen. Das skizzierte Standard-Panel stellt die Maximal-Version eines Panels dar, die im einzelnen Fall reduziert werden kann. Beispielsweise ist in einem Panel, das nur Informationen anbietet, aber keine Benutzereingriffe ermöglicht, das Feld "Abbruch" überflüssig.

An diesem Standard-Panel wird weiterhin eine Konvention deutlich, die die Arbeit mit EskiMo erleichtern soll: Felder, respektive Objekte, die mit Aktionen verknüpft sind, die also angeklickt werden können, sind immer mit einem etwas fetteren Rand dargestellt als die Felder, die nur eine Information anbieten.

3.8.3 Das Hilfs- und Erklärungssystem

Eine weitere allgemeine Ressource, auf die alle EskiMo-Wissensbasen zurückgreifen können, stellt das Hilfe- und Erklärungssystem dar: Hilfen und Erklärungen werden als zwei Ausprägungen von EskiMo-Informationen aufgefaßt, die sich nur durch ihren Bezug unterscheiden: Hilfen beziehen sich auf die Arbeit mit EskiMo selbst, während sich Erklärungen auf im Zugangssystem abgebildete Objekte beziehen. Im Hinblick auf die mögliche Einbindung eines Benutzermodells wird für beide Arten von Information die Möglichkeit gegeben, drei verschiedene Informations-Level anzubieten. So können Hilfs- und Erklärungstexte in drei Detaillierungsgraden zur Verfügung gestellt werden.

Da der Unterschied zwischen Erklärungen und Hilfen inhaltlicher und nicht formaler Struktur ist, bietet es sich an, Hilfe- und Erklärungs-Panel zu entwerfen, die einem identischen Aufbau gehorchen. Zur Steuerung der Interaktion mit jedem Panel in EskiMo existiert jeweils ein sogenanntes Puffer-Frame, das die Verbindung zu den Bildschirm-Elementen herstellt. Die Puffer-Frames zum Hilfe- und zum Erklärungs-Frame sind Unterklassen des folgend dargestellten Frames INFO.PUFFER.SUPER.

FRAME INFO.PUFFER.SUPER		
Slot.Name	*Slot.Typ*	*Werte*
Text-1	Zeichenkette	unknown
Text-2	Zeichenkette	unknown
Text-3	Zeichenkette	unknown
Thema	Zeichenkette	unknown
Letzter.Level	Eines.Von 1, 2, 3	1
Verwandte.Themen	Frame	unknown
Ref.Frame	Frame	unknown
Mode	Eines.Von Standard, Input	Standard
Ref.Vp	Frame	unknown
Clear!	Methode	<Methode zum Rücksetzen des Puffers>
Waehle.Verwandtes.Thema!	Methode	<Methode zur Wahl eines verwandten Themas, insofern ein solches existiert>
Switch-To-Standard.Mode!	Methode	<Methode zum Umschalten in den Standard-Modus>
Setze-Verwandte-Themen!	Methode	<Methode zur Definition verwandter Themen>
Setze-Neue-Oberklasse!	Methode	<Methode zur Veränderung der Hierarchie von Hilfen oder Erklärungen>
Save!	Methode	<Methode zum Sichern von Änderungen; nur im Input-Modus>
Exit!	Methode	<Methode zum Verlassen des Panels>
Start!	Methode	<Methode zum Aufbau des Panels>
Hoeheres.Level!	Methode	<Methode zum Umschalten in ein höheres Informations-Level>
Tieferes.Level!	Methode	<Methode zum Umschalten in ein tieferes Informations-Level>

Die Slots "Text-1" bis "Text-3" stellen die drei möglichen Informations-Level dar. Im Slot "Letzter.Level" wird vermerkt, auf welchem Level bei der letzten Aktivierung des jeweiligen Frames aus dem Informations-Panel ausgestiegen wurde. Dieses Level definiert beim nächsten Aufbau der Information das zuerst angebotene Erklärungs-Level. Da Informations-Frames in einer Vererbungshierarchie angeordnet werden können, wird diese Information an hierarchisch untergeordnete Informationen vererbt. Mit dem Slot "Thema" kann der Titel des Informations-Panels bestimmt werden. Im Slot "Verwandte.Themen" werden Verweise auf andere Hilfe-Frames eingetragen, die vom Hilfe-Panel aus direkt aufgerufen werden können. "Ref.Frame" verweist auf das Erklärungs- oder Hilfe-Frame, das gegenwärtig angezeigt wird. Über den Slot "Mode" kann zwischen den beiden Bearbeitungsmodi eines Informations-Panels umgeschaltet werden: Der Modus "Standard" dient allein der Anzeige von Informationen, während der Modus "Input" für die Bearbeitung von Informationen steht. Schließlich verweist der Slot "Ref.Vp" (Referenzierter.Viewport) auf das Bildschirm-Element, das das Informations-Panel abbildet.

Die weiteren Slots sind Methoden-Slots, deren Bedeutung schon kurz skizziert wurde.

Hilfen und Erklärungen werden durch Anklicken des entsprechenden Feldes eines EskiMo-Panels aktiviert. Damit die diese Panel steuernden Puffer-Frames auf die benötigten Informationen zugreifen können, sind sie als Unterklassen des folgenden Frames PUFFER.SUPER definiert:

FRAME PUFFER.SUPER

Slot.Name	*Slot.Typ*	*Wert*
Hilfe.Frame	Frame	unknown
Erklaerte.Frames	Frame	unknown
Erklaerung!	Methode	<Methode zur eventuellen Auswahl und Aktivierung einer Erklaerung>
Hilfe!	Methode	<Methode zur Aktivierung der Hilfe>

Der Slot "Hilfe.Frame" verweist auf das entsprechende Hilfe.Frame. Der Wert dieses Slots ist innerhalb von EskiMo fest, da die Hilfe-Frames fixer Bestandteil des Systems sind. Dagegen ist die Ausprägung des Slots "Erklaerte.Frames", der eine Liste aller erklärbaren Objekte des Panels beinhaltet, dynamisch vom Zustand des Zugangssystems abhängig.

Das Hilfesystem

Zu jedem Panel von EskiMo kann ein Hilfe-Frame als Unterklasse des folgenden Frames angelegt werden:

FRAME HILFEN		
Slot.Name	*Slot.Typ*	*Wert*
Text-1	Zeichenkette	unknown
Text-2	Zeichenkette	unknown
Text-3	Zeichenkette	unknown
Letzter.Level	Eines.Von 1, 2, 3	1
Ref.Hilfe	Frame	unknown
Thema	Zeichenkette	"Hilfe"
Verwandte.Themen	Frame	unknown
Zeige-Hilfe!	Methode	<Methode zur Aktivierung des Hilfe-Panels im Standard-Modus>

Hier werden nur noch kurz diejenigen Slots erläutert, die vom oben beschriebenen Frame INFO.PUFFER.SUPER abweichen: Der Slot "Ref.Hilfe" stellt die Referenz zu dem Panel her, auf das sich die Hilfe bezieht. Schließlich wird im Methoden-Slot "Zeige-Hilfe!" eine Methode zur Verfügung gestellt, die das Hilfe-Frame im Standard-Modus aktiviert. Hier muß keine Methode zur Verfügung gestellt werden, die das Hilfe-Panel im Input-Modus aktiviert, da dieser Modus für den Systembenutzer im Zusammenhang mit Hilfen - im Gegensatz zur Situation bei Erklärungen - nicht notwendig ist.

Das zentrale Hilfe-Panel in EskiMo wird mittels eines Puffer-Frames HILFE.PUFFER gesteuert, das als Unterklasse von HILFE.PUFFER.SUPER definiert ist. Eine beispielhafte Aktivierung des Hilfe-Panels führt zu der in der folgenden Abbildung dargestellten Situation:

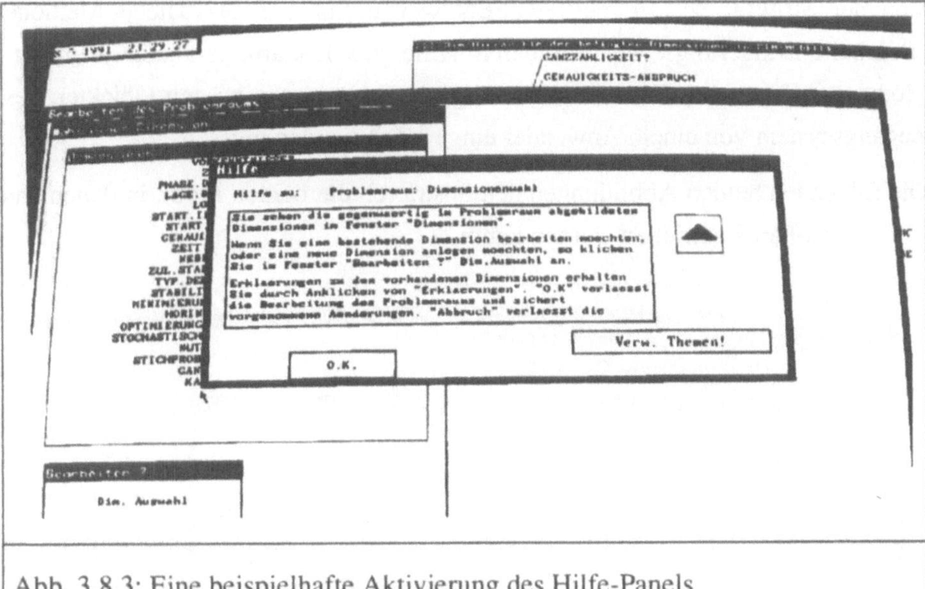

Abb. 3.8.3: Eine beispielhafte Aktivierung des Hilfe-Panels

Das Erklärungssystem

In Analogie zum Hilfe-System existiert ein zentrales Erklärungs-Frame, dessen Unterklassen die eigentlichen Erklärungen darstellen:

FRAME ERKLAERUNGEN		
Slot.Name	*Slot.Typ*	*Wert*
Text-1	Zeichenkette	unknown
Text-2	Zeichenkette	unknown
Text-3	Zeichenkette	unknown
Letzter.Level	Eines.Von 1, 2, 3	1
Ref.Erklaerung	Frame	unknown
Thema	Zeichenkette	"Erklaerung"
Verwandte.Themen	Frame	unknown
Zeige-Erklaerung!	Methode	<Methode zur Aktivierung des Erklärungs-Panels im Standard-Modus>
Bearbeite-Erklaerung!	Methode	<Methode zur Aktivierung des Erklärungs-Panels im Input-Modus>

Von der Struktur des Frames HILFEN weicht nur die zusätzliche Methode "Bearbeite-Erklaerung!" ab, mit deren Hilfe das Erklärungs-Panel im Input-Modus geöffnet wird. Dies ist notwendig, da Erklärungen zu den Objekten des Zugangssystem von einem Anwender eingegeben werden müssen.

Die folgenden beiden Abbildungen demonstrieren die beiden Modi, in denen das Erklärungs-Panel betrieben werden kann:

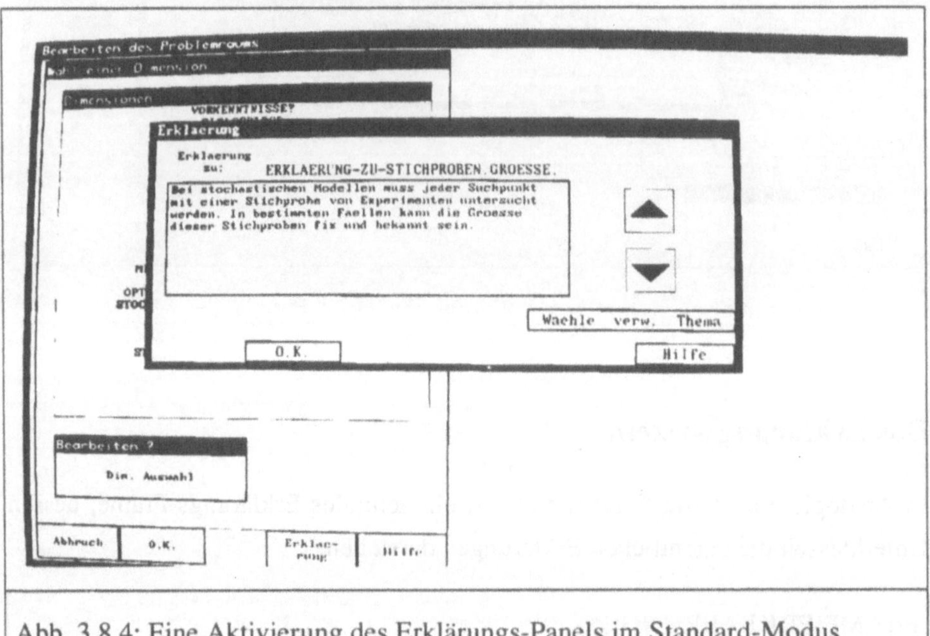

Abb. 3.8.4: Eine Aktivierung des Erklärungs-Panels im Standard-Modus

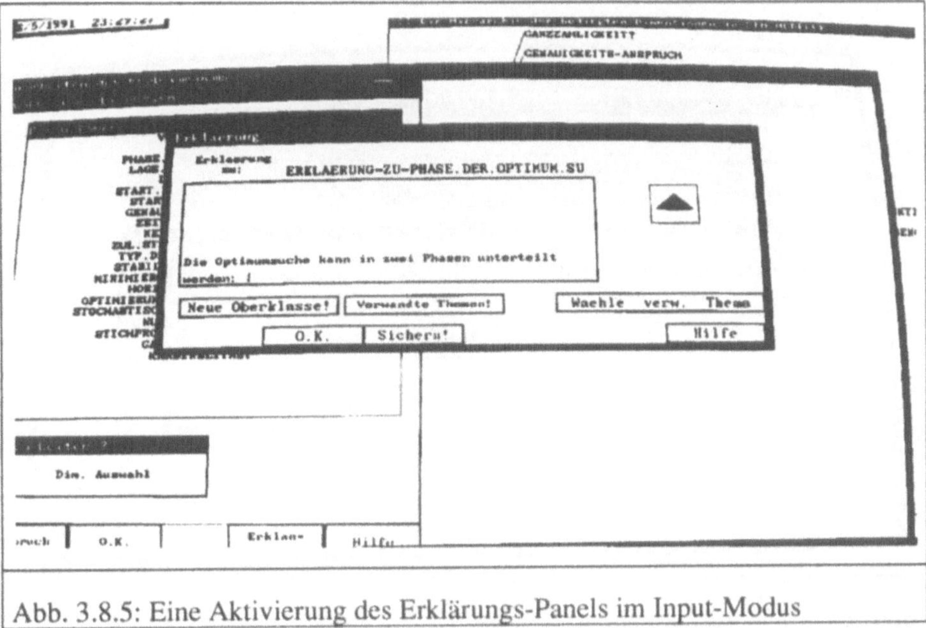

Abb. 3.8.5: Eine Aktivierung des Erklärungs-Panels im Input-Modus

3.8.4 Die zentrale Kontrolle von EskiMo

Nach dem Start von EskiMo wird der Benutzer mit dem zentralen Kontroll-Menu konfrontiert:

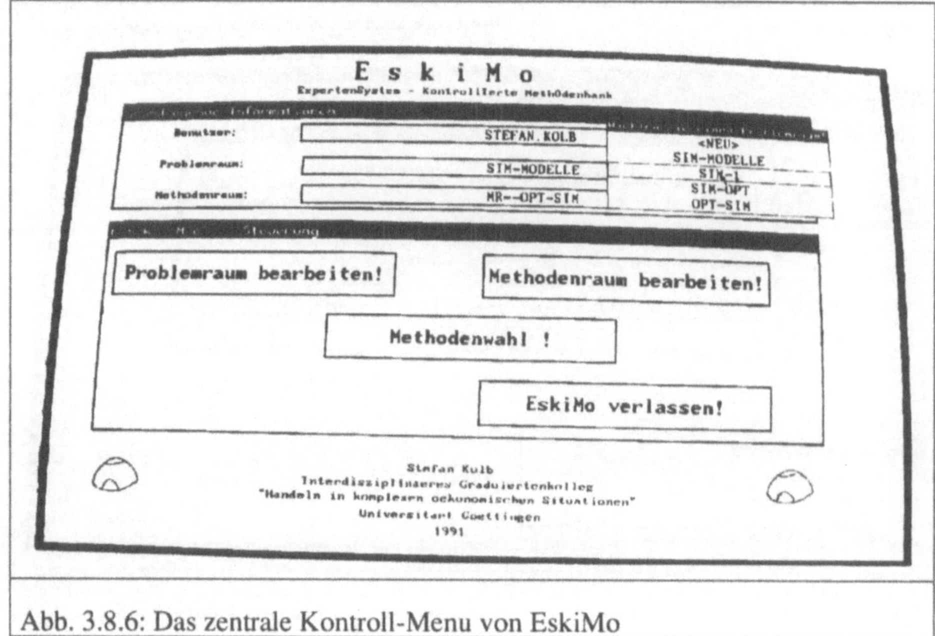

Abb. 3.8.6: Das zentrale Kontroll-Menu von EskiMo

Dieses Menu gibt die Möglichkeit, einen Problem- und einen Methodenraum zu wählen. Wenn Problem- und Methodenraum gewählt sind, kann in eines der drei Komponenten von EskiMo verzweigt werden: Die Bearbeitung des Problemraums, die Bearbeitung des Methodenraums oder die Methodenwahl.

3.8.5 Aufbau und Pflege eines Problemraums

Nachdem vom zentralen Kontroll-Menu in die Bearbeitung des Problemraums verzweigt wurde, baut EskiMo einen neuen Bildschirm auf. Dieser Bildschirm besteht aus zwei Komponenten: Eine Komponente (links) listet die bisher angegebenen Problemraumdimensionen auf und bietet die Möglichkeit, eine Dimension zur Weiterbearbeitung auszuwählen, oder eine neue Dimension anzulegen. Die zweite Komponente (rechts) stellt die Hierarchie der Abhängigkeiten zwischen den Problemraumdimensionen dar.

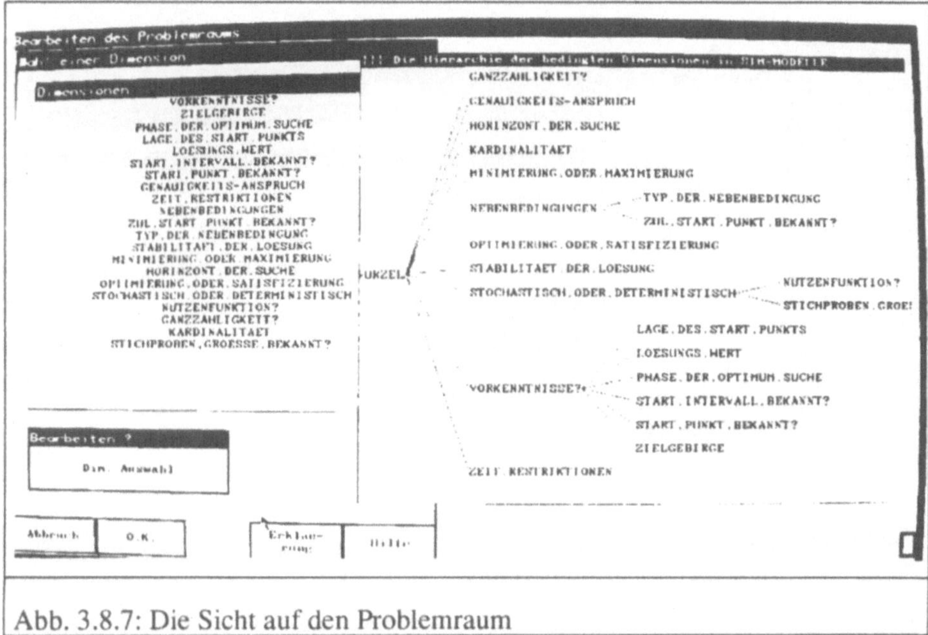

Abb. 3.8.7: Die Sicht auf den Problemraum

Bearbeitung einer Problemraumdimension

Wird eine Problemraumdimension zur Bearbeitung ausgewählt, besteht die Möglichkeit, eine von mehreren Operationen auszuwählen. Es kann eine Erklärung angelegt werden, zu deren Bearbeitung das in Kapitel 3.8.3 dargestellte Panel im Input-Modus angeboten wird. Eine Dimension kann gelöscht werden, oder sie kann bearbeitet werden. Bei der Bearbeitung ist zuerst der Typ der Dimension als Intervall (quantitative Dimension) oder Nominale.Liste (qualitative Dimension) festzulegen. In Abhängigkeit dieser Festlegung wird ein Panel zur Eingabe der Wertebereiche angeboten.[156] Die folgende Abbildung zeigt das Panel zur Eingabe einer nominalen Liste.

[156] Vgl. Kap. 3.4.2.

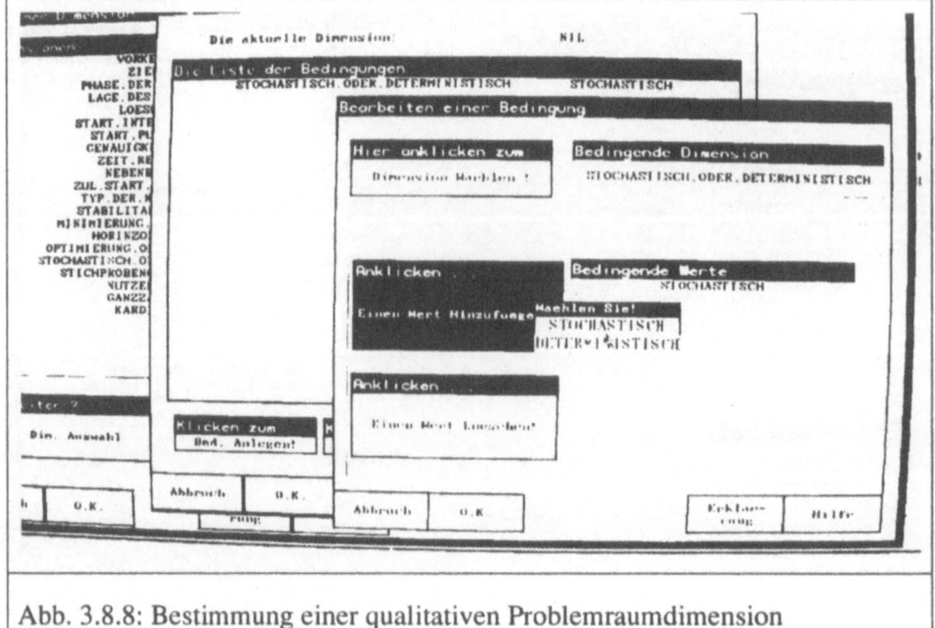

Abb. 3.8.8: Bestimmung einer qualitativen Problemraumdimension

Spezifikation von Bedingungen

Problemraumdimensionen können durch Zuordnung von Bedingungen zueinander in Beziehung gesetzt werden. Einer Bedingung entspricht dabei die Angabe einer Ausprägung in einer anderen Dimension.[157] In EskiMo wird die Definition einer Bedingung unterstützt, indem erst die verfügbaren Dimensionen angeboten und dann für eine gewählte Dimension die möglichen Ausprägungen angeboten werden. Die folgende Abbildung demonstriert die Definition einer Bedingung.

157 Vgl. Kap. 3.4.3.

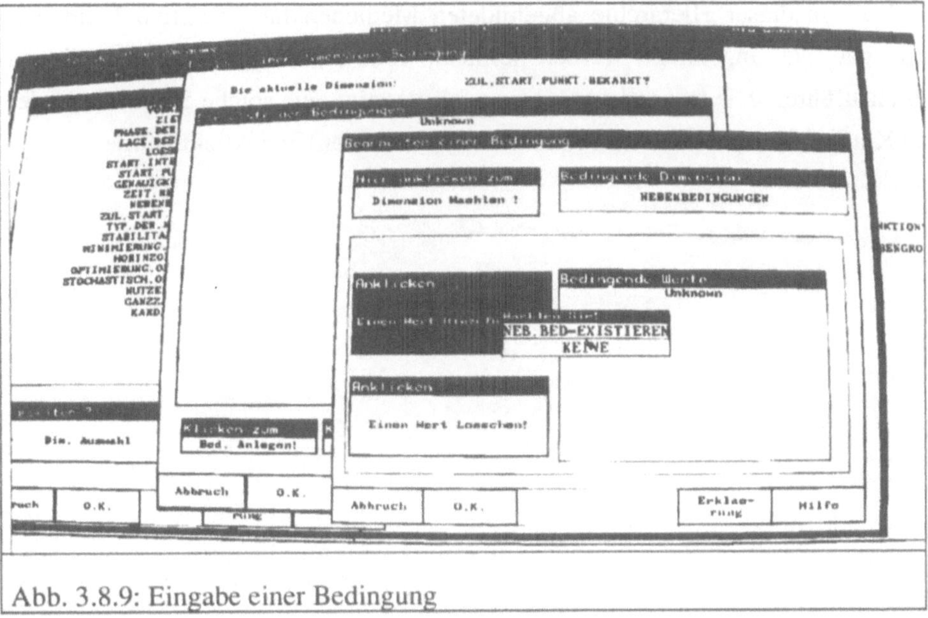

Abb. 3.8.9: Eingabe einer Bedingung

Abschluß der Bearbeitung des Problemraums

Wird die Bearbeitung des Problemraums mittels Anklicken des Feldes "O.K." verlassen, so werden einerseits die veränderten oder neu angelegten Frames zu den Problemraumdimensionen in der entsprechenden Anwendungs-Wissensbasis abgelegt. Andererseits wird das allgemeine Eignungs-Frame zu diesem Problemraum entweder neu angelegt oder ein schon existierendes Eignungs-Frame wird an die neue Menge der Problemraumdimensionen angepaßt. Dabei werden insbesondere Dimensionen, die nur umbenannt wurden, so behandelt, daß in den Unterklassen des Eignungs-Frames die schon vorgenommenen Eintragungen erhalten bleiben.

Nach Abschluß der Bearbeitung des Problemraums, wird wieder das zentrale Kontroll-Menu eingeblendet.

3.8.6 Aufbau und Pflege eines Methodenraums

Das Einstiegsbild zur Bearbeitung des Methodenraums zeigt die primäre Sicht auf den Methodenraum in EskiMo: die Hierarchie der Methodenklassen. Dabei sind die in dieser Hierarchie abgebildeten Methodenklassen aktive Elemente, d.h. daß sie angeklickt werden können, um dann spezifizierte Aktionen durchzuführen. Die folgende Abbildung 3.8.10 zeigt eine solche Situation, in der ein Klasse "Eindimensionale.Sequentielle" (Methoden) angeklickt wurde:

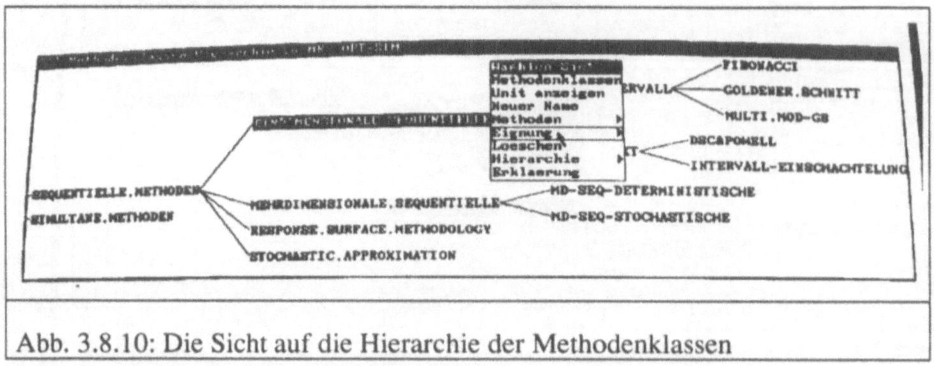

Abb. 3.8.10: Die Sicht auf die Hierarchie der Methodenklassen

Bearbeitung von Methodenklassen

Zur Bearbeitung einer Methodenklasse werden also ein Reihe von Operationen angeboten, die unter anderem das Entfernen einer Klasse und die Vergabe einer Erklärung umfassen. Weiterhin kann die Hierarchie der Methodenklassen verändert werden, indem eine Oberklasse hinzugefügt oder entfernt wird. Eine neue Methodenklasse wird durch die Definition des Namens dieser Klasse als Unterklasse der aktivierten Klasse angelegt. Komplexere Aktionen im Zusammenhang mit der Bearbeitung von Methodenklassen stellen die Bearbeitung von Eignungen und die Bearbeitung zugeordneter Methoden dar. Diese werden im folgenden beschrieben.

Anlage von Eignungen

Bei der Anlage einer neuen Eignung zu einer Methodenklasse wird dem Anwender zuerst die Möglichkeit angeboten, die Oberklassen dieser Eignung anzugeben. Die Eignungs-Frames sind prinzipiell in einer zur Hierarchie der Methodenklassen analogen Frame-Hierarchie angeordnet. Da jedoch pro Methodenklasse mehrere, verschiedene Eignungen angelegt werden können, hat der Anwender die Möglichkeit, sich für eine neue Eignung genau die Oberklassen auszuwählen, deren Eigenschaften er benötigt. Dabei werden alle Eignungs-Frames der übergeordneten Methodenklassen als mögliche Oberklassen angeboten. Die folgende Abbildung 3.8.11 zeigt eine beispielhafte Situation:

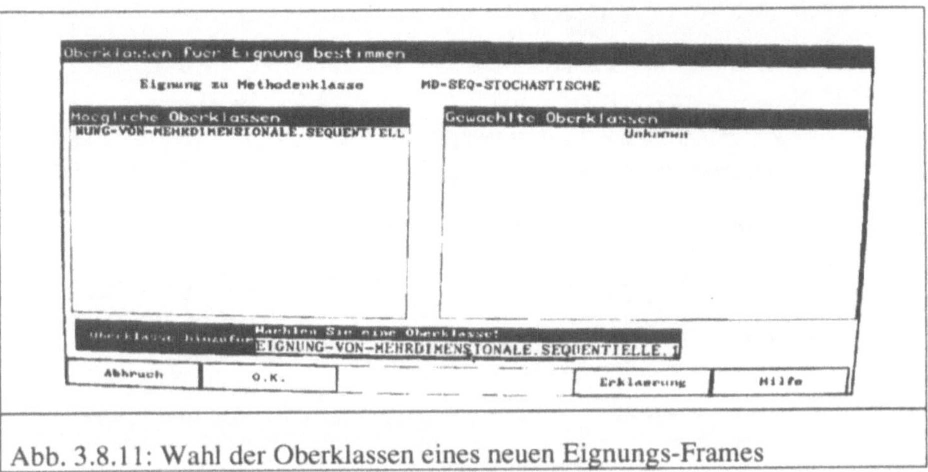

Abb. 3.8.11: Wahl der Oberklassen eines neuen Eignungs-Frames

Die Bearbeitung eines Eignungs-Frames selbst erfordert die Angabe und Belegung von Problemraumdimensionen. Dem Anwender werden nur diejenigen Dimensionen angezeigt, die aktiv, d.h. deren Bedingungen erfüllt sind. Nach Wahl einer Dimension werden ihm die möglichen Ausprägungen dieser Dimension in Abhängigkeit des Typs der Dimension angeboten. Jeder gewählten Ausprägung kann dabei ein Konfidenzwert zugewiesen werden, indem entweder der Zeiger der graphischen Anzeige verschoben oder der numerische Wert per Tastatur eingegeben wird. Abbildungen 3.8.12 und 3.8.13 zeigen die Eingabemöglichkeiten für qualitative und quantitative Dimensionen:

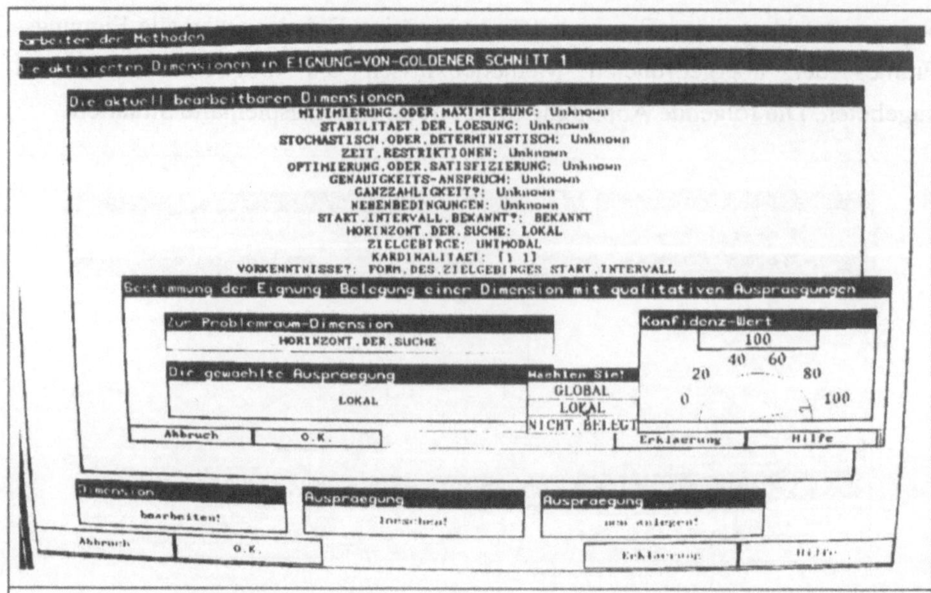

Abb. 3.8.12: Bestimmung der Eignung bei qualitativer Problemraumdimension

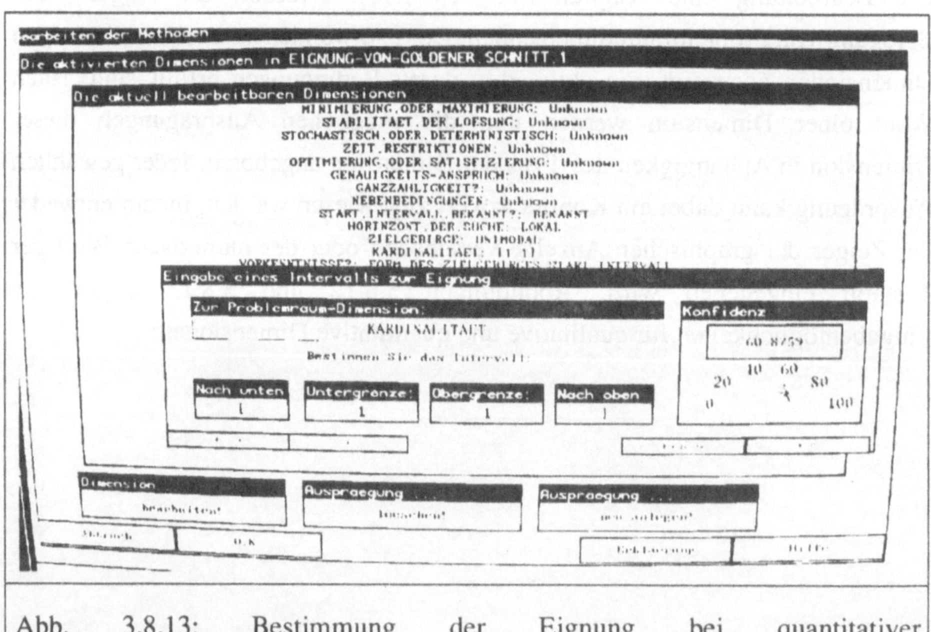

Abb. 3.8.13: Bestimmung der Eignung bei quantitativer Problemraumdimension

Bearbeitung von Methoden

Jeder Methodenklasse können eine oder mehrere Methoden zugeordnet werden. Unter einer Methode wird dabei in erster Linie die Implementation der Methoden verstanden. Die qualitativen Charakteristika einer Methode, insbesondere deren Eignungen, werden praktischerweise den Methodenklassen zugeordnet. Damit ergibt sich bei der Definition einer Methode das Erfordernis, die implementationsabhängigen Informationen für eine Methode zu sammeln. Dazu bietet das in Abbildung 3.8.14 dargestellte Panel die Möglichkeit, die verschiedenen physischen Formen einer Methode durch die Angabe der entsprechenden Dateien zu spezifizieren.[158]

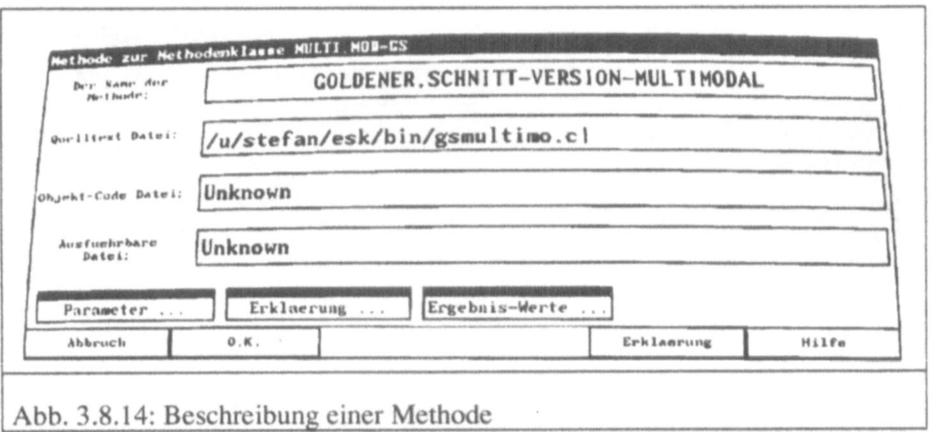

Abb. 3.8.14: Beschreibung einer Methode

Bearbeitung von Parametern

Bei der Bearbeitung von Methoden müssen auch die Methodenparameter angegeben werden können. Nach der Aktivierung des entsprechenden Feldes im Panel zur Beschreibung einer Methode baut sich ein eigener Bildschirm zur Bearbeitung der Parameter auf. Für jeden Parameter können Informationen zum Typ des Parameters angegeben werden: Dabei kann der Anwender festlegen, ob es sich um einen Input- oder einen Output-Parameter handelt. Zum Methodenstart müssen nur die Input-Parameter belegt werden. Weiterhin kann bestimmt werden, ob ein Parameter optional oder zwingend angegeben werden

[158] Vgl. Kap. 3.5.1.

muß. Schließlich wird die Möglichkeit geboten, zwischen Parametern des Typs "Symbol" und Parametern des Typs "Intervall" zu unterschieden.[159] In Abhängigkeit dieses Typs werden verschiedene Panels zur Spezifikation von Wertebereich und Default-Wert des Parameters angeboten. Die Situation bei Angabe eines Parameters des Typs "Symbol" verdeutlicht Abbildung 3.8.15:

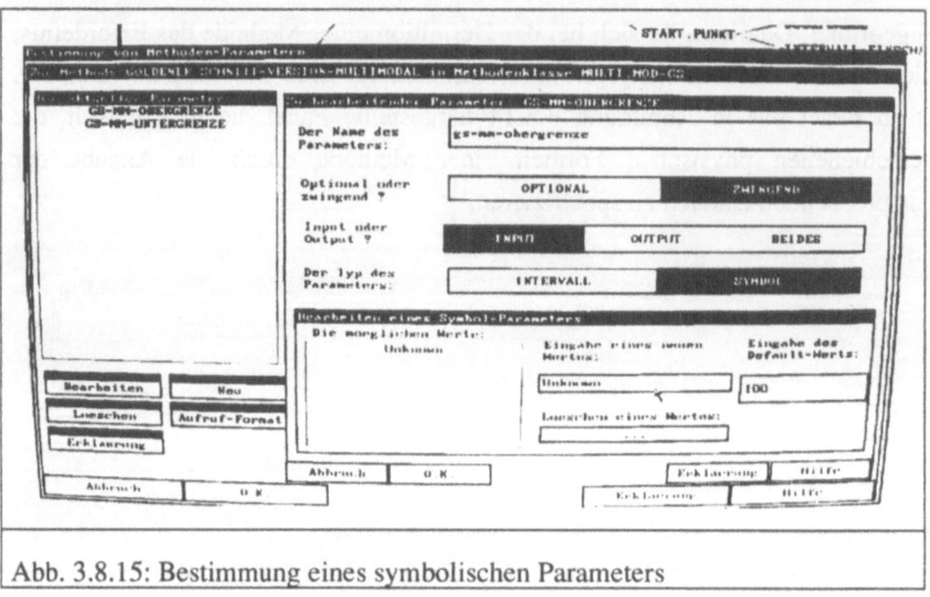

Abb. 3.8.15: Bestimmung eines symbolischen Parameters

3.8.7 Problembeschreibung, Methodenwahl und Methodenstart

Nachdem Problem- und Methodenraum aufbereitet worden sind, kann das Zugangssystem zu Methodenwahl und -start eingesetzt werden. Gemäß der Vorstellung, die Methodenwahl als einen Wiedererkennungsprozeß von Problemen zu gestalten,[160] bietet EskiMo als primäre Sicht zur Methodenwahl die Perspektive auf die Problemraumdimensionen an. Der Anwender bewegt sich in diesem Raum, wobei jede Spezifikation der Ausprägung einer Problemraumdimension zu einer Auswertung der zugeordneten Regeln führt und somit die Menge der geeigneten Methodenklassen aktualisiert wird.[161]

---

[159] Vgl. Kap. 3.5.2.

[160] Vgl. Kap. 3.4.1.

[161] Vgl. Kap. 3.7.2.

Die in Abbildung 3.8.16 gezeigte Situation bietet sich dem Anwender beim Einstieg in die Methodenwahl:

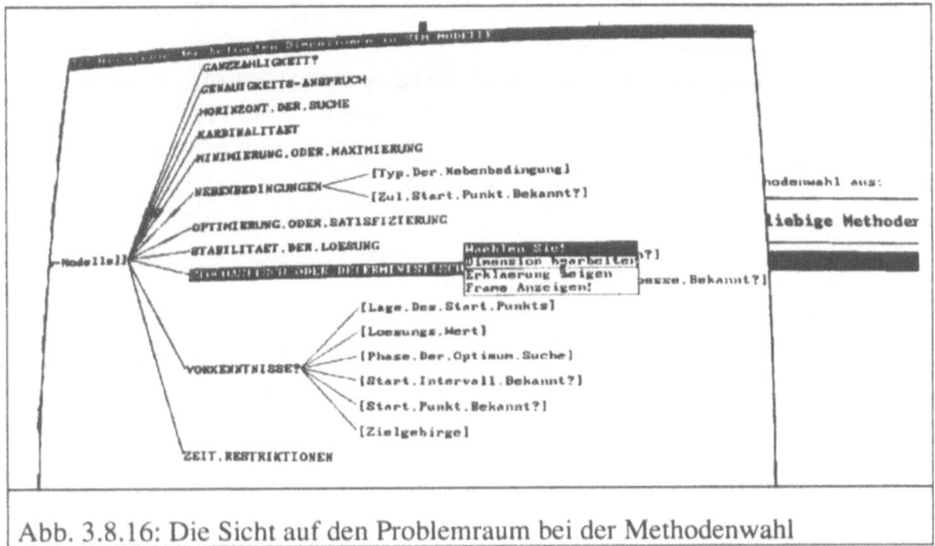

Abb. 3.8.16: Die Sicht auf den Problemraum bei der Methodenwahl

Die Dimensionen des Problemraums werden alle in ihrer Abhängigkeitshierarchie angezeigt. Dabei sind die aktiven Dimensionen mit Großbuchstaben dargestellt, während die inaktiven Dimensionen in Klammern mit Kleinbuchstaben angegeben werden. Bei Anklicken einer Dimension, wird dem Benutzer ein Menu mit mehreren Optionen angeboten.

Problembeschreibung

Das Anklicken einer aktiven Dimension (in Abbildung 3.8.16 Stochastisch.oder.Deterministisch) führt zum Angebot eines Menus, das entweder die Anzeige einer Erklärung oder die Bearbeitung der Dimension, d.h. die Belegung der Dimension mit einer Ausprägung, zuläßt.[162] Zur Belegung wird ein eigenes Panel angeboten, wie es für eine qualitative Dimension in Abbildung 3.8.17 gezeigt wird:

162 Die dritte in der Abbildung sichtbare Option (Frame Anzeigen!) ist ein Spezifikum der Entwicklungs-Version von EskiMo.

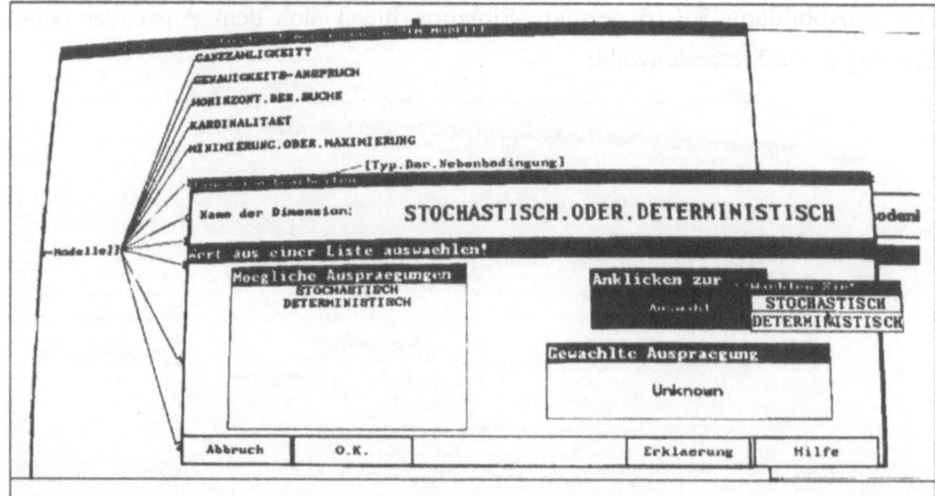

Abb. 3.8.17: Bestimmung der Ausprägung einer qualitativen Dimension bei der Methodenwahl

Methodenwahl

Im Anschluß an die Angabe oder Veränderung eines Charakteristikums des aktuellen Problems werden sofort alle Regeln ausgewertet, die mit der jeweiligen Problemraumdimension zusammenhängen.[163] Das Ergebnis der Auswertung, die geeigneten Methodenklassen und deren zugeordnete Konfidenzen, werden in einem zweiten Panel angezeigt und permanent aktualisiert, wie es Abbildung 3.8.18 verdeutlicht.

[163] Vgl. Kap. 3.7.3.

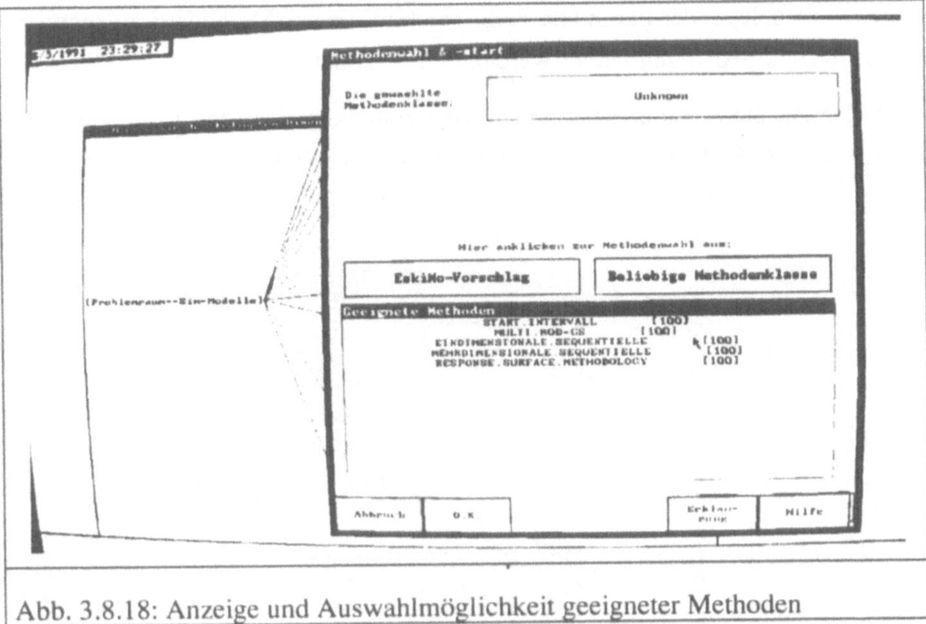

Abb. 3.8.18: Anzeige und Auswahlmöglichkeit geeigneter Methoden

Sobald in diesem Panel Methodenklassen angezeigt werden, kann der Benutzer durch die Aktivierung des Feldes "EskiMo-Vorschlag" eine der Methodenklassen zur Ausführung auswählen. Mit der Wahl einer Methodenklasse wird automatisch die zugeordnete, implementierte Methode gewählt. Die bisherige Implementation von EskiMo sieht nur die automatische Wahl der ersten einer Menge von eventuell zugeordneten Methoden vor; mit einer kleinen Ergänzung der Implementation kann jedoch auch eine weitere Auswahl aus dieser Menge realisiert werden.

Ein Anwender, der nicht die Beschreibung seines Problems als Basis für die Methodenwahl benutzen möchte, hat durch Aktivierung des Feldes "Beliebige Methode" direkten Zugriff auf eine Liste aller verfügbaren Methodenklassen.

Setzen der Parameter

Nach Wahl einer Methodenklasse und der damit verknüpften Methode wird dem Anwender die Möglichkeit der Angabe von Parametern gegeben. Dabei kann die entsprechende Methode nicht gestartet werden, solange noch nicht definierte Parameter existieren, die zwingend angegeben werden müssen. Sobald kein zwingend zu belegender Parameter mehr existiert, ist der Methodenstart möglich und die dazu notwendigen Felder werden eingeblendet.

Die Belegung eines Parameters hängt wiederum vom Typ des Parameters ab. Abbildung 3.8.19 demonstriert die Belegung eines Parameters des Intervall-Typs:

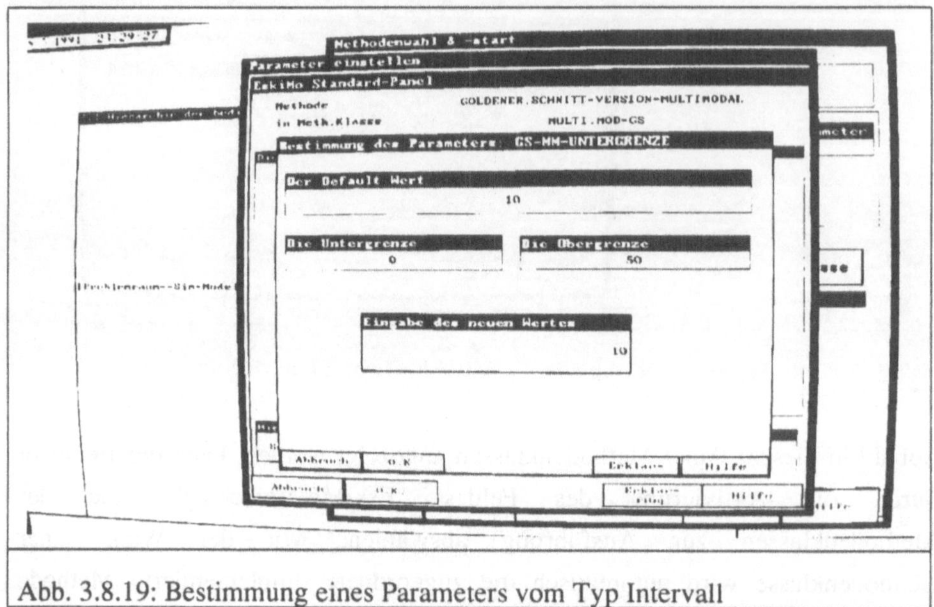

Abb. 3.8.19: Bestimmung eines Parameters vom Typ Intervall

Methodenstart

Sobald alle Voraussetzungen des Methodenstarts erfüllt sind, bietet EskiMo die Möglichkeit, durch einfaches Anklicken des entsprechenden Feldes die Methode auszuführen. Die Methodenausführung selbst erfolgt im Hintergrund; ein etwaiger (nicht-graphischer) Bildschirm-Output einer Methode kann dabei von EskiMo abgefangen und in einem speziellen Output-Fenster, wie es Abbildung 3.8.20 verdeutlicht, angezeigt werden.

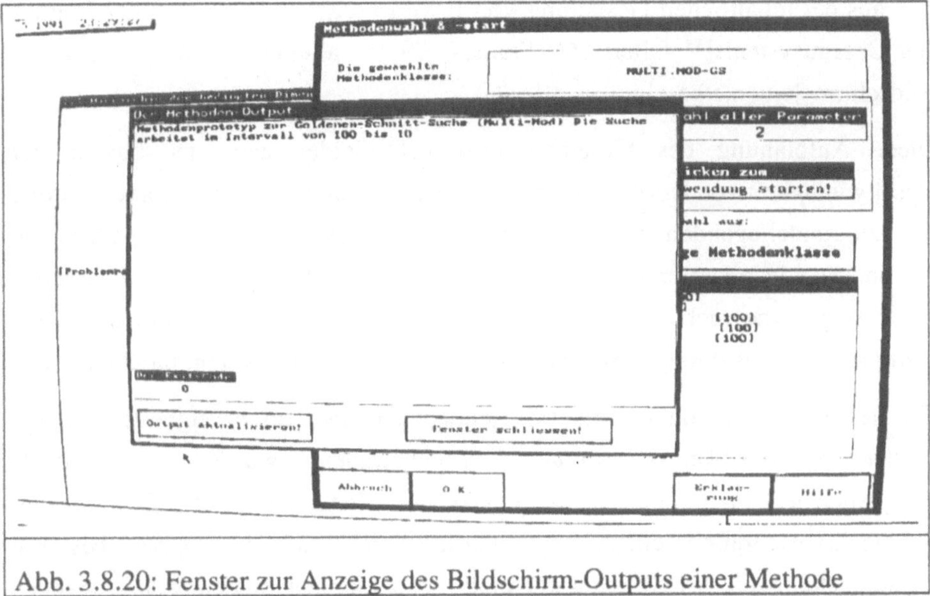

Abb. 3.8.20: Fenster zur Anzeige des Bildschirm-Outputs einer Methode

3.8.8 Kritischer Ausblick zur Implementation

Mit dem in den letzten Kapiteln entwickelten System EskiMo und der in diesem Kapitel beschriebenen Implementation konnte ein System zur Verfügung gestellt werden, das die gesetzten Gestaltungsziele erfüllt.[164] Inwieweit mit diesem Konzept eine praktische Problemdomäne abgebildet werden kann, bleibt im folgenden Kapitel 4 zu untersuchen.

In der Implementation von EskiMo konnten die theoretisch entwickelten Ansätze - soweit sie die inhaltlichen Aspekte von EskiMo betreffen - sehr direkt umgesetzt werden. Größeren Aufwand verursachte dagegen der Anspruch, mit EskiMo auch eine Benutzeroberfläche zur Verfügung zu stellen, die heutigen Standards eines interaktiven Systems entspricht. Obwohl das eingesetzte Entwicklungswerkzeug eine Fülle von Möglichkeiten für die Gestaltung der interaktiven Komponenten bereit hält, ist ihr Einsatz zumindest mit einem Nachteil versehen: Eine anspruchsvolle, praktikable Benutzeroberfläche führt zu einem rapide wachsendem Systemumfang. Somit übertrifft auch die Anzahl der Frames zur Steuerung der Benutzeroberfläche bei weitem die Anzahl der Frames, die

164 Vgl. Kap. 3.

sich aus der inhaltlichen Gestaltung von EskiMo ergeben. Von den 707 Frames des Gesamtsystems[165] fallen 560 Frames (79 %) alleine auf die Frames, die Bildschirmelemente beschreiben.[166]

Diese Aufblähung des Gesamtsystems geht leider auch zu Lasten der Geschwindigkeit von EskiMo. Insbesondere die dynamische Speicherverwaltung des zugrundeliegenden LISP-Systems führt aufgrund der Systemgröße zu periodisch wiederkehrenden Prozessen der Speicher-Reorganisation ("Garbage Collecting"), die nicht nur recht zeitaufwendig, sondern vor allem deswegen lästig sind, weil während dieser Prozesse der Zugang zum System blockiert ist.

Da die Implementation von EskiMo jedoch auf einer für heutige Verhältnisse moderaten Hardware-Ausstattung vorgenommen wurde (12 MByte Hauptspeicher), auf der zudem das Entwicklungssystem KEE in seiner Minimalkonfiguration eingerichtet wurde, kann auch von einer besseren Leistungsfähigkeit des Systems auf einer adäquateren Umgebung ausgegangen werden. Weiterhin wurde EskiMo nicht in eine sogenannte Laufzeitumgebung übertragen, die im Gegensatz zur Entwicklungsumgebung weniger umfangreich und damit effizienter sein sollte. Abgesehen von diesen technischen Schwierigkeiten konnten die theoretisch entwickelten Vorstellungen jedoch sehr direkt in ein implementiertes System umgesetzt werden, das darüber hinaus zumindest zeigt, daß das Zugangssystem mit einer einfach zu bedienenden Benutzeroberfläche versehen werden kann.

---

165 Ohne die Frames in den Anwendungs-Wissensbasen.

166 Zu diesen 560 Frames wurden die Puffer-Frames nicht hinzugezählt: vgl. Kap 3.8.3.

4. Optimierung und Simulation als Problemdomäne für EskiMo

Ausgangspunkt des in der vorliegenden Arbeit dokumentierten Projekts waren Überlegungen zur quantitativen Entscheidungsunterstützung in komplexen Situationen. Dabei wurde die Simulation als flexible Technik zur Modellierung gerade auch komplexer Systeme hervorgehoben. Weiterhin wurde betont, daß bei einem umfassenden Einsatz der Simulation zur Unterstützung der Entscheidungsfindung insbesondere auch der Einsatz von Optimierungsmethoden für Simulationsmodelle sinnvoll ist.

Vom so identifizierten Bedarf an spezifischen Methoden wurde die Notwendigkeit ihrer praktikablen Verfügbarkeit im Rahmen von Methodenbanken, die selbst Teil eines umfassenden betrieblichen Informationssystems sind, abgeleitet. Zur Lösung des damit gestellten Problems wurde in den vorangegangenen Kapiteln das wissensbasierte Zugangssystem EskiMo theoretisch entwickelt und seine praktische Implementierung beschrieben.

In diesem Kapitel wird nun die anfangs betrachtete, konkrete Anwendungsdomäne der Entscheidungsfindung auf Basis von Simulation in bezug auf ihre Abbildung in EskiMo dargestellt. Dazu werden zuerst die Dimensionen des Problemraums entwickelt, die sich für die Methoden zur Optimierung von Simulationsmodellen ergeben. In den Kapiteln 4.2 und 4.3 werden dann die wichtigsten Verfahren zur Optimierung von Simulationsmodellen präsentiert und ihre Eignung in bezug auf den Problemraum dargestellt.

Kapitel 4.4 ist dem Einsatz von Sensitivitätsanalysen in der Untersuchung von Simulationsmodellen gewidmet. In den Kapiteln 4.5 bis 4.7 werden Ansätze zur Behandlung spezifischer Schwierigkeiten in Rahmen der Optimierung von Simulationsmodellen behandelt. Dies betrifft stochastische Modelle mit ihren Implikationen für die Gestaltung des Optimierungsprozesses, die Behandlung von Nebenbedingungen und schließlich die Behandlung von ganzzahligen Entscheidungsvariablen.

4.1 Problemraum zur Optimierung von Simulationsmodellen

Simulationsmodelle stellen unter den Entscheidungsmodellen eine besondere Klasse dar, da sie keine analytischen Modelle im Sinne eines analytischen Zusammenhangs zwischen Ziel- und Entscheidungsvariablen sind.[1] Man spricht von expliziten Zielfunktionen bei analytischen Modellen und impliziten Zielfunktionen bei Simulationsmodellen.[2] Da insofern Methoden zur Optimierung von Simulationsmodellen nicht auf analytische Ableitungen der Zielfunktion zurückgreifen können, werden sie auch als ableitungsfreie (derivative-free) Methoden bezeichnet.[3]

Der im folgenden entwickelte Problemraum ergibt sich durch die Anwendungsmöglichkeiten dieser Klasse von Methoden. Bevor in Kapitel 4.1.2 auf die einzelnen Dimensionen dieses Problemraums eingegangen wird, dient Kapitel 4.1.1 der beispielhaften Verdeutlichung des Konzepts des Problemraums anhand der speziellen Anwendungsdomäne der Optimierung von Simulationsmodellen. In Kapitel 4.1.3 wird der entwickelte Problemraum kritisch bewertet und das sich ergebende allgemeine Eignungs-Frame in EskiMo dargestellt.

4.1.1 Die Problemsituation vor dem Einsatz von Optimierungsmethoden für die Simulation

Um den Problemraum für eine spezifische Methodenbank entwickeln zu können, ist es sinnvoll, die typische Anwendungssituation, in der auf die Methodenbank zurückgegriffen wird, abzugrenzen. Dabei ist zu beachten, daß eine Methodenbank kein umfassendes "Problemlösesystem" darstellt, sondern daß es vielmehr ein Teil eines konkreten Problemlösesystems, beispielsweise in Form

---

1 Zum Begriff des analytischen Modells: vgl. DREPPER, F.; HECKLER, R.; SCHWEFEL, H.-P. (1979, System), S. 304.

2 Vgl. SMITH, D.E. (1976, Optimum); S. 27ff.

3 Vgl. BIETHAHN, J. (1978, Optimierung), S. 44; HIMMELBLAU, D.M. (1972, Programming), S. 141f; .

eines betrieblichen Informationssystems ist.[4] Die Bedeutung dieser wesentlichen Einschränkung veranschaulicht sich in einer Darstellung des Einsatzes von Methoden innerhalb eines Problemlöseprozesses, wie sie z.B. für das in Kapitel 2.2 diskutierte Phasenschema vorgenommen wird.[5]

Mit Hilfe einer Methodenbank werden nur die letzten drei Phasen dieses Schemas - Methodenauswahl, Modell- und Methodeneinsatz und Ergebnisdarstellung - unterstützt. Folglich kann eine Methodenbank erst dann sinnvoll eingesetzt werden, wenn die vorangegangenen Phasen abgeschlossen sind. D.h. insbesondere, daß einerseits die Ziele des Methodeneinsatzes spezifiziert sind und daß andererseits das Modell, das mit einer Methode untersucht werden soll, konstruiert ist und vorliegt.[6]

Dieser spezifisch eingegrenzten Bedeutung von Methodenbanken in der Entscheidungsunterstützung wird auch durch die explizite Unterscheidung zwischen Modellbanken und Methodenbanken Rechnung getragen.[7] Damit wird jedoch keine Unabhängigkeit zwischen Modell und Methode impliziert. Ganz im Gegenteil hängt die Wahl einer adäquaten Methode von der Art des zuvor gewählten oder konstruierten Modells ab. Jedoch wird auf Basis des dargestellten Phasenschemas verdeutlicht, daß die Modellkonstruktion möglichst unabhängig von Betrachtungen zur Methodenwahl sein sollte. Die Modellkonstruktion darf sich nur nach den Erfordernissen der Entscheidungssituation richten. Vor der Auswahl oder dem Einsatz von Methoden sind also einerseits die Ziele der Entscheidungssituation gegeben, und andererseits ist das formale Entscheidungsmodell erstellt. Vor allem diese beiden Komponenten müssen somit auch im Problemraum des Zugangssystems abgebildet werden.

---

4 Zu Methodenbanken als Komponente betrieblicher Informationssysteme: vgl. BIETHAHN, J.; MUKSCH, H.; RUF, W. (1991, Informationsmanagement Bd. 2), S. 6ff; SCHEER, A.-W. (1990, Informationsmodell), S. 1022ff; BIETHAHN, J. (1990, Acquisition), S. 319.

5 Vgl. Kap. 2.21.

6 Zu einem analogen Schema: vgl. BALESTRA, G.; TSOUKIÀS, A. (1990, Analysis), S. 421.

7 Vgl. GABRIEL, R. (1984, Konstruktionsprinzipien), S. 99ff; BASTIAN, M.; LANGE, E. (1981, Konzeption), S. 475f; HÜBER, R. (1980, Entwicklung). Aus der Perspektive von Decision Support Systemen: vgl. ZISCHEK, D. (1987, Entscheidungsunterstützungssysteme), S. 51.

4.1.2 Einzelne Dimensionen des Problemraums

Entsprechend den Voraussetzungen zum Einsatz einer Methodenbank können die Problemraumdimensionen in der Domäne "Optimierung von Simulationsmodellen" in zwei große Klassen unterteilt werden: in Dimensionen, die das Simulationsmodell beschreiben, und Dimensionen, die die Entscheidungssituation beschreiben. Im folgenden werden die einzelnen Dimensionen des Problemraums für diese beiden Klassen von Dimensionen entwickelt. Dazu werden jeweils die inhaltlichen Überlegungen dargestellt, die zur Aufnahme einer Dimension in den Problemraum führen. Weiterhin wird jeweils ein Frame dargestellt, das der Repräsentation der jeweiligen Dimension in EskiMo entspricht. Der Benutzer von EskiMo muß diese Frames jedoch nicht selbst anlegen; er muß auch nicht mit dem Frame-Konzept vertraut sein. Vielmehr interagiert er bei der Bearbeitung des Problemraums mit einer objektorientierten Benutzeroberfläche, die von ihm keine Vorkenntnisse wissensbasierter Techniken verlangt.[8] Die im folgenden beschriebenen Frames legt EskiMo als Resultat dieser Interaktion automatisch als Unterklassen des Frames DIM.WURZEL an.[9] Bei der Darstellung der angelegten Frames werden im weiteren nur die sogenannten lokalen Slots angegeben, d.h. diejenigen Slots die einen explizit zugewiesenen Wert aufweisen.

Zur Beschreibung des Simulationsmodells

Die Dimensionen, die die Abbildung der Charakteristika eines Simulationsmodells im Zugangssystem EskiMo ermöglichen, müssen im Sinne einer zielorientierten Abbildung nicht alle denkbaren Charakteristika von Simulationsmodellen abdecken; vielmehr kann sich auf diejenigen Charakteristika beschränkt werden, die für die Wahl einer geeigneten Optimierungsmethode relevant sind. Somit müssen einige Merkmale, die spezifisch für die Konstruktion von Simulationsmodellen sind, wie z.B. die Art der Zeitführung oder die Wahl eines Zufallszahlengenerators, in diesem Stadium der simulationsgestützten Entscheidungsfindung nicht mehr berücksichtigt werden.[10]

---

8 Vgl. Kap. 3.8.

9 Vgl. Kap. 3.4.3.

10 Zur Generierung von Zufallszahlen: vgl. MERTENS, P. (1982, Simulation), S. 10ff; BIETHAHN, J. (1976, Zufallsgeneratoren). Zu anderen Merkmalen: vgl. PIDD, M. (1989,

Um die relevanten Kriterien zur Identifikation geeigneter ableitungsfreier Suchmethoden zu identifizieren, ist es instruktiv, das Zusammenspiel zwischen Entscheidungssituation, Optimierungs-Methode und Simulationsmodell zu betrachten.

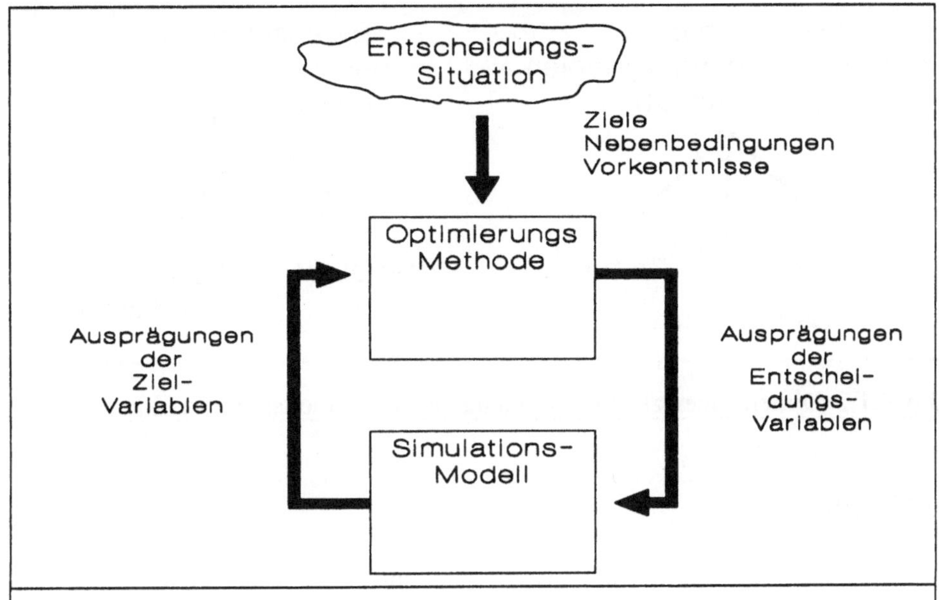

Abb. 4.1.1: Beziehung zwischen Entscheidungssituation, Optimierungsmethode und Simulationsmodell[11]

Mit Abbildung 4.1.1 wird verdeutlicht, daß das Simulationsmodell aus der Perspektive der Optimierungsmethoden als Black-Box betrachtet werden kann.[12] Von Relevanz für die Wahl einer Optimierungsmethode sind demnach in erster Linie die in das Modell eingehenden Entscheidungsvariablen, die vom Modell gelieferten Zielvariablen und deren jeweilige Eigenschaften. Die folgende Abbildung 4.1.2 ordnet die sich demnach ergebenden Dimensionen des Problemraums, die im weiteren einzeln behandelt werden.

Discrete Simulation), S. 193ff; BANKS, J.; CARSON, J.S. II (1984, Simulation), S. 256ff; LAW, A.M.; KELTON, W.D. (1982, Simulation), S. 219ff, S. 349ff, S. 379ff.

11 Zu ähnlichen Darstellungen: vgl. MOLNÀR, I.; HARDHIENATA, S. (1991, Optimierung); SMITH, D.E. (1976, Optimum), S. 29.

12 Vgl. SMITH, D.E. (1976, Optimum), S. 28.

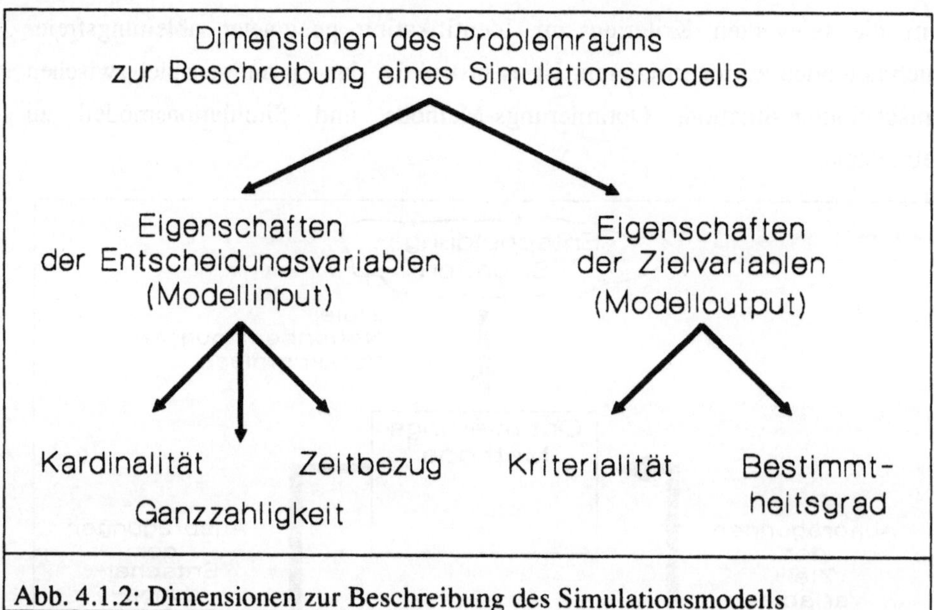

Abb. 4.1.2: Dimensionen zur Beschreibung des Simulationsmodells

Kardinalität

Ein erstes Merkmal zur Unterscheidung zwischen verschiedenen Simulationsmodellen ist die Anzahl der Entscheidungsvariablen, die das Modell erfordert, kurz die Kardinalität des Modells. Die wichtigste Unterscheidung in bezug auf die Kardinalität ist diejenige zwischen Modellen mit einer skalaren Entscheidungsvariablen und Modellen mit mehrdimensionalen Entscheidungsvariablen.

Für die erstgenannte Klasse eignen sich Methoden zur eindimensionalen Suche, wie z.B. die Fibonacci-Suche oder die Methode nach der Goldenen-Schnitt-Regel. Methoden, die nicht explizit für den eindimensionalen Fall entworfen wurden, eignen sich prinzipiell für eine beliebige Anzahl von Dimensionen der Entscheidungsvariablen. Jedoch sind einige Methoden nur bei einer geringen Kardinalität praktikabel einzusetzen: So sinkt z.B. bei stochastischen Suchmethoden mit wachsender Anzahl der Entscheidungsvariablen die Anzahl der durchzuführenden Versuche exponentiell, wenn die Wahrscheinlichkeit, einen Punkt in einer gegebenen Umgebung des Optimums zu finden, konstant gehalten wird.[13]

---

13 Vgl. MÜLLER, P.H.; NOLLAU, V.; POLOVINKIN, A.I. (1986, Suchverfahren), S. 51ff.

In EskiMo wird diese Dimension wie folgt abgebildet:

FRAME KARDINALITAET		
Slot.Name	*Slot.Typ*	*Werte*
Typ	Eines.Von Nominale.Liste, Intervall	Intervall
Intervall. Beschreibung	Liste	[1, unknown)

Ganzzahligkeit von Entscheidungsvariablen

Ein zweites Kriterium zur Auswahl einer geeigneten Methode ergibt sich aus der Unterscheidung zwischen ganzzahligen und reellwertigen[14] Entscheidungsvariablen.[15] Da das Erfordernis ganzzahliger Entscheidungsvariablen eine besondere Schwierigkeit in der Optimumsuche darstellt, ist nicht jede Methode geeignet, diese speziellen Modelle zu bearbeiten.

FRAME GANZZAHLIGKEIT?		
Slot.Name	*Slot.Typ*	*Werte*
Typ	Eines.Von Nominale.Liste, Intervall	Nominale.Liste
Listen.Elemente	Liste	Kontinuierlich Ganzzahlig

Der Zeitbezug von Entscheidungsvariablen

Ein weiteres Charakterisierungsmerkmal von Entscheidungsvariablen stellt ihr Zeitbezug dar. Es kann zwischen statischen und dynamischen Variablen unterschieden werden. Der sich aufgrund der hier angewandten Systematik ergebende Sprachgebrauch, bei dem von dynamischen Entscheidungsvariablen gesprochen wird und nicht - wie es üblicher wäre - von dynamischen Modellen, basiert auf dem Charakter des Simulationsmodells als Black-Box. Die Dynamik eines Modells ist für Wahl einer Optimierungsmethode potentiell nur dann in-

---

14 Ein analog gebrauchtes Begriffspaar ist diskret vs. kontinuierlich: vgl. BIETHAHN, J.; MUKSCH, H.; RUF, W. (1990, Informationsmanagement, Bd. 1), S. 66.

15 Vgl. HIMMELBLAU, D.M. (1972, Programming), S. 50.

teressant, wenn davon die Entscheidungsvariablen betroffen sind. Darüber hinaus können im Simulationsmodell selbst beliebig viele dynamische Prozesse abgebildet sein: Solange nicht die Entscheidungsvariablen selbst als Variablen in der Zeit aufgefaßt werden müssen, haben diese Prozesse keine Auswirkung auf die Methodenwahl.

Die in Abbildung 4.1.1 dargestellte Sicht auf ein Simulationsmodell als Black-Box impliziert jedoch letztlich ein statisches Modell als Objekt der Manipulation von Optimierungsmethoden, da zu einem Zeitpunkt alle Entscheidungsvariablen bereitgestellt werden. Insofern erscheint im Zusammenhang der hier betrachteten Methoden eine Problemraumdimension, die zwischen statischen und dynamischen Modellen unterscheidet, nicht angebracht. Allerdings eignen sich Simulationsmodelle insbesondere auch zur Abbildung dynamischer Entscheidungssituationen: Nicht zuletzt trägt das klassische Werk zur Anwendung der Simulation auf ökonomische Fragestellungen den Titel "Industrial Dynamics".[16]

Spezielle Methoden zur Optimierung dynamischer Simulationsmodelle werden in der in dieser Arbeit referenzierten Literatur nicht diskutiert, obwohl das Grundprinzip der dynamischen Programmierung, das Bellmansche Funktionalprinzip, auch auf die Optimierung von Simulationsmodellen angewandt werden kann.[17] Darüber hinaus können spezielle dynamische Modelle, die sich aus einer Iteration statischer Perioden-Modelle ergeben, in ein äquivalentes statisches Modell transformiert werden, das bei T Perioden und pro Periode n Entscheidungsvariablen dann insgesamt $T * n$ (statische) Entscheidungsvariablen aufweist. Obwohl eine solche Modellaggregation von einer Methode automatisch realisiert werden könnte, fällt diese Aufgabe eigentlich in die Phase der Modellkonstruktion, von der angenommen wurde, daß sie schon vor Einsatz der Methodenbank abgeschlossen sei. Dies führt letztlich dazu, daß eine Problemraumdimension zur Unterscheidung zwischen statischen und dynamischen Modellen in Ermangelung von Methoden hier nicht beachtet wird. Diese Einschränkung ist auch deswegen nicht sehr restriktiv, da aufgrund der flexiblen Struktur von EskiMo jederzeit eine Erweiterung oder

---

16 Vgl. FORRESTER, J.W. (1961, Industrial Dynamics).

17 Zum Bellmanschen Funktionalprinizip: vgl. BRONSTEIN, I.N.; SEMENDJAJEW, K.A. (1991, Ergänzende Kapitel), S.150f.

Umstrukturierung des Problemraums möglich ist und somit bei Bedarf auch dynamische Modelle im Problemraum berücksichtigt werden können.

Kriterialität

Eine ähnliche Situation besteht für das potentiell erste Unterscheidungsmerkmal in bezug auf den Modelloutput. Obwohl prinzipiell die Ansätze zur mehrkriteriellen Optimierung, wie z.B. die Suche nach Satisfizierungs- oder Kompromißlösungen,[18] auch bei Simulationsmodellen angewandt werden können, scheint das Problem bisher noch keine Aufmerksamkeit auf sich gezogen zu haben. Somit wird auch diese Dimension vorerst nicht im Problemraum berücksichtigt.

Der Bestimmtheitsgrad von Zielvariablen

In bezug auf den Output des Simulationsmodells ist insbesondere die Unterscheidung zwischen stochastischen und deterministischen Zielvariablen, also die Angabe des Bestimmtheitsgrades bedeutend.[19] Bis auf wenige Ausnahmen beruhen die Konzepte ableitungsfreier Suchmethoden auf der Vorstellung deterministischer Modelle[20], indem sie explizit von einem eindimensional beschreibbaren Zielfunktionswert ausgehen.[21] Die Anwendung dieser Methoden auf stochastische Simulationsmodelle erfordert deswegen die Einbindung spezifischer Techniken zum Umgang mit stochastischen Ergebnissen: Dies sind insbesondere Techniken zur Bestimmung eines geeigneten Stichprobenumfangs und zur Erstellung von Rangordnungen über einer Menge stochastischer Ergebnisse.[22]

Es ergibt sich folgende Darstellung:

---

18 Vgl. YU, P.L. (1989, Concepts), S. 669ff.

19 Vgl. BIETHAHN, J.; MUKSCH, H.; RUF, W. (1990, Informationsmanagement, Bd. 1), S. 66; HANSSMANN, F. (1985, Systemforschung), S. 75; MERTENS, P. (1982, Simulation), S. 4.

20 Die bekannteste Ausnahme stellt die "Stochastic Approximation Method" dar: vgl. AZADIVAR, F.; LEE, Y.-H. (1988, Optimization).

21 Vgl. SCHWEFEL, H.-P. (1977, Optimierung), S. 29.

22 Vgl. BIETHAHN, J. (1978, Optimierung), S. 35ff; KLEIJNEN, J.P.C. (1987, Tools), S. 55ff.

FRAME STOCHASTISCH.ODER.DETERMINISTISCH		
Slot.Name	*Slot.Typ*	*Werte*
Typ	Eines.Von Nominale.Liste, Intervall	Nominale.Liste
Listen.Elemente	Liste	Stochastisch Deterministisch
Bedingte. Dimensionen	Frame	STICHPROBEN.GROESSE. BEKANNT? NUTZENFUNKTION?

Wird mit Hilfe dieser Problemraumdimension ein stochastisches Modell angegeben, werden weitere Informationen zur Methodenwahl benötigt. In bezug auf die Stichprobenauslegung ist es bei stochastischen Modellen interessant zu wissen, ob der Anwender den Umfang der Stichproben vorgeben kann oder möchte. Für die Erstellung von Rangordnungen möchte der Anwender eventuell auf spezielle Nutzenfunktionen zurückgreifen. Beide Informationen können mittels abhängiger Problemraumdimensionen wie folgt abgebildet werden.

FRAME STICHPROBEN.GROESSE.BEKANNT?		
Slot.Name	*Slot.Typ*	*Werte*
Typ	Eines.Von Nominale.Liste, Intervall	Nominale.Liste
Listen.Elemente	Liste	Bekannt Unbekannt
Bedingungen	Liste	(Stochastisch STOCHASTISCH.ODER. DETERMINISTISCH)

Zur Abbildung einer Präferenz für spezielle Nutzenfunktionen werden beispielhaft nur zwei mögliche Ausprägungen, das Bayes- oder µ-Kriterium und das µ-σ-Kriterium, aufgenommen:[23]

23 Vgl. BAMBERG, G.; COENENBERG, A.G. (1989, Entscheidungslehre), S. 88f; BITZ, M. (1981, Entscheidungstheorie), S. 90ff.

FRAME NUTZENFUNKTION?		
Slot.Name	*Slot.Typ*	*Werte*
Typ	Eines.Von Nominale.Liste, Intervall	Nominale.Liste
Listen.Elemente	Liste	Bayes My-Sigma
Bedingungen	Liste	(Stochastisch STOCHASTISCH.ODER. DETERMINISTISCH)

Zur Beschreibung der Entscheidungssituation

Neben den Charakteristika des Modells müssen die Merkmale der Entscheidungssituation zur Auswahl der geeigneten Methode herangezogen werden. Gemäß der Darstellung in Abbildung 4.1.1 werden drei Gruppen von Merkmalen beachtet, die in der Entscheidungssituation relevant für eine Methodenauswahl sein können:

Erstens beeinflußt offensichtlich die Art der Zielsetzung die Wahl einer Optimierungsmethode. Zweitens müssen Nebenbedingungen beachtet werden, die den Suchraum für die Optimierungsmethode eingrenzen. Faßt man den Begriff der Nebenbedingung weiter, so daß nicht nur Begrenzungen des Suchraums sondern auch Restriktionen zur Durchführung der Optimierung darunter fallen, dann können auch Restriktionen zum maximalen Zeitaufwand oder Ressourcenverbrauch oder zur Genauigkeit der Lösung als Nebenbedingungen aufgefaßt werden. Drittens können einige Charakteristika des Anwenders, insbesondere seine Vorkenntnisse, relevante Informationen für die Methodenauswahl darstellen. Die folgende Abbildung 4.1.3 stellt die verschiedenen, sich ergebenden Dimensionen dar:

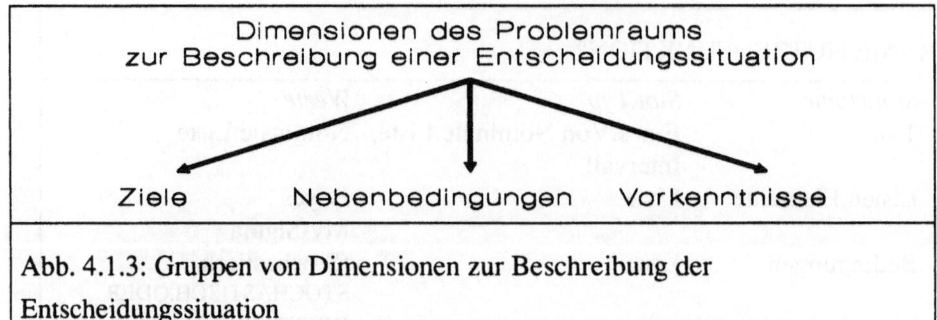

Abb. 4.1.3: Gruppen von Dimensionen zur Beschreibung der Entscheidungssituation

Diese drei Gruppen von Einflußfaktoren auf die Methodenwahl werden im folgenden sukzessive analysiert. Die Ziele, die die Wahl einer Optimierungsmethode beeinflussen können, faßt die nächste Abbildung zusammen.

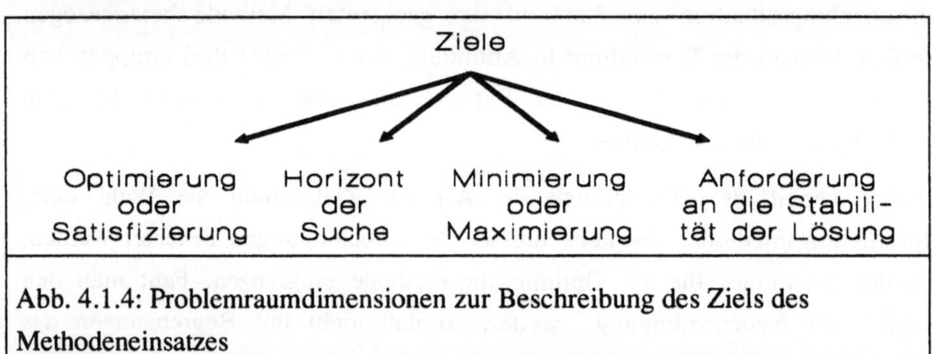

Abb. 4.1.4: Problemraumdimensionen zur Beschreibung des Ziels des Methodeneinsatzes

Optimierung oder Satisfizierung der Zielfunktion

Direkte praktische Bedeutung hat die Unterscheidung zwischen dem Ziel der Optimierung und dem der Satisfizierung. Gerade für ökonomische Systeme werden oftmals Lösungen angestrebt, die nicht optimal sind, sondern vorgegebenen Ansprüchen genügen.[24]

Ableitungsfreie Suchmethoden sind allerdings in erster Linie Optimierungsmethoden. Es existieren jedoch zwei naheliegende Ansätze, mit diesen Methoden auch Satisfizierungsprobleme zu lösen: Einerseits kann jedes Satisfizierungsproblem in ein äquivalentes Minimierungsproblem transformiert werden, indem als zu minimierende Zielfunktion der Abstand des Zielkriteriums

24 Vgl. SIMON, H.A. (1957, Models), S. 241ff.

vom Satisfizierungsniveau gewählt wird. Zweitens können die Optimierungsmethoden so verändert werden, daß ein Abbruchkriterium in Abhängigkeit des Satisfizierungsniveaus definiert wird. In beiden Fällen gilt, daß zumindest spezielle geeignete Methodenimplementationen vorliegen müssen, zwischen denen zur Methodenwahl unterschieden werden können muß. Darüber hinaus kommt dieser Unterscheidung jedoch auch eine inhaltliche Bedeutung in der Methodenauswahl zu: Für Satisfizierungsprobleme eignen sich insbesondere diejenigen Methoden, die relativ schnell in die Region eines Optimums konvergieren, ohne das genaue Optimum gut ermitteln zu können.

Es ergibt sich die folgende Repräsentation:

FRAME OPTIMIERUNG.ODER.SATISFIZIERUNG		
Slot.Name	*Slot.Typ*	*Werte*
Typ	Eines.Von Nominale.Liste, Intervall	Nominale.Liste
Listen.Elemente	Liste	Optimierung Satisfizierung

Horizont der Suche

Eine für die Methodenwahl wichtige Unterscheidung betrifft den Horizont der Optimumsuche. Man kann zwischen einem globalen und einem lokalen Horizont unterscheiden. Da nur im speziellen Fall sogenannter unimodaler Zielfunktionen[25] genau ein Optimum, das dann globale Optimum, in einem Suchraum existiert, die meisten Methoden jedoch nur eines aus einer Menge lokaler Optima identifizieren können, ist es zur Wahl der Methode bedeutend zu wissen, inwieweit der Benutzer explizit ein globales Optimum anstrebt oder mit einer lokal optimalen Lösung zufrieden ist.

Folgende Dimension wird für die Unterscheidung angelegt:

[25] Vgl. Kap. 4.2.1 und 4.3.1.

FRAME HORIZONT.DER.SUCHE		
Slot.Name	*Slot.Typ*	*Werte*
Typ	Eines.Von Nominale.Liste, Intervall	Nominale.Liste
Listen.Elemente	Liste	Global Lokal

Minimierung oder Maximierung der Zielfunktion

In bezug auf das Ziel in der Entscheidungssituation kann weiterhin zwischen Minimierung und Maximierung unterschieden werden. Obwohl Optimierungsmethoden im allgemeinen sowohl zur Maximierung als auch zur Minimierung von Zielfunktionen eingesetzt werden können, da durch die Umkehr der Vorzeichen der Zielfunktion eine Minimierung in eine Maximierung überführt wird (und umgekehrt), muß die Information über die Richtung der Optimierung irgendwann an die Optimierungsmethode übermittelt werden.

Nun kann argumentiert werden, daß dies eher eine parametrische Information ist, die nichts mit der eigentlichen Methodenauswahl zu tun hat. Insofern wäre es dann sinnvoller auf diese Dimension im Problemraum zu verzichten. Andererseits führt das Erfordernis z.B. einer Minimierung mittels einer geeigneten Methode, die als Maximierungsmethode implementiert ist, zumindest zur Notwendigkeit einer spezifischen Ergebnisaufbereitung. Insofern ist doch die Wahl einer Methode betroffen. Demnach wird diese Dimension in den Problemraum aufgenommen.

FRAME MINIMIERUNG.ODER.MAXIMIERUNG		
Slot.Name	*Slot.Typ*	*Werte*
Typ	Eines.Von Nominale.Liste, Intervall	Nominale.Liste
Listen.Elemente	Liste	Maximierung Minimierung

Stabilität der Lösung

Als letztes Kriterium im Bezug auf die Zielsetzung in der Entscheidungssituation spielt der Anspruch an die Stabilität einer Lösung eine eventuell wichtige Rolle in der Methodenauswahl. Setzt der Anwender einen hohen Anspruch an die Stabilität der zu berechnenden Lösung, wird auf eine eingehende Sensitivitätsanalyse nicht verzichtet werden können. Die entsprechenden Methoden müssen dann miteinander verknüpft werden.

Zur Repräsentation dieser Dimension wird folgendes Frame angelegt:

FRAME STABILITÄT.DER.LÖSUNG		
Slot.Name	*Slot.Typ*	*Werte*
Typ	Eines.Von Nominale.Liste, Intervall	Nominale.Liste
Listen.Elemente	Liste	Bedeutend Weniger.Bedeutend

Die nächste Gruppe von möglicherweise relevanten Dimensionen wurde unter der Rubrik "Nebenbedingungen" zusammengefaßt. Die folgende Abbildung faßt die dazugehörigen Dimensionen zusammen.

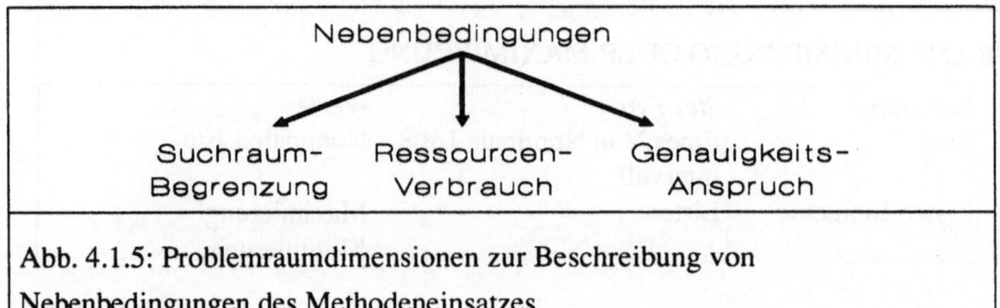

Abb. 4.1.5: Problemraumdimensionen zur Beschreibung von Nebenbedingungen des Methodeneinsatzes

Beschränkung des Suchraums

In der konkreten Entscheidungssituation können Nebenbedingungen wirksam sein, die den Suchraum beschränken. Solche Nebenbedingungen müssen von der geeigneten Suchmethode verarbeitet werden können.[26] Je nach der Struktur der Nebenbedingungen ergeben sich spezielle Anforderungen an die Methoden. Es kann zwischen expliziten und impliziten, linearen und nicht-linearen Nebenbedingungen unterschieden werden.[27] Explizite Nebenbedingungen beschränken eine Entscheidungsvariable auf ein konstantes Intervall, z.B.:

$$u_i \leq x_i \leq o_i, \; 1 \leq i \leq n,$$

n die Anzahl der Entscheidungsvariablen,

wobei u_i Untergrenzen und o_i Obergrenzen der Entscheidungsvariablen x_i sind.

Implizite Nebenbedingungen stellen dagegen Funktionen über den x_i dar, z.B:

$$g(x_1, .. x_n) \leq b_j, \text{ mit } g(x_1, .. x_n) = \sum_1^n a_j x_j^{c_j}, \; 1 \leq j \leq m,$$

m die Anzahl der Nebenbedingungen.

Unter den impliziten Nebenbedingungen wird weiter unterschieden zwischen linearen und nicht-linearen Nebenbedingungen, je nachdem ob der Exponent c_j genau gleich eins ist oder von eins abweicht.

Das folgende Frame bildet die Problemraumdimension ab, innerhalb derer zwischen Problemen mit und Problemen ohne Nebenbedingungen unterschieden

---

26 Vgl. HIMMELBLAU, D.M. (1972, Programming), S. 50.

27 Zur Unterscheidung zwischen expliziten und impliziten Nebenbedingungen: vgl. SCHWEFEL, H.-P. (1977, Optimierung), S. 23, S. 72f.

wird. Von dieser Dimension hängen weitere Dimensionen zum Typ der Nebenbedingungen ab.

FRAME NEBENBEDINGUNGEN		
Slot.Name	*Slot.Typ*	*Werte*
Typ	Eines.Von Nominale.Liste, Intervall	Nominale.Liste
Listen.Elemente	Liste	Neb.Bed-Existieren Keine
Bedingte. Dimensionen	Frame	TYP.DER. NEBENBEDINGUNG NB.GLEICHUNGSFORM ZUL.START.PUNKT. BEKANNT?

Das folgende Frame bildet den Typ der Nebenbedingungen ab:

FRAME TYP.DER.NEBENBEDINGUNG		
Slot.Name	*Slot.Typ*	*Werte*
Typ	Eines.Von Nominale.Liste, Intervall	Nominale.Liste
Listen.Elemente	Liste	Explizit Linear konvex Nicht-Linear
Bedingungen	Liste	(Neb.Bed-Existieren NEBENBEDINGUNGEN)

Neben dieser Bestimmung des Typs hängt die Eignung spezieller Methoden zur Behandlung von Nebenbedingungen auch von der Form der Nebenbedingungen ab: Liegen die Nebenbedingungen als Ungleichungen, als Gleichungen oder in beiden Formen vor? Die folgende Dimension ermöglicht diese Unterscheidung:

FRAME NB.GLEICHUNGSFORM		
Slot.Name	*Slot.Typ*	*Werte*
Typ	Eines.Von Nominale.Liste, Intervall	Nominale.Liste
Listen.Elemente	Liste	Nur.Gleichungen Nur.Ungleichungen Gemischt
Bedingungen	Liste	(Neb.Bed-Existieren NEBENBEDINGUNGEN)

Existieren Nebenbedingungen, die den Suchraum einschränken, ist es oftmals notwendig zu unterscheiden, ob ein zulässiger Startpunkt bekannt ist, oder ob ein solcher Punkt nicht angegeben werden kann. Im letzten Fall muß vor der eigentlichen Optimumsuche eine duale Suche nach einem zulässigen Punkt durchgeführt werden:

FRAME ZUL.START.PUNKT.BEKANNT?		
Slot.Name	*Slot.Typ*	*Werte*
Typ	Eines.Von Nominale.Liste, Intervall	Nominale.Liste
Listen.Elemente	Liste	Zulässiger.Punkt.Bekannt Sonstiger.Punkt.Bekannt
Bedingungen	Liste	(Neb.Bed-Existieren NEBENBEDINGUNGEN)

Ressourcen-Restriktionen zum Methodeneinsatz

Im Bezug auf die Entscheidungssituation existieren noch weitere Nebenbedingungen, die über die Eingrenzung des Suchraums im Optimierungsprozeß hinausgehen. Eine erste Nebenbedingung dieser Art stellen etwaige Zeit- bzw. Kostenrestriktionen beim Einsatz der Optimierungsmethode dar. Steht nur ein begrenztes Zeitbudget zur Verfügung, ist es eventuell angebracht, auf eine einfache Methode zurückzugreifen, die schneller konvergiert, aber weniger wahrscheinlich zu einem globalen Optimum findet.

FRAME ZEIT.RESTRIKTIONEN		
Slot.Name	*Slot.Typ*	*Werte*
Typ	Eines.Von Nominale.Liste, Intervall	Nominale.Liste
Listen.Elemente	Liste	Schnelle.Lösung.ist. wichtig unbedeutend

Mit dieser einfachen Abbildung möglicher Zeitrestriktionen wird nur ein sehr grober Ansatz realisiert. Es wäre auch möglich, wesentlich differenzierter auf mögliche Zeit- und Kostenrestriktionen einzugehen, indem z.B. auch die Laufzeit eines Aufrufs des Simulationsmodells im Problemraum abgebildet würde.

Nebenbedingung: Genauigkeits-Anspruch

Zu ähnlichen Abwägungen führt die Unterscheidung des Genauigkeitsanspruchs, der an die Lösung der Optimierungsmethode gestellt wird: Ein hoher Anspruch an die Genauigkeit der Lösung führt zur Auswahl einer aufwendigeren Methode, die darüber hinaus mit entsprechend engen Abbruch-Kriterien parametrisiert werden kann.

Es ergibt sich folgendes Frame:

FRAME GENAUIGKEITS-ANSPRUCH		
Slot.Name	*Slot.Typ*	*Werte*
Typ	Eines.Von Nominale.Liste, Intervall	Nominale.Liste
Listen.Elemente	Liste	Genauigkeit.ist.bedeutend Unbedeutend

Vorkenntnisse

Die in Simulationsmodellen abgebildeten Entscheidungssituationen werden oftmals den Benutzern des Simulationsmodells so vertraut sein, daß sie ungefähre Vorstellungen über mögliche Lösungen haben. Dieses Vorwissen auszunutzen, ist gerade bei ableitungsfreien Methoden, die eventuell sehr sensitiv auf Startpunkte reagieren[28], ein oftmals notwendiges Vorgehen.[29] Die Vorkenntnisse können dabei in Form von erwarteten optimalen Lösungen vorliegen; es kann sich um bekannte, zulässige Startpunkte handeln oder sogar um vermutete Formen des Zielgebirges. Im Hinblick auf den kombinierten Einsatz mehrerer Methoden kann auch methodenspezifisches Vorwissen zur Phase der Optimumsuche vorliegen. Abbildung 4.1.6 zeigt die verschiedenen, hier betrachteten Aspekte von Vorkenntnissen.

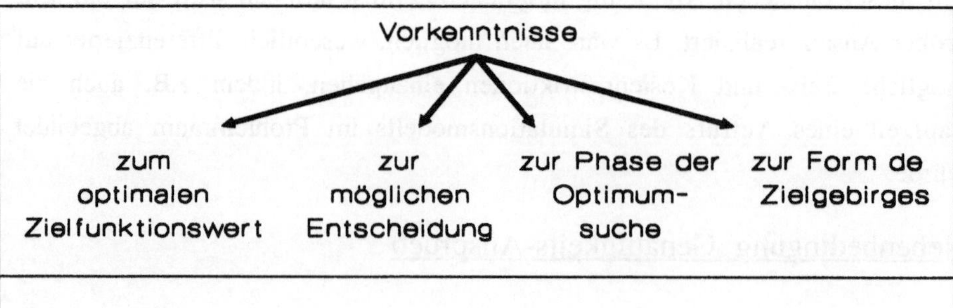

Abb. 4.1.6: Problemraumdimensionen zur Beschreibung von Vorkenntnissen zum Methodeneinsatz

Bei der Abbildung von Vorkenntnissen im Problemraum kann sinnvoll auf die Möglichkeit der bedingten Problemraumdimensionen zurückgegriffen werden, um so den Anwender nur mit denjenigen Dimensionen zu konfrontieren, die ihn interessieren. Als übergeordnete Dimension zur Abbildung von Vorkenntnissen wird ein Frame VORKENNTNISSE? angelegt. Die Belegung der entsprechenden Problemraumdimension mit einem (oder mehreren) der möglichen Ausprägungen aktiviert dann die abhängigen Dimensionen.

[28] Vgl. BIETHAHN, J. (1978, Optimierung), S. 154ff.

[29] Zur Bedeutung des Einbezugs von Vorwissen in die Wahl von Optimierungsverfahren: vgl. WILDE, D.J. (1964, Methods), S. 5f.

FRAME VORKENNTNISSE?		
Slot.Name	*Slot.Typ*	*Werte*
Typ	Eines.Von Nominale.Liste, Intervall	Nominale.Liste
Listen.Elemente	Liste	Lösungswert Start.Punkt Start.Intervall Phase.Der.Suche Form.des.Zielgebirges
Bedingte. Dimensionen	Frame	START.PUNKT.BEKANNT? START.INTERVALL. BEKANNT? LÖSUNGS.WERT LAGE.DES.START.PUNKTS PHASE.DER.SUCHE ZIELGEBIRGE

Wenn ein Lösungswert vor Start der Methode bekannt ist, ist es interessant zu wissen, ob der Lösungswert exakt oder nur ungefähr angegeben werden kann. Diese Unterscheidung bietet die folgende Dimension an:

FRAME LÖSUNGS.WERT		
Slot.Name	*Slot.Typ*	*Werte*
Typ	Eines.Von Nominale.Liste, Intervall	Nominale.Liste
Listen.Elemente	Liste	Exakt.bekannt Vermutung
Bedingungen	Liste	(Lösungswert VORKENNTNISSE?)

In bezug auf den Startpunkt und das Startintervall interessiert in erster Linie, ob sie angegeben werden können oder nicht. Diese Unterscheidung wird mit Hilfe der beiden folgenden Dimensionen realisiert:

FRAME START.PUNKT.BEKANNT?		
Slot.Name	*Slot.Typ*	*Werte*
Typ	Eines.Von Nominale.Liste, Intervall	Nominale.Liste
Listen.Elemente	Liste	Bekannt Unbekannt
Bedingungen	Liste	(Start.Punkt VORKENNTNISSE?)

FRAME START.INTERVALL.BEKANNT?		
Slot.Name	*Slot.Typ*	*Werte*
Typ	Eines.Von Nominale.Liste, Intervall	Nominale.Liste
Listen.Elemente	Liste	Bekannt Unbekannt
Bedingungen	Liste	(Start.Intervall VORKENNTNISSE?)

Ist ein Startpunkt zur Optimumsuche bekannt, kann es zur Auswahl der geeigneten Methode weiterhin interessant sein, die - eventuell vermutete - Nähe des Startpunkts zum Optimum beurteilen zu können. Zur Abbildung einer solchen Kenntnis dient das folgende Frame:

FRAME LAGE.DES.START.PUNKTS		
Slot.Name	*Slot.Typ*	*Werte*
Typ	Eines.Von Nominale.Liste, Intervall	Nominale.Liste
Listen.Elemente	Liste	Vermutet.Nah Vermutet.Fern
Bedingungen	Liste	(Start.Punkt VORKENNTNISSE?)

Ein Anwender, der mit dem kombinierten Einsatz mehrerer Methoden vertraut ist, kann eventuell Angaben zur methodenspezifischen Phase der Suche machen. Dabei kann zumindest zwischen einer Start- und einer Endphase unterschieden werden.[30] In der Startphase eignen sich insbesondere Methoden, die schnell in

30 Zu einer ähnlichen Einteilung: vgl. WILDE, D.J. (1964, Methods), S. 64f.

die Nähe eines Optimums gelangen, ohne dies exakt gut annähern können zu müssen. In der Endphase werden hingegen Methoden benötigt, die mit einem eventuell größeren Aufwand die Nähe des Optimums untersuchen. Schließlich kann für den Fall, daß ein Anwender explizit eine Sensitivitätsanalyse durchführen möchte, als dritte Phase noch die post-optimale Phase angegeben werden.

FRAME PHASE.DER.OPTIMUM.SUCHE		
Slot.Name	*Slot.Typ*	*Werte*
Typ	Eines.Von Nominale.Liste, Intervall	Nominale.Liste
Listen.Elemente	Liste	Start Ende Post-Optimum
Bedingungen	Liste	(Phase.der.Suche VORKENNTNISSE?)

Einen weiteren wichtigen Aspekt zur Unterscheidung zwischen verschiedenen Methoden stellt ein etwaiges Vorwissen zur Struktur des Zielgebirges dar. Einige Methoden eignen sich insbesondere, wenn spezifische Annahmen über die Struktur des Zielgebirges gemacht werden können. Ist z.B. bekannt, daß die Zielfunktion unimodal ist, so können schon einfache Methoden effizient zum globalen Optimum führen.[31] Darüber hinaus folgt aus der Annahme einer quadratischen Form der Zielfunktion - entweder in der lokalen Nähe des Optimums oder auch über dem globalen Suchraum - die Eignung spezifischer Methoden. Wiederum andere Methoden sind besonders geeignet, wenn die Anzahl der lokalen Optima sehr groß ist. Dieser Fall wird hier mit dem Attribut "Stark.Multimodal" belegt.

---

31 Vgl. Kap. 4.3.1 und 4.3.2.

FRAME ZIELGEBIRGE		
Slot.Name	*Slot.Typ*	*Werte*
Typ	Eines.Von Nominale.Liste, Intervall	Nominale.Liste
Listen.Elemente	Liste	Unimodal Stark.Multimodal Quadratisch.Lokal Quadratisch.Global
Bedingungen	Liste	(Form.des.Zielgebirges VORKENNTNISSE?)

4.1.3 Einordnung des entwickelten Problemraums

Das Ziel der Definition des Problemraums ist einerseits, dem Benutzer eine problemorientierte Angabe seines Problems zu ermöglichen, und andererseits, die Angabe der Eignungen der Methoden - d.h. die Verankerung einer Methode (oder Methodenklasse) im Problemraum - möglich zu machen. Zur Erfüllung des zweitgenannten Ziels wird nach jeder Bearbeitung oder Neuanlage eines Problemraums ein entsprechendes, allgemeines Eignungs-Frame angelegt.[32] Wird dann während der Bearbeitung des Problemraums die Eignung einer Methodenklasse spezifiziert, so wird diese Eignung in Form einer Unterklasse des allgemeinen Eignungs-Frames repräsentiert.

Das allgemeine Eignungs-Frame für den in diesem Kapitel entwickelten Problemraum hat die folgende Gestalt:

---

32 Vgl. Kap. 3.5.1.

EIGNUNG-ZU-OPT.SIM.MOD		
Slot.Name	*Slot.Typ*	*Werte*
Eignung-Zu	Frame	unknown
Kardinalitaet	Liste.Von PAAR	unknown
Ganzzahligkeit?	Liste.Von PAAR	unknown
Stochastisch.Oder.Deterministisch	Liste.Von PAAR	unknown
Stichproben.Groesse.Bekannt?	Liste.Von PAAR	unknown
Nutzenfunktion?	Liste.Von PAAR	unknown
Optimierung.Oder.Satisfizierung	Liste.Von PAAR	unknown
Horizont.Der.Suche	Liste.Von PAAR	unknown
Minimierung.Oder.Maximierung	Liste.Von PAAR	unknown
Stabilität.Der.Lösung	Liste.Von PAAR	unknown
Nebenbedingungen	Liste.Von PAAR	unknown
NB.Gleichungsform	Liste.Von PAAR	unknown
Typ.Der.Nebenbedingung	Liste.Von PAAR	unknown
Zul.Start.Punkt.Bekannt?	Liste.Von PAAR	unknown
Zeit.Restriktionen	Liste.Von PAAR	unknown
Genauigkeits-Anspruch	Liste.Von PAAR	unknown
Vorkenntnisse?	Liste.Von PAAR	unknown
Start.Punkt.Bekannt?	Liste.Von PAAR	unknown
Start.Intervall.Bekannt?	Liste.Von PAAR	unknown
Lösungs.Wert	Liste.Von PAAR	unknown
Lage.Des.Start.Punkts	Liste.Von PAAR	unknown
Phase.Der.Suche	Liste.Von PAAR	unknown
Zielgebirge	Liste.Von PAAR	unknown

Mit dem in diesem Kapitel entwickelten Problemraum kann nicht der Anspruch erhoben werden, eine endgültige Sammlung von Kriterien zur Methodenwahl im Rahmen der Optimierung von Simulationsmodellen aufgestellt zu haben. Dies wäre auch recht unrealistisch, da diese Kriterien einerseits von den Bedürfnissen der Anwender und andererseits auch von den Möglichkeiten der zur Verfügung stehenden Methoden abhängen. Hier ging es in erster Linie darum, an einem praktischen Beispiel zu demonstrieren, wie das Konzept des Problemraums in EskiMo angewendet werden kann.

Dabei wurden, von der Stellung des Methodenbankeinsatzes im Prozeß der Entscheidungsunterstützung ausgehend, eine Reihe von wichtigen Unterscheidungskriterien zur Methodenwahl identifiziert. Dieses zielorientierte Vorgehen ist sicherlich etwas idealtypisch, wenn bedacht wird, daß letztlich auch die Breite und Vielfältigkeit des Methodenangebots einen entscheidenden

Einfluß auf die Gestaltung des Problemraums hat. Andererseits hat das hier demonstrierte Vorgehen den Vorteil, daß während der Modellierung des Problemraums die Bedürfnisse der potentiellen Anwender und nicht die technischen Phänomene der verschiedenen Methoden im Vordergrund stehen. Dies scheint insbesondere für ein Zugangssystem in seiner Rolle als vermittelnder Dienstleister für den Anwender ein angebrachtes Vorgehen.

4.2 Methoden zur simultanen Suche

Nachdem in Kapitel 4.1 der von ableitungsfreien Suchmethoden aufgespannte Problemraum dargestellt wurde, behandeln die folgenden Kapitel die verschiedenen Methodenklassen dieser Problemdomäne: Der Methodenraum zur Optimierung von Simulationsmodellen wird aufbereitet. Das Ziel der Darstellung der Methoden ist dabei in erster Linie die Identifikation ihrer Eignung zur Aufbereitung mit EskiMo. Aus dieser Zielsetzung folgt, daß der Schwerpunkt der Darstellung auf den Bedingungen der Anwendung der Methoden und nicht primär auf der algorithmischen Beschreibung liegt. Detailliertere algorithmische Beschreibungen der Methoden werden im übrigen in den verschiedenen referenzierten Quellen geliefert.

Dennoch wird versucht, zumindest eine Präsentation des jeweiligen grundlegenden Prinzips der Methoden zu geben. Um dies einheitlich zu gestalten, wird im folgenden von einem Suchraum ausgegangen, der die Menge aller Punkte umfaßt, die eine mögliche Einstellung des Simulationsmodells liefern. Diejenigen Punkte des Suchraums, die während der Suche untersucht - d.h. mit einem Experiment (respektive bei stochastischen Modellen mit einer Stichprobe von Experimenten) ausgewertet - werden, heißen dementsprechend Suchpunkte.

Simultane versus sequentielle Suchverfahren

Grundlegend werden simultane und sequentielle Suchmethoden unterschieden.[33] Bei simultanen Suchverfahren liegt zu Beginn der Suche (zumindest theoretisch)

---

[33] Vgl. CHEN, B. (1991, Computersimulation), S.203; SCHUG, C. (1980, Optimierungsverfahren), S. 6, S. 10.

jeder einzelne im Suchprozeß zu untersuchende Punkt fest. Insofern könnten alle Untersuchungen oder Experimente simultan ausgeführt werden. Folglich steht bei simultanen Suchverfahren auch schon zu Beginn der Suche fest, wieviele Experimente durchzuführen sind.[34] Sequentielle Suchverfahren nutzen dagegen Informationen über die relative Güte verschiedener Suchpunkte, die während des Suchprozesses gewonnen werden, um die nächsten Suchpunkte zu bestimmen. Zu Beginn des Suchprozesses kann für die sich so ergebende Sequenz von Suchpunkten im allgemeinen nicht die Anzahl der Suchpunkte angegeben werden. In diesem Kapitel 4.2 stehen die simultanen Methoden im Zentrum des Interesses, während die sequentiellen Methoden im nächsten Kapitel 4.3 behandelt werden. Aufgrund dieser Unterscheidung ergeben sich die ersten beiden Methodenklassen für EskiMo, die in Abbildung 4.2.1 dargestellt wird.

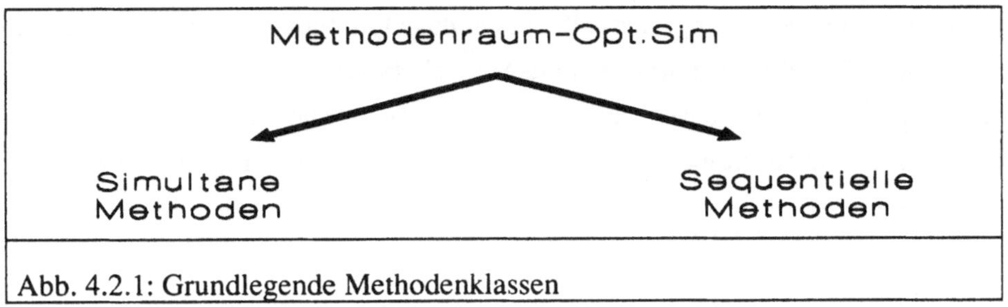

Abb. 4.2.1: Grundlegende Methodenklassen

In beiden Methodenklassen kann weiter nach der Anzahl der Entscheidungsvariablen unterschieden werden, die von den einzelnen Methoden bearbeitet werden können. Eindimensionale Methoden, die Modelle mit genau einer Entscheidungsvariable optimieren können, sind insbesondere bei den simultanen Methoden bedeutsam. Prinzipiell eignen sich die simultanen Suchmethoden entweder zur Suche globaler Optima oder im Rahmen einer vorbereitenden Startphase zur Identifikation guter Startpunkte für sequentielle Methoden. Diese beiden alternativen Eignungen können in EskiMo durch die Anlage von zwei Eignungs-Frames ausgedrückt werden.

---

[34] Vgl. SCHUG, C. (1980, Optimierungsverfahren), S. 6; WILDE, D.J. (1964, Methods), S. 18f; BAZARAA, M.S.; SHETTY, C.M. (1979, Programming), S. 253.

EIGNUNG-ZU-SIMULTAN.1	
Slot.Name	*Wert*
Horizont.Der.Suche	(Global, 100)

EIGNUNG-ZU-SIMULTAN.2	
Slot.Name	*Wert*
Phase.Der.Suche	(Start, 100)

4.2.1 Simultane, eindimensionale Methoden

Alle simultanen, eindimensionalen Methoden setzen voraus, das der Anwender ein Intervall angeben kann, innerhalb dessen das Optimum zu suchen ist. Somit ergibt sich für die Eignung simultaner, eindimensionaler Methoden das Erfordernis. ein Start-Intervall angegeben zu können. Die beiden Unterklassen der beiden zuletzt beschriebenen Eignungen ergeben folgende Eignungs-Frames:

EIGNUNG-ZU-SIMULTAN-EIN.DIM.1	
Slot.Name	*Wert*
Kardinalitaet	([1, 1], 100)
Horizont.Der.Suche	(Global, 100)
Vorkenntnisse?	(Start.Intervall, 100)

EIGNUNG-ZU-SIMULTAN-EIN.DIM.2	
Slot.Name	*Wert*
Kardinalitaet	([1, 1], 100)
Phase.Der.Suche	(Start, 100)
Vorkenntnisse?	(Start.Intervall, 100)

Die Methoden dieser Klasse unterscheiden sich nach dem Prinzip zur Bestimmung der Suchpunkte. Deterministische Methoden legen die Suchpunkte nach einer deterministischen Regel fest, während der stochastische Ansatz analog auf eine stochastische Regel zurückgreift. Zum deterministischen Ansatz existieren zwei Verfahren: die Gittersuche mit äquidistanter Verteilung und die Gittersuche mit paarweiser Verteilung der Suchpunkte. Als stochastische

Methode existiert die Zufallssuche. Abbildung 4.2.2 zeigt die sich ergebenden Methodenklassen.

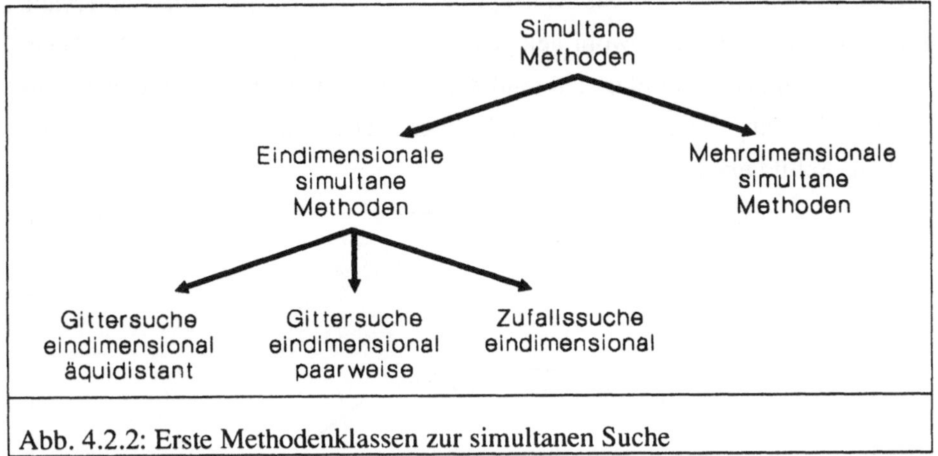

Abb. 4.2.2: Erste Methodenklassen zur simultanen Suche

Hier wird also auch für jede einzelne Methode eine eigene Methodenklasse angelegt. Dies mag zwar einem intuitiven Sprachgebrauch widersprechen, bei dem ein Klasse immer als eine Zusammenfassung mehrerer Methoden verstanden wird, hat aber den Vorteil, daß klar zwischen den Methoden als prinzipiellen Lösungsansätzen (den Methodenklassen) und ihren Implementationen unterschieden werden kann. Erst für die Implementationen der Methoden soll im Methodenraum auf das Konzept der Methode zurückgegriffen werden. Dadurch wird es möglich, zu einer Methode auch mehrere Implementationen im Zugangssystem abzubilden.

Eindimensionale Gittersuche

Den einfachsten deterministischen Ansatz stellt die Gittersuche dar.[35] Dabei wird eine vorgegebene Anzahl von Punkten gleichmäßig über das Such-Intervall verteilt. Pro Punkt wird ein Experiment durchgeführt, wobei der Punkt mit dem besten Zielfunktionswert als Ergebnis akzeptiert wird. Liegen keine weiteren Vorkenntnisse zur Struktur der Zielfunktion vor, liefert die Gittersuche den effektivsten Ansatz, die Suchpunkte simultan über den Suchraum zu verteilen, weil sie die größte Wahrscheinlichkeit bietet, einen Punkt in der Nähe des

[35] Vgl. SCHUG, C. (1980, Optimierungsverfahren), S. 7ff; SCHWEFEL, H.-P. (1977, Optimierung), S. 32f.

tatsächlichen Optimums zu untersuchen. Um die theoretische Überlegenheit dieses Ansatzes zu belegen, kann ohne die weitere Annahme der Unimodalität der Zielfunktion[36] nicht auf das Konzept des maximalen Unsicherheitsintervalls zurückgegriffen werden, obwohl gelegentlich anders argumentiert wird.[37] Denn nur bei unimodalen Zielfunktionen muß das tatsächliche Optimum in den beiden Teilintervallen um den besten Suchpunkt liegen. Dies verdeutlicht die folgende Skizze in Abbildung 4.2.3.

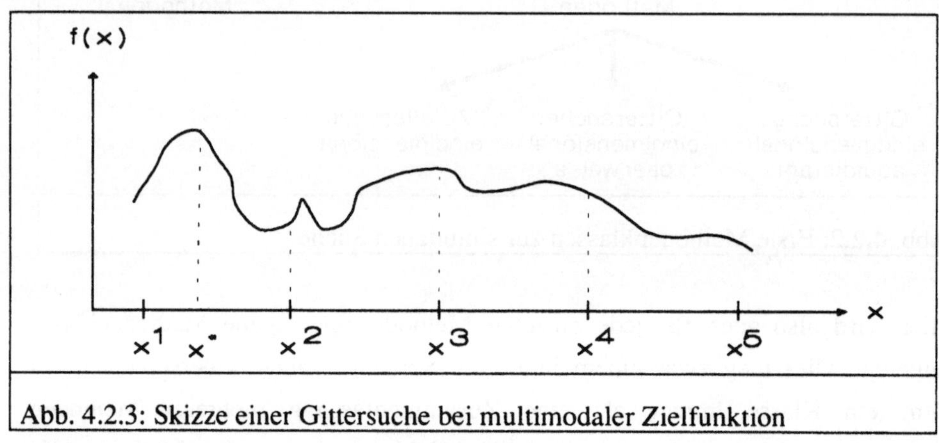

Abb. 4.2.3: Skizze einer Gittersuche bei multimodaler Zielfunktion

Hier wird eine multimodale ("mehrgipfelige") Zielfunktion gezeigt, die mit fünf Suchpunkten untersucht wird. Der beste Suchpunkt ist x^3; das tatsächliche Optimum liegt aber nicht im Intervall (x^2, x^3), sondern ist durch x^* gegeben. Man kann also bei multimodalen Zielfunktionen nicht mit dem Konzept des verbleibenden Unsicherheitsintervalls argumentieren. Man kann jedoch fragen, mit welcher Wahrscheinlichkeit eine Suchmethode einen Punkt identifiziert, der in einer maximalen vorgegebenen Entfernung zum Optimum liegt.[38] Da nur bei einer äquidistanten Verteilung der Suchpunkte garantiert ist, daß nicht zwei

---

36 Zum Konzept der Unimodalität: vgl. PAPALAMBROS, P.Y.; WILDE, D.J. (1988, Principles), S. 327; GILL, P.E.; MURRAY, W.; WRIGHT, M.H. (1981, Optimization), S. 88f.

37 Vgl. SCHWEFEL, H.-P. (1977, Optimierung), S. 32. Zum Unsicherheitsintervall und dem damit verbundenen Minimax-Prinizip: vgl. WILDE, D.J. (1964, Methods), S. 15ff.

38 Diese Argumentation wurde von Brooks für stochastische Verfahren vorgeschlagen: vgl. BROOKS, S.H. (1958, Methods); MÜLLER, P.H.; NOLLAU, V.; POLOVINKIN, A.I. (1986, Suchverfahren), S. 51f; WILDE, D.J. (1964, Methods), S. 63f.

Suchpunkte in der Umgebung eines nicht-optimalen Punkts zu liegen kommen, maximiert diese Verteilung die betrachtete Wahrscheinlichkeit.[39]

Wenn bekannt ist, daß eine unimodale Zielfunktion vorliegt, ergibt sich auf Basis des Minimax-Konzepts zum verbleibenden Unsicherheitsintervall mit der Methode der paarweisen Verteilung der Suchpunkte eine Methode, die genau einen Suchpunkt weniger benötigt.[40] Obwohl dies im Rahmen von Computer-Simulationen selten zu einer relevanten Zeitersparnis führen wird, soll diese spezielle Variante der Vollständigkeit wegen in den Methodenraum aufgenommen werden.

Es ergeben sich die folgenden Eignungen für die Methodenklassen:

EIGNUNG-ZU-GITTERSUCHE.AEQUIDISTANT.1	
Slot.Name	*Wert*
Kardinalitaet	([1, 1], 100)
Horizont.Der.Suche	(Global, 100)
Vorkenntnisse?	(Start.Intervall, 100)
Zielgebirge	(Nicht.Gegeben, 100)

EIGNUNG-ZU-GITTERSUCHE.AEQUIDISTANT.2	
Slot.Name	*Wert*
Kardinalitaet	([1, 1], 100)
Phase.Der.Suche	(Start, 100)
Vorkenntnisse?	(Start.Intervall, 100)
Zielgebirge	(Nicht.Gegeben, 100)

Zur zweiten Variante der Methode mit paarweiser Verteilung der Suchpunkte ergeben sich analog zwei Eignungen, die im Slot Zielgebirge das Wertepaar (Unimodal, 100) aufweisen.

Eindimensionale Zufallssuche

Bei der Zufallssuche wird in dem angegebenen Suchintervall mit Hilfe eines Zufallszahlengenerators eine vorgegebene Anzahl von Suchpunkten zufällig

39 Dabei kann die Umgebung genügend klein angenommen werden, so daß sich die Umgebungen um zwei äquidistant verteilte Suchpunkte nicht überschneiden.

40 Vgl. SCHWEFEL, H.-P. (1977, Optimierung), S. 33; WILDE, D.J. (1964, Methods), S. 21f.

erzeugt.[41] Der Punkt mit dem besten Zielfunktionswert stellt das Ergebnis dar. Dieser Ansatz ist den beiden deterministischen Ansätzen auf jeden Fall unterlegen, da er nur mit einer gegen 0 gehenden Wahrscheinlichkeit eine Verteilung der Suchpunkte erreicht, die der Qualität der Gittersuche entspricht.[42] Um diese Unterlegenheit der Methode auszudrücken, kann der Konfidenzwert für die Eignung der Methode gesenkt werden, wie es für die erste Eignung gezeigt wird:

EIGNUNG-ZU-ZUFALLSSUCHE.EIN.DIM.1	
Slot.Name	*Wert*
Kardinalitaet	([1, 1], 80)
Horizont.Der.Suche	(Global, 80)
Vorkenntnisse?	(Start.Intervall, 100)

4.2.2 Simultane, mehrdimensionale Methoden

Die vorgestellten eindimensionalen, simultanen Methoden können theoretisch ohne Schwierigkeiten auch für den mehrdimensionalen Fall aufbereitet werden. Als Voraussetzung für den Einsatz einer mehrdimensionalen Gitter- oder Zufallssuche ergibt sich dann die Kenntnis eines entsprechend mehrdimensionalen Intervalls. Praktisch erweist sich die Anwendung simultaner Methoden bei mehrdimensionalen Problemen jedoch als wenig geeignet, was Bellman schon früh vom "Fluch der Dimensionalität" sprechen ließ.[43]

Einen reduzierten Ansatz, im mehrdimensionalen Fall dennoch simultane Suchen durchzuführen, stellt die sogenannte Faktorauslegung dar, deren Ursprünge in der statistischen Versuchsplanung liegen.[44] Im Rahmen der Faktorauslegung werd pro Entscheidungsvariable (Faktor) nur eine begrenzte Anzahl von Ausprägungen (oftmals zwei Ausprägungen) betrachtet. Mit speziellen Versuchsanordnungen können dann einflußreiche Variablen

---

[41] Vgl. MERTENS, P. (1982, Simulation), S. 23; SCHUG, C. (1980, Optimierungsverfahren), S. 9.

[42] Schon 1962 bewies Spang die systematische Unterlegenheit der globalen Zufallssuche: vgl. SPANG, H.A. (1962, Minimization).

[43] Vgl. WILDE, D.J. (1964, Methods), S. 59f.

[44] Vgl. BRONSTEIN, I.N.; SEMENDJAJEW, K.A. (1991, Ergänzende Kapitel), S. 211ff; KLEIJNEN, J.P.C. (1987, Tools), S. 259f; MERTENS, P. (1982, Simulation), S.19f, S.23ff.

identifiziert werden. Da die Zielsetzung der Faktorauslegung eher die Identifikation kritischer Variablen bzw. die Überprüfung von Regressionsmodellen ist, sollen diese Ansätze hier nicht beachtet werden.[45]

Praktische Bedeutung können simultane, mehrdimensionale Verfahren nur zur bewußt grobmaschigen Suche nach guten Startpunkten für sequentielle Methoden haben. Hier ist es also sinnvoll, nur ein Eignungs-Frame als Unterklasse von EIGNUNG-ZU-SIMULTAN.2 anzulegen. Um dem Umstand Rechnung zu tragen, daß die Methoden mit wachsender Kardinalität eine geringer werdende Eignung haben, werden im Slot Kardinalitaet mehrere Wertepaare mit sinkender Konfidenz eingetragen.

EIGNUNG-ZU-SIMULTAN-MEHR.DIM.1	
Slot.Name	*Wert*
Kardinalitaet	([2, 2], 90) ([3, 3], 80) ([4, 4], 50) ([5, unknown), 40)
Phase.Der.Suche	(Start, 100)

Für die beiden Methoden, die als Unterklassen von SIMULTAN.MEHR.DIM angelegt werden (mehrdimensionale Gitter- und Zufallssuche), können darüber hinaus keine sinnvollen diskriminierenden Aussagen gemacht werden. Obwohl der theoretische Vorteil der Gittersuche gegenüber der Zufallssuche auch bei mehrdimensionalen Modellen bestehen bleibt, ist dieser Vorteil praktisch nicht mehr relevant: Die Anzahl der zu generierenden Suchpunkte, die benötigt würden, um akzeptable Wahrscheinlichkeiten zu erhalten, einen Suchpunkt in der Nähe des Optimums zu plazieren, liegt auch für die Gittersuche weit jenseits des praktikabel möglichen. Dies kann an einem kleinen Beispiel verdeutlicht werden.

Es sei ein zwei-dimensionales Modell angenommen, dessen Entscheidungsvariablen jeweils Ausprägungen im Bereich [0, 100] aufweisen müssen. Weiterhin sollen maximal 1000 Suchpunkte generiert werden. Wie groß ist in diesem Fall die Wahrscheinlichkeit p, einen Suchpunkt zu generieren, der maximal 0,5 vom optimalen Punkt entfernt ist? Die Wahrscheinlichkeit berechnet sich als der Quotient des Volumens aller 0,5-Kugeln um die gene-

---

45 Vgl. KLEIJNEN, J.P.C. (1987, Tools), S. 271.

rierten 1000 Suchpunkte durch das Volumen des gesamten Suchraums.[46] Da die 0,5-Kugeln dieses Beispiels bei äquidistanter Verteilung der Punkte disjunkt sind, ergibt sich das Gesamt-Volumen V_1 aller 0,5-Kugeln zu:

$$V_1 = 1000 * \pi * 0{,}5^2$$

Das Volumen des Suchraums ist $V_2 = 100^2 = 10000$. Somit ist die gesuchte Wahrscheinlichkeit p:

$$p = \frac{V_1}{V_2} = 0{,}079.$$

Selbst im nur zwei-dimensionalen Fall ergibt sich also eine wenig überzeugende Wahrscheinlichkeit, einen Punkt in der Nähe des Optimums zu generieren. Somit werden für die beiden Unterklassen der mehrdimensionalen, simultanen Methoden keine gesonderten Eignungs-Frames angelegt. Die folgende Abbildung 4.2.4 zeigt zur Vollständigkeit die Methodenklassen zur mehrdimensionalen sequentiellen Suche.

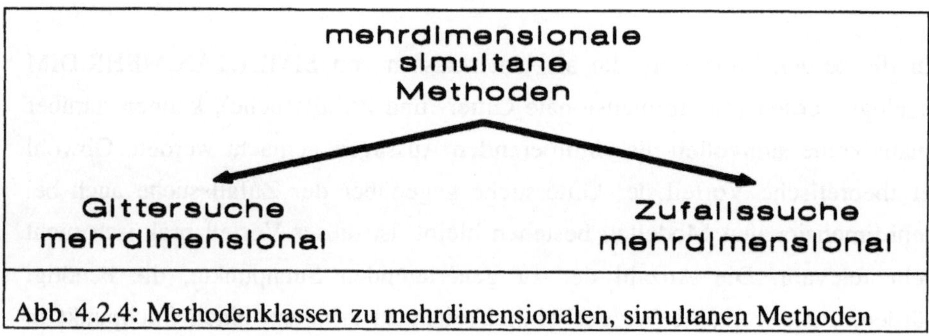

Abb. 4.2.4: Methodenklassen zu mehrdimensionalen, simultanen Methoden

46 Zum Konzept der ε-Kugel (hier ε = 0,5); vgl. BRONSTEIN, I.N.; SEMENDJAJEW, K.A. (1991, Ergänzende Kapitel), S. 3. Hier wird von einer geschlossenen ε-Kugel ausgegangen.

4.3 Methoden zur sequentiellen Suche

Während die Anwendbarkeit der im letzten Kapitel behandelten simultanen Suchmethoden auf spezielle, weniger komplexe Randprobleme begrenzt ist, können sequentielle Methoden allgemeiner eingesetzt werden. Sie bilden somit das Rückgrat einer Methodenbank zur Optimierung von Simulationsmodellen.

In diesem Kapitel werden die sequentiellen Methoden in ihrer allgemeinen Form behandelt. Auf die Behandlung von Modifikationen zur Bearbeitung spezifischer Modelleigenschaften, wie stochastische Zielvariablen, ganzzahlige Entscheidungsvariablen oder die Existenz von Nebenbedingungen, wird in späteren Kapiteln gesondert eingegangen. Diese Aufteilung bietet sich an, da diese Modifikationen in der Regel mit den Methoden in ihrer allgemeinen Form modular verknüpft werden können. Wiederum steht die Eignung der Methoden im Vordergrund des Interesses, woraus folgt, daß die algorithmische Beschreibung der Methoden so knapp wie möglich gehalten wird.

Durch die Betrachtung der Methoden aus der Perspektive ihrer Eignung im Problemraum, dem Raum in dem der Anwender sein Problem spezifizieren kann, ergibt sich zwangsläufig eine anwendungsorientierte Sichtweise, mit der nicht nach der einen, universell überlegenen Methode gesucht wird, sondern mit der versucht wird, die spezifischen Anwendungskriterien der Methoden zu identifizieren. Diese spezielle Perspektive bringt allerdings auch Schwierigkeiten mit sich, da die bisherige Forschungsarbeit zu den Methoden eher durch die Unterscheidung der verschiedenen technischen Ansätze und den Versuch der Identifikation der allgemein besten Technik als durch die Unterscheidung verschiedener Anwendungsvoraussetzungen gekennzeichnet ist.[47] Dies hat zur Konsequenz, daß einige der im folgenden beschriebenen Eignungen mehr als eine tendenzielle Beschreibung, denn als eine endgültige Definition der jeweiligen Eignung aufgefaßt werden müssen. Dies gilt insbesondere für die schon von ihrer Natur her eher tendenziellen Konfidenzwerte.

---

[47] Vgl. die Zusammenstellungen der Methoden z.B. bei GILL, P.E.; MURRAY, W.; WRIGHT, M.H. (1981, Optimization), S. 127ff; SCHUG, C. (1980, Optimierungsverfahren); SCHWEFEL, H.-P. (1977, Optimierung), S. 29ff; HIMMELBLAU, D.M. (1972, Programming), S. 141ff. Eine Ausnahme liefert die Untersuchung Biethahn, in der ein erstes Eignungs-Profil für verschiedene Methoden entwickelt wird, vgl. BIETHAHN, J. (1978, Optimierung), S. 247ff.

Ein erstes Unterscheidungskriterium für die verschiedenen sequentiellen Methoden liefert wieder die Kardinalität der Modelle, für die die Methoden geeignet sind. Während bei den eindimensionalen, sequentiellen Methoden (Kapitel 4.3.1) nur deterministische Ansätze angewandt werden, lassen sich die mehrdimensionalen Methoden wiederum in deterministische (Kapitel 4.3.2) und stochastische Ansätze (Kapitel 4.3.3) unterscheiden. Während die Mehrzahl der Methoden zumindest theoretisch bei beliebigen Simulationsmodellen eingesetzt werden kann, zeichnet sich die stochastische Approximationsmethode (Kapitel 4.3.4) dadurch aus, daß sie speziell für stochastische Modelle entworfen wurde. Einen weiteren Sonderfall stellt die sogenannte Response Surface Methodology (Kapitel 4.3.5) dar, da sie einerseits weniger eine Methode als eher eine Kombination mehrerer Methoden darstellt und andererseits der statistischen Versuchsplanung und nicht der nicht-linearen Programmierung entstammt.

Auf den ersten Hierarchie-Ebenen der Methodenklassen ergibt sich für sequentielle Methoden demnach die in Abbildung 4.3.1 dargestellte Struktur:

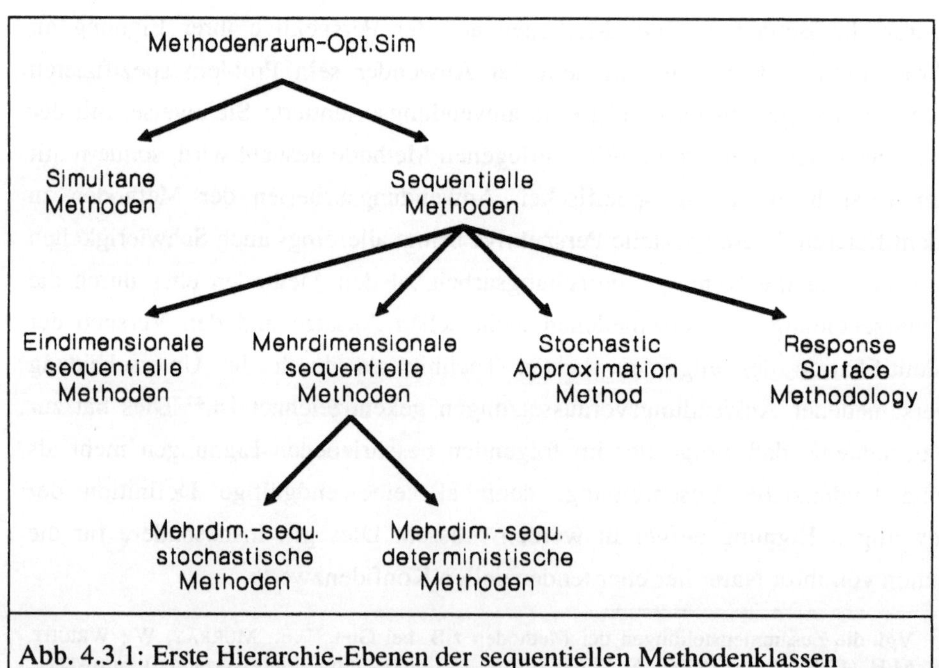

Abb. 4.3.1: Erste Hierarchie-Ebenen der sequentiellen Methodenklassen

4.3.1 Eindimensionale, deterministische Methoden

Die Bedeutung eindimensionaler Suchmethoden rührt nicht nur von der direkten Anwendung der Methoden auf eindimensionale Modelle her; darüber hinaus werden diese Methoden - auch Line-Search-Methoden genannt - häufig als Subroutinen in mehrdimensionalen Optimierungen zur Suche eines extremalen Punktes in einer vorgegebenen Richtung eingesetzt. Die Vielzahl der Methoden, die bisher vorgeschlagen wurde, kann und muß hier nicht dargestellt werden, da für eine Methodenbank nur diejenigen Methoden interessant sind, die nicht von anderen Methoden in ihrer Eignung völlig dominiert werden. Allgemein kann über die Eignung dieser Methoden gesagt werden, daß sie Modelle mit genau einer Entscheidungsvariablen lokal optimieren können. Die führt zu folgendem Eignungs-Frame:

EIGNUNG-ZU-EINDIMENSIONALE.SEQUENTIELLE.METHODEN.1	
Slot.Name	*Wert*
Kardinalitaet	([1, 1], 100)
Horizont.der.Suche	(Lokal, 100)

Prinzipiell lassen sich die Methoden danach unterscheiden, ob sie einen Startpunkt oder ein Start-Intervall als Voraussetzung benötigen. Zur ersten Klasse gehört die Methode der Intervalleinschachtelung und die kombinierte Methode nach Davies-Swann-Campey und Powell. Bedeutende Vertreter der zweiten Klasse stellen die Fibonacci-Suche und die Goldene-Schnitt-Methode dar. Es ergibt sich folgende, in Abbildung 4.3.2 illustrierte Hierarchie für die hier besprochenen eindimensionalen Methoden.

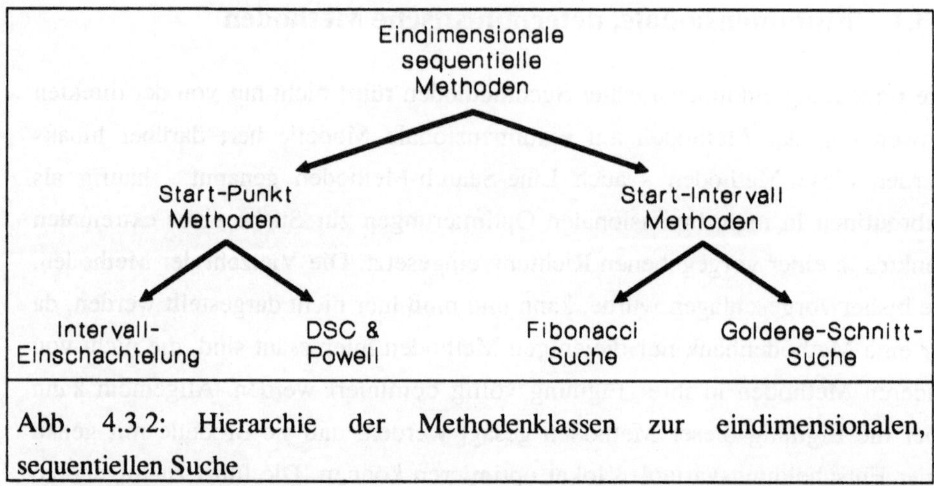

Abb. 4.3.2: Hierarchie der Methodenklassen zur eindimensionalen, sequentiellen Suche

Aufgrund dieser Klassifizierung ergeben sich sofort zwei Eignungs-Frames für die Klassen der Start-Punkt- und der Start-Intervall-Methoden. Das folgende Frame stellt beispielhaft die Eignung für die Start-Punkt-Methoden dar:

EIGNUNG-ZU-START-PUNKT.METHODEN.1	
Slot.Name	*Wert*
Kardinalitaet	([1, 1], 100)
Horizont.der.Suche	(Lokal, 100)
Vorkenntnisse?	(Start.Punkt, 100)
Start.Punkt.Bekannt?	(Bekannt, 100)

Zur Annahme der Unimodalität

Die theoretischen Überlegungen zur Entwicklung und zur Effektivität der im folgenden beschriebenen Methoden beruht wiederum[48] auf der Annahme einer unimodalen Zielfunktion.[49] Diese Annahme ist in der Regel bei Simulationsmodellen nicht aufrechtzuerhalten. Der Wegfall der Annahme führt letztlich dazu, daß einmal gefundene Optimalstellen nur noch lokale Optimalstellen sind.[50] Unter speziellen, aber nicht seltenen Umständen kann

48 Vgl. Kap. 4.2.1.

49 Vgl. SCHUG, C. (1980, Optimierungsverfahren), S. 10ff; BAZARAA, M.S.; SHETTY, C.M. (1979, Programming), S. 254f.

50 Vgl. BAZARAA, M.S.; SHETTY, C.M. (1979, Programming), S. 264; SCHWEFEL, H.-P. (1977, Optimierung), S. 36.

dieser Umstand jedoch zu einer Entartung in der Arbeitsweise der Methoden führen. Bei der Behandlung der Goldenen-Schnitt-Methode wird dieses Phänomen beschrieben und eine mögliche Lösung vorgeschlagen.

Intervall-Einschachtelung

Mit der Methode der Intervalleinschachtelung[51] kann ein Intervall identifiziert werden, in dem unter der Annahme der Unimodalität das Optimum liegen muß. Dazu ermittelt die Methode, vom Startpunkt ausgehend, die Steigungsrichtung und sucht in der identifizierten Richtung - eventuell mit wachsender Schrittweite - solange, bis ein Punkt gefunden ist, der im Vergleich zum letzten untersuchten Punkt eine Verschlechterung des Zielfunktionswertes mit sich bringt. Zwischen diesen beiden Punkten muß im Fall der Unimodalität das Optimum liegen.

Ohne die Annahme der Unimodalität können in dem identifizierten Intervall mehrere Optima liegen. Wichtiger ist in diesem multimodalen Fall jedoch, daß das Abbruchkriterium der Suche auch schon bei Gleichheit zweier benachbarter Zielfunktionswerte erfüllt sein muß. Sonst kann im Falle eines "Plateaus" das Verfahren in einer Endlosschleife entarten.

Die Methode eignet sich, wenn einerseits nur ein Start-Punkt bekannt ist und wenn andererseits eine zweite Methode zur Untersuchung des gefundenen Intervalls zur Verfügung steht. Es ergibt sich folgendes Eignungs-Frame:

EIGNUNG-ZU-INTERVALL-EINSCHACHTELUNG.1	
Slot.Name	*Wert*
Kardinalitaet	([1, 1], 100)
Horizont.der.Suche	(Lokal, 100)
Kardinalitaet	([1, 1], 100)
Vorkenntnisse?	(Start.Punkt, 100) (Phase.Der.Suche, 100)
Start.Punkt.Bekannt?	(Bekannt, 100)
Phase.Der.Suche	(Start, 100)

51 Vgl. HORST, R. (1979, Optimierung), S. 144; SCHWEFEL, H.-P. (1977, Optimierung), S. 34ff.

Davies-Swann-Campey & Powell, Lagrangeinterpolation

Im Lagrangeschen Interpolationsverfahren[52] wird versucht, den (impliziten) Zielfunktionsverlauf durch ein Polynom p-ten Grades über p+1 Stützstellen zu approximieren. Für das approximierte Polynom kann dann ein analytisches Minimum berechnet werden. Dieses analytische Minimum definiert jeweils eine neue Stützstelle. Der schlechteste der dann p+2 Stützstellen wird in der nächsten Approximation nicht mehr beachtet. Die Suche bricht ab, wenn der Abstand eines interpolierten Minimums von einem Stützpunkt eine vorgegebene Toleranzschranke unterschreitet.[53] Da in der Nähe des Optimums in der Regel eine quadratische Approximation am sinnvollsten ist, wird meist auf diese Approximation über entsprechend drei Stützstellen zurückgegriffen.

Hier soll nicht die allgemeine Lagrangesche Interpolationsmethode betrachtet werden, sondern eine Kombination zweier Methoden, die auf dieser Methode aufbauen. Die Methode von Davies, Swann & Campey (DSC) kombiniert einen Ansatz zum Einschachteln des Minimums mit einer sich anschließenden einmaligen quadratischen Approximation.[54] Powell schlug ein Ansatz vor, der sehr grob drei anfängliche Stützpunkte bestimmt und dann eine Sequenz von quadratischen Approximationen nach dem oben beschriebenen Muster durchführt.[55] Die Kombination beider Ansätze, beginnend mit der Einschachtelung nach DSC, gefolgt von einer Sequenz quadratischer Approximationen nach Powell, wird als die eindimensionale DSC&Powell - Methode bezeichnet.

Insbesondere wenn in der Nähe des lokalen Optimums der Funktionsverlauf tatsächlich als quadratisch angenommen werden kann, eignet sich dieser Ansatz. Im Unterschied zur Intervall-Einschachtelung kann mit der DSC&Powell-Methode direkt ein Optimum identifiziert werden; de facto stellt die Methode eine Ergänzung der Intervall-Einschachtelung dar. Entsprechend werden für diese Methode zwei Eignungs-Frames angelegt. Das erste Eignungs-Frame repräsentiert die besondere Eignung, wenn eine quadratische Zielfunktion

---

52 Vgl. LUENBERGER, D.G. (1984, Programming), S. 206f; MCCORMICK, G.P. (1983, Programming), S. 120ff (dort als Quadratic Fit bezeichnet).

53 Dieses Abbruchkriterium führt nicht notwendigerweise zum tatsächlichen Minimum: vgl. MURTY, K.G. (1988, Programming), S. 406f.

54 Vgl. HIMMELBLAU, D.M. (1972, Programming), S. 45.

55 Vgl. HIMMELBLAU, D.M. (1972, Programming), S. 45f.

angenommen werden kann, wobei die Eignung der Methode größer ist, wenn sich diese Annahme auf den gesamten Suchraum bezieht.

EIGNUNG-ZU-DSC&POWELL.1	
Slot.Name	*Wert*
Kardinalitaet	([1, 1], 100)
Horizont.der.Suche	(Lokal, 100)
Vorkenntnisse?	(Start.Punkt, 100)
	(Form.des.Zielgebirges, 100)
Start.Punkt.Bekannt?	(Bekannt, 100)
Zielgebirge	(Quadratisch.lokal, 75)
	(Quadratisch.Global, 100)

Das zweite Eignungs-Frame beschreibt den Fall, daß eine eindimensionale Suche, von einem Startpunkt ausgehend, sofort zu einem Optimum führen soll.

EIGNUNG-ZU-DSC&POWELL.2	
Slot.Name	*Wert*
Kardinalitaet	([1, 1], 100)
Horizont.der.Suche	(Lokal, 100)
Vorkenntnisse?	(Start.Punkt, 100) (Phase.Der.Suche, 100)
Start.Punkt.Bekannt?	(Bekannt, 100)
Phase.Der.Suche	(Ende, 100)

Fibonacci-Suche

Die Fibonacci-Suche ist die theoretisch effizienteste Suchmethode bei gegebenem begrenzten Suchintervall, gemessen am Kriterium der schnellstmöglichen Minimierung des Unsicherheitsintervall bei einer unimodalen Zielfunktion.[56] Die Fibonacci-Zahlenfolge, in der jedes Glied gleich der Summe der beiden vorangehenden Glieder ist (die ersten beiden Gliedern werden mit dem Wert 1 definiert), wird ausgenutzt, um das gegebene Suchintervall optimal zu unterteilen.

---

56 Vgl. LUENBERGER, D.G. (1984, Programming), S. 197ff; SCHUG, C. (1980, Optimierungsverfahren), S. 16ff; BAZARAA, M.S.; SHETTY, C.M. (1979, Programming), S. 260ff; SCHWEFEL, H.-P. (1977, Optimierung), S. 36ff; HIMMELBLAU, D.M. (1972, Programming), S. 42ff; WILDE, D.J. (1964, Methods), S. 24ff; KIEFER, J. (1953, Search), S. 53.

Rechnerisch ergibt sich die n-te Fibonacci-Zahl F_n zu:[57]

$$F_n = \frac{1}{\sqrt{5}}\left[\left(\frac{1+\sqrt{5}}{2}\right)^{n+1} - \left(\frac{1-\sqrt{5}}{2}\right)^{n+1}\right]$$

Ein verbleibendes Unsicherheitsintervall wird in der i-ten Iteration dreigeteilt, indem in seinem Innern von beiden Enden je die Strecke abgetragen wird, die sich als der Quotient aus der Fibonacci-Zahl $F_{n-(i+1)}$ und F_{n-i}, multipliziert mit der Intervall-Länge, ergibt. Für den nächsten Iterationsschritt verkürzt sich dann das Unsicherheitsintervall um die Strecke zwischen dem schlechteren der beiden Punkte und der benachbarten (alten) Intervallgrenze. Aufgrund der spezifischen Eigenschaften der Fibonacci-Zahlenfolge ist - abgesehen vom ersten Iterationsschritt - immer schon einer der beiden inneren Punkte berechnet worden, wodurch sich die besondere Effizienz des Verfahrens begründet.

Die Zahl n, also die Anzahl der durchzuführenden Iterationen, muß demnach vor Beginn des Starts gegeben sein. Die Iterationsanzahl selbst ist jedoch im allgemeinen kein sinnvoller Steuerparameter; wichtiger ist die Angabe der maximal erträglichen Unsicherheit. Aufgrund der oben angeführten Beziehung zur Berechnung von F_n läßt sich jedoch approximativ ein Wert für n aus der Breite des anfänglichen Intervalls und einer vorgegebenen Genauigkeit ε bestimmen:[58]

$$n \cong \log\left(\frac{b-a}{\varepsilon}\right),$$

Dabei sei das anfängliche Intervall durch [a, b] bestimmt.

Die Fibonacci-Suche ist die theoretisch effizienteste Methode bei unimodalen Funktionen. Jedoch bezieht sich diese theoretische Effizienz alleine auf die Anzahl der benötigten Schritte, um zu einem vorgegebenem maximalen Unsicherheitsintervall zu gelangen. Weiterhin ist der Vorteil gegenüber der im folgenden betrachteten Goldenen-Schnitt-Methode sehr klein und verschwindet sogar mit wachsendem n. Wird weiterhin beachtet, daß die Generierung der

---

57 Vgl. HOFFMANN, U.; HOFFMANN, H. (1971, Optimierung), S. 75. Die Fibonacci-Folge beginnt mit F_0.

58 Vgl. SCHWEFEL, H.-P. (1977, Optimierung), S. 39. Zu beachten ist, daß ε dabei ein zur Intervallbreite relatives Maß ist. Gibt man also z.B. $\varepsilon = 0,5$ vor, bei einer Breite des Startintervalls von 100, ergibt sich ein verbleibendes Unsicherheitsintervall von 50.

Fibonacci-Zahlen selbst einen gewissen Aufwand verursacht, reduziert sich der praktische Vorteil dieser Methode weiter. Ein wichtige Voraussetzung für diese Methode ist die Unimodalität. Wie analog für die Goldene-Schnitt-Methode gezeigt werden wird, kann die Methode im multimodalen Fall, der auch Plateaus im Zielfunktionsverlauf zuläßt, degenerieren. Es ergibt sich das folgende Eignungs-Frame:

EIGNUNG-ZU-FIBONACCI-SUCHE.1	
Slot.Name	*Wert*
Kardinalitaet	([1, 1], 100)
Horizont.der.Suche	(Lokal, 100)
Vorkenntnisse?	(Start.Intervall, 100) ,(Zielgebirge100)
Start.Intervall.Bekannt?	(Bekannt, 100)
Zielgebirge	(Unimodal, 100)

Goldener Schnitt

Ähnlich dem Vorgehen bei der Fibonacci-Suche wird bei der Goldenen-Schnitt-Methode das Unsicherheitsintervall sukzessive verkleinert.[59] Allerdings erfolgt die Verringerung um einen konstanten Faktor. Sei $[a_k, b_k]$ das Unsicherheitsintervall zur k-ten Iteration, dann ergeben sich die beiden inneren Punkte, die das Intervall in drei Strecken teilen zu:

$$c_k = b_k - \lambda\, (b_k - a_k) \text{ und } d_k = a_k + \lambda\, (b_k - a_k).$$

λ ist dabei der Konstante Wert:

$$\frac{2}{1+\sqrt{5}}, \text{ der sich aus } \lambda^2 + \lambda = 1 \text{ ergibt.}$$

Die Methode hat nur ein geringfügig schlechteres Konvergenzverhalten als die Fibonacci-Suche, hat aber den Vorteil, daß die eventuell aufwendige a-priori-Berechnung der Fibonacci-Zahlen entfallen kann. Insofern wird für diese Methode ein zur Fibonacci-Suche identisches Eignungs-Frame angelegt.

---

[59] Vgl. MURTY, K.G. (1988, Programming), S. 402f; LUENBERGER, D.G. (1984, Programming), S. 199f; MCCORMICK, G.P. (1983, Programming), S. 122ff; HORST, R. (1979, Optimierung), S. 148f.

Multimodalität und Goldene-Schnitt-Methode

Methoden wie die Fibonacci-Suche oder die Goldene-Schnitt-Methode werden auch Eliminationsmethoden genannt, da sie während der Optimumsuche sukzessiv Teile des verbleibenden Unsicherheitsintervalls von der weiteren Suche eliminieren.[60] Diese Methoden setzen nicht nur zur Identifikation des globalen Optimums die Unimodalität voraus, sondern darüber hinaus können sie im multimodalen Fall degenerieren, wie an einem Beispiel demonstriert werden wird. Dieser Fall kann auftreten, wenn innerhalb des zu untersuchenden Intervall ein Plateau existiert. Da solche Plateaus - gerade im Zusammenhang mit der Behandlung von Nebenbedingungen - eine häufige Erscheinung sind, scheint es angebracht, auf diesen Fall gesondert einzugehen und eine Möglichkeit zur Lösung der Problematik zu entwickeln.[61]

Die folgende Skizze demonstriert, wie eine Eliminationsmethode degenerieren kann, wenn ein Plateau existiert. Es wird angenommen, daß die in Abbildung 4.3.3 skizzierte Funktion f(x) zu maximieren sei.

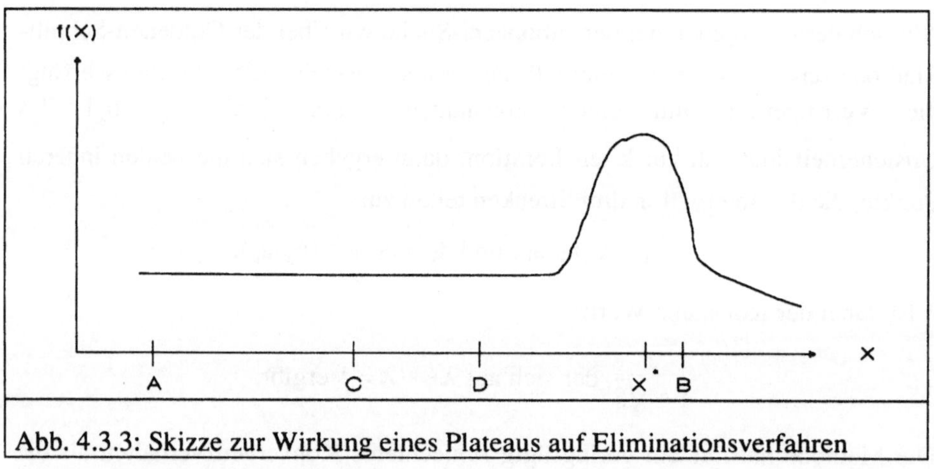

Abb. 4.3.3: Skizze zur Wirkung eines Plateaus auf Eliminationsverfahren

Die Punkte A und B geben die Unter- und Obergrenze des zu untersuchenden Intervalls an. x^* ist das gesuchte Maximum der Funktion. Die Punkte C und D liefern die Entscheidungsgrundlage für die Elimination eines der beiden

[60] Vgl. SCHWEFEL, H.-P. (1977, Optimierung), S. 36ff.

[61] Vgl. Kap. 4.6.

Teilintervalle [A, C) oder (D, B]. Da die Zielfunktionswerte f(C) und f(D) gleich sind, wird das Intervall (D, B] eliminiert und mit ihm das gesuchte Optimum.[62]

Mit einer einfachen Modifikation der Eliminationsmethoden kann jedoch der oben skizzierte Fall, ohne wesentlichen zusätzlichen Aufwand behandelt werden. Vor dem Vergleich von f(C) und f(D) zur Entscheidung über das zu eliminierende Teilintervall muß überprüft werden, ob die Randpunkte A und B zu besseren Zielfunktionswerten führen als die inneren Punkte. Ist dies der Fall, wird das verbleibende Unsicherheitsintervall in das entsprechende Teilintervall [A, C] oder [D, B] verlegt. In dem neuen verbleibenden "Unsicherheitsintervall" müssen dann zwar zwei Punkte neu berechnet werden, was jedoch zu keiner wesentlichen Verzögerung führt, da ja auch das Optimum schneller angenähert wird.

Sei die so entstandene Methode als Multi-Mod-GS bezeichnet, so ergibt sich für sie die folgende Eignung:

EIGNUNG-ZU-MULTI-MOD-GS.1	
Slot.Name	*Wert*
Kardinalitaet	([1, 1], 100)
Horizont.der.Suche	(Lokal, 100)
Vorkenntnisse?	(Start.Intervall, 100)
Start.Intervall.Bekannt?	(Bekannt, 100)

4.3.2 Mehrdimensionale, deterministische Methoden

Wie schon im Zusammenhang mit simultanen Methoden, können auch bei sequentiellen Methoden die erfolgreichen Ansätze zur Optimierung eindimensionaler Probleme nicht einfach auf die Optimierung mehrdimensionaler Probleme übertragen werden.[63] Hier werden zuerst deterministische Ansätze zur Lösung des Problems vorgestellt. Diesen Methoden ist gemeinsam, daß sie zur Suche nach einem lokalen Optimum geeignet sind:

---

62 Je nachdem, wie die Eliminationsvorschrift in Abhängigkeit des Unterschieds von f(C) und f(D) formuliert wird, könnte auch das Intervall [A, C) eliminiert werden. Dann jedoch tritt die skizzierte Situation bei einem **zur vertikalen Achse** spiegelbildlichen Funktionsverlauf auf.

63 Vgl. Kap. 4.2.2.

EIGNUNG-ZU-MEHRDIM-SEQU.DETERMINISTISCHE.METHODEN.1	
Slot.Name	*Wert*
Kardinalitaet	([2, unknown), 100)
Horizont.der.Suche	(Lokal, 100)

Die folgende Abbildung 4.3.4 zeigt die im weiteren behandelten Unter-Methodenklassen.

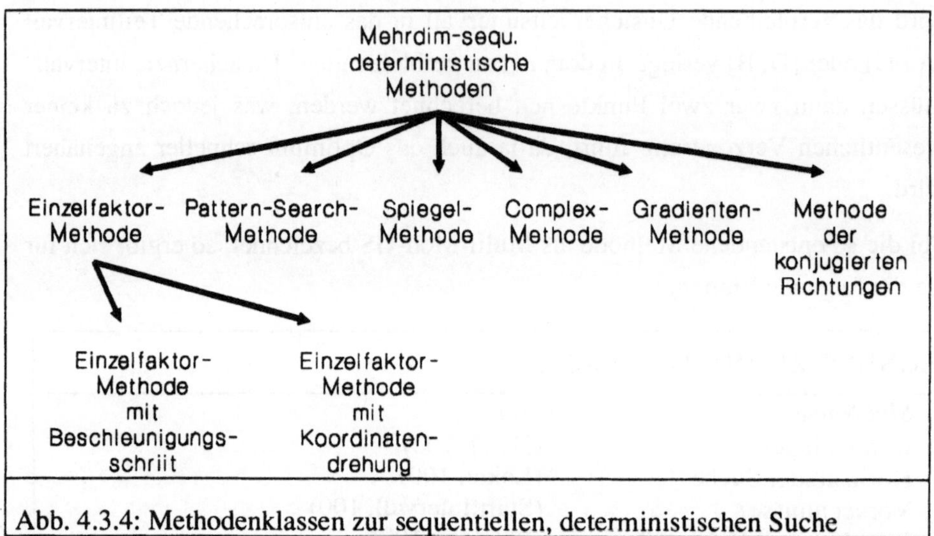

Abb. 4.3.4: Methodenklassen zur sequentiellen, deterministischen Suche

Einzelfaktormethode

Die Einzelfaktormethode ist die theoretisch unkomplizierteste Methode.[64] In ihrer grundlegenden Fassung schreibt sie eine sukzessive eindimensionale Optimierung in den Koordinaten-Richtungen vor. Nacheinander werden also die einzelnen Entscheidungsvariablen bei Konstanz aller anderen Entscheidungsvariablen optimiert. Von dem dann jeweils erreichten Punkt ausgehend, wird die nächste Entscheidungsvariable optimiert, bis die Veränderung aller Variablen einmal zu keiner Verbesserung führte.

64 Vgl. CHEN, B. (1989, Optimum-Suchstrategien), S. 114ff; MERTENS, P. (1982, Simulation), S. 29f; BAZARAA, M.S.; SHETTY, C.M. (1979, Programming), S. 271ff; BIETHAHN, J. (1978, Optimierung), S. 48ff.

Unter der theoretischen Annahme beliebig kleiner Schrittweiten und der Differenzierbarkeit der (impliziten) Zielfunktion findet dieses einfache Verfahren zum lokalen Optimum.[65] Wenn jedoch - wie es in der Praxis numerischer Berechnungen notwendig ist - nur eine Mindestschrittweite angenommen werden muß, kann das Verfahren Steigungsrichtungen in sogenannte Graten, die diagonal zu den Koordinatenachsen verlaufen, übersehen. Dennoch hat die Methode in der Untersuchung von Biethahn, in der ein stochastisches Modell mit vielen lokalen Optima untersucht wurde, sehr gute Ergebnisse geliefert,[66] so daß man vermuten kann, daß diese einfache Methode sich dann besonders eignet, wenn keine begründeten Annahmen über eine besondere Struktur des Zielgebirges vorliegen. Insbesondere bei stark multimodalen Zielfunktionen können Methoden, die mit größerem Aufwand das nächste lokale Optimum suchen, unterlegen sein. Mittels abgesenkter Konfidenzwerte wird der Unsicherheit dieser Einschätzung im folgenden Eignungs-Frame Rechnung getragen.

EIGNUNG-ZU-EINZELFAKTORMETHODE.1	
Slot.Name	*Wert*
Kardinalitaet	([2, unknown), 100)
Horizont.der.Suche	(Lokal, 100)
Vorkenntnisse?	(Zielgebirge, 100)
Zielgebirge	(Stark.Multimodal, 80) (Nicht.Gegeben, 70)

Um den offensichtlichen Nachteil der Einzelfaktormethode in der Behandlung von Graten zu beheben, wurden verschiedene Ansätze zur Ergänzung der Methode im Hinblick auf eine Suche in Nicht-Koordinaten-Richtungen entwickelt.

Beschleunigungsschritt

Der erste Ansatz, die Fixierung auf die Koordinaten-Richtungen zu durchbrechen, besteht in der Einführung eines sogenannten Beschleunigungs-Schritts (Acceleration-Step), der nach einer vorgegebenen Anzahl von Koordinaten-Suchen in der Richtung der bisher erfolgten gesamten

65 Zum Beweis: vgl. BAZARAA, M.S.; SHETTY, C.M. (1979, Programming), S. 239ff, S. 272f.

66 Vgl. BIETHAHN, J. (1978, Optimierung), S. 157ff, S. 247ff.

Verschiebung des Suchpunkts weitersucht.[67] Bei wenig-dimensionalen Modellen sollte diese Veränderung eventuell zu Beschleunigungen und Verbesserungen der Suche führen, da die Wahrscheinlichkeit, daß die Entscheidungsvariablen, die zur Verbesserung des Zielfunktionswertes beitragen, gemeinsam verändert werden, offensichtlich groß ist. Bei zwei Variablen können mögliche Interaktionen zwischen den beiden Variablen bei einigermaßen glatten Zielgebirgen sehr gut identifiziert werden. Bei hoch-dimensionalen Modellen fällt jedoch die Wahrscheinlichkeit, daß eine beliebige Teilmenge der betrachteten Koordinaten-Richtungen in ihrer Interaktion einen Beitrag zur gesamten Optimierung liefert. Dies kann zu folgendem Eignungs-Frame führen:

EIGNUNG-ZU-EINZELFAKTOR.MIT.BESCHLEUNIGUNG.1	
Slot.Name	*Wert*
Kardinalitaet	([2, 4], 100) ([5, 7], 80)
Horizont.der.Suche	(Lokal, 100)
Vorkenntnisse?	(Zielgebirge, 100)
Zielgebirge	(Stark.Multimodal, 80) (Nicht.Gegeben, 70)

Rotierte Koordinaten

Eine weiterführende Idee zur Anpassung der Einzelfaktormethode an spezielle Topologien von Zielfunktionen besteht darin, das gesamte Koordinatensystem entsprechend den während der Suche gemachten Fortschritten zu drehen. Die Methoden von Rosenbrock einerseits und Davies, Swann & Campey andererseits richten nach je einem Zyklus der Suche, der alle Koordinaten-Richtungen umfaßt, das Koordinatensystem neu aus.[68] Das neue Koordinatensystem orientiert sich an der Richtung der Gesamtverschiebung im letzten Zyklus. Die neuen Richtungen werden mit Hilfe des Gram-Schmidtschen-Orthonormierungsverfahrens konstruiert.[69] Die beiden Methoden unterscheiden

---

[67] Vgl. BAZARAA, M.S.; SHETTY, C.M. (1979, Programming), S. 273f.; WILDE, D.J. (1964, Methods), S. 129ff.

[68] Vgl. CHEN, B. (1989, Optimum-Suchstrategien), S. 116 (Rosenbrock), S. 122 (Davies, Swann & Campey); BAZARAA, M.S.; SHETTY, C.M. (1979, Programming), S. 279ff (nur Rosenbrock); HIMMELBLAU, D.M. (1972, Programming), S. 158ff.

[69] Zum Gram-Schmidtschen Orthonormierungsverfahren: vgl. BRONSTEIN, I.N.; SEMENDJAJEW, K.A. (1991, Ergänzende Kapitel), S. 114; BAZARAA, M.S.; SHETTY, C.M. (1979, Programming), S. 279.

sich durch die Art der eindimensionalen Suche in die Koordinaten-Richtungen. Beim Rosenbrockschen Ansatz wird keine eindimensionale Optimierung pro Koordinatenrichtung durchgeführt, sondern eher ein vorsichtiges Abtasten im Sinne der später beschriebenen Pattern-Search-Methode. Die Methode nach Davies, Swann & Campey führt eindimensionale Optimierungen durch.

Da beide Methoden eine Anpassung an spezielle Formen des Zielgebirges vornehmen, wird hier ein Eignungs-Frame vorgeschlagen, das die Methoden in Unabhängigkeit des entsprechenden Vorwissens empfiehlt.

EIGNUNG-ZU-EINZELFAKTOR.MIT.KOORDINATENDREHUNG.1	
Slot.Name	*Wert*
Kardinalitaet	([2, unknown), 100)
Horizont.der.Suche	(Lokal, 100)
Zielgebirge	(Nicht.Gegeben, 100)

Pattern Search nach Hooke & Jeeves

Die Pattern-Search-Methode wurde entwickelt, um insbesondere Zielgebirge mit gekrümmten Graten effektiv behandeln zu können.[70] Deswegen führt die Methode, die auch als eine Erweiterung der Einzelfaktor-Methode aufgefaßt werden kann, keine vollständigen eindimensionalen Optimumsuchen in den Koordinaten-Richtungen durch, sonderen verändert in einem Zyklus von Koordinaten-Suchen jede Entscheidungsvariable maximal um eine vorgegebene Schrittweite. Über den nach einem Zyklus gefundenen Punkt hinaus wird dann, vom Startpunkt des Zyklus ausgehend, extrapoliert (Pattern-Move). Die Umgebung des extrapolierten Punktes wird anschließend erst mit einem Zyklus von Suchen in die Koordinaten-Richtungen untersucht, bevor der dann erhaltene Punkt auf eine Verbesserung hin überprüft wird. Im Fall einer Verschlechterung wird die Schrittweite reduziert und der Zyklus und die Extrapolation wiederholt. Das Verfahren bricht bei Unterschreitung einer Mindestschrittweite ab.

---

70 Vgl. CHEN, B. (1989, Optimum-Suchstrategien), S. 116ff; SCHUG, C. (1980, Optimierungsverfahren), S. 25ff; BAZARAA, M.S.; SHETTY, C.M. (1979, Programming), S. 274ff; BIETHAHN, J. (1978, Optimierung), S. 69ff; HIMMELBLAU, D.M. (1972, Programming), S. 274ff.

In der Biethahnschen Untersuchung zeichnete sich die Methode insbesondere dadurch aus, daß sie sehr schnell einen sehr guten Zielwert erreichte.[71] Insofern scheint die Methode eine besondere Eignung in der Startphase der Optimumsuche zu haben. Um einerseits der allgemeinen Eignung dieser Methode und andererseits der speziellen Eignung in der Startphase Rechnung zu tragen wird neben einem Eignungs-Frame, das dem der Einzelfaktormethode mit Koordinaten-Drehungen entspricht, ein zweites Eignungs-Frame angelegt, das auf die Startphase bezug nimmt. Dabei wird im Hinblick auf die spezielle Eignung der Spiegel-Methode, die im folgenden vorgestellt wird, das Konfidenzniveau bei geringerer Kardinalitaet etwas gesenkt.

EIGNUNG-ZU-PATTERN.SEARCH.2	
Slot.Name	*Wert*
Kardinalitaet	([2, 20), 80) ([20, unknown), 100)
Horizont.der.Suche	(Lokal, 100)
Phase.Der.Suche	(Start, 100)

Spiegel-Methode

Während die zuletzt beschriebenen Methoden einen einzelnen Suchpunkt sukzessive näher an ein Optimum heranschieben, wird im Rahmen der Spiegel-Methode eine ganze Punkte-Schar verschoben, um so die Kontur des Zielgebirges in seiner Struktur besser berücksichtigen zu können.[72] Das Verfahren wird auch Simplex-Methode genannt, da die zu verschiebende Punkteschar einen Simplex im n-dimensionalen Raum darstellt (wenn n die Anzahl der Entscheidungsvariablen ist). Die Bezeichnung Spiegel-Methode spielt auf die Berechnung neuer Suchpunkte an. Ein neuer Punkt des Simplex wird durch Spiegelung am Schwerpunkt des Simplex erreicht. Dieser neue Punkt wird in Abhängigkeit seines Zielfunktionswertes in den Simplex aufgenommen. Führt die Spiegelung zu keinem Erfolg, paßt sich die Methode mit einem gestaffelten System von Kontraktionen und Expansionen an die Topologie des Zielgebirges an.

---

71 Vgl. BIETHAHN, J. (1978, Optimierung), S. 247ff.

72 Vgl. CHEN, B. (1989, Optimum-Suchstrategien), S. 125; BIETHAHN, J. (1978, Optimierung), S. 53ff; HIMMELBLAU, D.M. (1972, Programming), S. 148ff.

Die Methode scheint besonders geeignet, in der Startphase sehr schnell in die Region eines lokalen Optimums zu konvergieren. Sie ist jedoch wenig geeignet, dieses Optimum dann selbst genauer zu approximieren.[73] Darüber hinaus verliert die Methode mit wachsender Kardinalität des Modells an Effizienz, da bei einer großen Anzahl von Dimensionen der Simplex leicht kollabiert, d.h. nicht mehr alle Dimensionen aufspannt.[74] Es ergibt sich folgendes Eignungs-Frame, in dem die Verteilung der Konfidenzen pragmatisch vorgenommen wird:

EIGNUNG-ZU-SPIEGELMETHODE.1	
Slot.Name	*Wert*
Kardinalitaet	([2, 20), 100) ([20, unknown), 80)
Horizont.der.Suche	(Lokal, 100)
Phase.Der.Suche	(Start, 100)

Complex-Methode

Die Complex-Methode stellt eine Erweiterung der Spiegel-Methode dar, die eine explizite Schwäche des letztgenannten Verfahrens vermeiden will.[75] Die Spiegel-Methode arbeitet nur dann effektiv, wenn alle Dimensionen des Suchraums aufgespannt werden: Die n+1 Punkte des Simplex dürfen nicht auf einer Hyperebene liegen. Insbesondere bei der Beachtung von Nebenbedingungen, aber auch in Regionen mit sehr flachen Steigungen besteht aber die Tendenz des Simplexes, rasch zu kollabieren, d.h. nicht mehr den gesamten n-dimensionalen Suchraum aufzuspannen. Indem in der Complex-Methode einerseits im Falle einer erfolgreichen Spiegelung bewußt überexpandiert wird, um das Volumen des Polyeders möglichst groß zu halten, und andererseits mit einem Polyeder von bis zu 2n Punkten gearbeitet wird, wird

73 Vgl. MOLNÀR, I.; HARDHIENATA, S. (1991, Optimierung); BIETHAHN, J. (1978, Optimierung), S. 247ff.

74 Vgl. SCHWEFEL, H.-P. (1977, Optimierung), S. 70.

75 Vgl. SCHWEFEL, H.-P. (1977, Optimierung), S. 72ff; HIMMELBLAU, D.M. (1972, Programming), S. 177ff; BOX, M.J. (1965, Optimization). Himmelblau reiht die Methode in die Klasse der stochastischen Verfahren ein, weil zumindest im Original-Aufsatz von Box die Punkte des Start-Complex (bis auf einen Start-Punkt) mittels eines Zufallszahlengenerators bestimmt werden. Diese Vorschrift wird in anderen Vorschlägen durch eine deterministische Vorschrift ersetzt: vgl. MITCHELL, R.A.; KAPLAN, J.L. (1968, Optimization). Da aber insbesondere der eigentliche Suchprozess deterministisch abläuft, wird hier der Himmelblauschen Einordnung nicht gefolgt.

der Gefahr des Zusammenfallens des Polyeders entgegengewirkt. Die Eignung der Complex-Methode wird im Kapitel zur Behandlung von Nebenbedingungen dargestellt.[76]

Gradienten-Methode

Kernpunkt aller Suchmethoden ist die Identifikation von günstigen Steigungsrichtungen. Im Rahmen von direkten Gradienten-Methoden wird versucht, in Analogie zur analytischen nicht-linearen Optimierung den Vektor der Steigungsrichtungen zu bestimmen und dann in die so identifizierte Richtung des steilsten An- oder Abstiegs eine eindimensionale Suche durchzuführen.[77] Da die einzelnen partiellen Ableitungen jedoch offensichtlich nicht vorliegen können, wird der Gradientenvektor mittels eines Differenzenvektors geschätzt. Dieses intuitive Vorgehen erweist sich jedoch als nicht besonders effektiv[78], weswegen dieser Methode nur ein geringere Eignung zugewiesen wird:

EIGNUNG-ZU-GRADIENTEN-METHODE.1	
Slot.Name	*Wert*
Kardinalitaet	([2, unknown), 50)
Horizont.der.Suche	(Lokal, 100)

Methoden auf Basis konjugierter Richtungen

Eine weitere Methode, die auf Ansätze der analytischen nicht-linearen Programmierung zurückgreift, ist die Methode der konjugierten Richtungen. Im Spezialfall einer quadratischen Funktion kann, von einem beliebigen Startpunkt ausgehend, mittels sukzessiver eindimensionaler Optimierungen in zur Hesse-Matrix konjugierten Richtungen in n Schritten das Optimum gefunden werden.[79] Für den ableitungsfreien Fall gilt natürlich, daß auch die zweiten Ableitungen

---

76 Vgl. Kap. 4.6.5.

77 Vgl. SCHUG, C. (1980, Optimierungsverfahren), S. 28ff; BIETHAHN, J. (1978, Optimierung), S. 65ff.

78 Vgl. CHEN, B. (1989, Optimum-Suchstrategien), S. 139ff; BIETHAHN, J. (1978, Optimierung), S. 247ff.

79 Vgl. CHEN, B. (1989, Optimum-Suchstrategien), S. 122ff; HIMMELBLAU, D.M. (1972, Programming), S. 167ff; ZANGWILL, W.I. (1969, Programming), S. 129ff;.

und damit die Hesse-Matrix nicht vorliegen. Man macht sich jedoch besondere Eigenschaften konjugierter Richtungen zunutze, um die Hesse-Matrix aus dem Verlauf der Optimumsuche zu approximieren. In einer Untersuchung von Schwefel schnitt die Methode der konjugierten Richtungen im Bezug auf den Zeitbedarf sehr gut ab, und bemerkenswerterweise reichte auch bei vielen nicht-quadratischen Funktionen genau ein Zyklus des Aufbauens konjugierter Richtungen, um das lokale Optimum zu finden.[80]

Besonders ist diese aufwendige Methode jedoch dann geeignet, wenn von einer quadratischen Form des Zielgebirges ausgegangen werden kann. Dabei steigt der Grad der Eignung, wenn diese Annahme auf den gesamten Suchraum bezogen werden kann. Es ergibt sich folgendes Eignungs-Frame:

EIGNUNG-ZU-KONJUGIERTE.RICHTUNGEN.1	
Slot.Name	*Wert*
Kardinalitaet	([2, unknown), 100)
Horizont.der.Suche	(Lokal, 100)
Vorwissen?	(Zielgebirge, 100)
Zielgebirge	(Quadratisch.Global, 100)
	(Quadratisch.Lokal, 75)

4.3.3 Mehrdimensionale, stochastische Methoden

In den bisher beschriebenen, deterministischen Ansätzen wurde der nächste Suchpunkt durch eine deterministische Vorschrift bestimmt, die Informationen über die Topologie des Zielgebirges aus dem Verlauf der vorherigen Suche verwandte. Stochastische Suchmethoden wählen den folgenden Suchpunkt in Abhängigkeit einer Zufallsvariablen.[81] Sequentielle stochastische Methoden zeichnen sich dabei insbesondere dadurch aus, daß sie sowohl die Informationen aus der bisherigen Suche ausnutzen, als auch auf eine Zufallsverteilung zur Generierung des nächsten Punktes zurückgreifen. Durch die Einführung von Zufallsprozessen in die Steuerung der Suche erhofft man sich letztlich, die Begrenzung sequentieller Suchmethoden auf die Suche nach lokalen Optima zu

[80] Vgl. SCHWEFEL, H.-P. (1977, Optimierung), S. 196ff.
[81] Vgl. RAPPL, G. (1988, Search), S. 1f.

durchbrechen.[82] Somit stellen sequentielle stochastische Methoden eine mögliche Alternative bei einen globalen Suchhorizont dar:

EIGNUNG-ZU-SEQUENTIELLEN.STOCHASTISCHEN.METHODEN.1	
Slot.Name	*Wert*
Kardinalitaet	([2, unknown), 100)
Horizont.der.Suche	(Global, 100)

Im Fall der simultanen Suchmethoden wurde gezeigt, daß der stochastische Ansatz den deterministischen Ansätzen systematisch unterlegen ist[83]. Auch im Bereich sequentieller Methoden wird die Meinung vertreten, stochastische Methoden stellten prinzipiell ineffizientere Techniken dar. Himmelblau führt stochastische Methoden unmißverständlich wie folgt ein: "*Random search methods are the least elegant and efficient of all the search techniques*, .."[84]

Andere Autoren berichten jedoch von zum Teil erstaunlichen Erfolgen stochastischer Ansätze.[85] Theoretisch kann argumentiert werden, daß speziell im Bezug auf die Optimierung von Simulationsmodellen, also bei systematischer Unkenntnis der expliziten Zielfunktion, der Vorteil deterministischer Ansätze schrumpft, da alle topologischen Informationen über das Zielgebirge letztlich heuristische Vermutungen darstellen. Demnach kann vermutet werden, daß der Einsatz einer stochastischen Methode umso effektiver sein dürfte, je weniger die Analogie zwischen impliziter Zielfunktion und angenommenem Modell der Zielfunktion berechtigt ist. Dies gilt für stochastische Modelle, bei denen von Natur her nur mit Approximationen einer Zielfunktion gearbeitet werden kann; dies kann aber auch für diskrete Modelle gelten, bei denen die Vorstellung eines Zielgebirges an sich schon eine vereinfachende Abstraktion darstellt.

Der Rückgriff auf stochastische Prozesse zur Steuerung reicht zumindest bis in die 50er Jahre zurück.[86] In neueren stochastischen Ansätzen werden bewußt Analogien zu anderen Erfahrungsbereichen herangezogen, um die stochastische Steuerung der Suche zu motivieren. Zwei bekannte methodische Ansätze dieser

---

[82] Vgl. ARCHETTI, F.; SCHOEN, F. (1984, Optimization), S. 89, S. 96.

[83] Vgl. Kap. 4.2.1.

[84] HIMMELBLAU, D.M. (1972, Programming), S. 177.

[85] Vgl. GOLDBERG, D.E. (1989, Algorithms), S. 103ff; ABLAY, P. (1987, Evolutionsstrategien), S. 109ff; SCHWEFEL, H.-P. (1977, Optimierung), S. 255ff.

[86] Vgl. BROOKS, S.H. (1958, Methods).

Art stellen die Evolutionsmethoden und die Methode des Simulated Annealing dar. Im folgenden wird zuerst eine klassische stochastische Suchmethode vorgestellt und im Anschluß daran wird auf Evolutionsmethoden und Simulated Annealing eingegangen. Da zum Einsatz der Methoden bei Simulationsmodellen noch keine Erfahrungen vorliegen, die die Diskriminierung zwischen den Methoden ermöglichte, wird das allgemeine Eignungs-Frame für diese Methodenklasse nicht weiter spezifiziert.

Die folgende Abbildung 4.3.5 zeigt die im weiteren behandelten Unter-Methodenklassen.

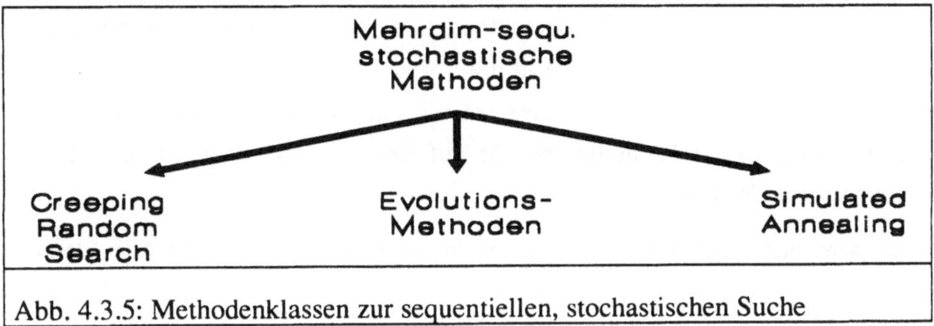

Abb. 4.3.5: Methodenklassen zur sequentiellen, stochastischen Suche

Creeping Random Search

Die Creeping Random Search Methode, die auf Brooks zurückgeht,[87] basiert auf der folgenden einfachen Iterationsvorschrift für den Fall der Minimierung. $F(\mathbf{x})$ bezeichne den Wert der Zielfunktion bei Suchpunkt $\mathbf{x}$:[88]

$$\mathbf{x}^{k+1} = \begin{cases} \mathbf{x}^k + \mathbf{z}^k \quad , & \text{wenn } F(\mathbf{x}^k + \mathbf{z}^k) <= F(\mathbf{x}^k), \\ \mathbf{x}^k \quad , & \text{sonst.} \end{cases}$$

87 Vgl. BROOKS, S.H. (1958, Methods). Einen ähnlicher Ansatz, der jedoch die vorherige erfolgreiche Gesamtsuchrichtung explizit in die Bestimmung des neuen Punktes einbezieht, stellt die "History Vector Method" dar, die auf einen Vorschlag von Wheeling zurückgeht: vgl.WHEELING, R.F. (1960, Optimizers); RUBINSTEIN, R.Y. (1986, Monte Carlo), S. 177; HIMMELBLAU, D.M. (1972, Programming), S. 178f; JACOBY S.L.S.; KOWALIK, J.S.; PIZZO, J.T. (1972, Methods), S. 85.

88 Vgl. ARCHETTI, F.; SCHOEN, F. (1984, Optimization), S. 103. Zu einer allgemeineren Darstellung, in der sowohl Schrittweite als auch Suchrichtung über unabhängige Zufallsvariablen bestimmt werden: vgl. RAPPL, G. (1988, Search), S. 3.

Dabei wird durch z^k ein n-dimensionaler Zufallsvektor dargestellt, der einer n-dimensionalen (0, σ)-Verteilung gehorcht. σ wird in dieser Iterationsvorschrift als eine durchschnittliche Schrittweite interpretiert.[89]

Evolutionsmethoden

Unter Evolutionsmethoden werden stochastische Suchmethoden verstanden, die das zufalls-beeinflußte Erzeugen von neuen Suchpunkten als Mutation auffassen und die die Entscheidung, einen neuen Punkt zu akzeptieren oder zu verwerfen, als Selektion interpretieren. Die sogenannte eingliedrige Evolutionsstrategie als einfachster Vertreter der Evolutionsmethoden ist de facto eine Übersetzung der Creeping Random Search Methode in die Terminologie der Evolutionstheorie.[90] Eine Weiterentwicklung dieses Ansatzes, die sich in einer Untersuchung als besonders effektiv herausstellte, beruht auf der Beachtung von Eltern-Kind-Beziehungen in der Evolution[91]:

Dabei wird angenommen, daß in jeder Iterationsstufe (Generation) μ Eltern-Punkte existieren, die je λ / μ Nachkommen-Punkte erzeugen.[92] Unter diesen λ Nachkommen werden die μ besten als Eltern in der nächsten Iterationsstufe selektiert. Allgemein wird somit von (μ, λ)-Strategien gesprochen, wobei die eingliedrige Evolutionsstrategie dann eine (1, 1)-Strategie darstellt.

Schwefel experimentierte in einer Untersuchung mit einer (1, 1) und einer (10, 100)-Strategie und erreichte bei einer Anzahl von Standard-Problemen der nichtlinearen Optimierung im Vergleich zu deterministischen Verfahren sehr gute Ergebnisse im Hinblick auf die Konvergenz gegen die globalen Optima.[93] In dieser Hinsicht war die (10, 100)-Strategie insgesamt allen anderen getesteten Verfahren überlegen.[94] Im Bezug auf den Zeitbedarf war jedoch die einfache (1, 1)-Strategie der (10, 100)-Strategie überlegen und keines der Verfahren konnte die deterministischen Methoden dominieren.

89 Vgl. SCHWEFEL, H.-P. (1977, Optimierung), S. 112.
90 Vgl. SCHWEFEL, H.-P. (1977, Optimierung), S. 123ff.
91 Vgl. SCHWEFEL, H.-P. (1977, Optimierung), S. 196ff.
92 Zur exakten Erzeugungsregel: vgl. SCHWEFEL, H.-P. (1977, Optimierung), S. 141.
93 Vgl. SCHWEFEL, H.-P. (1977, Optimierung), S. 196ff. Es wurden keine diskreten Probleme getestet.
94 Vgl. SCHWEFEL, H.-P. (1977, Optimierung), S. 228f.

Simulated Annealing

Einen der Evolutionsstrategie eng verwandten Ansatz, der jedoch seine Terminologie aus einer anderen, der Physik entstammenden Analogie schöpft, stellt der Ansatz des "Simulated Annealing" dar.[95] Zusätzlich zum beschriebenen Vorgehen bei der Evolutionsmethode werden nicht nur Verbesserungen von zufällig erzeugten Punkten akzeptiert, sondern auch Verschlechterungen, wenn auch abhängig von der Größe der Verschlechterung und mit dynamisch abnehmender Wahrscheinlichkeit. Mit der Festlegung, daß N(**x**) ein zufällig gewählter Punkt aus der Nachbarschaft von **x** ist, basiert der Ansatz des Simulated Annealing auf der folgenden Auswahlvorschrift (im Fall der Minimierung):[96]

Wenn $F(N(\mathbf{x}^k)) <= F(\mathbf{x}^k)$

Dann $\mathbf{x}^{k+1} = N(\mathbf{x}^k)$

Sonst

$\mathbf{x}^{k+1} = N(\mathbf{x}^k)$ mit Wahrscheinlichkeit $p = e^{-F(N(\mathbf{x}^k))-F(\mathbf{x}^k)/T}$

$\mathbf{x}^{k+1} = \mathbf{x}^k$ mit Wahrscheinlichkeit 1 - p.

T ist dabei ein Parameter, der mit zunehmender Suche reduziert wird, so daß die Wahrscheinlichkeit, eine Verschlechterung zu akzeptieren, immer geringer wird.

Wiederum gilt, daß dieser Ansatz hauptsächlich bei kombinatorischen Problemen, bei denen nur ein geringes Maß an analytischer Strukturiertheit vorliegt, besonders vielversprechend ist, wenn er auch im Vergleich zu herkömmlichen Heuristiken ein schwächeres Laufzeitverhalten aufweist.[97] Auch

---

95 Vgl. KIRKPATRICK, S. (1984, Optimization); KIRKPATRICK, S.; GELATT, C.D. JR.; VECCHI, M.P. (1983, Simulated Annealing).

96 Vgl. JOHNSON, D.S.; ARAGON, C.R.; MCGEACH, L.A.; SCHEVON, C. (1989, Simulated Annealing), S. 868; LAARHOVEN, P.J.M.; AARTS, E.H.L. (1987, Simulated Annealing), S. 7ff.

97 Zu Ergebnissen bei Flow-Shop-Scheduling-Problemen: vgl. OGBU, F.A., SMIH D.K. (1991, Simulated Annealing), S. 65ff. Laarhoven und Aarts führen als Anwendungsbeispiele Routen, Konfigurations- und Schnittprobleme an: vgl. LAARHOVEN, P.J.M.; AARTS, E.H.L. (1987, Simulated Annealing), S. 100ff.

im Zusammenhang mit Evolutionsmethoden berichtet Ablay vom sehr effektiven Einsatz in der Optimierung kombinatorischer Probleme.[98]

4.3.4 Stochastische Approximationsmethode

Basierend auf dem Newton-Verfahren zur rekursiven Suche der Nullstelle einer deterministischen Funktion, wurde von Robbins und Monro ein entsprechendes Verfahren zur Suche von Nullstellen einer stochastischen Funktion entwickelt.[99] Kiefer und Wolfowitz modifizierten diesen Ansatz zur Anwendung auf Optimierungsaufgaben[100], und Blum weitete den Ansatz auf mehrdimensionale Probleme aus.[101] Beide Methoden, also die Suche von Nullstellen und die Suche nach Optima, werden als stochastische Approximationsmethoden bezeichnet.

Allen stochastischen Approximationsmethoden ist das grundlegende Prinzip gemeinsam, zwischen einer "wahren" Funktion des untersuchten, stochastischen Systems - auch als theoretische Regressionsfunktion bezeichnet - und den verzerrten Beobachtungen am System - gerne als Rauschen ("noise") identifiziert[102] - zu unterscheiden. Die theoretische Regressionsfunktion stellt dabei die Funktion des Erwartungswertes der Zielvariablen des stochastischen Systems dar.[103]

Sei Z(x) die Zufallsvariable, die die Zielfunktion des betrachteten stochastischen Systems beschreibt.[104] Die theoretische Regressionsfunktion M(x) ist dann als Erwartungswert von Z(x) definiert: $M(x) = E(Z(x))$. Die Einführung der "wahren", theoretischen Regressionsfunktion erlaubt nun, die stochastische, verzerrte Systemreaktion auf eine Ausprägung der Kontrollvariablen **x** als $Z(x) = M(x) + e(x)$ zu interpretieren, wobei e(x) eine Zufallsvariable mit Erwar-

98 Vgl. ABLAY, P. (1987, Evolutionsstrategien).

99 Vgl. ROBBINS, H.; MONROE, S. (1951, Approximation), S. 400ff.

100 Vgl. RUBINSTEIN, R.Y. (1986, Monte Carlo), S. 69ff, S. 121ff; AZADIVAR, F.; TALAVAGE, F. (1980, Optimization), S. 232; AHLSWEDE, R.; WEGENER, I. (1979, Suchprobleme), S. 141ff; KUSHNER, H.J.; CLARK, D.S. (1978, Approximation), S. 1ff; KIEFER, J.; WOLFOWITZ, J. (1952, Estimation), S. 462ff.

101 Vgl. BLUM, J.R. (1954, Approximation); AZADIVAR, F.; TALAVAGE, F. (1980, Optimization), S. 233ff.

102 Vgl. AZADIVAR, F.; TALAVAGE, F. (1980, Optimization), S. 232.

103 Vgl. HERKENRATH, U. (1986, Approximation); KUSHNER, H.J.; CLARK, D.S. (1978, Approximation), S. 5ff; WASAN, M.T. (1969, Approximation,), S. 1.

104 Im folgenden wird die Methode zu besseren Darstellung für den eindimensionalen Fall präsentiert.

tungswert E(e(x)) = 0 ist: Die Systemreaktion spaltet sich also in einen "wahren" Teil M(x) und eine Verzerrung e(x) auf. Die rekursive Regel der Kiefer-Wolfowitz-Methode paßt nun die Kontrollvariable x in Abhängigkeit der beobachteten Systemreaktion Z(x) in Richtung des Optimums an. Kernstück der stochastischen Approximation ist dabei in Analogie zum Newton-Verfahren, daß die Anpassung der Kontrollvariablen mit einem Faktor a_n gewichtet wird, der mit wachsendem n gegen 0 geht.

Die Rekursionsformel lautet:

$$x_{n+1} = x_n + \frac{a_n}{2c_n} [Z(x_n + c_n) - Z(x_n - c_n)]$$

Dabei ist c_n ebenfalls Glied einer Nullfolge. Durch sie wird die Breite der Umgebung festgelegt, in der die Steigung der theoretischen Regressionsfunktion erfaßt wird, um so die Suchrichtung zu bestimmen. Die Folge (c_n) muß dabei so gewählt werden, daß auch (a_n/c_n) eine Nullfolge darstellt. Da (a_n/c_n) gegen Null strebt, verschwindet auch der Einfluß der stochastischen Verzerrung auf die Bestimmung der nächsten Ausprägung der Kontrollvariablen x_{n+1} mit wachsendem n. Somit ergibt sich der Vorteil dieses Ansatzes zur stochastischen Optimierung: Es ist nicht mehr nötig, für jede Ausprägung der Kontrollvariablen, die während des Suchprozesses untersucht wird, eine ganze Stichprobe von Versuchen durchzurechnen, um so den Erwartungswert angeben zu können.[105] Verzerrungen, die auftreten, wenn nur ein Versuch pro Ausprägung untersucht wird, stören bei diesem Ansatz nicht, da sie bei fortschreitender Suche immer weniger Gewicht erhalten.[106]

Auf die Schwierigkeiten, die bei der richtigen Wahl der Nullfolgen (a_n) und (c_n) auftreten, soll hier nicht eingegangen werden, obwohl diese Schwierigkeiten im Zentrum des theoretischen Interesses an diesen Methoden steht.[107] Folgendes Eignungs-Frame ergibt sich:

---

105 Vgl. die Ansätze zur Behandlung stochastischer Modelle in Kap. 4.5.

106 Zum Beweis der Konvergenz des Verfahrens muß angenommen werden, daß die zu optimierende Funktion unimodal und die Varianz der Modelleregebnisse begrenzt ist: vgl. AZADIVAR, F.; TALAVAGE, F. (1980, Optimization), S. 232.

107 Vgl. ZIELINSKI, R.; NEUMANN, P. (1983, Verfahren), S. 107.

EIGNUNG-ZU-STOCHASTISCHE.APPROXIMATIONSMETHODE.1	
Slot.Name	*Wert*
Kardinalitaet	([1, unknown), 100)
Horizont.der.Suche	(Lokal, 100)
Stochastisch.Oder.Deterministisch	(Stochastisch, 100)

4.3.5 Response Surface Methodology

Die Response Surface Methodology wird hier im Rahmen eines eigenen Abschnitts als Sonderfall behandelt, da dieser Ansatz weniger eine Methode, sondern vielmehr einen spezifischen Vorschlag zur Kombination verschiedener Methoden zur Optimierung stochastischer Modelle darstellt.[108] Insofern kann die Response Surface Methodology als Beispiel zum Konzept des Methodennetzes aufgefaßt werden.[109]

108 Vgl. KLEIJNEN, J.P.C. (1987, Tools), S. 203ff; BOX, G.E.P.; HUNTER, W.G.; HUNTER, J.S. (1978, Statistics), S. 510ff. Der Ansatz geht historisch auf Box & Wilson zurück: vgl. BOX, G.E.P.; WILSON, K.B. (1953, Attainment).

109 Zu Methodennetzen vgl. Kap. 3.5.3.

Der Ansatz unterscheidet drei Phasen der Optimumsuche.[110] Die erste Phase stellt die Erkundung der Steigungsrichtung auf der Reaktionsoberfläche dar. Es wird vorgeschlagen, in einem lokal begrenzten Gebiet dies mittels einer linearen Regression zu verwirklichen.[111] In der zweiten Phase setzt sich die Suche in die Richtung der größten Zielfunktionsverbesserung fort, bis keine Verbesserung mehr festgestellt werden kann. Erste und zweite Phase werden solange wechselseitig wiederholt, bis die lineare Approximation der ersten Phase nicht mehr zu einem befriedigendem Ergebnis führt. Dann schließt sich die dritte Phase an, die auf der Annahme basiert, daß nun das Gebiet eines lokalen Optimums erreicht ist, in dessen Nähe eine quadratische Approximation sinnvoll ist. Mittels einer entsprechenden Regressionsanalyse kann dann das lokale Optimum bestimmt werden. Es ergibt sich das folgende Eignungs-Frame:

EIGNUNG-ZU-RESPONSE.SURFACE.METHODOLOGY.1	
Slot.Name	*Wert*
Kardinalitaet	([2, unknown), 100)
Horizont.der.Suche	(Lokal, 100)
Stochastisch.Oder.Deterministisch	(Stochastisch, 100)
Vorkenntnisse	(Zielgebirge, 100)
Zielgebirge	(Lokal.Quadratisch, 100)

4.4 Sensitivitätsanalysen

Die in den letzten beiden Kapiteln vorgestellten Methoden dienen der Suche einer optimalen Lösung eines als Simulationsmodell vorliegenden Entscheidungsmodells. Die Anwendung von OR-Methoden in der praktischen Entscheidungsfindung gewinnt im allgemeinen an zusätzlicher Qualität, wenn neben der optimalen Lösung auch Informationen über das Verhalten des modellierten Systems in der Umgebung der optimalen Lösung angegeben

[110] Im Rahmen der RSM werden auch detailliertere Phasenkonzepte vorgeschlagen, wobei die hier beschriebenen drei Phasen jedoch den Kern des Vorgehens darstellen: vgl. SMITH, D.E. (1976, Optimum), S. 29ff; BILES, W.E. (1987, Design), S. 11.

[111] Es wird auch vorgeschlagen auf Techniken der statischen Faktorauslegung zurückzugreifen, was jedoch zu Problemen bei hochdimensionalen Suchräumen führt: vgl. SMITH, D.E. (1976, Optimum), S. 29.

werden können. Dies führte z.B. im Rahmen der linearen Optimierung zum Ausbau einer eigenständigen Theorie der linearen parametrischen Optimierung, deren Ergebnisse heute in den gängigen Programmpaketen zur linearen Optimierung enthalten sind.[112] Speziell im Rahmen der Optimierung von Simulationsmodellen wächst der Sensitivitätsanalyse aufgrund des heuristischen Charakters dieser Art quantitativer Entscheidungsunterstützung weiteres Gewicht zu. Gerade bei einer heuristischen Lösung wird der Frage nach Entscheidungsspielräumen, innerhalb derer sich der Zielwert nur unwesentlich verschlechtert, besonders bedeutend. Und gerade bei dem heuristischen Charakter der Simulationsmodellierung ist die Frage nach der Bedeutung spezifischer Modellannahmen auf das Ergebnis zentral für die Entscheidungsunterstützung.

Im Rahmen der nicht-linearen Programmierung sind Sensitivitätsanalysen ungleich schwieriger durchzuführen als im Rahmen der linearen Optimierung, da günstige Annahmen über die Lage des Optimums nicht mehr gemacht werden können.[113] Dennoch existiert mittlerweile auch für diesen Fall ein Kanon theoretischer Ansätze, deren praktische Verbreitung jedoch noch nicht an die Akzeptanz in der linearen parametrischen Optimierung heranreichen kann.[114] Zur nicht-linearen Sensitivitätsanalyse wird allerdings im allgemeinen die Kenntnis der expliziten Zielfunktion und der Nebenbedingungen vorausgesetzt. Die Ansätze zur Sensitivitätsanalyse selbst basieren dann auf der Analyse der Karush-Kuhn-Tucker-Bedingungen und der Lagrange-Multiplikatoren.[115] Daraus folgt, daß im Fall der ableitungsfreien Optimierung nicht direkt auf die Ergebnisse der nicht-linearen Sensitivitätsanalyse zurückgegriffen werden kann.

Im folgenden werden zuerst die beiden hier besonders interessierenden Ziele einer Sensitivitätsanalyse dargestellt (Kapitel 4.4.1), um anschließend methodische Ansätze zu diskutieren, mit deren Hilfe die skizzierten Fragestellungen angegangen werden können (Kapitel 4.4.2 und 4.4.3). In Kapitel 4.4.4 wird die Abbildung der Methoden in EskiMo besprochen.

---

[112] Zu einer umfassenden Darstellung: vgl. DINKELBACH, W. (1969, Programmierung).

[113] Allein schon der Umstand, daß das Optimum nicht mehr auf dem Rand, respektive in einer Ecke (im nicht-degenerierten Fall), des zulässigen Bereichs liegen muß, erschwert die Analyse beträchtlich.

[114] Vgl. FIACCO, A.V. (1983, Introduction), S. 3ff.

[115] Vgl. im allgemeinen FIACCO, A.V. (1983, Introduction), S. 42, S. 62ff. Zu einem kompakten Beispiel: vgl. MCCORMICK, G.P. (1983, Programming), S. 244ff.

4.4.1 Ein entscheidungsorientierter Rahmen

Bevor mögliche Ansätze zur Sensitivitätsanalyse diskutiert werden, sollen die Ziele einer Sensitivitätsanalyse im Rahmen des entscheidungsorientierten Einsatzes von Simulationsmodellen skizziert werden. Zwei Hauptziele können in dieser Hinsicht als Motivationen einer Sensitivitätsanalyse festgehalten werden:

Als erstes die Frage nach dem Entscheidungsspielraum: Wie weit können die Entscheidungsvariablen von der optimalen Lösung weg verändert werden, ohne daß sich der Zielfunktionswert um mehr als eine vorgegebene Toleranz verschlechtert? Es handelt sich also um eine Frage nach der Stabilität des Zielfunktionswertes im Bereich des optimalen Entscheidungsvektors. Die zweite bedeutende Frage bezieht sich dagegen auf die Stabilität des im Simulationsmodell implementierten Entscheidungsmodells: Wie verändert sich die optimale Lösung, wenn spezifische Modellparameter, z.B. die Koeffizienten der Matrix der Nebenbedingungen, verändert werden?

Ermittlung des Entscheidungsspielraums

Die erste angesprochene Fragestellung läßt sich formal wie folgt spezifizieren. Sei das Optimierungsproblem folgendermaßen gegeben:

$$\min_{\mathbf{x}\in X} \ \mathrm{SIM}(\mathbf{x})$$

$$\text{u.d.N. } G(\mathbf{x}) \leq \mathbf{0},\ H(\mathbf{x}) = \mathbf{0},$$

wobei $X \subseteq \mathbf{R}^n$ die Menge der (nicht-restringiert) möglichen Lösungen darstellt, $G(\mathbf{x})$ die Matrix der Ungleichheits-Nebenbedingungen und $H(\mathbf{x})$ die Matrix der Gleichheits-Nebenbedingungen darstellt. $\mathrm{SIM}(\mathbf{x})$ repräsentiert das Simulationsmodell in Form der impliziten Zielfunktion. Sei nun weiterhin $\mathbf{x}^*$ die Lösung des Optimierungsproblems. Dann ist im Rahmen der hier diskutierten Fragestellung eine Menge STAB in Abhängigkeit der optimalen Lösung $\mathbf{x}^*$ und der vorgegebenen Toleranz ε gesucht, für die gilt:

$$\mathrm{STAB}(\mathbf{x}^*, \varepsilon) = \{\mathbf{x} \in X \mid \|\mathrm{SIM}(\mathbf{x}) - \mathrm{SIM}(\mathbf{x}^*)\| \leq \varepsilon\}.$$

Durch den Operator $\|\,.\,\|$ sei eine geeignetes Abstandsmaß bezeichnet.

Überprüfung der Modell-Stabilität

In bezug auf die Frage nach der Stabilität der optimalen Lösung, wenn spezifische Parameter des Entscheidungsmodells variiert werden, wird im Rahmen der analytischen Optimierung zwischen Variationen der Zielfunktionsparameter, Variationen in den konstanten Komponenten der Nebenbedingungen und Variationen in den Parametern der variablen Komponenten der Nebenbedingungen unterschieden. Die beiden letztgenannten Aspekte werden in Anlehnung an eine andere formale Darstellung der Nebenbedingungen, in der die konstanten Terme auf die rechte Seite der (Un)Gleichungen verschoben werden, auch kurz als Right-Hand-Side-(RHS-)Variationen bzw. Left-Hand-Side- (LHS-)Variationen bezeichnet. LHS-Variationen stellen die schwierigsten Möglichkeiten der Veränderungen dar, so daß in der nicht-linearen Programmierung bisher insbesondere RHS-Variationen untersucht wurden.[116]

Sensitivitätsanalysen bei Simulationsmodellen können natürlich nicht direkt auf Zielfunktionskoeffizienten zurückgreifen: Für die nur implizit vorliegende Zielfunktion können keine Koeffizienten angegeben werden. Allerdings können Veränderungen am Modell als Veränderungen an der Gestalt der Zielfunktion aufgefaßt werden. Solche Veränderungen können entweder quantitativer oder qualitativer Natur sein. Quantitative Veränderungen am Simulationsmodell können z.B. über Parameter an Verteilungsfunktionen der Zufallszahlen-Generatoren möglich sein. Qualitative Veränderungen können z.B. durch eine Veränderung des Typs einer solchen Verteilungsfunktion - beispielsweise von einer Normal- zu einer Poissonverteilung - gegeben sein.

Die Untersuchung quantitativer Veränderungen am Simulationsmodell läßt sich auf die Untersuchung von Gleichungsnebenbedingungen zurückführen: Sei das Simulationsmodell in Abhängigkeit eines Parameters $p \in P \subseteq \mathbf{R}$ betrachtet, so entspricht die Aufgabe der Minimierung des Zielkriteriums für eine spezifische Parameterausprägung $\hat{p}$ folgender Aufgabe:[117]

$$\min \mathrm{SIM}(\mathbf{x}, p)$$

$$\text{u.d.N. } G(\mathbf{x}) \leq \mathbf{0},\ H(\mathbf{x}) = \mathbf{0},\ p = \hat{p}.$$

---

[116] Vgl. FIACCO, A.V. (1983, Introduction), S. 60ff, S. 116ff, S. 185ff.

[117] Vgl. FIACCO, A.V. (1983, Introduction), S. 60.

Damit entspricht die Untersuchung der Variation von quantitativen Modellparametern der Untersuchung von RHS-Variationen.

Betrachtet man allgemein die Fragestellung der RHS-Variation, so ergibt sich folgende Problemstellung, wenn von einem Parameter-Vektor $\mathbf{p} \in P \subseteq \mathbf{R}^q$, $q \geq 1$, ausgegangen wird:

$$\min \mathrm{SIM}(\mathbf{x}, \mathbf{p})$$
$$\text{u.d.N. } G(\mathbf{x}, \mathbf{p}) \leq \mathbf{0},\ H(\mathbf{x}, \mathbf{p}) = \mathbf{0}.$$

Im Rahmen der parametrischen Optimierung wird dann nicht mehr nur das Optimum, sondern in Abhängigkeit des Parameters $\mathbf{p}$ eine Optimum-Funktion $\mathbf{x}^*(\mathbf{p})$: $P \rightarrow X$ gesucht, die jedem Parameter einen optimale Lösungsvektor zuordnet. Die Funktion des optimalen Zielfunktionswertes in Abhängigkeit der Parameter ergibt sich dann zu: $\mathrm{SIM}(\mathbf{x}^*(\mathbf{p}))$: $P \rightarrow \mathbf{R}$.

Im Sinne des zweiten Ziels der Sensitivitätsanalyse, der Überprüfung der Modell-Stabilität, interessieren insbesondere Fragestellungen nach der Breite der Variationsmöglichkeiten der Parameter unter nur marginaler Veränderung des Optimums oder des optimalen Zielfunktionswertes. Beispielsweise wird für alle interessierenden Parameter p_i, $1 \leq i \leq q$, ein Intervall $[p^u_i, p^o_i]$ gesucht, für das entweder gilt:

$$\| \mathbf{x}^*(\mathbf{p}) - \mathbf{x}^*(\mathbf{0}) \| \leq \varepsilon;$$
$$\text{mit } \mathbf{p} \in P \text{ und } p_i \in [p^u_i, p^o_i],\ 1 \leq i \leq q,\ \varepsilon > 0,$$

wenn die Stabilität des optimalen Entscheidungsvektors interessiert, oder:

$$\| \mathrm{SIM}(\mathbf{x}^*(\mathbf{p})) - \mathrm{SIM}(\mathbf{x}^*(\mathbf{0})) \| \leq \varepsilon;$$
$$\text{mit } \mathbf{p} \in P \text{ und } p_i \in [p^u_i, p^o_i],\ 1 \leq i \leq q,\ \varepsilon > 0,$$

wenn die Stabilität des optimalen Zielfunktionswertes von Interesse ist.

Zusammengefaßt stellt sich die Ermittlung des Entscheidungsspielraums als eine Frage nach Sensitivitäten bei unverändertem Modell und die Untersuchung der Modellstabilität als eine Frage nach Sensitivitäten des Modells selbst dar.

Im folgenden wird die Anwendbarkeit von Ansätzen zu Sensitivitätsanalysen in der nicht-linearen Programmierung auf die Fragestellungen bei Simulationsmodellen besprochen, um im Anschluß daran für spezifisch eingeschränkte Fragestellungen zwei pragmatische, einfach anwendbare Ansätze vorzuschlagen.

4.4.2 Regressionsfunktionen und Sensitivitätsanalyse

Wenn die Zielfunktion des Simulationsmodells nicht explizit bekannt ist und dennoch auf die Ergebnisse der analytischen nicht-linearen Programmierung zurückgegriffen werden soll, kann mittels der Regressionsanalyse eine "analytische Brücke" zwischen Simulation und nicht-linearer Programmierung geschlagen werden. Da als Voraussetzung dieses Ansatzes eine Modellvorstellung über die Struktur der regressiv zu ermittelnden Funktion gegeben sein muß, wird für diesen Ansatz der Ausdruck "Metamodeling" verwendet.[118] Regressionsmodelle von Simulationsmodellen stellen insofern Modelle zweiter Ordnung dar, da sie ein Modell eines Modells sind.[119]

Wie schon ausgeführt bietet sich in der Nähe des Optimums die Wahl einer quadratischen Funktion als Modell der Zielfunktion an. Sei angenommen, daß für die Optimierung des Simulationsmodells der Parametervektor $\mathbf{p} = \mathbf{0}$ gewählt wurde. Dann liefert die Regressionsanalyse eine lokale Approximation der Zielfunktion an der Stelle $(\mathbf{x}^*, \mathbf{0})$, die als $f(\mathbf{x}, \mathbf{p})$ bezeichnet werden soll. f ist als quadratische Funktion insbesondere zweimal stetig differenzierbar und somit sind - unter der Annahme, daß auch die Nebenbedingungen $g_i(\mathbf{x})$ und $h_j(\mathbf{x})$ gewisse (nicht sehr restriktive) Anforderungen erfüllen - die Bedingungen für das Sensitivitätstheorem von Fiacco zur Gestalt der Optimum-Funktion bei nicht-restringierten lokalen Minima erfüllt.[120] Dieses Theorem leitet aus der parametrischen Lagrange-Funktion am Minimum eine Abschätzung für die Optimum-Funktion ab. Wird die parametrische Lagrangefunktion mit $L(\mathbf{x}, \mathbf{u}, \mathbf{w}, \mathbf{p})$ bezeichnet,

$$L(\mathbf{x}, \mathbf{u}, \mathbf{w}, \mathbf{p}) \equiv f(\mathbf{x}, \mathbf{p}) - \sum_{i=1}^{m} u_i\, g_i\, (\mathbf{x}, \mathbf{p}) + \sum_{j=1}^{l} w_j\, h_j\, (\mathbf{x}, \mathbf{p}),$$

[118] Vgl. KLEIJNEN, J.P.C. (1987, Tools), S. 147ff, S. 197ff.

[119] Zu Anwendungsbeispiele zum Meta-Modeling: vgl. STARBIRD, S.A. (1990, Metamodel), S. 229ff; GOSH, J.B. (1988, Metamodeling), S. 70ff.

[120] Vgl. FIACCO, A.V. (1976, Analysis), S. 287ff.

kann in Abhängigkeit der Jakobischen Matrix der einfachen Karush-Kuhn-Tucker-Bedingungen dieser Funktion sowohl eine Abschätzung der Optimum-Funktion als auch ihrer ersten Ableitung lokal angegeben werden.[121]

Für nicht-restringierte Optima von Regressionsmodellen besteht also somit die Möglichkeit der Berechnung von Sensitivitäten sowohl in bezug auf die Variation von Entscheidungsvariablen als auch in bezug auf die Variation von Modellparametern.

4.4.3 Reduzierte, pragmatische Ansätze

Nicht in jedem Fall ist es notwendig oder sinnvoll, mit einem elaborierten und aufwendigen Ansatz, wie er im letzen Kapitel skizziert wurde, Fragen der Sensitivitätsanalyse anzugehen. In diesem Kapitel werden zwei einfache Vorschläge dargestellt, mit denen im Rahmen einer ableitungsfreien Optimierung von Simulationsmodellen mit geringem numerischen Aufwand zumindest einige der angesprochenen Ziele einer Sensitivitätsanalyse angegangen werden können. Da gerade auch bei der Bereitstellung von zusätzlichen Informationen zum Optimum eines Modells mit sinkenden "Grenzerträgen" zu rechnen ist und somit insbesondere den ersten, einfacheren Informationen ein hoher Wert zuwächst, kann mit Hilfe der vorzustellenden Ansätze in einer praktischen Entscheidungssituation eventuell ein beträchtlicher Gewinn an nutzbringender Information erzielt werden.

Ermittlung von Elastizitäten

Eine erste Teilfrage, die methodisch einfach zu beantworten ist, ist die Frage nach der Elastizität des Zielfunktionswertes in Beziehung zu Variationen spezifischer Entscheidungsvariablen (Elementen des Entscheidungsvektors). Ein Entscheider möchte beispielsweise wissen, wie sich der Zielfunktionswert eines Simulationsmodells ändert, wenn spezifische Variablen - z.B. der Preis in einem Marktmodell oder die Bestellmenge in einem Lagermodell - um einen konkreten Wert - z.B. 10% - variiert werden.

---

121 Zu einer detaillierten Darstellung dieser Ergebnisse: vgl. FIACCO, A.V. (1983, Introduction), S. 72ff.

Wird die gewünschte Variationsbreite mit $v \in (0, 1)$ bezeichnet, dann ergeben sich 2*n zu untersuchende Entscheidungsvektoren:

$$x^u_i = (x^*_1, x^*_2, .., (1+v)\, x^*_i, ...x_n)^T,\ 1 \le i \le n,$$

$$\text{und } x^o_i = (x^*_1, x^*_2, .., (1-v)\, x^*_i, ...x^*_n)^T,\ 1 \le i \le n.$$

Wird ein einzelner Elastizitätskoeffizient mit

$$e^o_i = \frac{SIM(x^o_i) - SIM(x^*)}{v\, x^*_i},$$

bzw. entsprechend mit e^u_i bezeichnet, ergibt sich als Ergebnis eine 2*n-Matrix

$$E = \begin{pmatrix} e^u_1 & e^o_1 \\ .. & .. \\ e^u_n & e^o_n \end{pmatrix},$$

die einen ersten Einblick in die Sensitivitäten isolierter Eingriffe in die optimale Systemeinstellung ermöglicht.

Isolierte Entscheidungsspielräume

Bei der angesprochenen Ermittlung von Elastizitäten wird von Interaktionen zwischen einzelnen Entscheidungsvariablen abgesehen. Wird diese Einschränkung aufrecht erhalten, folgt als konsequenter nächster Schritt das Ersetzen der starren Variationsbreiten bei der Ermittlung der Elastizitäten durch Line-Search-Methoden. Diese können in den Richtungen des Koordinatensystems nach den Punkten suchen, die einen Zielfunktionswert ergeben, der genau um eine vorgegebene Toleranz schlechter als der optimalen Wert ist. Somit werden isoliert für einzelne Entscheidungsvariablen die Entscheidungsspielräume abgesteckt, die innerhalb eines vorgegebenen Toleranzniveaus existieren.

Beispielsweise kann die Frage interessieren, wie weit der Preis in einem Marktmodell erhöht werden kann, ohne daß der Marktanteil eines interessierenden Produkts um mehr als 20% unter dem optimalen Marktanteil zu liegen kommt.

Damit Line-Search-Methoden auf diese Problemstellung angewandt werden können, ist es notwendig, als Zielfunktion die Minimierung des Abstandes vom tatsächlichen Zielfunktionswert SIM(**x**) zum konstanten reduzierten Zielfunktionswert α SIM(**x***) zu definieren.[122] Im obigen Beispiel hätte α den Wert 0,8. Es ergeben sich dann wiederum 2*n eindimensionale Minimierungsaufgaben, da separat in beide (Abstiegs-)Richtungen gesucht werden muß:

$$MIN^{u,i} \mid SIM(\mathbf{x}) - \alpha\, SIM(\mathbf{x}^*) \mid, \; 1 \leq i \leq n;$$

$$u.d.N.\; x_i \leq x_i^*$$

und

$$MIN^{o,i} \mid SIM(\mathbf{x}) - \alpha\, SIM(\mathbf{x}^*) \mid, \; 1 \leq i \leq n.$$

$$u.d.N.\; x_i \geq x_i^*$$

Als Ergebnis dieser Suchen werden n Punktepaare ermittelt, die die Variationsbreiten der einzelnen n Entscheidungsvariablen unter der gegebenen Toleranz α beschreiben.

4.4.4 Abbildung in EskiMo

Es ergibt sich die folgende Hierarchie von Methodenklassen zur post-optimalen Analyse, die in Abbildung 4.4.1 dargestellt wird:

122 In diesem Fall handelt es sich immer um eine Minimierung, gleich ob das ursprüngliche Problem eine Maximierungs- oder Minimierungsaufgabe darstellt.

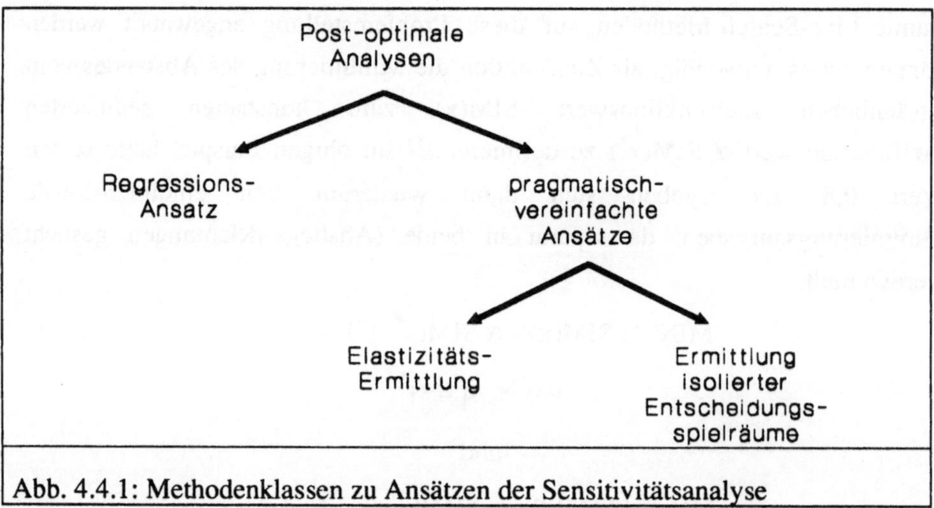

Abb. 4.4.1: Methodenklassen zu Ansätzen der Sensitivitätsanalyse

Im Eignungs-Frame für den Regressionsansatz wird abgebildet, daß die Annahme einer quadratischen Form in der Nähe des Optimum vorauszusetzen ist:

EIGNUNG-ZU-REGRESSIONS.ANSATZ.1	
Slot.Name	*Wert*
Phase.Der.Suche	(Post-Optimum, 100)
Vorwissen?	(Zielgebirge, 100)
Zielgebirge	(Quadratisch.Lokal, 100)
	(Quadratisch.Global, 100)

Für die beiden hier vorgeschlagenen, vereinfachten Ansätze werden auf der übergeordneten Methodenklassen-Ebene zwei Eignungs-Frames angelegt, die die Methoden dann als geeignet darstellt, wenn entweder die Voraussetzung der Annahme einer quadratischen Form des Zielgebirges nicht gegeben ist oder wenn besondere Zeitrestriktionen existieren:

EIGNUNG-ZU-PRAGMATISCH.VEREINFACHTE.ANSAETZE.1	
Slot.Name	*Wert*
Phase.Der.Suche	(Post-Optimum, 100)
Zielgebirge	(Nicht.Belegt, 100)

EIGNUNG-ZU-PRAGMATISCH.VEREINFACHTE.ANSAETZE.2	
Slot.Name	*Wert*
Phase.Der.Suche	(Post-Optimum, 100)
Zeit.Restriktionen	(Schnelle.Lösung.Ist.Wichtig, 100)
	(Nicht.Belegt, 100)

4.5 Besonderheiten bei stochastischen Simulationsmodellen

Deterministische Simulationsmodelle stellen im Gegensatz zu stochastischen Modellen eigentlich einen Spezialfall in der Menge möglicher Simulationsmodelle dar. Dennoch basieren ableitungsfreie Optimierungsmethoden zur Optimierung von Simulationsmodellen in der Regel auf Konzepten der nicht-linearen Optimierung, die wiederum regelmäßig von deterministischen nicht-linearen Funktionen ausgehen. Ausnahmen stellen in dieser Hinsicht nur die beiden Ansätze dar, deren Wurzeln dann auch nicht überraschend in der statistischen Versuchsplanung liegen: Die Stochastische Approximations-Methode und die Response Surface Methodology. Für alle anderen Methoden ist es notwendig, mittels zusätzlicher Submethoden eine Anpassung an stochastische Modelle vorzunehmen.

4.5.1 Integration von Submethoden zur Behandlung stochastischer Modelle

Die benötigten Submethoden werden im folgenden vorgestellt. Zuvor wird jedoch ein speziell auf die Simulation stochastischer Modelle abgestimmtes Szenario des Zusammenwirkens von Optimierungsmethode und Simulationsmodell dargestellt.

Ein Szenario zur Optimumsuche bei stochastischen Simulationsmodellen

Um die zusätzlichen Anforderungen an Suchmethoden zu verdeutlichen, die aus der Behandlung stochastischer Modelle erwachsen, wird Abbildung 4.2.1 zum

Zusammenspiel von Optimierungsmethode und Simulationsmodell wie folgt modifiziert: Da allen Suchverfahren gemeinsam ist, daß lokale Such- oder Steigungsrichtungen auf Basis des Vergleichs einer Menge von Suchpunkten approximiert werden, kann vereinfachend angenommen werden, daß von der Optimierungsmethode jeweils k Punkte ($k \geq 1$) simultan an das Simulationsmodell übergeben und nach Abschluß der Simulation ebenso k Ergebnisse, also Ausprägungen der Zielvariablen, weiterverarbeitet werden, wie es in Abbildung 4.5.1 verdeutlicht wird.[123]

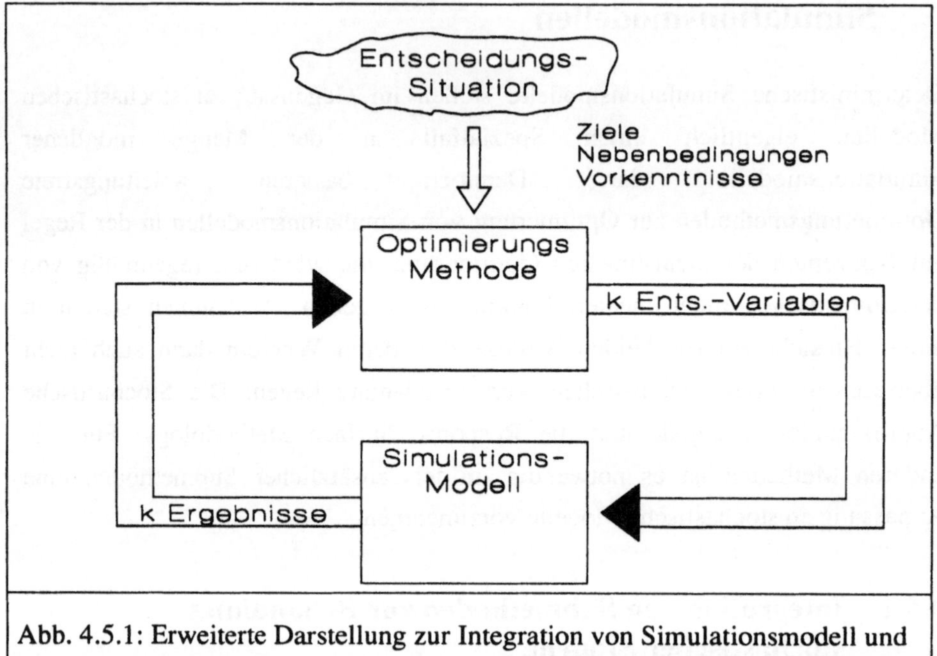

Abb. 4.5.1: Erweiterte Darstellung zur Integration von Simulationsmodell und Optimierungsmethode

Im Fall eines stochastischen Simulationsmodells ergeben sich zwei Änderungen: Das Ergebnis, das vom Simulationsmodell für einen gegebenen Suchpunkt berechnet wird, muß nun als Ausprägung einer Zufallsvariablen aufgefaßt werden. Um die relevanten Eigenschaften dieser Zufallsvariablen schätzen zu können, ist es notwendig, für jeden Suchpunkt respektive jede Entscheidungsalternative eine Stichprobe von Experimenten durchzuführen. Der Umfang der Stichprobe sei mit N_{SP} bezeichnet. Als Ergebnis der Simulation

[123] Von der technischen Realisierung der Übergabe einer Menge von Punkten, die in der Praxis innerhalb des Optimierungsverfahrens realisiert sein wird, kann hier abstrahiert werden.

ergeben sich demnach k Stichproben von je N_{SP} Ausprägungen, die für das Optimierungsverfahren wieder zu k skalaren Kenngrößen verdichtet werden müssen. Letzteres ist notwendig, da die Berechnung von Rangordnungen über den Zielfunktionswerten innerhalb der Optimierungsmethoden eindeutig nur im eindimensionalen Fall möglich ist.[124] Somit ergibt sich das in Abbildung 4.5.2 gezeigte Szenario:

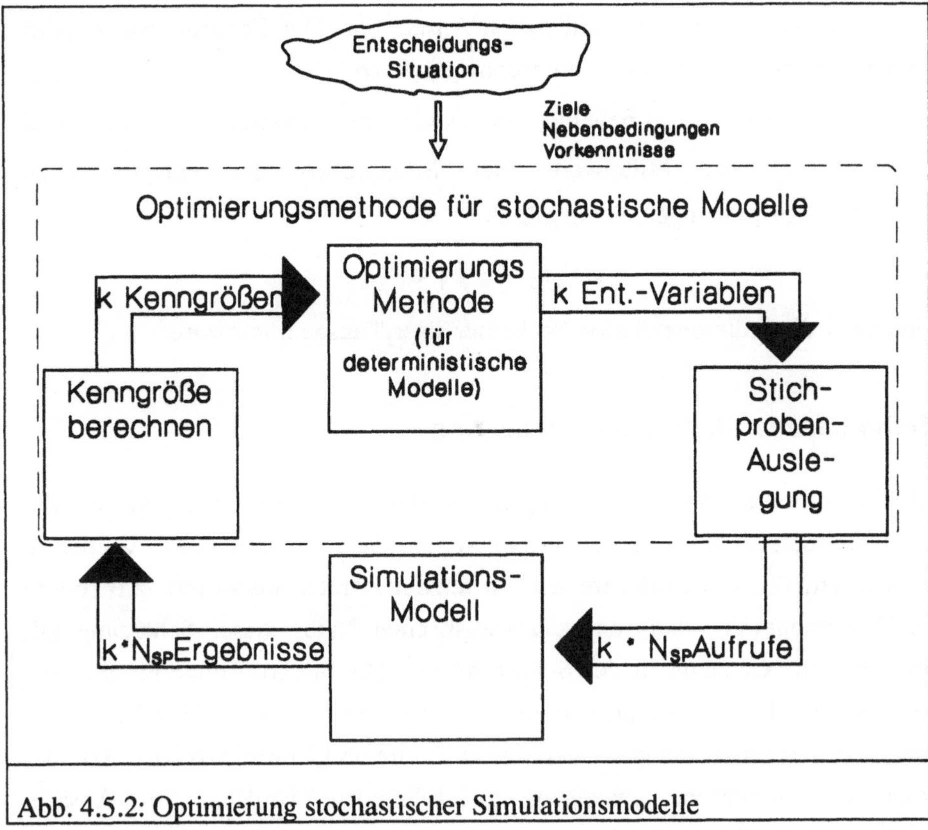

Abb. 4.5.2: Optimierung stochastischer Simulationsmodelle

Im folgenden wird auf die beiden sich ergebenden Submethoden eingegangen, die zur Anpassung ableitungsfreier Optimierungsverfahren an stochastische Modelle notwendig sind.

[124] Eindeutige Rangordnungen in mehrdimensionalen Räumen können erst nach einer Transformation mittels einer entsprechenden Norm vorgenommen werden.

Beschreibung der Stichproben: der gebräuchliche Ansatz

Die Stichproben, die pro Suchpunkt als Zielvariablen vom Simulationsmodell generiert werden, müssen vom Optimierungsverfahren so bewertet oder beschrieben werden, daß zumindest eine Rangordnung über den verschiedenen korrespondierenden Suchpunkten aufgestellt werden kann. Die Wahl des Erwartungswertes der mit der Stichprobe approximierten Zufallsvariablen stellt in dieser Hinsicht den gebräuchlichsten Ansatz dar. Der Erwartungswert wird dabei durch den Mittelwert der Stichprobe geschätzt.[125]

Seien also x_1 und x_2 zwei beliebige Suchpunkte des zulässigen Suchraums und $\bar{y}_1$ bzw. $\bar{y}_2$ die Mittelwerte der Stichproben der entsprechenden Zielvariablenausprägungen. Dann gilt:[126]

$$x_1 \succ x_2 \Leftrightarrow \bar{y}_1 < \bar{y}_2,$$

wenn mit $\succ$ die Präferenzrelation "x_1 besser als x_2" ausgedrückt wird.

Methoden zur Stichprobenauslegung

Jede Stichprobe dient der Schätzung der Verteilungs- oder Dichtefunktion der entsprechenden Zufallsvariablen. Dabei werden die Dichtefunktionen wiederum durch Kenngrößen beschrieben: wie im letzten Kapitel ausgeführt, z.B. durch den Erwartungswert. Aufgrund der statistischen Natur dieser Schätzung gilt dabei, daß die Genauigkeit der Schätzung von der Stichprobengröße abhängt. Konkret wird der Erwartungswert im Rahmen einer Intervallschätzung mittels eines Konfidenzintervalls geschätzt, dessen Breite und Konfidenzniveau von der Größe der Stichprobe abhängen. Im folgenden werden zwei Ansätze beschrieben, mit denen die Bestimmung der Stichprobengröße im Rahmen der Optimumsuche operationalisiert werden kann.

Statische Stichprobenauslegung

Der statische Ansatz zur Bestimmung der Stichprobengröße entspricht einer a priori-Festlegung des Stichprobenumfangs. Wenn Annahmen über die

[125] Zu einer weiterführenden Betrachtung dieses Ansatzes aus der Perspektive der Entscheidungsfindung: vgl. Kap.4.5.2.

[126] Es sei eine Minimierung unterstellt.

Verteilungsfunktion des Simulationsergebnisses gemacht werden können und auch Annahmen über die zu erwartende Streuung innerhalb der Verteilung existieren, kann mittels der entsprechenden Berechnungsformeln die Anzahl der Experimente pro Stichprobe bestimmt werden.[127]

Ist beispielsweise bekannt, daß die Ergebnisse eines Simulationsmodelles einer Normalverteilung mit Streuung σ unterliegen, ergibt sich für N_{SP} folgende Abschätzung, wenn mit L die gewünschte maximale Breite des Konfidenzintervalls und mit c das der gegebenen Irrtumswahrscheinlichkeit α entsprechende $\left(1 - \frac{\alpha}{2}\right)$-Fraktil der N(0; 1)-Verteilung bezeichnet wird:[128]

$$N_{SP} \geq \left(\frac{2\sigma c}{L}\right)^2.$$

Wenn jedoch Verteilungsfunktion oder Streuung nicht bekannt sind, wie es in der Regel im Rahmen von Simulationsmodellen der Fall sein dürfte, kann im Rahmen einer statischen a-priori-Festlegung des Stichprobenumfangs nur noch eine bestenfalls intuitive Schätzung vorgenommen werden, die nur bei geringen Ansprüchen an die Aussagekraft der Ergebnisse oder an den zeitlichen Aufwand der Untersuchung zulässig ist. Sonst empfiehlt es sich, auf den im folgenden empfohlenen dynamischen Ansatz zurückzugreifen.

Dynamische Stichprobenauslegung

Im Rahmen einer dynamischen Festlegung des Stichprobenumfangs wird die Berechnung des Intervallschätzers für das interessierende Merkmal der Zufallsvariablen, hier den Erwartungswert, mit der Auslegung der Stichprobe verknüpft.[129] Dabei wird der Umstand ausgenutzt, daß mit zunehmender Stichprobengröße die Konfidenzintervalle kleiner werden.[130]

Angenommen, unter k Suchpunkten x_1 bis x_k soll der beste Punkt identifiziert werden. Zu jedem Punkt wird eine Stichprobe mit v Experimenten durchgeführt.

---

127 Zu einer Reihe von Abschätzungen für verschiedene Verteilungsannahmen: vgl. BAMBERG, G.; BAUR, F. (1984, Statistik), S. 162ff. Zur Abschätzung für den Fall der Normalverteilung: vgl. KLEIJNEN, J.P.C. (1987, Tools), S. 47.

128 Vgl. BAMBERG, G.; BAUR, F. (1984, Statistik), S. 164.

129 Vgl. BIETHAHN, J. (1978, Optimierung), S. 35ff; BIETHAHN, J. (1977, Simulation), S. 77f.

130 Bei linearer Vergrößerung der Stichprobe verrringert sich die Breite des Konfidenzintervalls jedoch nur sublinear.

Die entsprechenden Intervallschätzungen für den Erwartungswert der i-ten Alternative seien mit $[u_i, o_i]$ bezeichnet. Alle Punkte x_i, für die gilt: $o_i \leq u_b$, mit b als dem Index für den besten der geschätzten Erwartungswerte, können aus der weiteren Untersuchung ausgeschlossen werden. Für alle anderen Punkte wird die Anzahl der durchzuführenden Experimente um eine vorgegebene Anzahl Δv erhöht und die Berechnung der Konfidenzintervalle kann auf Basis der dann $v + \Delta v$ Experimente genauer durchgeführt werden. Bleibt nur noch ein Konfidenzintervall übrig, ist demnach der beste Punkt identifiziert.

Damit bei (annähernd) gleich guten Punkten der Stichprobenumfang nicht zu groß wird, muß eine Mindestbreite der Konfidenzintervalle angegeben werden, bei deren Unterschreitung die dynamische Prozedur stoppt. Die Punkte, die bis dahin nicht ausgeschlossen wurden, sind dementsprechend als gleichwertig zu behandeln.

4.5.2 Stochastische Modelle und ihre entscheidungsorientierte Bedeutung: Schwierigkeiten

Die Behandlung stochastischer Modelle aus der Perspektive der Optimierungsverfahren wurde bisher in diesem Kapitel bewußt unter einem vorwiegend technischen Aspekt vorgenommen, um die methodischen Anforderungen, die sich ergeben, kompakt darstellen zu können. Werden Simulationsmodelle jedoch explizit zur Abbildung von Entscheidungssituationen herangezogen, macht es Sinn, auch auf die entscheidungstheoretische Bedeutung stochastischer Modelle einzugehen.

Dabei wird deutlich, daß mit stochastischen Modellen eine klar eingegrenzte Klasse von Entscheidungssituationen modelliert wird: Die Klasse der Entscheidungen unter Risiko. Daraus folgt jedoch, daß zum Alternativenvergleich, der in jedem Schritt der Optimierungsverfahren durchgeführt wird, auch auf die Ergebnisse der Entscheidungstheorie zur Alternativenwahl bei Risiko zurückgegriffen werden sollte.

Jenseits des Bayes-Kriteriums

Bisher wurde davon ausgegangen, daß die Zufallsvariable, die das Resultat der Simulation einer spezifischen Entscheidung darstellt, alleine durch ihren Erwartungswert - geschätzt über das Konfidenzintervall um den Mittelwert - beschrieben wird. Entscheidungstheoretisch gesehen, bedeutet dies die implizite Anwendung des Bayes-Kriteriums, was wiederum beim Entscheider Risikoneutralität voraussetzt.[131]

Das Bernoulli-Prinzip liefert den theoretischen Ansatz zum Entscheiden unter Risiko. Dabei wird jede Ausprägung einer Zufallsvariablen nicht nur durch ihre Wahrscheinlichkeit, sondern auch durch ihren spezifischen Nutzen für den Entscheider bewertet. Als Vergleichskriterium verschiedener Entscheidungsalternativen ergibt sich dann der Nutzenerwartungswert.[132] Zur Berechnung des Nutzenerwartungswertes muß jedoch die Nutzenfunktion bekannt sein. An diesem Punkt ergibt sich die Schwierigkeit in der Anwendung eines solchen Ansatzes: Es muß nicht nur davon ausgegangen werden, daß die Nutzenfunktionen der Entscheider individuell verschieden sind, darüber hinaus kann auch nicht angenommen werden, daß sie einer einfachen mathematischen Form genügen (z.B. global konkave oder konvexe Nutzenfunktionen). Weiterhin ist die empirische Ermittlung auch von individuellen Nutzenfunktionen offensichtlich nicht einfach möglich.[133]

Trotz dieser Schwierigkeiten sollte nicht per definitionem auf die Möglichkeit der Ausnutzung von Nutzenerwartungswerten auch im Rahmen von Optimierungsverfahren verzichtet werden. Spezifische Entscheidungskriterien, die einerseits in praktischen Risikosituationen eingesetzt werden, und - wie z.B. das (μ, σ)-Kriterium in der Portfolio-Theorie - auch theoretisch bedeutend sind[134], sollten zumindest optional in die Optimumsuche integriert werden können.

---

131 Vgl. BAMBERG, G.; COENENBERG, A.G. (1989, Entscheidungslehre), S. 88; BITZ, M. (1981, Entscheidungstheorie), S. 90ff.

132 Vgl. BAMBERG, G.; COENENBERG, A.G. (1989, Entscheidungslehre), S. 70ff.

133 Vgl. BAMBERG, G.; COENENBERG, A.G. (1989, Entscheidungslehre), S. 78.

134 Vgl. BITZ, M. (1981, Entscheidungstheorie), S. 110ff.

Integration anderer Entscheidungskriterien bei Risiko

Dabei kann auf Ergebnisse zurückgegriffen werden, die im Rahmen der Entscheidungstheorie erarbeitet wurden. Wie schon ausgeführt, impliziert das Bernoulli-Prinzip die Maximierung eines Nutzenerwartungswertes, der sich allgemein als das Integral über das Produkt von Nutzenfunktion und Wahrscheinlichkeits-Dichtefunktion berechnet. Eine Reihe gängiger Entscheidungskriterien, die auf der Auswertung einer ausgewählten Menge von Momenten der Wahrscheinlichkeitsverteilung beruhen, lassen sich in diesem Rahmen darstellen, wenn die entsprechenden Momente als eine Funktion des Erwartungswertes der Zufallsvariablen dargestellt werden können.

Für die Optimumsuche bedeutet dies konkret, daß diejenigen Entscheidungskriterien, für die eine solche Darstellung existiert, direkt in die Suchverfahren integriert werden können: Die Nutzenfunktion wird dabei als eine zusätzliche, explizite Zielfunktion über der Ergebnisvariablen des Simulationsmodells interpretiert. In einer bildlichen Interpretation könnte man auch von einer Erweiterung des Simulationsmodells um einen Transformationsbefehl über der Ergebnisvariablen sprechen. Dieser Transformationsbefehl, der in Abbildung 4.5.3 dargestellt ist, entspricht der Nutzenfunktion u.:

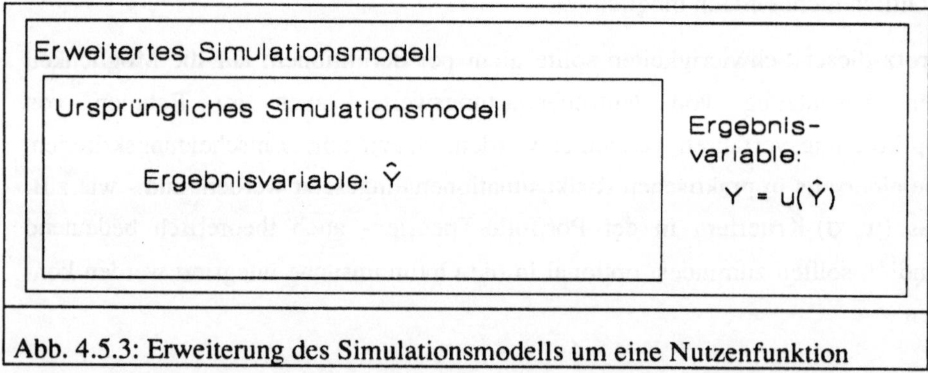

Abb. 4.5.3: Erweiterung des Simulationsmodells um eine Nutzenfunktion

Beispielhafte Integration des (μ, σ)-Kriteriums

Eine dem (μ, σ)-Kriterium entsprechende Nutzenfunktion hat die Form:[135]

[135] Vgl. BAMBERG, G.; COENENBERG, A.G. (1989, Entscheidungslehre), S. 91.

$$u(x) = b_1 x + b_2 x^2.$$

Um somit dieses Kriterium in das Optimierungsverfahren zu integrieren, ist es notwendig, die beiden Parameter b_1 und b_2 vom Benutzer bestimmen zu lassen. Das dieser Nutzenfunktion entsprechende Gesamtkriterium hat die Form:

$$\Phi(\mu, \sigma) = b_1\mu + b_2(\mu^2 + \sigma^2).$$

D.h., Parameter b_1 gewichtet den Erwartungswert und b_2 gewichtet gleichmäßig das Quadrat des Erwartungswertes und die Streuung, die als Maß für das Risiko einer Alternative gewertet wird.

Beispielhafte Integration einer Verlustwahrscheinlichkeit

Wird neben dem Erwartungswert eine Verlustwahrscheinlichkeit λ beachtet, ergibt sich das Kriterium $\Phi(\mu, \lambda) = b_1\mu + b_2\lambda$, mit der Nutzenfunktion:[136]

$$u(x) = \begin{cases} b_1 x + b_2, & \text{falls } x < 0 \\ b_1 x, & \text{sonst.} \end{cases}$$

b_1 gewichtet also wieder den Erwartungswert und b_2 gewichtet Ausprägungen, die einen Verlust darstellen.

Anwendbarkeit der Optimierungsmethoden bei stochastischen Modellen aus der Sicht der Entscheidungstheorie

Die Beschränkung auf die Optimierung des Erwartungswertes im Rahmen der Submethoden zur Behandlung stochastischer Modelle stellt also aus Sicht der Entscheidungstheorie keine wesentliche Einschränkung dar. Diese Aussage gilt ebenso für die Stochastische Approximations-Methode[137], die explizit den Erwartungswert einer Funktion approximiert.

Andere Kriterien als das Bayes-Kriterium, also insbesondere Risiko-averse oder Risiko-freundliche Entscheidungskriterien, lassen sich, wenn sie mit dem Bernoulli-Prinzip in Einklang stehen, auf die Anwendung einer Nutzenfunktion über der Ergebnisvariablen des Simulationsmodells zurückführen. Optimiert wird dann der Erwartungswert dieser Nutzenfunktion, was mittels der diskutierten Submethoden möglich ist.

---

[136] Vgl. BAMBERG, G.; COENENBERG, A.G. (1989, Entscheidungslehre), S. 91.

[137] Vgl. Kap. 4.3.4.

4.5.3 Abbildung in EskiMo

Es zeigt sich demnach, daß zur Behandlung stochastischer Simulationsmodelle keine gänzlich neuen Methoden eingesetzt werden, daß vielmehr die existierenden Methoden für deterministische Modelle mit Submethoden zur Behandlung spezieller stochastischer Anforderungen kombiniert werden. Aufgrund der Vererbungsmöglichkeit in EskiMo, die die Anordnung der Methodenklassen und ihrer Eignungen in Frame-Hierarchien mit sich bringt, können die Eignungen der Methodenklassen zur Optimierung stochastischer Modelle als Unterklassen sowohl der entsprechenden Eignungs-Frames der deterministischen Methodenklasse als auch der jeweiligen Submethode für stochastische Modelle angelegt werden. Die so angelegte Eignung erbt dann die Schnittmenge der Eignungen in den übergeordneten Eignungs-Frames. Dies soll hier an einem Beispiel zur stochastischen Version der Einzelfaktor-Methode demonstriert werden.

Auf der obersten Hierarchie-Ebene der Methodenklassen wird eine Klasse für die Methoden zur Optimierung stochastischer Modelle angelegt. Dabei ergibt sich die in Abbildung 4.5.4 gezeigte Struktur.

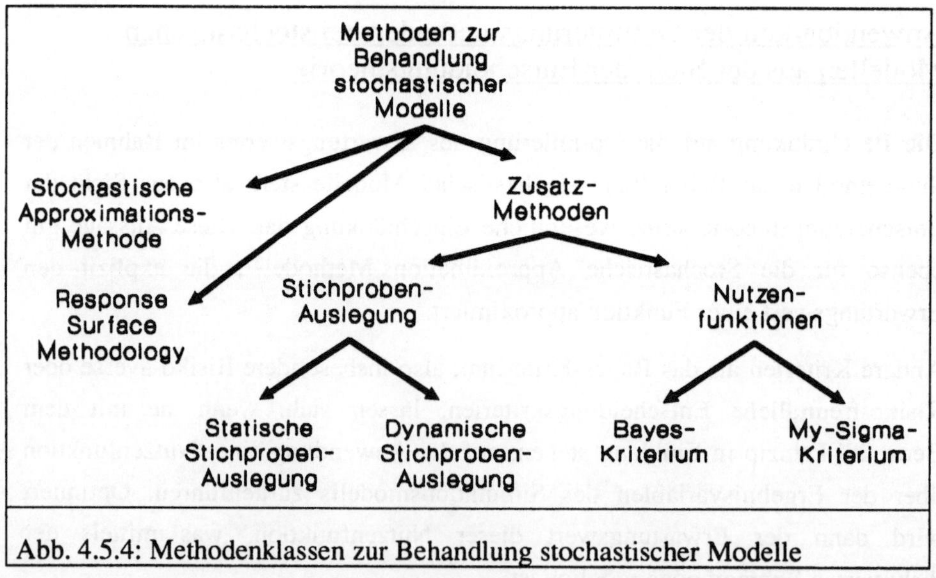

Abb. 4.5.4: Methodenklassen zur Behandlung stochastischer Modelle

Die Stochastische Approximations-Methode und die Response Surface Methodology wurden schon in Kapitel 4.3.4 und 4.3.5 behandelt und wurden nur zur Vollständigkeit in die Abbildung aufgenommen. Das Eignungs-Frame für die obere Methodenklasse bildet nur die Eignung für stochastische Modelle ab und vererbt diese Eignung an alle Unterklassen. Beispielhaft werden nun die Eignung für die statische Stichprobenauslegung und das Bayes-Kriterium beschrieben. Die Anwendung der statischen Stichprobenauslegung setzt voraus, daß die Größen der Stichproben pro Suchpunkt fest angegeben werden können. Dies führt zu folgendem Eignungs-Frame:

EIGNUNG-ZU-STATISCHE.STICHPROBEN-AUSLEGUNG.1	
Slot.Name	*Wert*
Stochastisch.oder.Deterministisch	(Stochastisch, 100)
Stichprobengroesse.Bekannt?	(Bekannt, 100)

Das Bayes-Kriterium wird dann angewandt, wenn es entweder explizit gefordert wird, oder wenn keine Angaben zur Nutzenfunktion gemacht werden. Daraus resultiert folgendes Eignungs-Frame:

EIGNUNG-ZU-BAYES-KRITERIUM.1	
Slot.Name	*Wert*
Stochastisch.oder.Deterministisch	(Stochastisch, 100)
Nutzenfunktion?	(Nicht.Belegt, 80) (Bayes, 100)

Wenn nun eine Version der Einzelfaktor-Methode vorliegt, die mit den Submethoden zur statischen Stichprobenauslegung und zum Bayes-Kriterium verknüpft wurde, so wird für diese Methode eine Methodenklasse als Unterklasse der Einzelfaktor-Methode, der statischen Stichprobenauslegung und des Bayes-Kriteriums angelegt, wodurch diese Methode folgende Eignung erbt:

EIGNUNG-ZU-EINZELFAKTOR-STOCH-STAT-BAYES.1	
Slot.Name	*Wert*
Stochastisch.oder.Deterministisch	(stochastisch, 100)
Kardinalitaet	([2, unknown), 100)
Horizont.der.Suche	(Lokal, 100)
Vorkenntnisse?	(Zielgebirge, 100)
Zielgebirge	(Stark.Multimodal, 80)
	(Nicht.gegeben, 70)
Stichprobengroesse.bekannt?	(Bekannt, 100)
Nutzenfunktion?	(Nicht.Belegt, 80) (Bayes, 100)

4.6 Behandlung von Nebenbedingungen

Obwohl praktische Optimierungen in aller Regel über durch Nebenbedingungen beschränkten Suchräumen vorgenommen werden müssen, sind die Methoden der ableitungsfreien Optimierung meist für nicht-restringierte Probleme konzipiert.[138] Um dennoch den Anforderungen restringierter Probleme gerecht werden zu können, existieren Ansätze, mit denen die bisher beschriebenen Methoden für Probleme mit Nebenbedingungen modifiziert werden können. Diese Ansätze werden in diesem Kapitel behandelt. Dabei bleibt eine spezielle Nebenbedingung unberücksichtigt: Da die Ganzzahligkeits-Nebenbedingung keine analytisch auswertbare Form hat, erfordert ihre Behandlung ein spezielles methodisches Rüstzeug, auf das im folgenden Kapitel 4.7 eingegangen wird.

Relevante Typen von Nebenbedingungen

Als erstes kann zwischen expliziten und impliziten Nebenbedingungen unterschieden werden. Wenn der zulässige Bereich als eine Menge $S \subseteq \mathbf{R}^n$ bezeichnet wird, so wird dann von expliziten Nebenbedingungen gesprochen, wenn S als ein n-dimensionales Intervall mit expliziten Grenzen für jede Dimension angegeben werden kann:[139]

$$S = \{\mathbf{x} \in \mathbf{R}^n \mid u_i \leq x_i \leq o_i\,;\ u_i, o_i \in \mathbf{R} \cup \{-\infty, +\infty\};\ 1 \leq i \leq n\}$$

[138] Eine Ausnahme stellt z.B. die Complex-Methode dar: vgl. Kap. 4.3.2.

[139] Vgl. LUENBERGER, D.G. (1984, Programming), S. 366; SCHWEFEL, H.-P. (1977, Optimierung), S. 23, S. 72f.

Bei impliziten Nebenbedingungen werden die Grenzen des zulässigen Raums durch Gleichungen oder Ungleichungen beschrieben. Nach der Form der Funktionen auf der linken Seite der Gleichungen wird zwischen linearen und nicht-linearen Nebenbedingungen unterschieden. Implizite Nebenbedingungen in Form von Gleichungen konstituieren dabei die prinzipiell schwierigeren Probleme, da Gleichungs-Nebenbedingungen die Dimensionalität des Suchraums einschränken.

Mögliche Ansätze

Die Methoden, die zur Behandlung von Nebenbedingungen aus dem Bereich der nicht-linearen Programmierung angewendet werden können, sind die sogenannten Straffunktion- und Barrierefunktion-Methoden. Andere Ansätze der nicht-linearen Programmierung erweisen sich im speziellen Kontext ableitungsfreier Suchmethoden aufgrund spezifischer Anforderungen an die nicht-bekannte Zielfunktion als unpraktikabel.[140] Die letztgenannten Ansätze könnten nur im Zusammenhang mit Interpolations- oder Regressionsmethoden eingesetzt werden; dagegen spricht jedoch der sich dann ergebende rechnerische Aufwand.

Im Rahmen beider im folgenden zu diskutierenden Ansätze werden die Zielfunktionen der eigentlichen Problemstellung durch Hinzufügen spezifischer Terme modifiziert. Werden Simulationsmodelle optimiert, liegt keine explizite Zielfunktion vor, und es stellt sich die Frage, wie die modifizierte Zielfunktion ermittelt werden kann. Die Lösung dieser Frage erfolgt wiederum mit der Technik der zusätzlichen expliziten Zielfunktion, die über der Ergebnisvariablen des Simulationsmodells definiert ist.[141] Ohne Eingriff in das vorliegende Simulationsmodell oder in die Optimierungsmethode muß also nur ein zusätzlicher Transformationsbefehl zwischen Simulationsmodell und Optimierungsmethode geschaltet werden.

---

140 Ein Beispiel ist die Methode der projizierten Gradienten von Rosen: vgl. BLOECH, J.; MÜLLER, V. (1983, Optimierung), S.267ff; BAZARAA, M.S.; SHETTY, C.M. (1979, Programming), S. 389ff.

141 Analog zur Behandlung von Nutzenfunktion bei der Optimierung stochastischer Modelle, vgl. Kap. 4.5.2.

4.6.1 Straffunktionen

Der Ansatz der Straffunktionen - gelegentlich auch als äußere Straffunktion bezeichnet - modifiziert die eigentliche Zielfunktion, indem ihr für nicht zulässige Punkte eine positive "Strafe" hinzuaddiert wird.[142] Sei das Optimierungsproblem wie folgt gegeben:

$$\text{Min } f(\mathbf{x})$$

$$\text{u.d.N: } g_i(\mathbf{x}) \leq 0; \quad h_j(\mathbf{x}) = 0; \; \mathbf{x} \in \mathbf{R}^n; \;\; 1 \leq i \leq m; \; 1 \leq j \leq l.$$

Dann werden für die Ungleichungs-Nebenbedingungen $g_i(\mathbf{x})$ Straffunktionen $p_i(\mathbf{x})$ eingeführt, die der folgenden Form genügen:

$$p_i(\mathbf{x}) \begin{cases} = 0, \text{ wenn } g_i(\mathbf{x}) \leq 0 \\ > 0, \text{ wenn } g_i(\mathbf{x}) > 0 \end{cases} .$$

Eine beispielhafte Funktion dieses Typs lautet:

$$p_i(\mathbf{x}) = (\max \, \{0, g_i(\mathbf{x})\})^q,$$

mit q als positiver, ganzer Zahl.

Für die Gleichungs-Nebenbedingungen $h_j(\mathbf{x})$ müssen Straffunktionen $p_j(\mathbf{x})$ der folgenden Form eingeführt werden:

$$p_j(\mathbf{x}) \begin{cases} = 0, \text{ wenn } h_j(\mathbf{x}) = 0 \\ > 0, \text{ wenn } g_i(\mathbf{x}) \neq 0 \end{cases} .$$

Eine typische Straffunktion dieser Art ist: $p_j(\mathbf{x}) = |h_j(\mathbf{x})|^q$, mit q als positiver, ganzer Zahl.

Die nicht-restringierte Hilfs-(Ziel-)Funktion ergibt sich dann zu:

$$\text{Min hilf}(\mathbf{x}) = f(\mathbf{x}) + r \left[\sum_{i=1}^{m} p_i(\mathbf{x}) + \sum_{j=1}^{l} p_j(\mathbf{x}) \right] .$$

Mit wachsendem r wird bei dieser Hilfs-Funktion ein Abweichen aus dem zulässigen Bereich immer stärker bestraft, so daß eine Iteration von

---

[142] Vgl. BRONSTEIN, I.N.; SEMENDJAJEW, K.A. (1991, Ergänzende Kapitel), S. 147f; LUENBERGER, D.G. (1984, Programming), S. 366ff; MCCORMICK, G.P. (1983, Programming), S. 333ff; BAZARAA, M.S.; SHETTY, C.M. (1979, Programming), S. 332ff; NEUMANN, K. (1977, Verfahren I), S. 296ff; HIMMELBLAU, D.M. (1972, Programming), S. 301.

Optimierungen der Hilfs-Funktionen mit r gegen ∞ schließlich zu einer Annäherung der restringierten Lösung führen muß.

Dementsprechend erklärt sich auch der Name "äußere Straffunktion": Im Hilfsproblem sind auch äußere Punkte, d.h. Punkte, die im eigentlichen, restringierten Problem unzulässig sind, eventuell zulässig. Daraus folgt eine besondere Stärke dieses Ansatzes im Zusammenhang mit nicht-konvexen zulässigen Bereichen: Konkave "Dellen" des zulässigen Bereichs können "untertunnelt" werden, sofern sie in Bereichen steigender Zielfunktionswerte liegen. Eine weitere praktische Stärke des Ansatzes liegt in der einfachen Möglichkeit, Gleichungs-Nebenbedingungen zu verarbeiten. Auch setzt dieser Ansatz keinen im ursprünglichen Problem zulässigen Startpunkt voraus.

Schwierigkeiten des Ansatzes ergeben sich einerseits bei der Wahl geeigneter Straffunktionen und andererseits prinzipiell durch den großen Rechenaufwand, der dadurch entsteht, daß eine Iteration von Optimierungen durchgeführt wird, die ihrerseits schon sehr zeitaufwendig sein können.

4.6.2 Barrierefunktionen

Barrierefunktion-Methoden unterscheiden sich von Straffunktion-Methoden dadurch, daß eine Strafe auch schon zulässigen Punkten, wenn sie sich in der Nähe von Restriktionen befinden, auferlegt wird. Am Rand des zulässigen Bereiches erreicht diese Strafe ihren höchsten Wert. Dadurch wird eine "Barriere" errichtet, die verhindert, daß der Suchprozeß aus dem zulässigen Bereich hinausführt.[143] Insofern sind die Methoden eng mit den Straffunktion-Methoden verwandt.[144] Der gelegentlich auch verwandte Begriff "Methode der inneren Straffunktion"[145] spielt auf den Umstand an, daß eine Iteration von Hilfs-Funktionen des Barriere-Typs eine Reihe von im ursprünglichen Problem

---

143 Vgl. LUENBERGER, D.G. (1984, Programming), S. 369ff; MCCORMICK, G.P. (1983, Programming), S. 329ff; BAZARAA, M.S.; SHETTY, C.M. (1979, Programming), S. 342. Bei BRONSTEIN, I.N.; SEMENDJAJEW, K.A. (1991, Ergänzende Kapitel), S. 148, wird die Barrierefunktion eingeführt, aber als SUMT-Methode bezeichnet. Zur SUMT-Methode: vgl. Kap. 4.6.3.

144 Bei Himmelblau werden sie beispielsweise als eine Untergruppe der Straffunktion-Methoden behandelt: vgl. HIMMELBLAU, D.M. (1972, Programming), S. 301.

145 Vgl. NEUMANN, K. (1977, Verfahren I), S. 298f; HIMMELBLAU, D.M. (1972, Programming), S. 301.

zulässigen Punkten generiert, die schließlich das tatsächliche restringierte Optimum annähern.

Wenn die $g_i(\mathbf{x})$ wiederum Ungleichungs-Nebenbedingungen darstellen, hat eine Barrierefunktion $b_i(\mathbf{x})$ folgender Form zu genügen:

$$b_i(\mathbf{x}) \begin{cases} \geq 0, & \text{wenn } g_i(\mathbf{x}) < 0 \\ \text{gegen } \infty, & \text{wenn } g_i(\mathbf{x}) \text{ gegen } 0. \end{cases}$$

Ein typisches Beispiel für eine Barrierefunktion liefert: $b_i(\mathbf{x}) = -g_i(\mathbf{x})^{-1}$.

Aus dieser Definition folgt, daß der Einsatz von Barrierefunktionen einen zulässigen Bereich voraussetzt, der echte innere Punkte hat, also Punkte, die nicht auf einer Grenze liegen.[146] Somit können Barrierefunktionen nicht bei Problemen mit Gleichungs-Nebenbedingungen eingesetzt werden.

Weiterhin ist es prinzipiell möglich, daß die Barriere übersprungen wird, wenn Schrittweiten angenommen werden, die den Anstieg der Zielfunktionswerte am Rand des zulässigen Bereichs übergehen.[147] Dieser letztgenannte Nachteil kann jedoch im Rahmen der ableitungsfreien Optimierung, in der keine Ansprüche an die Glätte der Zielfunktion gestellt werden müssen, leicht dadurch behoben werden, daß die formale Anforderung an die Barrierefunktion wie folgt erweitert wird:

$$b_i(\mathbf{x}) \begin{cases} \geq 0, & \text{wenn } g_i(\mathbf{x}) < 0 \\ \text{gegen } \infty, & \text{wenn } g_i(\mathbf{x}) \text{ gegen } 0 \\ \infty, & \text{wenn } g_i(\mathbf{x}) > 0. \end{cases}$$

Im Gegensatz zur einfachen Barrierefunktion, die nur am Rand des zulässigen Bereiches ungünstige Werte annimmt, wird in diesem modifizierten Ansatz der Bereich ungünstiger Werte auf den gesamten unzulässigen Bereich ausgedehnt; man könnte insofern von einer "Plateau-Barriere" sprechen. Schließlich erfordert die Anwendung von Barrierefunktionen, daß mit einem zulässigen Punkt begonnen wird.

---

146 Vgl. LUENBERGER, D.G. (1984, Programming), S. 369; NEUMANN, K. (1977, Verfahren I), S. 298.

147 Vgl. BAZARAA, M.S.; SHETTY, C.M. (1979, Programming), S. 347.

4.6.3 Ein gemischter Ansatz: SUMT

Die von McCormick und Fiacco entwickelte Methode SUMT (Sequential Unconstrained Minimization Technique), die aus einer Verknüpfung von Barrierefunktionen für Ungleichungs-Nebenbedingungen und Straffunktionen für Gleichungs-Nebenbedingungen besteht, stellt den wohl bekanntesten Ansatz zur Anwendung von Straf- oder Barriere-Funktionen dar.[148] Als Barrierefunktion hat sich dabei die Verwendung einer logarithmischen Funktion

$$b_i(\mathbf{x}) = -\ln(g_i(\mathbf{x}))$$

als besonders günstig herausgestellt, während für die Straffunktion eine quadratische Form empfohlen wird:[149]

$$p_j(\mathbf{x}) = h_j(\mathbf{x})^2.$$

Die modifizierte Zielfunktion im Rahmen von SUMT hat also für die k-te Iteration folgende Form:

$$\text{Min hilf}(\mathbf{x}) = f(\mathbf{x}) - r_k \sum_{i=1}^{m} \ln(g_i(\mathbf{x})) + \sum_{j=1}^{l} \frac{h_j(\mathbf{x})^2}{r_k}.$$

Zur Wahl von r_k wird folgende einfache rekursive Regel empfohlen:[150]

$$r_0 = 1;\ r_{k+1} = \frac{r_k}{c},$$

wobei für c der Wert 4 als Standard empfohlen wird.

---

[148] Vgl. FIACCO, A.V.; MCCORMICK, G.P. (1964, Technique); MCCORMICK, G.P. (1983, Programming), S. 329ff; HIMMELBLAU, D.M. (1972, Programming), S. 310ff.

[149] Vgl. MCCORMICK, G.P. (1983, Programming), S. 350. HIMMELBLAU, D.M. (1972, Programming), S. 311ff gibt einen kurzen Überblick über andere, mögliche Formen der Barrierefunktion. Das Attribut "günstig" bezieht sich auf Erfahrungen in der nichtlinerean Programmierung. Für die ableitungsfreie Suche kann vermutet werden, daß auch eine einfachere Funktion, wie oben beschrieben, nicht schlechter sein muß, da der Vorteil des Logarithmus als glatter Funktion hier nicht zum Tragen kommt.

[150] Vgl. HIMMELBLAU, D.M. (1972, Programming), S. 314ff.

4.6.4 Eine spezielle Anwendung in der ableitungsfreien Optimierung

Die ideale (grenzwertige) Straf- oder Barrierefunktion addiert zur Zielfunktion für zulässige Punkte 0 und für unzulässige Punkte ∞.[151] Während im Rahmen der analytischen nicht-linearen Programmierung diese Funktion, die sich als Grenzwert sowohl für die Straffunktion- als auch für die Barrierefunktion-Methoden ergibt, aufgrund ihrer offensichtlichen Unstetigkeitsstelle schwer handhabbar und damit unattraktiv ist, wiegt dieser Nachteil im Rahmen von ableitungsfreien Methoden, die von vornherein keine analytischen Anforderungen an die Zielfunktion stellen, nicht notwendigerweise schwer.

Betrachtet man beispielsweise die Line-Search-Methode der Intervalleinschachtelung[152], so wird deutlich, daß in jedem Schritt der Methode jeweils nur zwei Zielfunktionswerte verglichen werden. Bei Unterstellung einer Minimierung bricht die Suche ab, wenn $x_{k+1} > x_k$. Im anderen Fall, $x_{k+1} \leq x_k$, wird die Suche fortgesetzt.[153] Führt man im Rahmen dieser Suche eine unstetige Straf- oder Barrierefunktion des "idealen Typs" ein, so führt die Überschreitung der Unstetigkeitsstelle, also der Austritt aus dem zulässigen Bereich, zur Beendigung der Suche: Das Optimum muß - bei konvexen Nebenbedingungen - zwischen x_k und x_{k+1} liegen.

Dieser Ansatz hat den offensichtlichen Vorteil, daß schon die erste Optimierung in der Sequenz der Straf- oder Barrierefunktionen auch die theoretisch letzte Optimierung darstellt, daß also nur ein Optimierungsschritt notwendig ist. Insbesondere bei hoch-dimensionalen oder stochastischen Problemen ergibt sich damit ein oftmals unverzichtbarer Geschwindigkeitsvorteil. Der Nachteil dieser Methode besteht darin, daß ein sogenanntes Untertunneln unzulässiger Bereiche bei nicht-konvexen Problemen, wie es Straffunktion-Methoden sonst ermöglichen, nicht mehr stattfinden kann. Daraus folgt jedoch auch, daß im Fall konvexer Nebenbedingungen, also insbesondere auch im Fall linearer und

---

[151] Vgl. BAZARAA, M.S.; SHETTY, C.M. (1979, Programming), S. 344. Schwefel bezeichnet diese Methode als die Barriere-Methode, während er für die Barriere-Methoden, wie sie hier - entsprechend den gängigen Lehrbüchern - definiert wurden, den Term Partial Penalty Method benutzt: vgl. SCHWEFEL, H.-P. (1977, Optimierung), S. 22f.

[152] Vgl. Kap. 4.3.1.

[153] k sei der Iterationszähler.

expliziter Nebenbedingungen, diese Methode einen gangbaren und effizienten Weg darstellt.

Wie bei den Barrierefunktion-Methoden gilt auch für diesen speziellen Ansatz, daß er nicht bei Nebenbedingungen in Gleichungsform angewendet werden kann. Wird im Zusammenhang mit diesem "idealen" Ansatz eine der in Kapitel 4.3.1 vorgestellten Start-Intervall- oder Eliminationsmethoden eingesetzt, zeigt sich die Bedeutung der besonderen Beachtung von Plateaus.[154] Wenn das Start-Intervall zum Teil in den unzulässigen Bereich, den Bereich des Plateaus, hineinragt, verhindert die vorgeschlagene Modifikation ein Verbleiben des Suchprozesses im unzulässigen Bereich.

4.6.5 Die Complex-Methode zur direkten Behandlung von Nebenbedingungen

Die einzige Methode der ableitungsfreien Optimierung, die explizit auf die Behandlung von Nebenbedingungen eingeht, ist die Complex-Methode.[155] Dabei wird ein Ansatz verfolgt, der Ähnlichkeiten zur im letzten Kapitel als "ideale" Barrierefunktion bezeichneten Methode hat. Wird im Laufe des Suchprozesses ein unzulässiger Punkt generiert, so startet sofort eine eindimensionale Suche in Richtung des zulässigen Bereichs, um den nächsten Punkt zu identifizieren, der keine Restriktion verletzt. Bei expliziten Nebenbedingungen kann die Line-Search-Methode durch ein einfaches Rücksetzen hinter die verletzte explizite Grenze ersetzt werden.

In diesem Vorgehen wird also der unzulässige Bereich im Sinne einer Plateau-Barriere behandelt, wobei jedoch im Unterschied zur Methode der Barrierefunktion jeder Punkt im unzulässigen Bereich sofort durch einen nahegelegenen zulässigen Punkt ersetzt wird. Somit folgt auch, daß die Complex-Methode nicht auf Probleme mit Gleichungs-Nebenbedingungen angewandt werden kann.

---

[154] Vgl. Kap. 4.3.1..

[155] Vgl. Kap. 4.3.3.

4.6.6 Abbildung in EskiMo

Die verschiedenen beschriebenen Ansätze werden in EskiMo durch entsprechende Methodenklassen abgebildet: Die gemeinsame Oberklasse wird mit Methoden.Zur.Behandlung.Von.Nebenbedingungen bezeichnet. Es ergibt sich die in Abbildung 4.6.1 dargestellte Hierarchie:

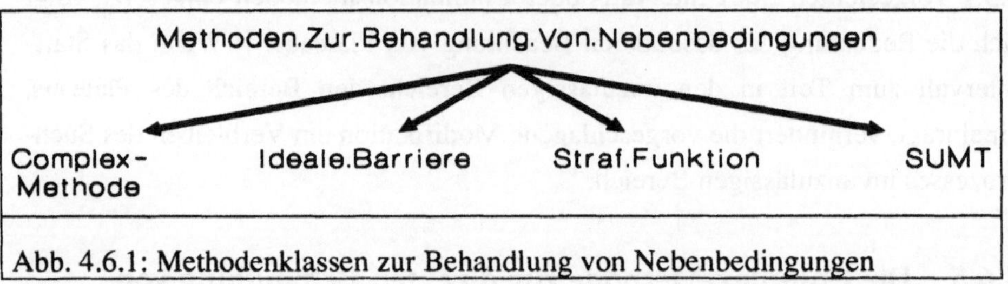

Abb. 4.6.1: Methodenklassen zur Behandlung von Nebenbedingungen

Die Eignung der übergeordneten Methodenklasse bildet nur die Möglichkeit zur Behandlung von Nebenbedingungen ab. Den untergeordneten Methodenklassen werden dabei die folgenden Eignungen zugeordnet:

FRAME EIGNUNG-ZU-IDEALE.BARRIERE.1	
Slot.Name	*Wert*
Nebenbedingungen	(Neb.Bed-Existieren, 100)
Typ.der.Nebenbedingung	(explizit, 100) (linear, 100) (konvex, 100)
Nb.Gleichungsform	(Nur.Ungleichungen, 100)
Zul.Start.Punkt.Bekannt?	(Zulaessiger.Punkt.Bekannt, 100)

Straffunktion-Methoden müssen angewandt werden, wenn nicht-konvexe Nebenbedingungen vorliegen. Dies wird mit der folgenden Zuordnung von Konfidenzen ausgedrückt:

FRAME EIGNUNG-ZU-STRAFFUNKTION.1	
Slot.Name	*Wert*
Nebenbedingungen	(Neb.Bed-Existieren, 100)
Typ.der.Nebenbedingungen	(explizit, 60) (linear, 60) (konvex, 60) (nicht-linear, 100)

Außerdem eignen sich die Straffunktion-Methoden, wenn kein zulässiger Startpunkt bekannt ist, was zu einem zweiten Eignungs-Frame führt:

FRAME EIGNUNG-ZU-STRAFFUNKTION.2	
Slot.Name	*Wert*
Nebenbedingungen	(Neb.Bed-Existieren, 100)
Zul.Start.Punkt.Bekannt?	(Nicht.Belegt, 100)

Die SUMT-Methode eignet sich besonders, wenn die Nebenbedingungen auch Gleichungen umfassen.

FRAME EIGNUNG-ZU-SUMT.1	
Slot.Name	*Wert*
Nebenbedingungen	(Neb.Bed-Existieren, 100)
Typ.der.Nebenbedingungen	(explizit, 100) (linear, 100) (konvex, 100)
Nb.Gleichungsform	(mit.Gleichungen, 100)
Zulässiger.Punkt.Gegeben	(Start.Punkt.Bekannt, 100)

Das Eignungs-Frame der Complex-Methode faßt die Eignung der Spiegel-Methode mit der Eignung zur Lösung restringierter Probleme zusammen.

FRAME EIGNUNG-ZU-COMPLEX.1	
Slot.Name	*Wert*
Kardinalitaet	([2, 20), 100) ([20, unknown), 80)
Horizont.der.Suche	(Lokal, 100)
Phase.Der.Suche	(Start, 100)
Nebenbedingungen	(Neb.Bed-Existieren, 100)
Typ.der.Nebenbedingungen	(explizit, 100) (linear, 100) (konvex, 100)
Nb.Gleichungsform	(Nur.Ungleichungen, 80)

Da die Eignung der Complex-Methode für den restringierten Fall jedoch nicht eindeutig gesichert ist,[156] wurde ein etwas abgeschwächter Konfidenzwert zugeordnet.

---

[156] Vgl. SCHWEFEL, H.-P. (1977, Optimierung), S. 74.

4.7 Behandlung ganzzahliger Entscheidungsvariablen

Viele praktische Entscheidungsprobleme sind einer weiteren, relativ schwer faßbaren Restriktion unterworfen: Die Entscheidungsvariablen müssen ganzzahlig (diskret) sein. Das Optimierungsproblem stellt sich im Fall der Ganzzahligkeitsrestriktion wie folgt dar:

$$\text{Min } f(\mathbf{x})$$

$$\text{u.d.N. } g_i(\mathbf{x}) \leq 0;\ h_j(\mathbf{x}) = 0;$$

$$1 \leq i \leq m;\ 1 \leq j \leq l;$$

$$\mathbf{x} \in B^n \subseteq Z^n.$$

Man spricht von gemischt-ganzzahligen Problemen, wenn nur ein Teil der Elemente von **x** der Ganzzahligkeitsrestriktion unterliegen. Solche Probleme sollen hier nicht explizit behandelt werden, da sich ihre Behandlungsmöglichkeiten in der Regel aus den Methoden zur Behandlung rein ganzzahliger Probleme ableiten lassen.

Im Rahmen der nicht-linearen Optimierung spielt die Behandlung der Ganzzahligkeitsrestriktion keine herausragende Rolle.[157] Es stellt sich jedoch auch die Frage, inwieweit ein eventuell großer Aufwand zur möglichst exakten Erfüllung der Ganzzahligkeitsrestriktion Sinn macht, wenn bedacht wird, daß die Mehrzahl der Methoden doch "nur" lokale Optima ohne Garantie der globalen Optimalität liefern können. Diese Frage stellt sich verstärkt, wenn bedacht wird, daß in der nicht-linearen Optimierung im allgemeinen kaum ein Zusammenhang zwischen der Lösung des ganzzahligen und des entsprechenden kontinuierlichen Problems existieren muß. Die Skizze in Abbildung 4.7.1 verdeutlicht dazu eine mögliche Situation.

---

157 Beispielsweise wird in keiner der hier referenzierten Quellen das Problem der Ganzzahligkeit speziell behandelt.

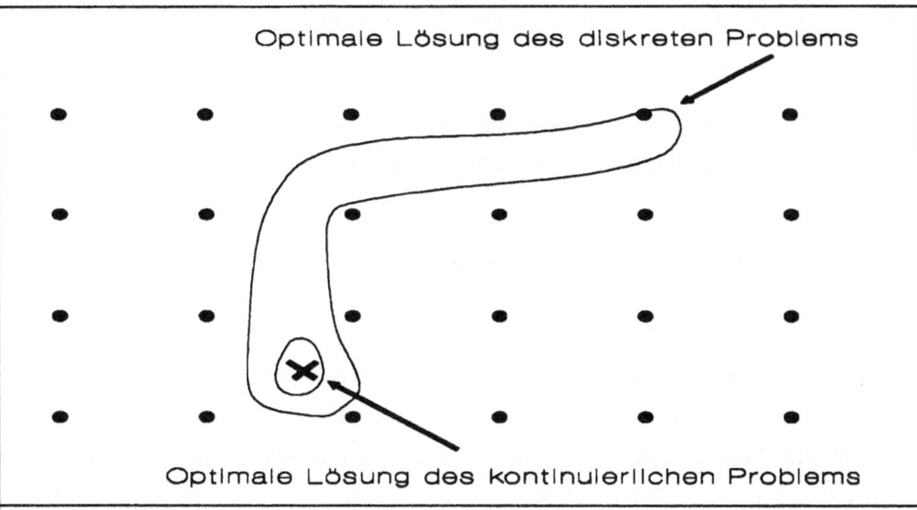

Abb. 4.7.1: Skizze des möglichen Verhältnisses von kontinuierlichem und diskretem Optimum

Die fetten Punkte geben die zulässigen, diskreten Punkte an, die durchgezogenen Linien seien als Höhenlinien der Zielfunktion zu verstehen. Das Kreuz gibt den Punkt der optimalen Lösung des kontinuierlichen Problems an. Es zeigt sich, daß aufgrund der Struktur des Zielgebirges der optimale diskrete Punkt in einer beliebig anderen Region des zulässigen Raums liegen kann. Weiterhin entfällt die Möglichkeit der Anwendung eines Schnittebenenverfahrens, wie sie im Rahmen der linearen Optimierung durch die Gomory-Verfahren gegeben sind,[158] da diese Methoden voraussetzen, daß das Optimum an einer Ecke des zulässigen Bereichs angenommen wird. Diese Voraussetzung ist bei nicht-linearen Problemen im allgemeinen nicht gegeben. Aufgrund dieser Schwierigkeiten kann die Lösung des entsprechenden kontinuierlichen Problems mit anschließender Rundung auf diskrete Ausprägungen eine sinnvolle Heuristik darstellen.

Im Rahmen der Optimierung von Simulationsmodellen kann jedoch darüber hinaus die Situation auftreten, daß eine Optimierung des entsprechenden kontinuierlichen Modells gar nicht möglich ist. Dies ist genau dann der Fall, wenn das Simulationsmodell nur für diskrete Werte definiert ist. Eine einfache

158 Vgl. NEUMANN, K. (1977, Verfahren I), S. 313ff.

Rundung der Suchpunkte auf diskrete Ausprägungen führt im allgemeinen jedoch nicht zu einem sinnvollen Ergebnis.[159]

Im folgenden werden drei Ansätze dargestellt, mit denen bei ableitungsfreien Suchen auf Ganzzahligkeitsnebenbedingungen eingegangen werden kann.

4.7.1 Runden: Ein Ex Post-Ansatz

Der naheliegende Ansatz zur Lösung des Problems liegt in der Lösung des um die Ganzzahligkeitsrestriktion relaxierten Problems, dessen Lösung dann auf die nächstliegende ganzzahlige Lösung gerundet wird. Dieser Ansatz birgt zwei grundlegende Probleme in sich. Erstens garantiert die Wahl eines benachbarten Punktes des kontinuierlichen Problems, wie in Abbildung 4.7.1 verdeutlicht, nicht das Optimums auch für das ganzzahlige Problem. Zweitens wird durch Rundung letztlich willkürlich einer von 2^n benachbarten Punkten ausgewählt.[160]

Abstand der Zielfunktionswerte

Betrachtet man das erstgenannte Problem aus einer heuristischen und entscheidungsorientierten Sicht, so kann die Wahl eines benachbarten Punktes dennoch eine sinnvolle Methode darstellen. Einerseits wird in vielen Fällen die Topologie des Zielgebirges in der Nähe des kontinuierlichen Optimums nicht derart gekrümmt sein, wie es in Abbildung 4.7.1 angedeutet wird. Andererseits existiert im ableitungsfreien Fall keine exakte Information über diese Topologie. Die umfangreichsten Informationen dieser Art können mit Interpolations- oder Regressionsmethoden ermittelt werden, die selbst aber schon von einem Modell z.B. einer quadratischen Funktion ausgehen. Es macht allerdings wenig Sinn, eine eher grobe heuristische Approximation auf ihre exakte Struktur zu untersuchen.

Die folgende Überlegung ist jedoch noch bedeutender: Dadurch, daß der optimale Punkt des diskreten Problems relativ weit entfernt vom optimalen Punkt des kontinuierlichen Problems liegen kann, ist noch nicht impliziert, daß die diskreten Lösungen in der Nachbarschaft des kontinuierlichen Optimums

---

[159] Vgl. Kap. 4.7.3.

[160] Vgl. Kap. 4.7.2.

einen signifikant niedrigeren Zielfunktionswert aufweisen.[161] Wiederum kann zur Verdeutlichung auf die Skizze in Abbildung 4.7.1 zurückgegriffen werden. Der Punkt rechts unterhalb des kontinuierlichen Optimums, der sich auf Basis einer Rundung als Lösung des diskreten Problems ergäbe, ist zwar im Raum der Entscheidungsvariablen recht weit von der optimalen diskreten Lösung entfernt, im Raum der Zielfunktionswerte weist er jedoch einen nur geringfügig schlechteren Wert als das diskrete Optimum auf.

Auf Basis dieser Überlegungen kann zumindest eine Heuristik zur Überprüfung der Qualität der gerundeten Lösung angeboten werden. Diese Heuristik akzeptiert die gerundete Lösung genau dann, wenn sie den Zielfunktionswert der kontinuierlichen optimalen Lösung nur innerhalb einer vorgegebenen Toleranz akzeptiert. Anderenfalls muß eine schwierigere Topologie des Zielgebirges vermutet werden.

4.7.2 Ein Branch and Bound - Ansatz zur Identifikation des besten diskreten Nachbarn und die entsprechende Split and Prune - Heuristik

Das zweite angesprochene Problem betrifft die Auswahl eines benachbarten diskreten Punktes. Für den Fall, daß in der Nähe des kontinuierlichen Optimums signifikante Veränderungen des Zielfunktionswertes festgestellt oder im Zusammenhang mit Vorwissen vermutet werden, kann mit Hilfe eines Branch-and-Bound-Ansatzes der beste Nachbar identifiziert werden.[162] Ein solcher Ansatz läßt sich sofort in eine sogenannte Split-and-Prune-Heuristik umformen, wenn eine Obergrenze auf die Anzahl der aktiven Äste des Lösungs-Baums gelegt wird.[163] Im folgenden wird eine mögliche Branch-and-Bound-Methode beschrieben.

---

[161] Vgl. BIETHAHN, J. (1987, Entscheidungen), S. 88f.

[162] Zu Branch-and-Bound - Ansätzen im allgemeinen: vgl. NEUMANN, K. (1977, Verfahren I), S. 333ff.

[163] Zu Split-and-Prune - Ansätzen: vgl. KRAMER, R.; MORLOCK, M. (1988, Systeme), S. 15ff.

Kurzbeschreibung der Methode

In der Nachbarschaft der optimalen kontinuierlichen Lösung existieren 2^n diskrete Punkte.[164] Diese Punkte ergeben sich dadurch, daß für jedes Element des Lösungsvektors eine Rundung nach oben und eine nach unten möglich ist. Der beste Nachbar wird demnach durch einen binären Vektor identifiziert, der für jede Dimension ein Element hat. Insofern handelt es sich um ein binäres Optimierungsproblem.

Die Methode rundet nun sukzessive, beginnend bei dem ersten Element des Entscheidungsvektors, jeweils ein weiteres Element einmal nach oben und einmal nach unten ab. Die restlichen Elemente des Vektors bleiben jeweils frei und werden einer kontinuierlichen Minimierung unterzogen. Die beiden sich ergebenden Lösungen werden als untere Schranken in einen Lösungsbaum eingestellt. Die Suche fährt immer an der Stelle des Lösungsbaums fort, an der bisher der geringste Zielfunktionswert berechnet wurde.

Ist eine Zwischenlösung auch unter Ganzzahligkeitsnebenbedingungen zulässig, stellt der entsprechende Zielfunktionswert eine obere Schranke der Gesamtlösung dar, und alle Äste des Lösungsbaums, die eine höhere untere Schranke haben, können abgeschnitten, d.h. von der weiteren Suche ausgeschlossen werden.

Algorithmische Beschreibung

Sei mit BAUM die Liste der Indizes der bisher untersuchten Punkte bezeichnet, deren Zielfunktionswert geringer als die aktuelle obere Schranke ist. $\mathbf{x}(k)$ bezeichne den Lösungsvektor für den k-ten Versuch. Der entsprechende Zielfunktionswert und damit die untere Schranke ist $f(\mathbf{x}(k))$. Mit $\mathbf{v}(k)$ sei der dazugehörige fixe Teilvektor bezeichnet und L_k gebe die Länge dieses Teilvektors an. S sei die aktuelle obere Schranke des Zielfunktionswertes.

Sei mit $\min^{v,L} f(\mathbf{x})$ eine Minimierung beschrieben, die eine optimale Lösung für $\mathbf{x}$ unter den Nebenbedingungen $g_i(\mathbf{x})$ und $h_j(\mathbf{x})$ und ohne Beachtung der Ganzzahligkeits-Restriktion berechnet und dabei die ersten L Elemente von $\mathbf{x}$ gleich den L Elementen von $\mathbf{v}$ fix hält.

[164] n sei die Anzahl der Entscheidungsvariablen, und damit der Elemente des Lösungsvektors.

Die Funktion BEST(M), M $\subseteq$ BAUM, liefere den Index der besten Lösung in M.

Initialisierung

MODUL Initialisierung	
$x(0) := x^*$	*Die optimale Lösung des kontinuierlichen Problems*
BAUM := {0}	*Der Anfangs-Baum enthält nur die optimale kontinuierliche Lösung.*
$L_0 = 0$	*Die Länge des bisher ganzzahligen Teilvektors ist 0.*
$S = \infty$	*Die Oberschranke ist auf einen maximalen Wert gesetzt.*
$k = 1$	*Anfangswert des Iterationszählers*

Erzeugung eines neuen Teilbaums

Im Rahmen der Erzeugung eines neuen Teilbaums wird ein Blatt des bisherigen Baums durch zwei neue Blätter ersetzt, die jeweils genau ein weiteres Element des Lösungsvektors fixiert haben. Weiterhin wird eventuell die obere Schranke angepaßt und entsprechend herausfallende Lösungen aus dem Baum gestrichen.

Als Argumente werden diesem Modul der Index q der zu erweiternden Teillösung, ein Iterationszähler k, der den nächsten freien Index angibt, und schließlich die Menge der aktiven Äste BAUM gegeben. Das Modul verändert die Menge BAUM, indem das Element q aus ihr entfernt wird und die Indizes der beiden neuen Teil-Äste, k und k+1, hinzugefügt werden. Es werden zwei neue Vektoren v(k) und v(k+1) erzeugt, die im Vergleich zu v(q) je ein diskretes Element mehr haben. Eventuell wird die Oberschranke S angepaßt.

MODUL Neuer.Teilbaum (q, k, BAUM)	
$v_i(k) := \begin{cases} v_i(q), & 1 \le i \le L_q \\ \bar{x}_i^*, & i = L_q+1 \end{cases}$	*Erzeugung des Teilbaums mit Rundung des (q+1)-ten Elementes des Lösungsvektors nach oben*
$L_k = L_q + 1$	*Anpassung der Anzahl der diskreten Elemente*
$v_i(k+1) := \begin{cases} v_i(q), & 1 \le i \le L_q \\ \underline{x}_i^*, & i = L_q+1 \end{cases}$	*Erzeugung des Teilbaums mit Rundung des (q+1)-ten Elementes des Lösungsvektors nach unten*
$L_{k+1} = L_q + 1$	*Anpassung der Anzahl der diskreten Elemente*
Bestimme $\mathbf{x}(k)$ als Lösung zu $\min^{v(k), L_k} f(\mathbf{x})$ und $\mathbf{x}(k+1)$ als Lösung zu $\min^{v(k+1), L_{k+1}} f(\mathbf{x})$.	*Berechnung der entsprechenden Zielfunktionswerte*
BAUM := (BAUM \ {q}) ∪ {k, k+1}	*Aktualisierung der Indizes in BAUM*
Falls $\mathbf{x}(k) \in B^n$ und $f(\mathbf{x}(k)) < S$, setze $S := f(\mathbf{x}(k))$ Falls $\mathbf{x}(k+1) \in B^n$ und $f(\mathbf{x}(k+1)) < S$, setze $S := f(\mathbf{x}(k+1))$	*Überprüfung auf Existenz einer neuen Oberschranke*
Falls S verändert wurde, setze BAUM := BAUM \ {l | f(x(l)) < S}	*Eventuelles Entfernen von einzelnen Ästen*

Hauptschleife

Mit dieser Prozedur zur Erzeugung eines neuen Teilbaums ergibt sich die gesamte Iteration der Methode:

Initialisierung	*Setzen von BAUM, k, q, L_k*
Solange $\{l \in \text{Baum} \mid L_l < n\} \neq \emptyset$	*Solange in der Menge der aktiven Äste noch nicht alle Äste voll bestimmt sind*
Neuer.Teilbaum (BEST($\{l \in \text{Baum} \mid L_l < n\}$), k, BAUM)	*Hinzufügen der beiden neuen Äste an den bisher besten Ast*
k = k +2	*Erhöhen des Iterationszählers*

BEST(BAUM) liefert den Index zum besten diskreten Vektor. D.h. v(BEST(BAUM)) ist die gesuchte Lösung.

Transformation der Methode in eine Split-and-Prune-Heuristik

Branch-and-Bound-Methoden haben im allgemeinen die Charakteristik, daß sie relativ schnell die optimale Lösung identifizieren, daß sie aber relativ aufwendige Berechnungen durchführen müssen, bis sie die Optimalität dieser Lösung garantieren können.[165] Dies liegt daran, daß sie im Stil einer Best-First-Heuristik zuerst immer den besten Zweig des Lösungsbaums weiterverfolgen und somit häufig recht schnell zum optimalen Punkt gelangen, daß aber andererseits die schnelle Bestimmung der oberen Schranke, die alle anderen Zweige des Suchbaums von der weiteren Suche ausschließt, wesentlich aufwendigere Berechnungen verlangt.

Diesen Umstand machen sich Split-and-Prune-Heuristiken zunutze, indem sie auf die Optimalitätsgarantie verzichten und schlechte Teilbäume von der weiteren Suche ausschließen, auch wenn noch keine obere Schranke bestimmt werden konnte, die diesen Ausschluß exakt rechtfertigen könnte. Im konkreten Fall der hier dargestellten Methode wird im Rahmen eines Split-and-Prune - Ansatzes eine Grenze auf die maximale Mächtigkeit der Index-Menge BAUM gelegt. Im ungünstigsten Fall wächst die Mächtigkeit von BAUM auf n: genau, dann wenn alle 2^n benachbarten Punkt untersucht werden. Somit könnten

[165] Vgl. NEUMANN, K. (1977, Verfahren I), S. 334.

sinnvolle Grenzen auf die Mächtigkeit von BAUM in $\frac{n}{2}$, $\frac{n}{3}$ oder allgemein $\frac{n}{m}$, $m < n$, bestehen.

Gestaffelte Ex-Post Analyse

Mit Hilfe der vorgeschlagenen Methode und auf Basis der Überlegungen in Kapitel 4.7.1 kann folgendes gestaffelte Vorgehen zur heuristischen Identifikation eines guten Nachbars vorgeschlagen werden. Voraussetzung ist die Existenz einer Toleranzgrenze innerhalb derer der Entscheider eine Abweichung vom kontinuierlichen Optimum akzeptieren kann.

Im ersten Schritt wird die einfache Rundungslösung des diskreten Problems ermittelt. Liegt die Differenz der Zielfunktionswerte zwischen kontinuierlicher und gerundeter, diskreter Lösung jenseits der geduldeten Toleranz, so wird im nächsten Schritt mit der Branch-and-Bound - Methode der beste Nachbar bestimmt. Liegt auch der Zielfunktionswert dieser diskreten Lösung zu weit vom kontinuierlichen Maximum entfernt, gibt es zwei mögliche Interpretationen: Entweder weist die Topologie der Zielfunktion innerhalb des "Quaders" der zum kontinuierlichen Optimum benachbarten Punkte einen spitzen Gipfel auf, oder die Topologie beinhaltet eine der unschönen Krümmungen, wie sie für den zweidimensionalen Fall in Abbildung 4.7.1 skizziert wurde.

4.7.3 Generierung von nur ganzzahligen Punkten: A priori-Ansatz

Da die Suche nach dem Optimum über die Generierung expliziter Punkte erfolgt, kann direkt diese Generierung der Ganzzahligkeits-Restriktion unterworfen werden: Somit werden dann nur noch ganzzahlige Punkte generiert. Ein solcher Ansatz ist besonders attraktiv, da die Probleme, die in den Kapiteln 4.71 und 4.72 besprochen worden, sofort entfallen. Die Schwierigkeit des Ansatzes besteht darin, daß er nur bei bestimmten Suchmethoden angewandt werden kann: Bei denjenigen Suchmethoden, die mit nicht-diskreten Suchrichtungen operieren, kann so nicht verfahren werden. Denn, angenommen von einem Punkt $\mathbf{x}_1$ soll in einer nicht-ganzzahligen Richtung $\mathbf{d}$ ein neuer ganzzahliger Punkt bestimmt werden, so ergibt sich ein Problem, daß von den in dieser Arbeit vorgestellten Line-Search-Methoden nicht gelöst werden kann. Ausgeschlossen von dieser Methode sind also z.B. Methoden der konjugierten Richtung, Einzelfaktor-Methode mit rotierten Koordinaten, aber auch die Spiegel-Methode und ihre Weiterentwicklung in der Complex-Methode.

Es bleiben jedoch die einfache Einzelfaktor-Methode und die sequentiellen, stochastischen Ansätze.

Einbindung in die Einzelfaktor-Methode

Im Rahmen der Einzelfaktor-Methode werden immer nur ganzzahlige Richtungen $\mathbf{d} \in Z^n$ abgesucht. In diese speziellen Suchrichtungen kann nun mittels eines einfach modifizierten Intervall-Einschachtelungsverfahrens nach einem lokalen diskreten Optimum gesucht werden. Die Modifikation besteht darin, daß in jedem Schritt der Methode die Distanz zwischen neuem zum altem Punkt auf den nächsten ganzzahligen Wert abgerundet wird.

Sei beispielsweise x_k ein (alter) Punkt $\in$ Z und sei $\lambda \in \mathbf{R}$ ein beliebiger, insbesondere nicht-ganzzahliger Streckungsfaktor, dann berechnet sich der neue Punkt x_{k+1} zu:

$$x_{k+1} = x_k + \text{sign}(\lambda) * \| \underline{\lambda} \|.$$[166]

Das Abbruchkriterium bleibt wie im kontinuierlichen Fall bestehen. Als Ergebnis liefert die Methode ein Intervall zwischen zwei diskreten Punkten, in dem ein optimaler Punkt liegen muß.

Auch die Methoden zur Optimum-Suche innerhalb eines Intervalls können ähnlich zur ausschließlichen Generierung ganzzahliger Suchpunkte angepaßt werden, solange die Garantie besteht, daß die Suchrichtung ganzzahlig ist.

Einbindung in sequentielle, stochastische Methoden

Sequentielle, stochastische Methoden haben sich in Anwendungen zu kombinatorischen Optimierungsproblemen als besonders effektiv herausgestellt.

---

166 Die komplizierte Struktur mit dem nach unten abgerundeten Betrag motiviert sich aus einem Vorsichtsprinzip. Würde im Fall einer negativen Suchrichtung nur abgerundet, ohne den Betrag zu berücksichtigen, entspräche dies de facto einer Vergrößerung der Schrittweite.

Da kombinatorische Probleme spezielle diskrete Probleme darstellen, können diese Methoden sehr einfach für auch diskrete Probleme formuliert werden. Eine Diskretisierung der Schritte kann durch die Wahl einer entsprechenden diskreten Zufallsverteilung erreicht werden. Im allgemeinen wird ein neuer Suchpunkt $\mathbf{x}_{k+1}$ erzeugt durch die Vorschrift:

$\mathbf{x}_{k+1} = \mathbf{x}_k + \mathbf{z}_k$ mit $\mathbf{z}_k$ als Ausprägung einer n-dimensionalen Zufallsverteilung.

Werden nun eine diskrete n-dimensionale Zufallsverteilung und ein diskreter Startpunkt gewählt, ergeben sich folglich nur diskrete Suchpunkte.

4.7.4 Abbildung in EskiMo

In der folgenden Abbildung wird die Struktur der Methodenklassen-Hierarchie der Methoden zur Behandlung der Ganzzahligkeits-Restriktion dargestellt:

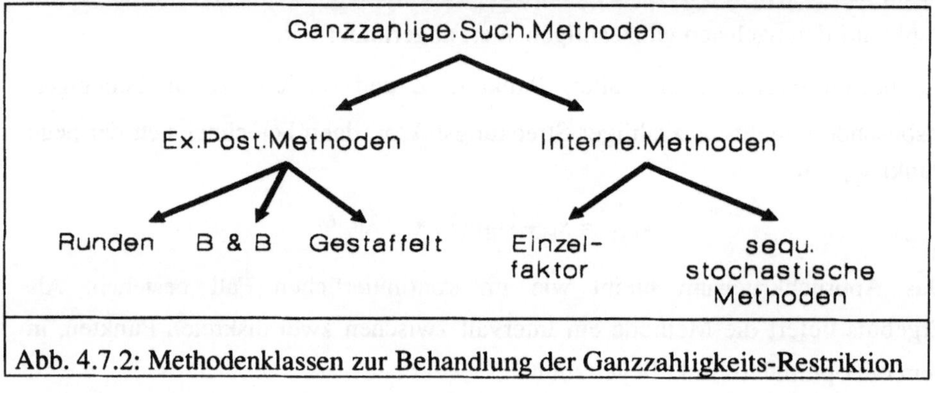

Abb. 4.7.2: Methodenklassen zur Behandlung der Ganzzahligkeits-Restriktion

Unter "B & B" wird dabei die in Kapitel 4.7.2 vorgestellte Branch-and-Bound - Methode verstanden, "Gestaffelt" steht für die dort beschriebene, gestaffelte Heuristik.

Spezifische Eignungen der verschiedenen vorgestellten Methodenklassen sind schwer über die allgemeine Eignung für ganzzahlige Probleme hinaus zu spezifizieren. Einzelne Methoden, die mit einem der Ansätze verknüpft werden, können als Unterklassen sowohl ihrer entsprechenden nicht-diskreten Methodenklassen und der Methodenklasse für ganzzahlige Suchmethoden angelegt werden und so die Vereinigungsmenge der Eignungen erben.[167]

[167] Vgl. die Beschreibungen in Kap. 4.5.3 und Kap. 4.6.6.

5. Zusammenfassung der Ergebnisse und Ausblick

Ziel der vorliegenden Arbeit war, einerseits ein Konzept für eine wissensbasiert unterstützte Methodenbank zu entwickeln und andererseits dieses Konzept an der Problemdomäne der Entscheidungsunterstützung mit Simulationsmodellen zu überprüfen.

Dazu wurde in Kapitel 1 die Bedeutung einer effektiven Bereitstellung von Methoden im Zusammenhang der modellgestützten Entscheidungsunterstützung hergeleitet: Ein kritisches Element jeder modellgestützten Entscheidungsunterstützung stellen die Prämissen dar, auf denen die jeweiligen Modelle basieren. Beim Versuch, diese Prämissen transparent zu machen und die Aussagekraft von Modellen zu erhöhen, sollte bei formalen Modellen und insbesondere auch bei Simulationsmodellen nicht auf Methoden zur Untersuchung des Extremalverhaltens der Modelle verzichtet werden. Der Einsatz dieser Methoden wird jedoch nur dann tatsächlich erfolgen, wenn sie einfach und problemorientiert zur Verfügung stehen.

Kapitel 2 war dem Medium gewidmet, das zur Bereitstellung von Methoden prädestiniert ist, der Methodenbank. Nachdem die Darstellung der verschiedenen Motive zum Einsatz einer Methodenbank das generelle Ziel dieses Einsatzes, nämlich die effektive Zuordnung geeigneter Methoden zu gegebenen Problemstellungen, deutlich machte, wurden die bisher entwickelten Konzepte zur Erfüllung dieses Ziels vorgestellt. Es zeigte sich jedoch, daß man sich eine effektivere Lösung der zentralen Aufgabe einer Methodenbank mit Hilfe wissensbasierter Techniken vorstellen kann. Aus der konkreten Perspektive einer Methodenbank in der betrieblichen Entscheidungsunterstützung wurde dann ein Leistungsprofil einer Methodenbank entwickelt, das als Grundlage der Entwicklung der Expertensystem-kontrollierten Methodenbank EskiMo in Kapitel 3 diente.

In Kapitel 3 wurden zuerst die potentiell von einem Expertensystem zu unterstützenden Funktionen einer Methodenbank identifiziert, bevor die Frage der grundsätzlichen Architektur zur Integration von Methodenbanken und Expertensystemen gestellt wurde. Aufgrund der Erfahrungen in den verwandten Bereichen der Integration von Datenbanken mit Expertensystemen und von

Simulationsumgebungen mit Expertensystemen einerseits und der spezifischen Anforderungen einer Methodenbank in der betrieblichen Entscheidungsunterstützung andererseits wurde das Konzept des wissensbasierten Zugangssystems (Intelligent Front End System) als die am besten geeignete Architektur identifiziert. Für die interne Struktur des Zugangssystems ergab sich die Forderung nach der Integration von drei Modellen der "Zugangssystem-Außenwelt": einem Modell des Problemraums, also des Raums der mit einer Methodenbank zu lösenden Probleme, einem Modell der Methodenbank selbst, dem Methodenraum, und schließlich einem Modell des Benutzers.

Im folgenden wurden die einzelnen Modelle im Detail entwickelt. Für den Problemraum wurde dabei ein Konzept vorgeschlagen, das auf die Wiedererkennung von Problemen durch die Angabe spezifischer Problemcharakteristika zielt. Dabei wird der Problemraum als ein vieldimensionaler Raum konzipiert, in dem jede Dimension genau einer möglichen Problemeigenschaft entspricht. Durch die Bestimmung eines Ausschnitt dieses Problemraums lassen sich einerseits Probleme beschreiben und andererseits die spezifischen Eignungen der Methoden abbilden. Daraus folgt, daß ein Problem wiedererkannt und damit eine geeignete Methode erkannt ist, sobald ein Ausschnitt des Problemraums, der ein Problem beschreibt, ganz in einem Ausschnitt liegt, der eine Methodeneignung beschreibt. Zur effektiveren Arbeit mit dem Problemraum wurde weiterhin die Möglichkeit eingeführt, einzelne Dimensionen des Problemraums von spezifischen Ausprägungen anderer Dimensionen abhängig zu machen. Diese abhängigen Dimensionen können erst dann bearbeitet werden, wenn die jeweilige bedingende Ausprägung gesetzt ist. Dabei konnte auch gezeigt werden, daß dieses Konzept der bedingten Problemraumdimensionen eine problemadäquate Verallgemeinerung des Ansatzes der Entscheidungsbäume darstellt.

Der Methodenraum bietet vor allem die Möglichkeit, die Beziehungen zwischen den einzelnen Methoden abzubilden. Insbesondere können die Methoden und ihre Eignungen in Vererbungshierarchien abgebildet werden, so daß spezialisiertere Methodenklassen die Eignung der allgemeineren Klassen als Standard erben. Weiterhin bietet der Methodenraum die Möglichkeit der Abbildung der technischen Aspekte einer Methode, d.h. der Art ihrer physischen

Existenz und insbesondere ihrer Parameter. Für das dritte Modell im Zugangssystem, das Benutzermodell, wurde auf den Ansatz der Stereotypen zurückgegriffen, der sich organisch mit den beiden anderen Modellen des Zugangssystems verknüpfen ließ.

Nachdem durch die Möglichkeit der Angabe von Eignungen eine Beziehung zwischen den Methoden und den potentiellen Problemen der Anwender hergestellt werden konnte, mußte noch ein Ansatz entwickelt werden, die invers gerichtete Beziehung vom Problem zur Methode explizit darzustellen. Dazu wurde eine Prozedur entwickelt, die aus einer Menge von Eignungen automatisch eine Menge von Zuordnungsregeln generiert. Diese Regeln können im Prozeß der Methodenwahl dazu genutzt werden, direkt von den eingegebenen Ausprägungen der Problemraumdimensionen auf die geeigneten Methoden zu schließen. Um diese Zuordnung möglichst effizient zu gestalten, werden die Regeln so organisiert, daß bei der Bestimmung oder Veränderung der Ausprägung einer Dimension genau die Regeln ausgewertet werden, die auf die betroffene Dimension Bezug nehmen.

Schließlich wurde in Kapitel 3 ein Überblick über die Implementation von EskiMo gegeben, wobei besonderes Gewicht auf die Darstellung der Benutzeroberfläche gelegt wurde. Damit konnte demonstriert werden, daß sowohl die Wissenseingabe in das Zugangssystem als auch die Anwendung des Systems ohne spezielle Expertensystem-Vorkenntnisse möglich sind. Im Gegensatz zu den inhaltlichen Konzepten von EskiMo ergab sich jedoch bei der Implementation der Benutzeroberfläche ein größerer Aufwand. So führte die Implementation der Benutzeroberfläche auch zu einem Systemumfang, der die Leistungsfähigkeit der verfügbaren Implementationsumgebung völlig ausnutzt.

Mit der Implementation konnte demnach die Realisierbarkeit der vorgeschlagenen Konzepte nachgewiesen werden.

Kapitel 4 diente der Überprüfung des Konzepts von EskiMo an der Problemdomäne der Optimierung von Simulationsmodellen. Dazu wurde zuerst der Problemraum für diese Anwendung aufbereitet. Es ergab sich ein Problemraum mit 22 Dimensionen, bei dem auch die bedingten Problemraumdimensionen sinnvoll eingesetzt werden konnten. Für diese spezielle Anwendung ergab sich auch, daß die im Hinblick auf die

Implementation aufwendige Unterscheidung in qualitative und quantitative Problemraumdimensionen nicht benötigt worden wäre: Die einzige quantitative Dimension, die der Kardinalität zur Abbildung der Anzahl der Entscheidungsvariablen, hätte auch durch eine qualitative Dimension ersetzt werden können, die zwischen ein-, wenig- und vieldimensionalen Modellen unterscheidet. In anderen Anwendungsdomänen muß sich dies jedoch nicht wiederholen.

Anschließend wurden die einzelnen Methodenklassen und Methoden vor allem im Hinblick auf ihre Eignungen beschrieben. Diese spezielle, anwendungsorientierte Sicht auf die Methoden, die durch die Existenz eines expliziten Problemraums gefördert wird, führte auch dazu, daß zu einigen Anwendungsproblemen (Sensitivitätsanalysen, Behandlung von Nebenbedingungen, Existenz diskreter Entscheidungsvariablen), die in der Literatur bisher wenig behandelt wurden, pragmatische Lösungsvorschläge gemacht wurden. Prinzipiell ergab sich als größtes Problem bei der Aufbereitung des Methodenwissens, daß anwendungsorientiertes Wissen zu den Methoden, auf dessen Basis die Einsatzbedingungen von Methoden bestimmt werden könnten, kaum erhoben wird und somit auch nur begrenzt zur Verfügung steht. Obwohl derartige Erfahrungen schon 1978 von Esprester[1] gemacht wurden, stellen anwendungsorientierte Untersuchungen, wie die von Biethahn[2], leider immer noch eine Ausnahme dar.

Mit EskiMo steht also ein System zur wissensbasierten Unterstützung einer Methodenbank zur Verfügung. Dieses System kann noch verbessert werden, indem z.B. das geschilderte Benutzermodell integriert wird. Auch der Aspekt der wissensbasiert unterstützten Methodenverknüpfung, der in dieser Arbeit nur am Rande behandelt wurde, bietet sinnvolle Ergänzungsmöglichkeiten. EskiMo wurde anhand einer Problemdomäne überprüft. Neben der damit gezeigten inhaltlichen Adäquanz des Systems würde jedoch auch die Anbindung einer existierenden Methodenbank, eventuell in einem betrieblichen Kontext, zu einer weiteren Überprüfung und sicherlich auch zu Ergänzungsvorschlägen führen. Dabei könnte dann auch die Möglichkeit eines Datenbankanschlußes genauer untersucht werden.

---

1 Vgl. ESPRESTER, A.C. (1978, Methodenbank), S. 206.

2 Vgl. BIETHAHN, J. (1978, Optimierung).

Die Basis von EskiMo bildet die Methodenauswahl als eine Zuordnung zwischen Anwenderproblem und geeigneter Methode. In diesem Bereich hat sich die Expertensystem-Unterstützung als sinnvoll und gangbar herausgestellt. Damit ergibt sich jedoch die Frage, ob und wie mit ähnlichen Konzepten der noch komplexere Bereich der Modellauswahl und -anwendung unterstützt werden kann.

Schließlich bleibt zu hoffen, daß die Verfügbarkeit wissensbasierter, und damit - wie gezeigt - problemorientierter Methodenbanken dazu führt, daß die Methodenforschung selbst auch die Anwendungsbedingungen stärker berücksichtigt.

Anhang 1: Ein Ansatz zur Abbildung von Steuerdateien

Oftmals erfolgt die Parametrisierung von Methoden über spezielle Dateien, die im folgenden Steuerdateien genannt werden. Barth unterscheidet sogar zwischen Parametern und Dateien als speziellem Parametertyp[1]. Somit ist es sinnvoll, das Anlegen und Einlesen solcher Dateien aus respektive in das Zugangssystem durch ihre Abbildung zu unterstützen. Die Vielfalt möglicher Dateiformate ist dabei so groß, daß hier nicht der Versuch unternommen werden kann, eine generelle Modellierung beliebiger Dateiformate vorzunehmen. Vielmehr wird sich pragmatisch auf eine Klasse von Dateien beschränkt, die aufgrund ihrer einfachen Strukturierung eine weite Verbreitung gefunden haben: Die folgenden Ausführungen beschränken sich auf Text-Dateien, die aus konstanten und variablen Bestandteilen bestehen. Solche Dateien werden z.B. intensiv im Betriebssystem UNIX verwendet.

Im weiteren werden die zu treffenden Annahmen über die Struktur einer solchen Datei spezifiziert, um anschließend aufzuzeigen, wie diese Struktur in einem System von Frames abgebildet werden kann. Dabei wird vorausgesetzt, daß zum einen jedem Slot eines Frames ein Standardwert zugewiesen werden kann und zum anderen für jeden Slot der Wert "unbekannt" eine mögliche Ausprägung darstellt.

Annahmen über die Struktur einer Steuerdatei

Folgende Annahmen über die Struktur einer Steuerdatei werden getroffen:

Die elementaren Komponenten einer Steuerdatei sind variable und feste Zeichenketten, kurz Variablen und Konstanten. Variablen liegen in der Text-Datei immer als Zeichenketten vor. Variablen und Konstante können in Form von Sequenzen und in Form von Iterationen angeordnet sein. Eine Iteration ist dabei durch einen iterierten Block und eine Iterationsanzahl gekennzeichnet. Die Iterationsanzahl kann eine Konstante oder wiederum Variable sein.

---

1 Vgl. BARTH, H. (1980, Konzepte), S. 302.

Jede Variable der Steuerdatei wird als Parameter aufgefaßt, dem wie einem einfachen Parameter Erklärungen, ein Wertebereich und ein Defaultwert zugeordnet werden können.

In einer Backus-Naur-Form ergibt sich für die formale Repräsentation einer Datei folgende Darstellung:

<table>
<tr><td><Datei.Beschreibung> :: =</td><td>[<Konstante> | <Variable> | <Sequenz> | <Iteration>]$^{*}_{1}$</td></tr>
<tr><td><Konstante> ::=</td><td><Zeichenkette> | <Länge.einer.Zeichenkette> | <Begrenzungs.Zeichenkette></td></tr>
<tr><td><Variable >::=</td><td>[<Wert>]$^{1}_{0}$ [<Format>]$^{1}_{0}$ [<Länge>]$^{1}_{0}$ [<Begrenzungszeichenkette>]$^{1}_{0}$</td></tr>
<tr><td><Sequenz> ::=</td><td>[<Konstante> | <Variable> | <Sequenz> | <Iteration>]$^{*}_{1}$</td></tr>
<tr><td><Iteration> ::=</td><td>[<Iterations.Zähler>]$^{1}_{1}$ [<Sequenz>]$^{1}_{1}$</td></tr>
<tr><td><Iterations.Zähler> ::=</td><td><Variable> | <Konstante></td></tr>
</table>

Tab. A1.1: Formale Dateibeschreibung in Backus-Naur-Notation

Konstanten

Konstanten werden hier als beliebige Zeichenketten angesehen. In bezug auf das Anlegen einer Datei ist diese Definition schon hinreichend. Geht es jedoch um das Einlesen einer Steuerdatei, bietet es sich an, den Begriff des konstanten Textteils etwas weiter zu fassen: In dieser Hinsicht ist die Unterscheidung in Variable und Konstante primär eine Unterscheidung in relevante (variable) und nicht relevante (konstante) Textteile der Steuerdatei. Dabei muß von den nicht relevanten Textteilen nicht unbedingt deren genaue Ausprägung bekannt sein. Vielmehr wird oftmals der Fall existieren, daß nur die Länge oder sogar nur eine abschließende Zeichenkette bekannt ist. Beispielsweise kann von einer Steuerdatei bekannt sein, daß eine nicht interessierende Sequenz von Zeichen durch eine spezielle Zeichenkette, z.B. "ANZAHL=", abgeschlossen wird.

Insofern gewinnt das Modell einer Steuerdatei an Flexibilität, wenn Konstanten nicht nur durch eine konkrete Zeichenkette, sondern auch durch eine Längenangabe oder einen Begrenzer spezifiziert werden können. Es ergibt sich folgendes Frame:

FRAME KONSTANTER.TEXT	
Wert	Zeichenkette
Länge	Integer
Begrenzungs.Kette	Zeichenkette

Variablen

Variable Bestandteile der hier betrachteten Steuerdateien sind letztlich auch immer Zeichenketten, deren Ausprägung allerdings bei der Dateianlage vom Zugangssystem zu bestimmen und beim Einlesen zu interpretieren ist. Die Ausprägung einer solchen Zeichenkette kann jedoch entweder eine Zeichenkette im engeren Sinn eines sprachlichen Symbols oder eine Zahl darstellen. Handelt es sich um eine Zahl, muß bei der Transformation der Zahl in eine die Zahl darstellende Zeichenkette in der Steuerdatei eventuell ein spezielles Format berücksichtigt werden.

Die variablen Bestandteile einer Steuerdatei stellen nun wieder die vom Benutzer zu bestimmenden, oder - im Falle des Einlesens einer Datei - die vom System einzulesenden und zu interpretierenden Parameter einer Methode dar. Somit kann das entsprechende Frame als Unterklasse des Parameter-Frames angelegt werden, so daß neben den spezifischen Slots für das Dateiformat auch alle Slots zur Beschreibung eines Parameters gegeben sind.[2] Damit ist insbesondere auch die inhaltliche Beschreibung der Parameter in den Dateien gewährleistet.

In bezug auf das Einlesen einer Datei besteht wiederum die Schwierigkeit, die Grenzen des Textes in der Datei zu bestimmen, der den Inhalt der Variablen darstellt. Der Beginn des variablen Textes ergibt sich implizit als das Ende des jeweils vorgelagerter Bestandteils der Datei. Zur Bestimmung des Endes eines variablen Textes muß es jedoch möglich sein, entweder die erwartete Länge oder eine begrenzende konstante Zeichenkette anzugeben.

2 Zum Parameter-Frame: vgl. Kap. 3.5.2.

Vorläufig ergibt sich folgende Struktur eines Frames. Diese Struktur wird später noch durch die Einbeziehung von Vektoren-Variablen, die von Iterationen abhängig sind, erweitert.

FRAME VARIABLER.TEXT	(Unterklasse von PARAMETER)
<Von PARAMETER vererbte Slots>	

Wert	Zeichenkette oder Zahl
Typ	Eines.Von (Zahl, Zeichenkette)
Stellen.Vor.Dezpkt	Integer
Stellen.Nach.Dezpkt	Integer
Dezimal.Punkt	Zeichen
Anzahl.Der.Zeichen	Integer
Begrenzungs.Kette	Zeichenkette

Sequenz

Variablen und Konstanten können in beliebiger Reihenfolge in einer Datei auftreten. Die Aneinanderreihung dieser beiden Komponenten wird in Analogie zur Ausdrucksweise in der Programmiermethodik als Sequenz bezeichnet.[3] Eine Sequenz wird dabei als geordnete Liste von Konstanten, Variablen und den noch zu beschreibenden Iterationen realisiert.

FRAME SEQUENZ	
Sequenz.Name	Symbol
Komponenten	Liste.Von (EINE. VON (KONSTANTER.TEXT, VARIABLER.TEXT, ITERATION, SEQUENZ))

Iteration

Um auch Dateien effizient abbilden zu können, deren Struktur Wiederholungen von Blöcken beinhaltet, wird das Konzept der Iteration - wiederum in Analogie zur Programmiermethodik - eingeführt.[4] Eine Iteration besteht aus einer Iterationsanzahl, die konstant oder variabel sein kann und einem iterierten Block,

3 Vgl. GOLDSCHLAGER, L.; LISTER, A. (1984, Informatik), S. 35f.

4 Vgl. GOLDSCHLAGER, L.; LISTER, A. (1984, Informatik), S. 39ff.

der wiederum eine beliebige Sequenz darstellt. Zur praktischen Umsetzung ist schließlich noch die Einführung eines Iterationszählers notwendig, der während des Prozesses des Lesens oder Schreibens jeweils den aktuellen Stand der Iteration abbildet.

FRAME ITERATION	
Iterations.Name	Symbol
Iterations.Anzahl	Integer oder Verweis auf VARIABLER.TEXT
Iterierter.Block	SEQUENZ, ITERATION, KONSTANTER.TEXT, VARIABLER.TEXT
Iterations.Zähler	Integer

Die Anzahl der Iterationen kann also entweder eine Konstante oder eine Variable sein. Ist sie eine Variable, kann sie eventuell mit einer selbst in der Datei abgelegten Variablen übereinstimmen, was durch einen Verweis auf das entsprechende Frame abgebildet werden kann.

Vektoren

Vektoren stellen spezielle mehrwertige Variablen dar, die von einer Iteration abhängig sind. Da der Slot eines Frames prinzipiell beliebig viele Werte aufnehmen kann, muß zwischen einwertigen und mehrwertigen Variablen nicht gesondert unterschieden werden. Zur Abbildung von Vektoren muß jedoch die Beziehung zur entsprechenden Iteration hergestellt werden. Deswegen ist es notwendig, dem Frame VARIABLER.TEXT einen weiteren Slot zuzufügen, indem ein oder mehrere Verweise auf Iterationen abgelegt werden können. Falls dieser Slot mehrere Verweise enthält, handelt es sich um einen entsprechend mehrdimensionalen Vektor, wobei als Konvention davon ausgegangen werden kann, daß die Reihenfolge der Verweise im Slot auch die Verschachtelung der Iterationen bestimmt.

Wird nun bei der Verarbeitung des Dateimodells auf eine iterierte Variable gestoßen, kann der Index des Vektorelements über den Bezug zu den Frames der betroffenen Iterationen, über den Wert des Iterationszählers und eventuell über den Wert von einer Iterationsanzahl einer weiteren Iteration bestimmt werden.

Somit ergibt sich folgende vollständige Struktur des Frames einer Variablen:

FRAME VARIABLER.TEXT	(Unterklasse von PARAMETER)
<Geerbte Slots von PARAMETER>	

Wert	Zeichenkette oder Zahl
Typ	Eines.Von (Zahl, Zeichenkette)
Stellen.Vor.Dezpkt	Integer
Stellen.Nach.Dezpkt	Integer
Dezimal.Punkt	Zeichen
Anzahl.Der.Zeichen	Integer
Begrenzungs.Kette	Zeichenkette
Abhängig.Zu.Iteration	ITERATION

Die Abbildung einer Datei

Die Abbildung einer Datei erfolgt nun in einem speziellen Datei-Frame, in dem neben den Slots zur Abbildung des Dateinamens und des Zugriffspfads vor allem ein Verweis auf die (Haupt)Sequenz der Dateibeschreibung abgelegt ist.

FRAME DATEI.MODELL	
Datei.Name	Symbol
Datei.Zugriffspfad	Zeichenkette
Datei.Sequenz	SEQUENZ

Eine beispielhafte Dateiabbildung

Für das folgende Beispiel sei eine Steuerdatei angenommen, die zur Parametrisierung eines Suchverfahrens zuerst Informationen über die Anzahl der Entscheidungsvariablen und die Anzahl der Zielvariablen benötigt. Weiterhin wird angenommen, daß das Suchverfahren auf ein Simulationsmodell angewendet wird, das für beliebig viele Perioden aufgerufen werden kann. Für jede Periode muß allerdings eine Inputdatei und eine Outputdatei des Simulationsmodells und der Betriebssystembefehl zum Aufruf des Modells angegeben werden. Dabei soll die Datei folgende Struktur haben.

Die ersten beiden Zeilen enthalten die Anzahl der Entscheidungs- und Zielvariablen, die dritte Zeile enthält die Anzahl der zu simulierenden Perioden. Ab der vierten Zeile wird pro Periode ein Block mit je drei Zeilen angeführt, von denen jeweils die erste den Namen der Inputdatei der Periode, die zweite den Namen der Outputdatei und die dritte den Betriebssystembefehl zur Aufruf des Simulationsmodells beinhaltet.

Für zwei Perioden könnte eine solche Datei z.B. folgendes Aussehen haben:

Dateiinhalt	Bedeutung
5	*Anzahl Entscheidungsvariablen*
1	*Anzahl Zielvariablen*
2	*Anzahl Perioden*
input1.inp	*Input-Datei 1. Periode*
output1.outp	*Output-Datei 1. Periode*
modell input1.inp output1.outp	*Modellaufruf 1. Periode*
input2.inp	*Input-Datei 2. Periode*
output2.outp	*Output-Datei 2. Periode*
modell input2.inp output2.outp	*Modellaufruf 2. Periode*

Tabelle A1.2: Beschreibung einer Beispiel-Datei

Im Modell des Zugangssystems müßten zur Abbildung dieser Dateistruktur folgende Frames angelegt werden:

```
FRAME DATEI.MODELL.BEISPIEL.A1 (Unterklasse von DATEI.MODELL)
    Datei.Name             Parameterdatei.Beispiel.A1.
    Datei.Zugriffspfad     "/u/eskimo/PARAM4.1"
    Datei.Sequenz          SEQUENZ1
```

SEQUENZ.1 stellt die Hauptsequenz dieser Datei dar:

```
FRAME SEQUENZ.1 (Unterklasse von SEQUENZ)
    Sequenz.Name           Hauptsequenz
    Komponenten            (VARIABLE.1, KONSTANTE.1, VARIABLE.2,
                           KONSTANTE.1, VARIABLE.3, KONSTANTE.1,
                           ITERATION.1)
```

Für die Frames der einzelnen Variablen sei stellvertretend nur die erste Variable dargestellt:

FRAME VARIABLE.1 (Unterklasse von VARIABLER.TEXT)	
Name	Variable.1
Wert	
Typ	Zahl
Begrenzungs.Kette	"<Zeilenumbruch>"

Analog zu VARIABLE.1 werden VARIABLE.2 und VARIABLE.3 definiert. KONSTANTE.1 ist Unterklasse von KONSTANTER.TEXT mit dem Wert "Zeilenumbruch".

ITERATION.1 wird wie folgt abgebildet:

FRAME ITERATION.1 (Unterklasse von Iteration)	
Iterations.Name	Iteration.1
Iterations.Anzahl	VARIABLE.3
Iterierte.Sequenz	SEQUENZ.2

Die Sequenz innerhalb der Iteration hätte schließlich folgendes Abbildung:

FRAME SEQUENZ.2 (Unterklasse von SEQUENZ)	
Sequenz.Name	Iterations.Sequenz
Komponenten	(VARIABLE.4, KONSTANTE.1, VARIABLE.5, KONSTANTE.1, VARIABLE.6, KONSTANTE.1)

Den hier referenzierten Variablen würde letztlich auch noch je ein Frame zugeordnet werden, deren Darstellung hier entfallen kann.

Anhang 2: Verknüpfung von Methoden über Parameterdateien

Parameterdateien wurden als Spezialfall von komplexen Parametern bei der Modellierung der Parameter behandelt.[1] Für diesen Spezialfall wurde in Anhang 1 ein Ansatz vorgeschlagen, der die Abbildung von Parameterdateien ermöglicht. In diesem Anhang soll demonstriert werden, wie mit Hilfe der Abbildung von Dateien, wie sie in Anhang 1 skizziert wurde, die automatische Verknüpfung von Methoden in Methodennetzen unterstützt werden kann. Dazu ist es notwendig, zwischen den einfachen Parametern (Text-Variablen) in der Dateibeschreibung Verbindungen herzustellen. Da mittels des Modells der Datei jeder einzelne Parameter aus einer Datei gelesen und in eine Datei geschrieben werden kann, wird es dann möglich, automatisch verschiedene Dateiformate zu verknüpfen.

An Hand des Beispiels zum JOIN zweier Methoden kann dies verdeutlicht werden.[2] Es sei angenommen, daß der zulässige Vektor als Output der Methode ZULÄSSIGEN_STARTPUNKT_SUCHEN als Spaltenvektor in einer Datei abgelegt ist. Der Start-Vektor für die Methode OPTIMALE_LÖSUNG_SUCHEN benötigt dagegen eine Datei, in der der Vektor als Zeilenvektor mit durch Semikolon abgetrennten Werten abgelegt ist. Schematisch dargestellt ergeben sich die beiden folgenden Datei-Modelle.

Die Output-Datei für die Methode ZULÄSSIGER_STARTPUNKT_SUCHEN wird wie folgt im Zugangssystem abgebildet. Das Zeichen <CR> steht dabei für das Zeichen des Zeilenumbruchs, das realiter durch die entsprechende Zeichenkette ersetzt werden müßte.

---

1 Vgl. Kap. 3.5.2.

2 Vgl. Kap. 3.5.3.

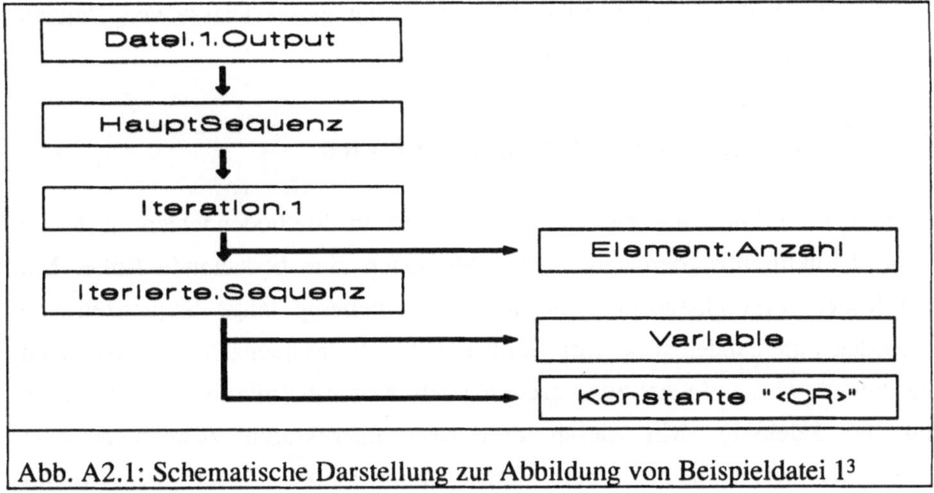

Abb. A2.1: Schematische Darstellung zur Abbildung von Beispieldatei 1[3]

Die Input-Datei für die Methode OPTIMALE_LÖSUNG_SUCHEN wird folgendermaßen modelliert:

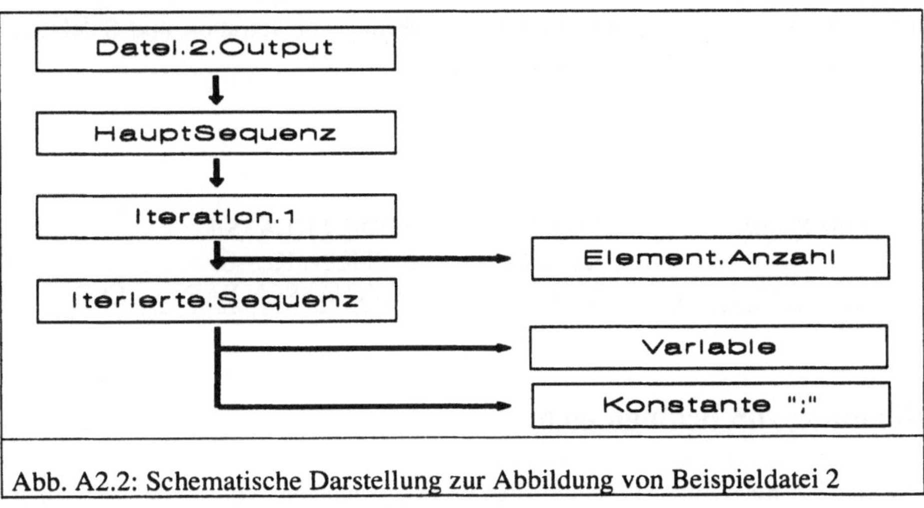

Abb. A2.2: Schematische Darstellung zur Abbildung von Beispieldatei 2

Es zeigt sich, daß sich die beiden Dateien nur durch die Art der Trennung zwischen den einzelnen Variablen unterscheiden. Das Zugangssystem kann auf Basis der Modellierung beider Dateien die Daten der Output-Datei lesen und sie dann gemäß den Anforderungen der Input-Datei der zweiten Methode verfügbar

---

3 Die Pfeile dieser und der folgenden Abbildung stellen keine Unterklassen-Beziehungen dar, sondern Referenzen, die mit Hilfe von Einträgen in den entsprechenden Slots aufgebaut werden.

machen. Durch die Möglichkeit der Modellierung dieser Klasse von Dateien wird also implizit eine Bridge-Methode konstruiert.

Kontrollstruktur über verknüpfte Methoden

Neben der Verknüpfung der Parameter spielt in Methodennetzen auch die Kontrollstruktur über den verknüpften Methoden eine bedeutende Rolle. Mit dem bisher vorgeschlagenen Konzept können beliebig lange Sequenzen von Methoden miteinander verknüpft werden. Über die Sequenz hinaus existieren allerdings noch zumindest zwei grundlegende Kontrollstrukturen: die Iteration und die Selektion. Mit diesen drei Kontrollstrukturen zusammen kann prinzipiell, wenn auch nicht immer komfortabel, jeder Algorithmus implementiert werden.[4]

Während also die Sequenz keine weiteren Schwierigkeiten bereitet und zur Realisierung einer Sequenz von Methodenklassen das folgend dargestellte Frame eingerichtet werden kann, müssen zur Realisierung von Iteration und Selektion noch weitere Überlegungen angestellt werden.

FRAME KLASSEN.SEQUENZ

Sequenz.Name	Symbol
Netz.Sequenz	Liste.Von METHODEN.KLASSE, KLASSEN.SELEKTION, KLASSEN.ITERATION, KLASSEN.PARALLELE

Abbildung von Bedingungen

Sowohl die Selektion als auch die Iteration hängen von einer logischen Bedingung ab. In der Selektion steuert das Ergebnis der Überprüfung einer Bedingung die anschließende Programmverzweigung. In der Iteration wird jede einzelne Iterationsschleife erst dann ausgeführt, wenn die Schleifen-Bedingung erfüllt ist.

---

4 Vgl. BIETHAHN, J.; MUKSCH, H.; RUF, W. (1991, Informationsmanagement, Bd.2), S. 276f; VETTER, M. (1988, Anwendungssoftware), S. 322ff; GOLDSCHLAGER, L.; LISTER, A. (1984, Informatik), S. 46.

Bedingungen sind demgemäß logische Ausdrücke. Ein logischer Ausdruck besteht aus logischen Operatoren und Operanden. Wird in einem ersten Ansatz von der logischen Verknüpfung mehrerer Ausdrücke durch ein logisches UND respektive ODER abgesehen, können im Zusammenhang mit der Methodenverknüpfung die möglichen Operatoren auf Vergleichsoperatoren über der Menge von Zahlen und Symbolen eingeschränkt werden. Dies ist möglich, da die möglichen Operanden immer Methodenparameter sein müssen.

Somit definiert sich die elementare logische Bedingung in der Methodenverknüpfung als eine vergleichende Verknüpfung zwischen Parametern. Eine einzelne Bedingung kann in folgendem Frame abgebildet werden:

```
FRAME VERKN.BEDINGUNG
      Operator            Einer.Von (<,>,=,<=,>=, !=...)
      Parameter           PARAMETER
```

Im Slot Parameter werden dabei die zu vergleichenden Parameter abgelegt. Die Anwendung des Operators erfolgt entsprechend einer Prefix-Notation.

Iteration und Selektion

Demnach können nun auch die Iteration und die Selektion abgebildet werden. Die Selektion besteht aus einer Liste von Bedingungen, einer Methoden-Sequenz, die bei positiv geprüfter Bedingung auszuführen ist ("Netz.Sequenz.Wahr"), und einer Methodensequenz, die bei negativ geprüfter Bedingung zur Ausführung kommt ("Netz.Sequenz.Falsch").

```
FRAME KLASSEN.SELEKTION

      Selektions.Bedingung  Liste.Von (Liste.Von VERKN.BEDINGUNG)
      Netz.Sequenz.Wahr     KLASSEN.SEQUENZ
      Netz.Sequenz.Falsch   KLASSEN.SEQUENZ
```

Die Iteration wird durch die Angabe der Bedingung und der iterierten Sequenz ("Netz.Sequenz") bestimmt.

```
FRAME KLASSEN.ITERATION
    Bedingung          Liste.Von (Liste.Von VERKN.BEDINGUNG)
    Netz.Sequenz       KLASSEN.SEQUENZ
```

Parallelität

Die bisher aufgeführten Kontroll-Konstrukte, Sequenz, Iteration und Selektion, schließen noch nicht die Möglichkeit ein, paralleles Arbeiten von Methoden abzubilden. In diesem Zusammenhang ist zwischen zwei Varianten von Parallelität in Methodenbeziehungen zu unterscheiden. Einerseits kann Parallelität die fakultative Auswahl einer Methode aus einer Menge paralleler Methoden bedeuten. Diese Beziehung wird schon implizit durch das Konzept der Methodenklasse abgebildet, in der gleichwertige, austauschbare Methoden zusammengefaßt werden.

Aus einer anderen Perspektive betrachtet, bedeutet Parallelität im Sinne eines Netzplans die Möglichkeit, parallele Methoden gleichzeitig arbeiten zu lassen. Eine solche Beziehung läßt sich wiederum organisch in einem Frame abbilden, das in einem Slot die parallel abzuarbeitenden Methodenklassen oder Methoden zusammenfaßt.

```
FRAME KLASSEN.PARALLELE
    Parallele.Sequenzen    KLASSEN.SEQUENZ
```

Auf der Basis der dargestellten Frames ergibt sich die Abbildung eines Methodennetzes zu folgendem Frame:

```
FRAME METHODENNETZ
    Methodennetz.Name    Symbol
    Netz                 Liste.Von (KLASSEN.SEQUENZ,
                         KLASSEN.SELEKTION, KLAS-
                         SEN.ITERATION, KLASSEN.PARALLELE)
    Erklärung            ERKLÄRUNGS.FRAME
```

Literaturverzeichnis

ABLAY, P. (1987, Evolutionsstrategien): Optimieren mit Evolutionsstrategien, in: Spektrum der Wissenschaft, Juli 1987, S. 104-115

ACHTENHAGEN, F.; ENGELHARDT, W.; LÜDECKE, S.; SEMBILL, D.; PREISS, P.; JOHN, E.G.; SEEMANN, H.; WOLF, G. (1987, Lernen): Lernen, Denken, Handeln in komplexen ökonomischen Situationen - Unter Nutzung neuer Technologien in der kaufmännischen Berufsausbildung, Berichte, Seminar für Wirtschaftspädagogik der Georg-August-Universität Göttingen, Bd. 11-1, 1987

ACKOFF, R.L. (1967, Misinformation): Management Misinformation Systems, in: Management Science, 14, 1967, S. B147-B156

ADAM, D. (1980, Planung): Zur Problematik der Planung in schlecht-strukturierten Entscheidungssituationen, in: Jacob, H. (Hrsg.): Neue Aspekte der betrieblichen Planung, Schriften zur Unternehmensführung, 28, Wiesbaden 1980, S. 47-75

ADELSBERGER, H.H. (1986, Simulation): Rule Based Object Oriented Simulation Sytems, in: Luker, P.A., Adelsberger, H.H. (Hrsg.): Intelligent Simulation Environments, Simulation Series, Vol. 17, Nr. 1, San Diego 1986, S. 107-112

AHLSWEDE, R.; WEGENER, I. (1979, Suchprobleme): Suchprobleme, Stuttgart 1979

ALPAR, P. (1980, Methodenauswahl): Computergestützte interaktive Methodenauswahl, Frankfurt (Main) 1980

ARCHETTI, F.; SCHOEN, F. (1984, Optimization): A Survey on the Global Optimization Problem, in: Annals of Operations Research, 1, 1984, S. 87-110

AZADIVAR, F.; TALAVAGE, F. (1980, Optimization): Optimization of Stochastic Simulation Models, in: Mathematics and Computers in Simulation, 22, 1980, S. 231-241

AZADIVAR, F.; LEE, Y.-H. (1988, Optimization): Optimization of Discrete Variable Stochastic Systems by Computer Simulation, in: Mathematics and Computers in Simulation, 30, 1988, S. 331- 345

BALESTRA, G.; TSOUKIÀS, A. (1990, Analysis): Multicriteria Analysis Represented by Artificial Intelligence Techniques, in: Journal of the Operational Research Society, Vol. 41, Nr. 5, 1990, S. 419-430

BALMER, D.W.; PAUL, R.J. (1986, Environment): CASM - The Right Environment for Simulation, in: Journal of the Operational Research Society, Vol. 73, Nr. 5, 1986, S. 443-452

BALZERT, H. (1990, Software-Ergonomie): Software-Ergonomie, in: Kurbel, K.; Strunz, H. (Hrsg.): Handbuch Wirtschaftsinformatik, Stuttgart 1990, S. 585-603

BAMBERG, G.; COENENBERG, A.G. (1989, Entscheidungslehre): Betriebswirtschaftliche Entscheidungslehre, 5. Aufl., München 1989

BAMBERG, G.; BAUR, F. (1984, Statistik): Statistik, 3. Aufl., München, Wien 1984

BANKS, J.; CARSON, J.S. II (1984, Simulation): Discrete-Event System Simulation, Englewood Cliffs 1984

BARTH, H. (1980, Konzepte): Grundlegende Konzepte von Methoden- und Modellbanksystemen, in: Angewandte Informatik, 8, 1980, S. 301-309

BASTIAN, M.; LANGE, E. (1981, Konzeption): Zur Konzeption und Handhabung von Modellbanksystemen als Komponente eines Modell- und Methodenbanksystems, in: Angewandte Informatik 11, 1981, S. 475-483

BAUER, W.; VIEWEG, W. (1980, Simulation): Simulation, in: Grochla, E. (Hrsg.): Handwörterbuch der Organisation, 2. Aufl., Stuttgart 1980, Sp. 2063-2076

BÄUERLE, P. (1989, Entscheidungsmodelle): Konstruktion praktischer Entscheidungsmodelle, in: Zeitschrift für Betriebswirtschaft, 59. Jg., 1989, S. 175-192

BAZARAA, M.S.; SHETTY, C.M. (1979, Programming): Nonlinear Programming - Theory and Algorithms, New York u.a. 1979

BELKIN, N.J. (1986, Interface): Designing an Intelligent Information System Interface, in: Hollnagel, E.; Mancini, G.; Woods, D.D. (Hrsg.): Proceedings of the NATO Advanced Study Institute on Intelligent Decision Support in Process Environments, Berlin u.a. 1986, S. 341-345

BIETHAHN, J.; HOPPE, U. (1990, Tools): Vergleich von Tools zur Erstellung wissensbasierter Systeme auf Basis der Entwicklung einer konkreten Applikation, in: Ehrenberg, D.; Krallmann, H.; Rieger, B. (Hrsg.): Wissensbasierte Syteme in der Betriebswirtschaft - Grundlagen, Entwicklung, Anwendungen, Berlin 1990, S. 113-132

BIETHAHN, J.; MUKSCH, H.; RUF, W. (1990, Informationsmanagement, Bd. 1): Ganzheitliches Informationsmanagement, Bd. 1 Grundlagen, München 1990

BIETHAHN, J.; MUKSCH, H.; RUF, W. (1991, Informationsmanagement Bd. 2): Ganzheitliches Informationsmanagement Bd. 2 Daten- und Entwicklungsmanagement, München 1991

BIETHAHN, J. (1976, Zufallsgeneratoren): Ergebnisse der Anwendung verschiedener Tests auf bestehende Zufallsgeneratoren, in: Angewandte Informatik, 10, 1976, S. 419-428

BIETHAHN, J. (1977, Simulation): Nichtlineare Optimierung und Simulation, in: Proceedings in Operations Research, Vol. 7, 1977, S. 75-84

BIETHAHN, J. (1978, Optimierung): Optimierung und Simulation, Wiesbaden 1978

BIETHAHN, J. (1987, Entscheidungen): Simulation - eine Methode zur Findung betriebswirtschaftlicher Entscheidungen?, in: Biethahn, J.; Schmidt, B. (Hrsg.): Simulation als betriebliche Entscheidungshilfe, Fachberichte Simulation, Bd. 6, Berlin u.a. 1987, S. 79-91

BIETHAHN, J. (1988, Informationsverarbeitung): Gestaltung einer Informationsverarbeitung als Basis für eine systematische Innovationspolitik, in: Gabisch, G. (Hrsg.): Technischer Fortschritt, Beschäftigung und wirtschaftliches Gleichgewicht, Berlin 1988, S. 318-357

BIETHAHN, J. (1989, Modellierung): Verschiebung der Grenzen und Tendenzen in der Modellierung von Simulationsexperimenten durch den technischen Fortschritt, in: OR-Spektrum, 1989, 11, S. 177-184

BIETHAHN, J. (1990, Acquisition): Concepts for the Knowledge Acquisition Process Resulting From the Application of Different Tools in the Development of an Expert System, in: Whitten, B.; Gilbert, J.; Davis, K.R. (Hrsg.): Proceedings, 1990 Annual Meeting, Decision Sciences Institute, Nov. 19-21, San Diego 1990, S. 317-319

BILES, W.E. (1987, Design): Design of Computer Simulation Experiments, in: Balci, O. (Hrsg.): Methodology and Validation, Simulation Series, Vol. 19, Nr. 1, 1987, S. 7-12

BITZ, M. (1981, Entscheidungstheorie): Entscheidungstheorie, München 1981

BLANNING, R.W. (1986, Framework): A Relational Framework for Information Management, in: McLean, E.R.; Sol, H.G. (Hrsg.): Decision Support Systems - A Decade in Perspective, Amsterdam u.a. 1986, S. 25-40

BLOECH, J.; MÜLLER, V. (1983, Optimierung): Nichtlineare Optimierung, Scriptum, Göttingen 1983

BLUM, J.R. (1954, Approximation): Multidimensional Stochastic Approximation Method, in: Annals of Mathematical Statistics, 25, 1954, S. 737-744

BODENDORF, F.; OSIANDER, U. (1988, Methodenbankhülle): Eine Methodenbankhülle um das Programmpaket SPSS/PC+ für Gelegenheitsanwender, in: Angewandte Informatik, 1, 1988, S. 3-8

BODENDORF, F. (1980, Samba): Samba - ein Methodenbankrahmen um das Statistikpaket SPSS, Arbeitsberichte des Instituts für Mathmatische Maschinen und Datenverarbeitung, Universität Erlangen Nürnberg, Bd. 13, Nr. 5, Erlangen Juli 1980

BODENDORF, F. (1987, Methodenbanksystem): Methodenbanksystem, in: Mertens, P. (Hrsg.): Lexikon der Wirtschaftsinformatik, Berlin u.a. 1987, S. 222-223

BOEHM, B.; PENEDO, M.H.; STUCKLE, E.D.; WILLIAMS, R.D.; PYSTER, A.B. (1984, Software): A Software Development Environment for Improving Productivity, in: Computer, Vol. 17, Nr. 6, 1984, S. 30-42

BOISVERT, R.F. (1989, Guide): The Guide to Available Mathematical Software Advisory System, in: Mathematics and Computers in Simulation, 31, 1989, S. 453-463

BONCZEK, R.H.; HOLSAPPLE, C.W.; WHINSTON, A.B. (1982, Foundations): Foundations of Decision Support Systems, London 1982

BOX, G.E.P.; HUNTER, W.G.; HUNTER, J.S. (1978, Statistics): Statistics for Experimenters: An Introduction to Design, Data Analysis and Model Building, New York u.a. 1978

BOX, G.E.P.; WILSON, K.B. (1953, Attainment): On the Experimental Attainment of Optimum Conditions, in: Journal of the Royal Statistical Society, Series B, 1953, 13, Nr. 1, S. 1-38

BOX, M.J. (1965, Optimization): A New Method of Constraint Optimization and a Comparison With Other Methods, in: Computer Journal, Vol. 8, 1965, S. 42-52

BRETZKE, W.-R. (1980, Entscheidungsmodelle): Der Problembezug von Entscheidungsmodellen, Tübingen 1980

BRODIE, M.L. (1989, Future): Future Intelligent Information Systems: AI and Database Technologies Working Together, in: Mylopoulos, J.; Brodie, M.L. (Hrsg.): Readings in Artificial Intelligence & Databases, San Mateo 1989, S. 623-641

BRONSTEIN, I.N.; SEMENDJAJEW, K.A. (1991, Ergänzende Kapitel): Taschenbuch der Mathematik - Ergänzende Kapitel, 6. Aufl., Thun, Frankfurt (Main) 1991

BROOKS, S.H. (1958, Methods): A Discussion of Random Methods for Seeking Maxima, in: Operations Research, Vol. 6, Nr. 2, 1958, S. 244-251

BRUSBERG, H. (1965, Unternehmensforschung): Der Entwicklungsstand der Unternehmensforschung mit besonderer Berücksichtigung der Bundesrepublik Deutschland, Wiesbaden 1965

CARD, S.K.; MORAN, T.P.; NEWELL, A. (1983, Psychology): The Psychology of Human-Computer Interaction, Hillsdale, London 1983

CHANDRASEKARAN, B. (1984, Expert Systems): Expert Systems: Matching Techniques to Tasks, in: Reitman, W. (Hrsg): Artificial Intelligence Applications for Business, Norwood 1984, S. 41-64

CHEN, B. (1989, Optimum-Suchstrategien): Experimentelle Optimum-Suchstrategien auf der Basis der Computersimulation zur Unterstützung betriebswirtschaftlicher Entscheidungsfindung, Göttingen 1989

CHEN, B. (1991, Computersimulation): Computersimulation als universelle Methode für die optimale betriebswirtschaftliche Entscheidungssuche, in: Biethahn, J.; Hummeltenberg, W.; Schmidt, B. (Hrsg.): Simulation als betriebliche Entscheidungshilfe, Bd. 2, Berlin u.a. 1991, S. 187-210

CHMIELEWICZ, K. (1979, Forschungskonzeptionen): Forschungskonzeptionen der Wirtschaftswissenschaft, 2. überarb. u. erw. Aufl., Stuttgart 1979

CONNELL, N.A.P.; POWELL, P.L. (1990, Comparison): A Comparison of Potential Applications of Expert Systems and Decision Support Systems, in: Journal of the Operational Research Society, Vol. 41, Nr. 5, 1990, S. 431-439

DAVIS, R. (1982, Expert Systems): Expert Systems: Where Are We? And Where Do We Go From Here?, in: The AI Magazine, Spring 1982, S. 3-22

DEGREEF, P.; BREUKER, J. (1985, Acquisition): A Case Study in Structured Knowledge Acquisition, in: International Joint Conference on Artificial Intelligence, 9, 1985, S. 390-392

DESLANDRES, V.; PIERREVAL, H. (1991, Expert System): An Expert System Prototype Assisting the Statistical Validation of Simulation Models, in: Simulation, Vol. 56, Nr. 2, 1991, S. 79-89

DIELS, O.A. (1989, Methodenbanken): Systematischer Aufbau von Methodenbanken für die Arbeitsplanung, Aachen 1989

DINKELBACH, W. (1969, Programmierung): Sensitivitätsanalysen und parametrische Programmierung, Berlin u.a. 1969

DITTRICH, K.R.; HÜBER, R.; LOCKEMANN, P.C. (1979, Methodenbanksysteme): Methodenbanksysteme: Ein Werkzeug zum Maßschneidern von Anwendersoftware, in: Informatik-Spektrum, 2, 1979, S. 194-203

DÖRNER, D. (1987, Problemlösen): Problemlösen als Informationsverarbeitung, 3. Aufl., Stuttgart u.a. 1987

DOUKIDIS, G.I.; PAUL, R.J. (1985, Research): Research into Expert Systems to Aid Simulation Model Formulation, in: Journal of the Operational Research Society, Vol. 36, Nr. 4, 1985, S. 319-325

DOUKIDIS, G.I.; PAUL, R.J. (1990, Survey): A Survey of the Application of Artificial Intelligence Techniques Within the OR Society, in: Journal of the Operational Research Society, Vol. 41, Nr. 5, 1990, S. 363-375

DREPPER, F.; HECKLER, R.; SCHWEFEL, H.-P. (1979, System): Ein integriertes System von Schätzverfahren, Simulations- und Optimierungstechniken zur rechnergestützten Langfristplanung, in: Böhling, K.H.; Spieß, P.P. (Hrsg.): GI - 9. Jahrestagung, Informatik-Fachberichte 19, Berlin u.a. 1979, S. 296-308

DUTTON, J.E.; FAHEY, L.; NARAYANAN, V.K. (1983, Diagnosis): Toward Understanding Strategic Issue Diagnosis, in: Strategic Managment Journal, Vol. 4, 1983, S. 307-323

ERBE, R.; WALCH, G. (1975, Methodensuche): Ein Dialogsystem zur Methodensuche, Lecture Notes in Computer Science, 34, Berlin u.a. 1975, S. 133-147

ESPRESTER, A.C. (1974, Programmieren): Datenbank und Methodenbank - Teil 1 - Methodenorientiertes Programmieren, in: data report, 9, Heft 3, 1974, S. 25-28

ESPRESTER, A.C. (1978, Methodenbank): Die Entwicklung einer Methodenbank und einer Methodenbanksprache, in: Angewandte Informatik, 5, 1978, S. 203-206

FIACCO, A.V.; MCCORMICK, G.P. (1964, Technique): The Sequential Unconstrained Minimization Technique for Nonlinear Programming: A Primal-Dual Method, in: Management Science, 10, 1964, S. 360-366

FIACCO, A.V. (1976, Analysis): Sensitivity Analysis for Nonlinear Programming Using Penalty Methods, in: Mathematical Programming, 10, 3, 1976, S. 287-311

FIACCO, A.V. (1983, Introduction): Introduction to Sensitivity and Stability Analysis in Nonlinear Programming, New York u.a. 1983

FIKES, R.; KEHLER, T. (1985, Frame): The Role of Frame-based Representation in Reasoning, in: Communications of the ACM, Vol. 28, 1985, S. 497-509

FILMAN, R.E. (1988, Reasoning): Reasoning With Worlds and Truth Maintenance in a Knowledge-Based Programming Environment, in: Communications of the ACM, Vol. 31, 1988, S. 382-401

FORD, B.; HAGUE, S.J.; ILES, R.M.J. (1989, Systems): Numerical Knowledge Based Systems, in: Mathematics and Computers in Simulation, 31, 1989, S. 395-400

FORD, B. (1988, Foreword): Foreword, in: Hopkins, T.; Phillips, C.: Numerical Methods in Practice: Using the NAG Library, Wokingham u.a. 1988, S. v, vi

FORDYCE, K.; NORDEN, P.; SULLIVAN, G. (1987, Artificial Intelligence): Artificial Intelligence and the Management Science Practitioner: Links Between Operations Research and Expert Systems, in: Interfaces, 17, 1987, S. 34-40

FORRESTER, J.W. (1961, Industrial Dynamics): Industrial Dynamics, Cambridge (Mass.) 1961

GABRIEL, R. (1984, Konstruktionsprinzipien): Konstruktionsprinzipien für Modell- und Methodenbanksysteme als universelle interaktive Planungssysteme und Anwendungen für ausgewählte Beispiele der praktischen computerunterstützten Entscheidungsfindung, Habilitation, Duisburg 1984

GILL, P.E.; MURRAY, W.; WRIGHT, M.H. (1981, Optimization): Practical Optimization, London u.a. 1981

GOLDBERG, D.E. (1989, Algorithms): Genetic Algorithms in Search, Optimization, and Machine Learning, Reading (Mass.) u.a. 1989

GOLDSCHLAGER, L.; LISTER, A. (1984, Informatik): Informatik: eine Einführung, München, Wien 1984

GOSH, J.B. (1988, Metamodeling): Evaluating Multiprocessor Performance - An Exercise in Metamodeling, in: Simulation, Vol. 51, Nr. 2, 1988, S. 70-74

GRAUSAM, R.; ALPAR, P.; MÜLLER, G. (1983, ISMODE): Interactive Support for Method-Oriented Data Exploration (ISMODE), in: Angewandte Informatik, 12, 1983, S. 534-540

GRIESE, J. (1990, Benutzerschnittstellen): Wissensbasierte Benutzerschnittstellen für betriebswirtschaftliche Anwendungen, in: Ehrenberg, D.; Krallmann, H.; Rieger, B. (Hrsg.): Wissensbasierte Syteme in der Betriebswirtschaft - Grundlagen, Entwicklung, Anwendungen, Berlin 1990, S. 197-205

GUAISO, G.; HITZ, M.; WERTHMER, H. (1989, Generator): An Intelligent Simulation Model Generator, in: Simulation, Vol. 53, Nr. 2, 1989, S. 57-66

GUNZENHÄUSER, R.; KNOPIK, TH. (1986, Mensch-Computer-Schnittstellen): Wissensbasierte Mensch-Computer-Schnittstellen in der Software-Ergonomie, in: Bullinger, H.J.; Gunzenhäuser, R. (Hrsg.): Softwareergonomie, Sindelfingen 1986, S. 83-102

HADDOCK, J.; HSU, C. (1988, Simulation): A Simulation Expert System Framework for Flexible Manufacturing Systems, in: Turban, E.; Watkins, P.R. (Hrsg.): Applied Expert Systems, Amsterdam u.a. 1988, S. 73-86

HANSSMANN, F. (1985, Systemforschung): Einführung in die Systemforschung - Methodik der modellgestützten Entscheidungsvorbereitung, 2. Aufl., München 1985

HAUER, K.H. (1979, Methodenbank-Monitorsysteme): Methodenbank-Monitorsysteme und ihre Einsatzmöglichkeiten, in: Böhling, K.H.; Spieß, P.P. (Hrsg.): GI - 9. Jahrestagung, Informatik-Fachberichte 19, Berlin u.a. 1979, S. 262-273

HEINEN, E. (1976, Grundfragen): Grundfragen der entscheidungsorientierten Betriebswirtschaftslehre, München 1976

HERKENRATH, U. (1986, Approximation): On the Estimation of the Adjustment Coefficient in Risk Theory by Means of Stochastic Approximation Procedures; Sonderforschungsbereich 72: Approximation und Optimierung, Preprint Nr. 763, Bonn 1986

HIMMELBLAU, D.M. (1972, Programming): Applied Nonlinear Programming, New York u.a. 1972

HIRSCHHEIM, R.; KLEIN, H.K. (1989, Paradigms): Four Paradigms of Information Systems Development, in: Communications of the ACM, Vol. 31, Number 10, 1989, S. 1199-1216

HOFFMANN, U.; HOFFMANN, H. (1971, Optimierung): Einführung in die Optimierung, Weinheim 1971

HOGARTH, R.M.; MAKRIDAKIS, S. (1981, Forecasting): Forecasting and Planning: An Evaluation, in: Management Science, 27, 2, 1981, S. 115-138

HOOD, S.T.; MASON, K.P.; MILDREN, W.J. (1990, Stimulator): A Software Stimulator for a Knowledge Based ESM System, in: Simulation, Vol. 55, Nr. 3, 1990, S. 151-161

HOPKINS, T.; PHILLIPS, C. (1988, Methods): Numerical Methods in Practice: Using the NAG Library, Wokingham u.a. 1988

HORST, R. (1979, Optimierung): Nichtlineare Optimierung, München, Wien 1979

HRUSCHKA, H. (1988, Ansätze): Neuere Ansätze der Repräsentation von Methoden- und Modellwissen in betriebswirtschaftlichen Entscheidungsunterstützungssystemen, in: Angewandte Informatik, 4, 1988, S. 158-168

HÜBER, R. (1980, Entwicklung): Stand der derzeitigen Entwicklung von Methoden- und Modellbanksystemen (Teil 1), in: Dickhoven, S.; Hauer, K.H.; Heike, H.D.; Hüber, R. (Hrsg.): Mitteilungen der Gesellschaft für Informatik e.V., Fachgruppe Methoden- und Modellbanksysteme, Bonn 1980

HUCKERT, K. (1988, Realisierung): Entwurf und Realisierung von PC-gestützten Decision Support-Systemen, in: Angewandte Informatik, 10, 1988, S. 425-434

HUSSY, W. (1985, Problemlösen): Komplexes Problemlösen - Eine Sackgasse ?, in: Zeitschrift für experimentelle und angewandte Psychologie, 1985, XXXII, Heft 1, S. 55-74

IBM (1988, AIX): IBM RT Advanced Interactive Executive Operating System, Version 2.2, AIX Operating System Commands Reference, Volume 1, 2nd Edition, September 1988

JACOBY S.L.S.; KOWALIK, J.S.; PIZZO, J.T. (1972, Methods): Iterative Methods for Nonlinear Optimization Problems, Englewood Cliffs 1972

JARKE, M. (1990, Systeme): Wissensbasierte Systeme, in: Kurbel, K.; Strunz, H. (Hrsg.): Handbuch Wirtschaftsinformatik, Stuttgart 1990, S. 459-478

JARKE. M. (1987, Kopplung): Kopplung qualitativer und quantitativer Theorien in der Entscheidungsunterstützung, Fakultät für Mathematik und Informatik, Universität Passau, MIP-8716, Passau 1987

JOHNSON, D.S.; ARAGON, C.R.; MCGEACH, L.A.; SCHEVON, C. (1989, Simulated Annealing): Optimization by Simulated Annealing: An Experimental Evaluation - Part I, Graph Partitioning, in: Operations Research, Vol. 37, Nr. 6, 1989, S. 865-892

JOHNSON-LAIRD, P.N. (1983, Mental Models): Mental Models - Towards a Cognitive Science of Language, Inference, and Consciousness, Cambridge u.a. 1983

KARBACH, W. (1989, Wissensakquisition): KI-Lexikon: Modellbasierte Wissensakquisition, in: Künstliche Intelligenz, 4, 1989, S. 13

KEEN, P.G.W.; SCOTT MORTON, M.S. (1978, Systems): Decision Support Systems - An Organizational Perspective, Reading (Mass.) u.a. 1978

KIEFER, J.; WOLFOWITZ, J. (1952, Estimation): Stochastic Estimation of the Maximum of a Regression Function, in: Annals of Mathematical Statistics, 23, 1952, S. 462-466

KIEFER, J. (1953, Search): Sequential Minimax Search for a Maximum, in: Proceedings of the American Mathematical Society, 4, 1953, S. 502-506

KIRKPATRICK, S.; GELATT, C.D. JR.; VECCHI, M.P. (1983, Simulated Annealing): Optimization by Simulated Annealing, in: Science, 220, 13 May 1983, S. 671-680

KIRKPATRICK, S. (1984, Optimization): Optimization by Simulated Annealing: Quantitative Studies, in: Journal of Statistical Physics, Vol. 34, Nr. 5/6, 1984

KIRSCH, W.; KLEIN H.K. (1977, Informationssysteme I): Management Informationssysteme I - Wege zur Rationalisierung der Führung, Stuttgart u.a. 1977

KIRSCH, W.; KLEIN H.K. (1977, Informationssysteme II): Management Informationssysteme II - Auf dem Weg zu einem neuen Taylorismus, Stuttgart u.a. 1977

KLEE, H. W. (1989, Analyse): Analyse der Angemessenheit von Expertensystemen, in: Information Management, 4, 1989, S. 34-41

KLEIJNEN, J.P.C. (1987, Tools): Statistical Tools for Simulation Practitioners, New York, Basel 1987

KLINGMAN, D.; PADMAN, R.; PHILLLIPS, N. (1988, Intelligent): Intelligent Decision Support Systems: A Unique Approach in the Petroleum Industry, in: Annals of Operations Research, 12, 1988, S. 277-283

KLÖSGEN, W.; SCHWARZ, W. (1979, Methodenbanksysteme): Die Realisierung von Architekturprinzipien für Methodenbanksysteme im Modellbanksystem MBS, in: Böhling, K.H.; Spieß, P.P. (Hrsg.): GI - 9. Jahrestagung, Informatik-Fachberichte 19, Berlin u.a. 1979, S. 274-284

KLUWE, R.H. (1990, Problemlösen): Problemlösen, Entscheiden und Denkfehler, in: Hoyos, C.; Zimolong, B. (Hrsg.): Ingenieurpsychologie, Göttingen u.a. 1990, S. 121-147

KOK, A.J. (1990, Modelling): User Modelling for Data Retrieval Applications, Amsterdam 1990

KOLB, S. (1991, Erklärungsfähigkeit): Erklärungsfähigkeit und Wissensakquisition, in: Biethahn, J.; Hoppe, U. (Hrsg.): Entwicklung von Expertensystemen - Eine Einführung, Wiesbaden 1991, in Druck

KOSIOL, E. (1967, Planung): Zur Problematik der Planung in der Unternehmung, in: Zeitschrift für Betriebswirtschaft, 37. Jg. 1967, S. 77-96

KRALLMANN, H. (1987, Systeme): Entscheidungsunterstützende Systeme, in: Mertens, P. (Hrsg.): Lexikon der Wirtschaftsinformatik, Berlin u.a. 1987, S. 144-146

KRAMER, R.; MORLOCK, M. (1988, Systeme): Wissensbasierte Systeme im Operations Research I, Report WIOR - 327, Institut für Wirtschaftstheorie und Operations Research, Universität Karlsruhe, Karlsruhe 1988

KURBEL, K. (1990, Entwicklung): Entwicklung von Expertensystemen, in: Kurbel, K.; Strunz, H. (Hrsg.): Handbuch Wirtschaftsinformatik, Stuttgart 1990, S. 483-502

KUSHNER, H.J.; CLARK, D.S. (1978, Approximation): Stochastic Approximation Methods for Constrained and Unconstrained Systems, New York u.a. 1978

LAARHOVEN, P.J.M.; AARTS, E.H.L. (1987, Simulated Annealing): Simulated Annealing: Theory and Applications, Dordrecht u.a. 1987

LANDRY, M.; PASCOT, D.; BRIOLAT, D. (1985, DSS): Can DSS Evolve with Changing Our View of the Concept of 'Problem', Decision Support Systems, 1, 1985, S. 25-36

LANGLEY, A. (1991, Analysis): Formal Analysis and Strategic Decision Making, in: Omega, Vol. 19, Nr. 2/3, 1991, S. 79-99

LAUREL, B. (1990, Agents): Interface Agents, in: Laurel, B. (Hrsg.): The Art of Human-Computer Interface Design, Reading (Mass.) u.a. 1990, S. 355-365

LAW, A.M.; KELTON, W.D. (1982, Simulation): Simulation Modelling and Analysis, New York u.a. 1982

LIANG, T.P. (1988, Development): Development of a Knowledge-Based Model Management System, in: Operations Research, Vol. 36, Nr. 6, 1988, S. 849-863

LICHT, U.; PANKOKE U. (1979, Konzept): Konzept eines benutzerfreundlichen Bildschirmdialogs für Methoden- und Modellbanksysteme, in: Böhling, K.H.; Spies, P.P. (Hrsg): GI - 9. Jahrestagung, Informatik-Fachberichte 19, 1979, S. 285-295

LUENBERGER, D.G. (1984, Programming): Linear and Nonlinear Programming, 2nd Ed., Reading (Mass.) u.a. 1984

LÜER, G.; SPADA, H. (1990, Denken): Denken und Problemlösen, in: Spada, H. (Hrsg.): Allgemeine Psychologie, Bern u.a. 1990, S. 189-280

MATHEWSON, S. C. (1989, Simulation): Simulation Support Environments, in: Pidd, M. (Hrsg.): Computer Modelling for Discrete Simulation, Chichester u.a. 1989, S. 57-100

MCCORMICK, G.P. (1983, Programming): Nonlinear Programming: Theory, Algorithms, and Applications, New York u.a. 1983

MELLICHAMP, J.M.; VENKATACHALOW, A.R. (1990, Debugging): An Interactive Debugging Expert System for GPSS/H Simulation Models, in: Simulation Vol. 55, Nr. 6, 1990, S. 337-344

MERTENS P.; HELMER J.; ROSE, H.; WEDEL, TH. (1989, Ansatz): Ein Ansatz zu kooperierenden Expertensystemen bei der Produktionsplanung und -steuerung, in: Kurbel K.; Mertens, P.; Scheer A.-W. (Hrsg.): Interaktive betriebswirtschaftliche Informations- und Steuerungssysteme, Berlin, New York 1989, S. 13-40

MERTENS, P.; BORKOWSKI, V.; GEIS, W. (1990, Expertensystem-Anwendungen): Betriebliche Expertensystem-Anwendungen: eine Materialsammlung, 2., völlig neu bearb. u. erw. Aufl., Berlin u.a. 1990

MERTENS, P.; BODENDORF, F. (1979, Methodenbanken): Interaktiv nutzbare Methodenbanken - Entwurfskriterien und Stand der Verwirklichung, in: Angewandte Informatik, 12, 1979, S. 533-541

MERTENS, P.; GRIESE J. (1988, Datenverarbeitung): Industrielle Datenverarbeitung 2, Informations-, Planungs- und Kontrollsysteme, 5. Aufl., Wiesbaden 1988

MERTENS, P. (1982, Simulation): Simulation, 2. neub. Aufl., Stuttgart 1982

MERTENS, P. (1983, Decision-Support-Systeme): Decision-Support-Systeme, in: Informatik-Spektrum, 6, 1983, S. 168-169

MERTENS, P. (1990, Einsatzpotentiale): Einsatzpotentiale und Anwendungsklassen für Expertensysteme, in: Kurbel, K.; Strunz, H. (Hrsg.): Handbuch Wirtschaftsinformatik, Stuttgart 1990, S. 523-540

MERTENS, P. (1990, Expertensysteme): Betriebliche Expertensysteme in der Bundesrepublik, in Österreich und in der Schweiz - Bestandsaufnahme und neuere Entwicklungen, in: Ehrenberg, D.; Krallmann, H.; Rieger, B. (Hrsg.): Wissensbasierte Syteme in der Betriebswirtschaft - Grundlagen, Entwicklung, Anwendungen, Berlin 1990, S. 17-38

MEYER, B.E.; SCHNEIDER, H.J.: BOSS - Ein generalisiertes Informationssystem, in: Böhling, K.H.; Spieß, P.P. (Hrsg.): GI - 9. Jahrestagung, Informatik-Fachberichte 19, Berlin u.a., S. 309-321

MEYER, M. (1983, Informationssystem): Operations Research - Systemforschung, Stuttgart 1983

MILLING, P. (1988, Expertensysteme): Expertensysteme zur Unterstützung betrieblicher Entscheidungsprozesse, Beiträge des Fachbereichs Wirtschaftswissenschaften der Universität Osnabrück, Beitrag 8815, Osnabrück 1988

MINSKY, M. (1975, Framework): A Framework for Representing Knowledge, in: Winston, P.H. (Hrsg.): The Psychology of Computer Vision, New York u.a. 1975, S. 211-277

MITCHELL, R.A.; KAPLAN, J.L. (1968, Optimization): Nonlinear Constraint Optimization by a Nonrandom Complex Method, in: Journal of Research of the National Bureau of Standards, C, 72, 1968, S. 249-258

MOCKLER, R.J. (1989, Systems): Knowledge-Based Systems for Management Decisions, Englewood Cliffs 1989

MOLNÀR, I.; HARDHIENATA, S. (1991, Optimierung): Optimierung mit Hilfe von Simulationsmodellen, Vortrag auf dem 3. Symposium Simulationsmodelle als betriebswirtschaftliche Entscheidungshilfe, 4.-6. März 1991, Braunlage

MORIK, K.; ROLLINGER, C. (1983, Partnermodellierung): Partnermodellierung im Evidenzraum, in: Neumann, B. (Hrsg.): 7th Workshop on AI, GWAI, Dassel/Solling, September 1983, S. 158-168

MÜLLER, P.H.; NOLLAU, V.; POLOVINKIN, A.I. (1986, Suchverfahren): Stochastische Suchverfahren, Thun, Frankfurt (Main) 1986

MÜLLER-MERBACH, H. (1978, Tendenzen): Tendenzen der Verwendung quantitativer Ansätze in der Betriebswirtschaftslehre, in: Müller-Merbach, H. (Hrsg.): Quantitative Ansätze in der Betriebswirtschaftslehre, Berlin, Frankfurt/Main 1978, S. 11-27

MÜLLER-MERBACH, H. (1989, Approach): The Structured Systems Approach for the Design of Optimisation and Simulation Models, in: Milling, P.M.; Zahn, E.O.K. (Hrsg.): Computer-Based Management of Complex Systems, Berlin u.a. 1989, S. 13-20

MURRAY, K.J.; SHEPPARD, S.V. (1988, Specification): Knowledge-Based Simulation Model Specification, in: Simulation, Vol. 50, Nr. 3, 1988, S. 112-119

MURTY, K.G. (1988, Programming): Linear Complementarity - Linear and Nonlinaer Programming, Berlin 1988

NESSEN, E. (1989, Modelling): SC-UM: User Modelling in the SINIX Consultant, in: Applied Artificial Intelligence, 3, 1989, S. 33-44

NEUMANN, K. (1977, Verfahren I): Operations Research Verfahren I, München 1977

NOLTEMEIER, H. (1976, Verknüpfungsprobleme): Verknüpfungsprobleme: Modelle - Methoden - Daten, in: Noltemeier, H. (Hrsg.): Computerunterstützte Planungssysteme, Würzburg, Wien 1976, S. 247-253

NORMAN, D.A. (1983, Mental Models): Some Observations on Mental Models, in: Gentner, D.; Stevens, A.L. (Hrsg.): Mental Models, Hillsdale u.a. 1983, S. 7-14

O'KEEFE, R.M. (1986, Simulation): Simulation and Expert Systems - A Taxanomy and Some Examples, in: Simulation, Vol. 46, Nr. 1, 1986, S. 10-16

OGBU, F.A., SMIH D.K. (1991, Simulated Annealing): Simulated Annealing for the Permutation Flowshop Problem, in: Omega, Vol. 19, Nr. 1, 1991, S. 64-67

OPWIS, K.; LÜER, G. (1989, Modelle): Modelle der Repräsentation von Wissen, Institut für Psychologie der Georg-August-Universität Göttingen, Arbeitsbericht, Abteilung für Allgemeine Psychologie und Methodenlehre, Nr. 18, Göttingen 1989

ÖREN, T.I. (1977, Simulation): Simulation - As it Has Been, and Should Be, in: Simulation, Vol. 29, Nr. 5, 1977, S. 182-183

ÖREN, T.I. (1979, Modelling): Concepts for Advanced Computer Assisted Modelling, in: Zeigler, B.P.; Elzas, M.S.; Klir, G.J.; Ören, T.I. (Hrsg.): Methodology in Systems Modelling and Simulation, San Diego 1979, S. 29-55

ÖREN, T.I. (1986, Environment): Knowledge Bases for an Advanced Simulation Environment, in: Luker, P.A., Adelsberger, H.H. (Hrsg.): Intelligent Simulation Environments, Simulation Series, Vol. 17, Nr. 1, San Diego 1986, S. 16-22

OSWALD, M., GADENNE V. (1984, Wissen): Wissen, Können und künstliche Intelligenz: Eine Analyse der Konzeption des deklarativen und prozeduralen Wissens, in: Sprache & Kognition, 3, 1984, S. 173-184

PAPALAMBROS, P.Y.; WILDE, D.J. (1988, Principles): Principles of Optimal Design: Modeling and Computation, Cambridge u.a. 1988

PAUL, R.J. (1989, Modelling): Artificial Intelligence and Simulation Modelling, in: Pidd, M. (Hrsg.): Computer Modelling for Discrete Simulation, Cichester u.a. 1989, S. 131-147

PAUL, R.J. (1991, Modelling): Recent Developments in Simulation Modelling, in: Journal of the Operational Research Society, Vol. 42, Nr. 3, 1991, S. 217-226

PIDD, M. (1988, Computer Simulation): Computer Simulation in Management Science, 2nd Edition, Chichester u.a 1988

PIDD, M. (1989, Discrete Simulation): Developments in Discrete Simulation, in: Pidd, M. (Hrsg.): Computer Modelling for Discrete Simulation, Chichester u.a. 1989, S. 1-22

PINNEGGER, T.; DORNHOFF, P. (1990, Systeme): Sprachen und Werkzeuge für wissensbasierte Systeme, in: Kurbel, K.; Strunz, H. (Hrsg.): Handbuch Wirtschaftsinformatik, Stuttgart 1990, S. 503-521

PREIß, N. (1989, Konzept): Ein Konzept für die deduktive Erweiterung eines relationalen Datenbanksystems, Karlsruhe 1989

PREßMAR, D.B.; EGGERS, S.; REINKEN, W. (1989, Entwurfsmethode): Interaktive Entwurfsmethode zur computergestützten Herstellung betriebswirtschaftlicher Anwendungssoftware, in: Kurbel, K.; Mertens, P.; Scheer A.-W. (Hrsg.): Interaktive betriebswirtschaftliche Informations- und Steuerungssysteme, Berlin, New York 1989; S. 235-260

PREßMAR, D.B. (1980, Methoden): Methoden und Probleme der computergestützten Unternehmensplanung, in: Jacob, H. (Hrsg): Neue Aspekte der betrieblichen Planung, Schriften zur Unternehmensführung, 28, Wiesbaden 1980

RAPPL, G. (1988, Search): On Linear Convergence of a Class of Random Search Algorithms, Forschungsschwerpunkt Simulation und Optimierung deterministischer und stochastischer Systeme, Universität der Bundeswehr München, Neubiberg 1988

RICH, E. (1979, Stereotyps): User Modelling via Stereotyps, in: Cognitive Science, 3, 1979, S. 329-354

RICH, E. (1988, Modeling): Stereotypes and User Modeling, in: Kobsa, A.; Wahlster, W. (Hrsg.): User Models in Dialog Systems, Berlin u.a. 1988, S. 35-51

RIEGER, B. (1990, Planungssprachen): Wissensbasierte Erweiterungen von Planungssprachen, in: Ehrenberg, D.; Krallmann, H.; Rieger, B. (Hrsg.): Wissensbasierte Syteme in der Betriebswirtschaft - Grundlagen, Entwicklung, Anwendungen, Berlin 1990, S. 251-266

ROBBINS, H.; MONROE, S. (1951, Approximation): Stochastic Approximation Method, in: Annals of Mathematical Statistics, 22, 1951, S. 400-407

ROZENBLIT, J.W.; HU, J.; KIM, T.G.; ZEIGLER, B.P. (1990, KBDSE): Knowledge-Based Design and Simulation Environment (KBDSE): Foundational Concepts and Implementation, in: Journal of the Operational Research Society, 1990, Vol. 41, Nr. 6, S. 475-489

RUBINSTEIN, R.Y. (1986, Monte Carlo): Monte Carlo Optimization, Simulation and Sensitivity of Queueing Networks, New York u.a. 1986

RUF, W. (1988, Software-Entwicklungssystem): Ein Software-Entwicklungssystem auf der Basis des Schnittstellen-Management-Ansatzes, Berlin u.a. 1988

SCHEER, A.-W. (1990, Informationsmodell): Konzept für ein betriebswirtschaftliches Informationsmodell, in: Zeitschrift für Betriebswirtschaft, 60. Jg., 1990, S. 1015-1030

SCHEER. A.-W. (1985, Betriebswirtschaftslehre): EDV-Orientierte Betriebswirtschaftslehre, 2. Aufl., Berlin u.a. 1985

SCHIPS, B. (1977, Methodenbanken): Ein Beitrag zum Thema Methodenbanken, in: Angewandte Informatik, 11, 1977, S. 465-470

SCHIRMEISTER, R. (1981, Modell): Modell und Entscheidung, Stuttgart 1981

SCHLAGETER, G.; STUCKY, W. (1983, Datenbanksysteme): Datenbanksysteme: Konzepte und Modelle, 2. Aufl., Stuttgart 1983

SCHOLL (1989, Informationssystem): Gestaltung, Einführung und Evaluation eines ganzheitlichen Informationssystems für mittelständische Industrieunternehmen, unveröffentlichtes Manuskript, 1989

SCHOLL, W. (1991, Organisation): Grundkonzepte der Organisation, 1991, i.Druck

SCHROER, V. (1979, Modellspezifikation): Die Modellspezifikation in der ökonometrischen Methodenbank MEBA, Bochum 1979

SCHUG, C. (1980, Optimierungsverfahren): Optimierungsverfahren für Simulationsmodelle - Ein Überblick über die wichtigsten Suchtechniken der Optimalplanung, Hohenheimer betriebswirtschaftliche Beiträge, Nr. 8, Hohenheim 1980

Schwab, T. (1989, Benutzermodellierung): Methoden zur Dialog- und Benutzermodellierung in adaptiven Computersystemen, Stuttgart 1989

SCHWEFEL, H.-P. (1977, Optimierung): Numerische Optimierung von Computer-Modellen mittels der Evolutionsstrategie, Basel, Stuttgart 1977

SHANNON, R.E.; MAYER R.; ADELSBERGER, H.H. (1985, Simulation): Expert Systems and Simulation, in: Simulation, Vol. 44, Nr. 6, 1985, S. 275-284

SHANNON, R.E. (1986, Environments): Intelligent Simulation Environments, in: Luker, P.A., Adelsberger, H.H. (Hrsg.): Intelligent Simulation Environments, Simulation Series, Vol. 17, Nr. 1, San Diego 1986, S. 150-156

SHNEIDERMAN, B. (1987, Interface): Designing the User Interface: Strategies for Effective Human-Computer Interaction, Reading u.a. 1987

SIMON, H.A. (1957, Models): Models of Man - Social and Rational, New York 1957

SIMON, H.A. (1984, Machines): Why Should Machines Learn?, in: Michalski, R.S.; Carbonell, J.G.; Mitchell, T.M. (Hrsg.): Machine Learning - An Artificial Intelligence Approach, Berlin u.a. 1984, S. 25-37

SIMON, H.A. (1990, Invariants): Invariants of Human Behaviour, in: Annual Review of Psychology, Vol.41, Nr. 1, 1990, S. 1-19

SMITH, D.E. (1976, Optimum): Automatic Optimum-Seeking Program for Digital Simulation, in: Simulation, Vol. 27, Nr. 1, 1976, S. 27-31

SOMMERVILLE, I.; WOOD, M. (1986, Catalogue): A Software Components Catalogue, in: Davies, R. (Hrsg.): Intelligent Information Systems: Progress and Prospects, New York u.a. 1986, S. 13-32

SPANG, H.A. (1962, Minimization): A Review of Minimization Techniques for Nonlinear Functions, in: SIAM Review, 4, 1962, S. 343-365

STARBIRD, S.A. (1990, Metamodel): A Metamodel Specification for a Tomato Processing Plant, in: Journal of the Operational Research Society, Vol. 4, Nr. 3, 1990, S. 229-240

SZYPERSKI, N.; SIKORA, K. (1973, Planungsmodelle): Zur Bedeutung betriebswirtschaftlicher Planungsmodelle beim Aufbau interdimensionaler Bezugsrahmen für die Unternehmensplanung, in: Grochla, E.; Szyperski, N. (Hrsg.): Modell- und computergestütze Unternehmensplanung, Wiesbaden 1973, S. 751-760

TERGAN, S.-O. (1986, Wissensrepräsentation): Modelle der Wissensrepräsentation als Grundlage qualitativer Wissensdiagnostik, Opladen 1986

TRUM, P. (1989, KEE): KEE - Knowledge Engineering Environment, in: Hard and Soft, 6, Nr. 10, 1989, S. 40-41

TURBAN, E. (1988, Decision): Decision Support and Expert Systems - Managerial Perspectives, New York, London 1988

VASSILIOU, Y.; CLIFFORD, J.; JARKE, M. (1985, Database): Database Access Requirements of Knowledge-Based Systems, in: Kim, W.; Reiner, D.S.; Batory, D.S. (Hrsg.): Query Processing in Database Systems, Berlin u.a. 1985, S. 156-170

VETTER, M. (1988, Anwendungssoftware): Strategie der Anwendungssoftware-Entwicklung - Planung, Prinzipien, Konzepte, Stuttgart 1988

WAHLSTER, W.; KOBSA, A. (1988, Models): User Models in Dialog Systems, in: Kobsa, A.; Wahlster, W. (Hrsg.): User Models in Dialog Systems, Berlin u.a. 1988, S. 4-34

WASAN, M.T. (1969, Approximation,): Stochastic Approximation, Cambridge 1969

WENZEL, G. (1989, Methodensystem): Konzept und Realisierung eines objektorientierten Methodensystems für statistische Anwendungen, Arbeitspapiere der GMD, Nr. 368, Sankt Augustin 1989

WHEELING, R.F. (1960, Optimizers): Optimizers: Their Structure, in: Communications of the ACM, Vol. 3, S. 632ff, 1960

WILDBERGER, A.M. (1988, Simulation): AI and Simulation, in: Simulation, Vol. 51, Nr. 2, 1988, S. 45

WILDE, D.J. (1964, Methods): Optimum-Seeking Methods, Englewood Cliffs 1964

WIRTH, N. (1983, Programmieren): Systematisches Programmieren, 4. Aufl., Stuttgart 1983

WITTKOWSKI, K.M. (1985, Methodenauswahl): Ein Expertensystem zur Datenhaltung und Methodenauswahl für statistische Anwendungen, Stuttgart 1985

WÖHE, G. (1984, Einführung): Einführung in die Allgemeine Betriebswirtschaftslehre, 15. Aufl., München 1984

WOLF, S.; SETZER, R. (1991, Wissensverarbeitung): Wissensverarbeitung mit KEE: Einführung in die Erstellung von Expertensystemen, München, Wien 1991

WOODS, D.D. (1986, Paradigms): Paradigms for Intelligent Decision Support, in: Hollnagel, E.; Mancini, G.; Woods, D.D. (Hrsg.): Proceedings of the NATO Advanced Study Institute on Intelligent Decision Support in Process Environments, Berlin u.a. 1986, S. 153-173

YU, P.L. (1989, Concepts): Multiple Critria Decision Making: Five Basic Concepts, in: Nemhauser, G.L.; Rinnoy Kan, A.H.G.; Todd, M.J. (Hrsg.): Optimization, Handbooks in Operations Research and Management Science, Vol. 1, Amsterdam u.a. 1989, S. 663-699

ZANGWILL, W.I. (1969, Programming): Nonlinear Programming: A Unified Approach, Englewood Cliffs 1969

ZIELINSKI, R.; NEUMANN, P. (1983, Verfahren): Stochastische Verfahren, Berlin 1983

ZISCHEK, D. (1987, Entscheidungsunterstützungssysteme): Mathematische Entscheidungsmodelle als Komponenten von Entscheidungsunterstützungssystemen, Köln 1987

Abbildungsverzeichnis

Tabellenverzeichnis